아시아 영화의 허브
부산국제영화제

아시아 영화의 허브
부산국제영화제

초판 1쇄 인쇄 2009년 7월 21일
초판 2쇄 발행 2009년 9월 30일

지은이 | 김호일
펴낸이 | 전승선
펴낸곳 | 자연과인문
등록 | 300-2007-172

주소 | 110-320 서울시 종로구 낙원동 58-1 종로오피스텔 605호
전화 | (02)735-0407
팩스 | (02)744-0407
이메일 | poet1961@hanmail.net
홈페이지 | www.jibook.net

값 15,000원
ISBN 978-89-961414-4-0 (03680)

※ 이 책은 관훈클럽 신영연구기금의 도움을 받아 출판되었습니다.

좋은 독자가 좋은 책을 만듭니다.

아시아 영화의 허브
부산국제영화제

김호일 지음

자연과 인문

"도시락 싸 줄까?"

요즘 들어 주말 아침이면 노트북이 든 가방을 챙길 때마다 집사람이 내게 습관처럼 하는 말이다. 토요일과 일요일, 회사로 출근해 책을 쓴답 시고 보낸 시간이 어느새 6개월을 훌쩍 넘겼다. 점심 땐 중국집을 제외 하곤 인근 음식점들이 모두 문을 닫기에 배달시켜 먹던 자장면은 어느 새 질려 버렸고 그래서 도시락을 애용하기 시작한 것이다.

지천명(知天命)의 나이에 도시락과 인연을 맺으면서 준비한 것이 바 로 『아시아 영화의 허브 부산국제영화제』이다. 혹자는 그랬다. "영화제 에 대해 뭐 쓸 게 있냐?" 하기사 매년 10월이 되면 신문과 방송에서 온 통 떠들어 대는 영화제에 대해 '따로 책으로 낼 게 있을까' 라는 의구심 도 없지 않았다. 그러나 이런 말은 되레 오기로 작용했다. 더욱이 도서 관을 뒤지고 인터넷을 검색해 봐도 부산국제영화제에 대한 책은 없었 다. 그래서 내가 먼저 정리해 보자고 생각했다.

부산국제영화제는 1996년 출범했다. 우리나라 최초의 국제영화제다. 필자는 1999년 3월 정치부 국회반장을 떠나 문화부 차장으로 발령받으 면서 영화와 처음 인연을 맺었고 부산국제영화제 가족(?)이 된 것도 그 즈음이다.

그런데 영화담당 기자로서 늘 궁금한 것이 많았다. 서울의 충무로만 큼 영화 인프라가 잘 갖춰진 것도 아닌데, 왜 서울도 아닌 부산에서 국 제영화제가 탄생했을까.

어디 그뿐인가. 문화를 이야기할 때 부산은 서울, 대구 혹은 광주 다음의 '삼류 도시'였지 않은가. 부산은 온통 산과 바다로 둘러싸여 있고 거대한 배와 항구, 컨테이너뿐인 이런 척박한 도시에서 과연 무슨 연유와 배경이 있었기에 한국 최초의 국제영화제가 탄생한 것일까라는 생각은 영화를 맡으면서 좀처럼 떨치기 힘들었다.

그리고 '누가 이 문화행사를 기획하고 출범시켰으며 어떻게 아시아 최고 영화제로 발돋움한 것일까'라는 의문에도 명쾌하게 답해 주는 이가 없었다. 더욱이 부산사람도 아닌 김동호 위원장 그분이 혼자 북 치고 장구 치고 다 했단 말인가? 아니면 어떤 이들이 무엇 때문에 영화제를 만들자고 했던 것일까.

영화제를 만든다니까 부산시와 정부는 예산을 지원했을 것이고, 그들은 어떤 생각을 갖고 돈을 댄 것일까. 영화제 출범 당시엔 검열과 심의 또한 엄격했을 터인데 그 많은 작품은 어떤 과정을 거쳐 상영될 수 있었을까. 제레미 아이언스, 유덕화, 성룡, 배용준, 장동건, 강수연, 장이머우, 빔 벤더스, 이와이 순지 같은 스타 배우와 감독은 한국 제2의 도시에서 무엇을 남겼을까.

『아시아 영화의 허브 부산국제영화제』는 이런 의문에 대한 작은 해답처럼 다가가고 싶다. 1990년대 우리나라에서 일어났던 국제영화제 추진 움직임과 부산국제영화제 태동, 출범 전야의 이야기를 모아봤다. 또한 진통 끝에 출범한 영화제의 어제와 오늘을 둘러보고 부산시, 정부 등 공적부문의 역할은 무엇이었나를 되돌아봤다.

'예산과의 전쟁'이나 '검열과 심의의 망령' 등 영화제 사람들을 괴롭혔던 사안들을 살펴보면서 이를 어떻게 헤쳐나갔는지 조명해 봤으며 부산을 거쳐 간 배우와 감독 등 스타들이 남긴 이야기도 살짝 곁들였다.

김동호, 박광수, 이용관, 전양준, 김지석, 오석근 등 소위 '영화제 개국공신 6인방'이 들려주는 그때 그 시절 기쁨과 애환, 에피소드와 함께 미래의 부산국제영화제에 대한 청사진도 행간에 녹였다.

부산영상위원회, 부산프로모션플랜(PPP), 아시아필름아카데미(AFA), 영화제 전용관인 두레라움 등 영화제 출범 이후 탄생한 'PIFF 패밀리'의 면모도 살펴보았고, 영화제에 참가한 뒤 이를 보도하거나 평가했던 국내외 언론과 연구기관의 결과물도 글로 풀어 보았다.

그러나 아시아 최고의 영화제로 우뚝 선 부산국제영화제를 한 권의 책으로 옮기기엔 필자의 역량에 한계가 있음을 고백하지 않을 수 없다. 또한 독자들이 가볍게 접근할 수 있도록 글의 내용을 정사(正史)보단 야사(野史)에 치중해 학술서적으로 평가받기에도 부족하다. 영화제가 출범한 지 10년을 훌쩍 넘겼고 나름의 정제를 거친 자료나 취재원의 기억에 의존했던 것들은 다소의 오차가 있을 수도 있다.

다만 한국에서 처음 시작된 부산국제영화제에 대한 서적 형태의 첫 기록인 이 책이 지역에서 시작된 일개 문화행사가 어떤 과정을 거쳐 세계적으로 발돋움했는지를 이해하고자 하는 영화인, 영화학도, 관련 공무원, 일반인 등에게 조금의 도움이 되었으면 하는 바람이다.

책을 마무리하면서 필자를 이렇게 건강한 사회의 일원으로 성장시켜준 팔순의 노모 박중서 여사와 돌아가신 부친 김원영 님이 생각난다. 일본 강점기, 한국전쟁 등 격변의 시기, 황해도 연백 고향 땅을 등지고 사고무친한 남쪽 나라에 뿌리를 내리고 자식에게 모든 것을 한없이 건네주신 두 분을 떠올리면 늘 눈물이 난다. 그래서 이 책의 진정한 저자는 어머니와 아버지, 바로 당신들입니다.

화려한 배구 국가대표의 생활을 접고 못난 남편을 만나 어려운 집안에 시집와 아들, 딸 낳고 묵묵히 내조해 준 아내 박미희 씨에게도 한없는 고마움을 표하고 싶고, 이제 대학 입성을 눈앞에 두고 있는 윤찬, 윤지의 따스한 사랑 역시 이 책을 완성하는 데 큰 힘이 됐다.

정치, 경제, 문화 등 필자에게 다양한 경험을 쌓도록 한없는 애정과 지지를 보내준 부산일보의 고마움은 일일이 헤아리기 어렵다. 졸필의 원고도 끝까지 다듬으며 청춘을 후회 없이 보낼 수 있도록 배려해 준 부산일보는 이 땅을 하직하는 그 순간까지도 잊을 수 없는 좋은 스승이자 벗이다. 김종렬 사장님, 장지태 편집국장님, 김은영 문화부장님 등 부산일보 선후배와 동료의 격려와 질책으로 이 책이 세상에 나올 수 있었음을 밝혀두고 싶다.

'자연과 인문' 전승선 대표의 도움이 없었다면 초보 작가의 졸고가 책으로 완성되기 어려웠을 것 같다. 치밀하고 꼼꼼한 편집과 교열, 디자인으로 근사한 책이 만들어진 것은 순전히 '자연과 인문'의 덕택이다.

2009년 6월 서울 프레스센터에서
김호일

부산일보 김호일 선임기자의 유별난 부산국제영화제(PIFF) 사랑은 진작부터 알고 있던 터였다. 누구보다도 열렬히 PIFF에 대한 찬사를 보내주었고, 영화제 성장을 위해서라면 물불 안 가리고 아픈 질책도 서슴지 않던 그였다. 그가 PIFF 이야기를 속속들이 담은 책을 펴낸다니, 그 애살이 기쁘고 그 정성이 고맙다.

이 책은 정말이지 PIFF에 관한 한 넓고도 깊은 안목을 보여준다. PIFF에 대한 부산광역시의 입장 역시 정확하게 보고 있다. 부산시의 확고한 입장은 알려진 대로, '지원하되, 간섭은 하지 않는다' 는 것이다. 문화는 상상력을 먹고 자라는 유기체이므로 행정 규제 속에 두어서는 안 된다는 분명한 의지를 갖고 있었던 것이다. 그리고 무엇보다, 김동호, 박광수, 이용관, 전양준, 김지석, 오석근 등 PIFF를 향한 이 분들의 뜨거운 열정을 신뢰하고 존중했다.

PIFF는 참으로 고맙게도 수많은 난관을 헤치고 잘 자라 주었다. PIFF의 발 빠른 성장과 함께, 부산은 단순한 '영화축제도시' 에서 아시아를 대표하는 '영화영상산업도시' 로 성큼 자라났다.

오늘날 한국 영화 40%가 부산에서 촬영되고 있다. 부산 영화 '해운대' 가 1천만 관객돌파라는 쾌거를 이루었고 부산 영상후반작업시설 탄생 이후 첫 작품인 박찬욱 감독의 '박쥐' 는 칸영화제에서 심사위원상

을 수상했다. 영화제 전용관 '두레라움'은 한창 건립중이고, 영상관련 공공기관들은 부산으로 옮길 준비에 바쁘다.

'영화영상산업도시 부산'의 대장정에는 많은 분들의 피땀 어린 노력이 있었다. 그러나 그 피땀 흘린 분들을 주인공으로 비춰주기만 할뿐, 자신들은 정작 앞으로 나서지 않는 다른 주인공들이 있었다. 바로 PIFF를 냉정하게 조망하며 아낌없는 사랑을 보내주는 언론이다. 나는 그들의 노고와 애정을 도저히 잊을 수 없다.

이 책은 PIFF의 겉과 속을 온전히 기록한 최초의 책이다. 한국 영화계에는 PIFF의 성장사를 기록한 소중한 자료로서, 영화 팬에게는 한국영화 얘기를 풍성하게 이끌어낼 현장 르포로서, 모두에게 두루 사랑받고 널리 읽힐 것을, 나는 굳게 믿는다. 'PIFF전문가' 김호일 기자 역시 PIFF에의 깊은 사랑을 바탕으로, 제2, 제3의 PIFF 얘기를 계속 묶어 줄 것을 믿어 의심치 않는다.

부산국제영화제 조직위원장
부산광역시장
허 남 식

어김없다. 해마다 가을이면 부산 가는 길이 붐빈다. 제작자, 감독, 스태프들은 물론이고 인기 절정의 스타들이 함께 한다. 영화를 즐기려는 수많은 영화팬들은 부산으로, 부산으로 발걸음을 재촉한다.

2008년에는 20여만 명의 관객들이 몰려들었다. 영화의 매력에 흠뻑 빠져 울고 웃더니 마침내 박수로 화답한다. 밤새껏 영화의 바다에 빠질 각오로 달려온 올빼미족도 등장했다. 팜므 파탈의 치명적 매력보다도 더 강하고 거부할 수 없는 마력이 바로 이런 게 아닐까.

영화는 영화다. 예술이자, 오락이고, 또 산업이다. 영화는 우리 사회를 풍요롭고 따뜻하게 만든다.

그것만으론 부족하다. PIFF의 미덕은 색다름이다. 아시아를 포함한 제3국의 영화들은 철저하게 오락적인 할리우드물에 길들여진 관객들에게 인간 사회의 다양한 모습과 삶의 본질을 돌아볼 수 있게 한다.

그렇기에 '10월의 부산'은 청량한 숲이 된다. 향기로운 피톤치드와 같은 색다른 매력이 일상의 피로와 스트레스를 씻어준다.

부산이 달라졌다. 이미 아시아 영화의 창(窓)이 된 PIFF가 부산을 바꿔 났다. PIFF의 성공을 발판으로 부산은 단순한 항구도시를 벗어나 대

한민국의 영상 수도이자 문화관광의 도시로 거듭나고 있다. 4백억 원의 생산유발 효과와 1천 명 이상의 고용창출 효과도 거뒀다.

의문이 든다. PIFF는 어떻게 시작됐나? 누가 어떤 역할을 했나? 어떤 고비를 겪었고, 어떤 과정을 거쳐 오늘에 이르렀나? 위기는 없었나? 앞으로 더 크게, 더 깊게 발전시키려면 무엇을 어떻게 해야 하나?

의문은 곧 풀린다. 부산일보 영화전문 김호일 선임기자가 쓴 책인 『아시아 영화의 허브, 부산국제영화제』를 통해서.

그는 지난 10년을 영화와 함께 살았다. 영화를 보고, 즐기고, 해석하고, 평가했다. 지난 2월 첫 걸음마를 뗀 영화기자협회의 초대회장이 되는 영예를 안았다. 너무도 자연스럽게 느껴진다.

그가 이제 13살이 된 PIFF의 탄생과 성장 과정을 살펴봤다. 아시아 영화의 허브를 넘어 '아시아의 칸'으로 발돋움하기까지의 발자취를 꼼꼼히 짚으며 나아갈 길을 제시했다. 이를 통해 우리 영화의 현실과 미래를 조망했다.

흔치 않은 기록이다. PIFF, 그리고 우리 영화에 대한 관심과 애정도 고스란히 배어 있다. 대단히 기쁘고 반갑다. 영화 사랑에 영일(寧日)이 없는 김호일 선임기자의 노고에 찬사와 격려의 박수를 보낸다.

국회의장 김형오

11

2002년 11월 9일자 부산일보 1면 톱에는 'PIFF 전용관 세우겠다' 라는 제목 아래, 당시 대통령 선거에 출마한 이회창, 노무현, 정몽준, 권영길 등 4당 후보의 선거공약이 '영화제 발전 기금 국고지원 등 한목소리' 라는 부제와 함께 실렸다.

이 기사는 유명준 기자가 대표 집필했지만 그 배후에 영화담당기자인 김호일 기자의 역할이 컸었다. 김호일 기자는 그보다 꼭 1년 전인 2001년 11월 9일 기자칼럼을 통해 부산국제영화제가 전용관이 없어 극장들의 눈치를 살피며 추석 이후 개최되는 '음력영화제' 라는 문제점을 지적해 주었다.

부산국제영화제의 오랜 숙원사업이었던 전용관 건립사업은 이 기사가 계기가 되어, 오랜 산고(産苦)를 겪으면서 예산의 일부를 확보하고 지난해 10월, 드디어 부산영상센터 '두레라움' 의 기공식을 갖게 된 것이다.

김호일 기자는 강제규 감독의 '쉬리' 가 대박이 터지면서 한국의 영화산업이 비약적으로 성장하기 시작했던 1999년, 제4회 부산국제영화제 때 영화분야를 맡기 시작했다.

그로부터 10년, 그는 부산국제영화제와 늘 함께 있었다.

　부산국제영화제의 성장을 지켜 온 산 증인이며, 고언(苦言)과 채찍을 주저치 않던 감시자였고, 위기엔 구원을 자처했던 후원자였다.

　그런 그가 이번에 부산국제영화제에 관한 책을 출판했다.

　이 책에는 중진 언론인으로서의 날카로운 시각, 오랜 기간의 체험이 간결한 문체로 담겨 있다.

　최근 부산국제영화제가 성공하면서 부산국제영화제에 관한 학술서적, 또는 석 · 박사 학위논문 등은 나오고 있기는 하지만 단행본으로 출간된 것은 이번이 처음이다. 더구나 이 책에는 정사(正史)와 야사(野史)가 함께 담겨 있어 부산국제영화제를 이해하는 데 있어서 교본이 될 수 있을 것이다.

　김호일 기자의 노고에 감사드리고 많은 사람들에게 읽혀지기 바란다.

부산국제영화제 집행위원장

김 동 호

부산국제영화제를 돌아보는 이 책은 부산일보를 근거로 기사를 써 온 현장기자 김호일의 성실하고 생생한 르포르타쥬가 담아내는 미덕을 입증해낸다.

부산영화제를 중심에 두고 있으면서도 부산영화제 자체에만 매몰되지 않고 국제영화제와 한국사회, 한국영화계를 함께 아우르는 균형감각도 보여준다. 이를테면 부산영화제 탄생 이전, 그러니까 1990년대 초부터 오랜 시간 국내외에서 추진되었던 국제영화제 성사를 위한 다양한 모색과 열기, 오해와 갈등에 이르기까지 한국 영화계에서 벌어진 다채로운 입장과 사건들을 증언하는 점에서 발로 뛴 기자의 생생한 기록을 느낄 수 있기에 흥미롭다.

이런 구성 속에서 영화, 영화제란 것이 단순히 영화계만의 일이 아니라 사회, 정치, 문화를 가로지르며 벌어지는 축제이자 현상이라는 점을 깨닫게 된다. 그렇기 때문에 부산영화제 자세히 들여다보기는 지난 10여 년간 한국사회, 문화의 변화와 추이를 관찰하게 해주는 상호 텍스트적인 관찰을 하며 이 사회를 성찰하게 만들어 주기도 한다.

강산이 변한다는 10여 성상을 넘기며 이제는 한국영화를 세계에 소

개하는 창구이자 세계영화를 들여다보는 창문이 된 부산영화제의 명암과 기여를 성취한 인물, 사건, 상황, 에피소드 등을 하나씩 관찰하고 증언해 나가는 섬세한 구성은 오랜 시간 부산을 근거로 삼아 현역 영화기자로 뛰어온 김호일만이 해낼 수 있는 성취를 감동적으로 보여준다.

연륜을 더하면서도 청년의 기백을 간직한 채 시사회, 영화계 사건과 이슈, 영화제와 영화 현실의 문제점들을 종횡무진 섭렵하는 김호일 기자는 지치지 않고 영화와 이 사회를 관계 맺어 주는 영화청년이다. 바로 그런 미덕과 열정이 이 책의 갈피마다 배어나온다.

발로 뛰고 심장으로 느끼며 취재하는 김호일 기자의 깊은 영화사랑과 청년정신에 찬사를 보낸다!

영화평론가, 동국대 교수
유지나

1. 국제영화제 윤곽 잡기

국제영화제는 우리 영화계의 유서 깊은 숙원사업 중의 하나였다. 영화진흥공사는 80년대 이래 국제영화제의 필요성을 공언해왔고, 지난 91년 초에는 국제영화제 개최 문제에 대한 토론회를 주관하기도 했다. 영화인협회도 대종상을 영화진흥공사로부터 넘겨받으면서 이 영화제를 국제영화제로 발전시키겠다고 밝히기도 했다.

영화시장의 문호를 개방해 국내시장의 70% 이상을 직배 및 수입영화가 차지하자 영화인들 사이에서는 한국영화산업 존폐의 관건이 달린 만큼 해외시장 진출을 위한 국제영화제 개최를 하나의 당위로 여기는 분위기였다. 하지만 여건은 그다지 우호적이지 않았다.

 우리보다 한 발 앞선 북한

외국영화를 볼 수 있는 유일한 창구

북한이 남한보다 먼저 국제영화제를 개최했다는 사실을 알고 있는 이들은 그다지 많지 않다. 1987년 9월 북한은 제1회 평양국제영화제를 열었다. 이는 한국의 최초 국제영화제인 부산국제영화제보다 9년 앞선 것이다.

평양국제영화제는 북한에서 개최하는 유일한 국제영화제이다. 처음 명칭은 '쁠럭불(비동맹) 가담 및 발전도상나라들의 평양영화축전'이었다. 1983년 10월 평양에서 열린 제1차 비동맹 교육·문화장관 회의에서 개최를 합의한 뒤, 1986년 9월 제8차 비동맹정상회의에서 최종적으로 평양 개최를 결정하였다.

이에 따라 제1차 영화축전은 이듬해인 1987년 9월 1일부터 13일까지 열렸는데, 29개국에서 46편의 단편예술영화와 22편의 만화영화(애니메이션영화) 등 총 110편이 출품되었다. 이후 2~3년 단위로 열리는데, 출품 부문은 경쟁 부문과 비경쟁 부문으로 나뉜다. 영화 상영 외에 영화시장도 열린다. 9월에 열리며, 행사 기간은 보통 8일 안팎이다.

경쟁 부문은 축전이 열리기 2년 이내에 만들어진 극장용 영화와 기록·단편·만화영화 등 텔레비전용 작품이다. 최고상은 최우수작품상인 횃불금상으로, 예술영화·단편영화·만화영화 세 부문으로 나누어 시상한다. 그밖에 경쟁 부문에 은상·동상이 있고, 개별상인 영화문학상·연출상·연기상·촬영상과 특별상 등이 있다. 미국 LA타임스가 이 영화제를 비교적 상세하게 소개한 적이 있다.

"폐쇄된 사회로 알려진 북한이 1987년부터 2년마다 평양국제영화 축전을 위해 국제사회에 문을 열고 있는데 이 영화제에는 인기 영화배우나 파파라치는 없지만 열정적인 관객들이 있는 아주 독특한 형태다.

올해는 중국과 러시아, 독일, 스웨덴, 영국, 이집트, 이란 등 세계 46개국에서 110편의 영화가 출품됐으며, 대부분 영화들이 확실하게 선전적인 내용을 담고 있는 것은 아니지만 가족의 가치와 충절 등을 강조하고 있다.

2004년부터 세 번째로 이 영화제에 참가한 스웨덴 프로듀서 헨릭 뉴크비스트는 '영화 관련 거래가 거의 이뤄지지 않은 이 영화제에 영화제 작자들이 참가하는 것은 관객들의 열정 때문이다. 그는 관객들의 감정 표현이 아주 솔직하고 자연스럽고 유럽 관객과는 달리 영화의 결말을 예상하지 않는다. 그것이 아주 신선하다' 라고 말했다.

영화제 관람권은 대체로 작업장과 대학, 노동당을 통해 배포되지만 대부분이 다른 사람들에게 재판매되고 있다. 이 영화제에 독일 영화를 출품한 주일 독일문화원의 우베 슈멜터 원장은 '이 영화제는 북한 주민들이 외국 영화를 볼 수 있는 유일한 창구' 라고 말했다."(2008년 10월 12일)

그러나 평양국제영화제 개최 당시 꽁꽁 얼어붙은 남북관계와 냉전 이데올로기로 인해 이 같은 사실이 국내에는 거의 알려지지 않았다. 북한이 평양영화제를 열고 있다는 사실이 처음 국내에 전해진 것은 개최 3년 이후인 1990년 9월 서울에서 열린 남북 총리회담 석상이었다. 회담에 참석 중인 북한의 연형묵 총리가 남한의 강영훈 총리와 담소를 나누면서 자연스레 평양영화제 이야기를 꺼내 놓았다.

당시 한 신문은 이렇게 보도했다.

"이틀째인 6일 양측 대표단은 회담에 앞서 간단한 인사말을 나눴으나 전날 통일의 여망을 담은 인사말에 비해 영화, 날씨 등 일상적 얘기로 시작했다. 회담장에 먼저 도착한 강영훈 총리는 연형묵 총리에게 편히 주무셨냐며 여러 가지 일정을 너무 빡빡하게 잡아 즐겁게 해드린다는 것이 되레 짐이 되지 않는지 모르겠다고 말을 건네자 연 총리는 갖은 성의를 다해 줘 불편이 없었으며 고맙다고 인사했다.

이어 강 총리는 전날 일정과 관련, 영화는 현대극이지만 국악은 좀 지루하지 않더냐고 묻자 연 총리는 잘 봤다면서 북한에는 지금 50여 개국이 참가한 가운데 국제영화제가 열리고 있다고 소개하고, 서울로 오기 전날 개막식에 참석했는데 돌아가면 폐막식에 참가해야 될 것 같다고 대답했다."(경향신문 1990년 9월 6일)

뉴욕에서 만난 남북영화인

남북 총리회담 직후인 1990년 10월 10일 미국 뉴욕에서는 제1회 남북영화제가 열려 눈길을 끌었다. 뉴욕 오페라하우스 타운홀에서 열린 이 영화제는 분단 45년 만에 처음으로 남북한이 출품한 영화 상영과 남과 북의 영화인, 재미 영화인들이 한자리에 모였다는 큰 의미를 남겼다.

당시 강대선 한국 측 대표단장은 "단절의 벽을 허물어뜨리고 양측 영화인들 간의 정기적인 교류를 희망한다"고 말했다. 특히 그는 "앞으로 격년제로 열릴 뉴욕 남북영화제와는 별도로 서울과 평양에서 남북영화제를 번갈아 열고 1991년 2월 한국 대종상영화제와 9월 평양국제영화제에 남북 양측 영화인이 서로 참여하며 남북이 영화를 합작하는 문제를 긍정적으로 협의키로 엄길선 북측 대표단장과 의견의 일치를 보았다"고 밝혔다.

엄길선 북측 대표단장도 "비록 5일간의 짧은 만남이었지만 떨어졌던 친형제를 오랜만에 다시 만난 기분"이라며 "남북 영화인 모두가 조국 통일에의 기틀을 다지는 데 다 함께 노력하자"고 다짐했다.

그러나 남북 영화인들 사이에서 합의된 사안은 이후 더 이상 추진되지 못하고 결국 백지화되고 말았다. 하지만 영화인들은 한반도에서 어떤 방식이 되든 국제영화제를 열고 싶어 하는 마음을 표출하기도 했다.

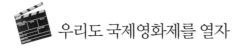
우리도 국제영화제를 열자

제주에서 국제영화제

한국에서 국제영화제 개최 문제가 처음 공론화된 것은 1991년 말이었다. 대전세계박람회(EXPO) 개막에 맞춰 1993년에 영화제를 개최했으면 하는 아이디어가 영화계에서 조심스레 제기됐다. 또 규모는 미국 아카데미와 프랑스 칸국제영화제 수준으로 기획했고 개최 장소는 제주가 유력하게 거론되었다.

이를 주도한 곳은 영화진흥공사(당시 사장 김동호, 현 부산국제영화제 집행위원장)였다. 영화진흥공사는 1991년 12월 23일 영화 관계자 20명이 참석한 가운데 '국제영화제 개최를 위한 토론회'를 열고 세계적 수준의 국제영화제를 1993년 개최하기로 원칙적으로 합의했었다.

토론회에서는 국제영화제 개최를 위해 1992년 상반기 중으로 재벌그룹 4~5개사와 정부 및 지방자치단체를 주축으로 하는 영화후원회를 결성, 영화제 개최에 따른 재원을 마련하고 전문 인력을 활용해 명실상부한 세계적 수준의 국제영화제를 열기로 한 것이다.

국내에서 처음으로 개최될 이 국제영화제 개최지는 제주도가 가장 유력한 장소로 논의됐고, 영화제 성격은 경쟁 · 비경쟁 · 마케팅부문 등 모든 장르를 포함하는 극영화제나 아동 · 가족 · 공상과학영화제 등 특정 주제별 영화제 등이 거론됐다.

이에 따라 영화진흥공사는 1992년 초 영화제 개최에 따른 전담 사무국으로 업무를 전환, 영화제 개최의 구체적인 시기와 장소, 영화제 성격과 규모 등을 확정 짓기로 했다.

당시 영화진흥공사를 이끌고 있던 김동호 사장은 세계일보와의 인터뷰에서 국제영화제 개최 준비를 다음과 같이 밝혔다.

"1992년 우리 영화계는 미국의 직배영화를 비롯한 외화의 범람으로 어려움이 많을 것으로 보이나 민간방송이 생겨나고 CATV 시대를 맞으면서 영화 수요층이 두터워져 국산영화 제작 환경은 점차 개선될 것입니다. 외화의 한국 영화시장 잠식을 우려만 할 게 아니라 해외로 눈을 돌려 외국과의 합작 등 교류의 문을 넓혀가야 합니다.

우리 영화의 해외진출 및 교류 문제, 우리 영화를 세계 영화 대열에 진입시키기 위해 1993년 개최 예정인 '서울국제영화제'의 준비에 박차를 가하는 한편, 이탈리아 페사로, 스페인 마드리드영화제 등 4곳에서 한국영화주간을 열어 우리 영화를 소개할 예정입니다.

1991년 심혈을 기울여 착공한 종합촬영소도 1993년 상반기까지 오픈 세트 설치와 일부 스튜디오를 준공해 제작자들에게 개방하겠습니다."
(1992년 1월 24일)

삼성그룹도 국제영화제에 관심

영화진흥공사 이외에 삼성그룹도 일찌감치 국제영화제 개최에 관심을 갖고 있었다. 삼성영상사업단을 운영 중인 삼성그룹의 이 같은 관심은 대종상 영화제 후원을 통해 드러났다. 그러나 대종상이 심사기준 적용, 심사위원의 선정 문제, 제작자들의 집요한 로비 등의 비리로 인한 시비가 끊임없이 제기돼 왔고, 이로 인해 영화인들 사이에서 폐지론까지 등장해 대종상 후원을 계기로 추진되던 삼성의 국제영화제 계획은 그다지 오래가지 못했다.

1993년 한국영화인협회 대종상준비위원회는 "삼성그룹의 공동참여로 이번 대회는 정부의 재정지원 없이 민간행사로 치르겠다"고 말하고 "앞으로 부문별 시상금을 대폭 늘리는 것을 비롯, 전체 영화인과 관객이 참여하는 명실상부한 영화축제가 되도록 기획하겠다"고 밝혔다.

그동안 대종상은 정부의 재정지원으로 치러졌으나 제29회 영화제가 끝난 직후 당시 영협 유동훈 이사장이 "다음 대종상은 민간주도의 순수 예술제로 치르겠다"고 밝혔다. 이에 따라 자금을 지원해온 영화진흥공사에서 예산배정 중지를 결정하자 영협이 삼성을 끌어안은 것이다.

당시 영협과 함께 대종상 행사의 기획을 담당할 삼성그룹의 제일기획은 영화인과 관객들의 참여폭을 넓히고 축제분위기 조성을 위해 전야제와 시상식 후 영화주간을 설정할 계획을 세웠다. 또 대종상 영화제를 남북교류 차원에서 북한 측이 참여하는 남북영화제로 확대 추진하고 국제영화제로 발돋움할 수 있는 방안도 찾겠다고 밝혔다.

그러나 90년대 초반 영화진흥공사나 한국영화인협회, 삼성그룹 모두 국제영화제 개최에 대한 꿈과 비전을 갖고 활발한 논의를 했으나 이를 실현하기에는 경험과 인력, 예산 부족 등 현실적 어려움이 너무 많아 논의 단계 수준을 벗어나지 못했다.

민간부문의 국제영화제 추진 움직임

정부와 대기업 이외에 민간에서도 국제영화제 추진 방안이 마련되고 있었다. 회사원 등 다양한 경력의 젊은 기획자 6명으로 구성된 신명기획팀이 주인공들인데 1993년 초부터 서울국제영화제를 위해 기획사를 차리고 준비해온 이들은 1994년 2월경 사단법인을 등록해 공식 활동에 들어갈 계획을 세웠다. 눈여겨 볼 대목은 이들이 내세운 타이틀이 '서울국제영화제'라는 점이다. 다시 말해 이들은 이전에 논의됐던 것들은 모두 백지화하고 '서울'에서 국제영화제를 열자는 것을 처음 제기했다는 점에서 적지 않은 의미를 찾을 수 있다.

이들이 구상한 첫 영화제 개최시기는 1995년 10월, 성격은 비경쟁영화제이며, 참가작 규모는 16~35mm 영화 1백 편 정도. 영화제는 일반부문과 특별부문으로 나뉘어 열리며, 일반부문은 △그해와 전해 해외영화제 그랑프리 수상작 △국제영화계의 신진 감독 데뷔작 △외국의 독립제작영화 △아시아영화 △여성영화 장르로 나뉘며, 특별부문은 △영화제에 출품되지 않은 숨은 수작 △흘러간 한국영화 회고 상영전 △당해 연도 한국영화 대표작 상영 및 토론회 등으로 꽤나 구체성을 띠고 있었다.

당시 신명기획의 강하늘 씨는 "우리는 관객들의 축제가 돼야 한다는 측면에서 비경쟁영화제를 선택했다. 캐나다 토론토영화제를 모델로 삼고 있다. 우리는 단지 영화를 좋아하는 아마추어들이지만, 곧 집행위원회와 자문위원회, 이사회는 영화계에서 일하시는 분들과 전문가들을 모셔올 생각이다"라고 밝혔다.(한겨레 1994년 1월 14일)

이들은 국제 감각과 기획력을 강점으로 내세우는 데 반해 영화계와 별 인연 없는 아마추어 집단이라는 것이 약점으로 평가받았다.

반면 영화평론가 전양준 씨가 다른 젊은 평론가들과 함께 입안 중인 영화제는 아직 구상단계이긴 하나 영화계 내부에서 국내외 교섭력을 가진 이들이 추진하고 있다는 점에서 오히려 실효성이 크다며 영화계와 언론의 주목을 끌기 시작했다. 이는 훗날 부산국제영화제의 모태가 된다.

전 씨는 "국제영화제는 한국영화의 세계화를 위해 반드시 선행돼야 할 사업이다. 경쟁영화제를 열자면 돈과 시간이 많이 든다. 뿐만 아니라 자칫 경쟁영화제가 휘말릴 수 있는 부조리의 위험을 피해 가기 위해 비경쟁영화제를 기획했다. 그러나 3년 정도의 경과 기간을 거쳐 경쟁영화제로 탈바꿈시킨다는 복안도 있다"고 밝힌 바 있다. 그러면서 약 10억 원대의 예산은 국가 및 공공기관과 대기업들에서 6억 원, 입장수입으로 3~4억 원을 조성할 계획이고 첫 개최시기는 1995년 10~11월로 잡고 있다고 덧붙였다.

돌이켜 보면 이때 전 씨 등은 국제영화제에 대해 어느 정도 밑그림을 그리고 있었다는 느낌을 갖게 한다.

이렇게 볼 때 1991~1993년 사이 약 2년간 민간차원에서 여러 그룹들이 국제영화제 작업이 활발히 진행돼 온 것을 알 수 있다. 그러나 영화계 내부의 광범위한 합의를 얻어내는 데는 실패했다. 국제영화제에 대한 충분한 인식 없이 대부분 하나의 이벤트 사업 개념으로 너무 손쉽게 도전한 결과였다.

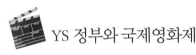 YS 정부와 국제영화제

정부, 서울국제영화제 개최 계획

정부 차원에서 지지부진하던 국제영화제 논의가 다시 수면 위로 부상한 것은 1994년이었다. 정치적으로는 전두환, 노태우 군사정부가 물러나고 김영삼(YS) 문민정부가 들어선 지 2년째를 맞는 해였다.

또 1994년은 '한국방문의 해'와 '서울 정도 6백년', 그리고 이듬해인 1995년은 '광복 50년', '영화탄생 1백년' 등 특별한 이벤트들이 많아 영화계 주변에서 이때를 국제영화제 원년으로 살려 보려는 움직임들이 다각적으로 일고 있었다.

1994년 1월 25일 이민섭 문화체육부 장관은 청와대 업무보고에서 광복 50돌 기념행사로 '국민문화 대축전'을 마련해, 북한 동포의 참여를 유도하는 민속대축전과 세계한민족축전을 여는 한편 서울국제영화제와 서울국제음악제 등을 개최키로 했다고 밝혔다.

이 장관의 업무보고에 이어 문화부는 한국영화의 국제적인 도약의

전기를 마련하기 위해 1995년 11월 서울에서 서울국제영화제를 개최하겠다는 구체적인 계획을 내놓았다.

이를 위해 영화진흥공사 내에 서울국제영화제 조직위원회 준비위원회를 구성하고 본격적인 준비에 착수할 계획이고, 준비위에 의해 구성될 조직위는 영화제의 성격과 기존영화제와의 차별화 방안 등 구체적인 사항을 결정하게 된다고 덧붙였다.

또한 서울국제영화제의 위상을 높이기 위해 베를린, 몬트리올 등 유수의 국제영화제와 협조하는 방안을 모색하고 있고, 세계적인 외국 영화인을 명예위원장으로 위촉하는 방안도 검토하고 있으며 영화제의 소요예산은 국고 10억 원, 지방비 10억 원, 민자 20억 원 등 총 40억 원으로 충당될 예정이라고 밝혔다.

이는 국제영화제 개최에 대한 정부 차원의 첫 공식 언급이다. 따라서 이를 계기로 국제영화제 문제가 본격 수면 위로 부상하게 됐다. 하지만 이 같은 정부의 계획에 대해 반론도 만만치 않았다. 무엇보다 영화제 개최 준비기간과 영화 인프라 부족, 그리고 영화인들의 합의가 없었다는 점이 반대의 주된 이유였다. 당시 국제영화제는 시기상조라고 강한 톤으로 주장한 보도를 살펴보면 반대여론이 어느 정도인지 쉽게 가늠할 수 있다.

"문화체육부의 발표를 보고 문득 9년 전의 도쿄국제영화제가 생각났다. 1985년 도쿄국제영화제가 창설됐을 때 일본영화계가 내건 슬로건은 '동양의 칸영화제'를 만든다는 것이었다. 일본은 이 같은 의지에 걸맞게 총예산 15억 엔을 들여 영화축제를 열었다. 영화제가 열린 도쿄 시부야 일대는 해리슨 포드, 잔 모로, 소피 마르소 같은 인기배우를 비롯한 세계 영화인들로 물결을 이루었고 1백 30여 편의 각국 영화가 소개됐다. 그러나 첫 해의 도쿄영화제는 3년 가까운 준비에도 불구하고 화려할 뿐 색깔이 없다는 지적 속에 막을 내렸다.

도쿄영화제는 예산이 30억 엔으로 늘어났지만 이 같은 자금력에도 불구하고 1급 국제영화제로 자리 잡지 못했다는 게 영화평론가들의 평가다. 칸, 베를린, 베니스 등 역사가 깊고 권위 있는 국제영화제에 눌려 좋은 영화를 끌어들이지 못했기 때문인 것으로 분석되고 있다.

국제영화제란 이처럼 국제적으로 자리 잡기가 쉽지 않다. 그런데 일본에 비해 영화 후진국인 우리나라가 단기간의 준비로 국제영화제를 개최한다니 졸속행정의 표본을 보는 것 같다.

정부는 95년이 광복 50주년, 영화 탄생 1백주년이란 점을 들어 서울 국제영화제 개최의 당위성을 강조하고 있다. 언뜻 보기엔 그럴듯한 발상이다. 그러나 뤼미에르 형제가 영사기를 발명한 1895년을 광복 50주년과 묶어 한국 영화와 연관시킨다는 것부터가 즉흥적이고 전시적인 행정으로 보인다.

다음해 11월이라면 불과 1년 반 정도밖에 남지 않았다. 졸속으로 만드는 한국 영화처럼 국제영화제를 탄생시킨다면 한국 영화의 위상만 떨어뜨리는 결과를 가져오게 된다. 광복 51주년, 그래도 준비가 부족하면 광복 52주년에 개최한다는 자세로 차분하고 철저한 준비를 해야 한다. 경쟁이든 비경쟁이든 좋은 영화를 유치하지 못한다면 이름만 국제영화제일 뿐 삼류가 되고 만다.

성격이나 개최지 등에 대해서도 심사숙고할 필요가 있다. 영화계에서는 경쟁식 운영으로 부진을 면치 못하고 있는 도쿄영화제를 거울삼아 비경쟁으로 해야 한다는 의견이 지배적이다. 78년에 창설돼 비경쟁으로 성공을 거둔 홍콩영화제를 모델로 삼아 관객을 위한 영화제로 만들되 우리 고유의 성격을 살려야 한다는 것이다.

장소도 교통이 혼잡한 서울을 피해 지방에서 개최하는 것이 영화제의 성공을 돕는다고 보고 있다. 칸이나 베니스, 체코 카를로비 바리 영화제가 세계적인 휴양지에 자리 잡고 있고 제주나 경주 등 관광지에서 개최하는 것이 세계영화인들의 이목을 끌 수 있다는 의견이다."(한국일보 1994년 3월 31일)

전반적인 반대 분위기에도 불구하고 정부는 국제영화제 개최 추진계획을 발표하고 이를 공론화하기 위한 수순에 들어갔다. 그 해 5월 13일 첫 공개토론회가 열린 것이다.

한국영화평론가협회(회장 이봉운) 주최로 세종문화회관 소회의실에서 열린 '서울국제영화제 창설에 관한 공개토론회'에서는 정부가 추진하고 있는 영화제의 성격과 개최시기에 대한 의견을 나누었다.

토론회에는 영화진흥공사 윤탁 사장, 문화체육부 정문교 문화산업국장 등 관계인사와 평론가 등 50여 명이 참석했다.

영화평론가 조희문 씨는 주제발표에서 "영화 교류의 폭을 넓히기 위해서 국제영화제 개최는 타당하지만 현재 한국 영화의 산업적 역량이나 세계 영화계에서 차지하는 비중 등을 감안, 경쟁 영화제는 지양해야 한다"고 밝혔다. 그는 교류와 친선을 위한 비경쟁 영화제로 개최하되 프로그램의 복합화를 통해 부분적으로 경쟁요소를 첨가하는 복합영화제가 바람직하다고 주장했다.

영화평론가 유지나 씨는 "기존 영화제들 속에서 서울국제영화제를 성공적으로 이끌기 위해서는 기존 영화제들과 성격을 차별화해 특징 있는 영화제를 만들어야 한다"고 밝혔다. 그는 로카르노, 낭트영화제 등을 예로 들고 "우리의 경우 아시아인디펜던트영화 부문이나 아동영화 같은 특별부문들을 개발해 특수영화제로 자리 잡을 수 있다"고 제시했다.

또 "영상문화 전쟁시대에 살아남기 위해서는 국제교류의 폭을 넓히고 세계 영화의 흐름을 알아야 한다"며 서울국제영화제 개최의 당위성을 설명하고 "우리 영화의 수준과 산업적 역량이나 세계 영화계에서 차지하고 있는 비중 등을 감안할 때 비경쟁 영화제가 바람직하다"고 말했다.

나아가 "세계적으로 6백여 개의 국제영화제가 개최되고 있는 데 비해 우리나라는 단 하나의 국제영화제도 열지 못하고 있다"며 하루 빨리 국제영화제를 개최해야 한다고 역설했다.

김대현 씨도 "광복 50주년을 맞아 각종 문화행사를 준비하고 있는 내년이 정부당국으로부터 영화제 개최에 필요한 예산을 따낼 수 있는 호기"라면서 "국제영화제 개최를 늦출 경우 예산을 따낸다는 보장이 없다"며 연기 불가론을 폈다.

그런데 이날 토론회의 결론은 '서울국제영화제' 창설이 어렵다는 쪽으로 모아졌다. 대부분의 참석자들은 시기 촉박과 준비 부족을 이유로 최소한 2~3년의 유예기간이 필요하다는 의견을 제시했다.

영화평론가 허창 씨는 "국제영화제가 성공을 거두기 위해서는 해외 제작사들이 많은 우수한 작품을 보내주어야 할 뿐 아니라 감독, 배우, 비평가 등 세계 유명 영화인들이 참석해야 한다"면서 "내년도에 서울영화제를 그 정도의 수준으로 치른다는 것은 회의적"이라고 밝혔다. 그는 "국제영화제를 개최하기 위해서는 세계 영화 정보에 정통하고 국제 감각이 있는 전문 인사들로 준비위원회를 구성한 뒤 최소한 2년 이상의 준비기간이 필요하다"고 덧붙였다.

또 변인식, 한옥희 씨 등도 막대한 비용을 들이고도 침체에 빠진 도쿄 영화제를 예로 들며 보다 폭넓은 논의와 연구가 선행되어야 한다고 지적했다.

속내를 들여다보면 당시 영화계 중진들의 목소리가 컸다. 이들은 '서울국제영화제' 창설 계획은 당장은 어렵다며 시간을 갖고 출범시키자는 반대여론을 주도한 것이다.

따라서 정부의 계획도 더 이상 진전되지 못했다. 이에 따라 광복 50주년을 맞는 1995년 11월에 '서울국제영화제'를 창설한다는 정부 차원의 계획은 이 토론회를 계기로 다시 수면 밑으로 들어가게 됐다.

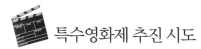 특수영화제 추진 시도

국제에버그린영화제

1994년 정부 차원의 서울국제영화제 추진 계획이 영화인들의 반대로 힘을 잃고 있는 가운데 민간차원에선 환경, 독립 등을 주제로 한 특수 국제영화제를 열 움직임이 꾸준히 제기됐다.

그린스카우트 서울 국제영화제조직위원회와 환경관리공단이 공동 주최한 '94 국제에버그린영화제'가 대표적인 예다. 이 영화제는 1994년 10월 29일부터 11월 4일까지 서울에서 '인간과 자연을 위한 영상메시지'라는 환경을 주제로 연다는 계획을 발표했다.

지구촌 곳곳의 환경보전에 대한 열정과 그 결실을 생생한 화면을 통해 보여줌으로써 환경문제의 심각성을 공감하고 대안을 함께 찾아보기 위해 마련된 행사였다.

이 행사에서는 세계적 환경영화제 등에서 수상했거나 높은 평가를 받은 외국의 장·단편영화 30편과 한국영화 5편 등이 서울시내 3개 극장에서 상영되고 또한 환경영화의 현주소를 진단하는 특별 심포지엄과 영화를 제작한 감독과 관객이 함께하는 토론도 마련될 예정이었다.

특히 관객들의 적극적 참여와 호응을 얻기 위해 일반 극영화뿐만 아니라 다큐멘터리와 애니메이션 등 다양한 장르의 영화가 선보이고, 컴

퓨터 자막처리로 출품작을 한글자막과 함께 감상할 수 있도록 한 점이
나 93년 덴버영화제에서 원자력의 위험을 경고한 '히어세이'로 호평을
받았던 미국의 월 벌리너 감독 등 7명의 감독이 내한 예정이라고 주최
측은 발표했다.

비록 환경을 슬로건으로 내건 특수영화제였지만 국내에서 처음 열리
는 국제영화제란 점에서 관심을 모으기에 충분했다. 그러나 이 영화제
역시 무기 연기되면서 사실상 실패로 끝났다.

행사를 준비한 조직위원회는 △영화감독들에게 사전 심의를 위해 필
름 프린트를 요구하는 것이 다른 나라에서는 전례가 없고 △협찬사의
협찬 취소로 예산이 부족해졌으며, 한글자막 준비가 늦어져 연기가 불
가피했다고 밝혔다.

그러면서 당시의 검열에 대해 불만도 함께 드러냈다. 이들은 "전 세
계 1천여 개에 이르는 국제영화제 중 사전심의를 실시하는 나라는 하나
도 없다"면서 "에버그린영화제는 다른 사정도 겹쳐 연기했지만 앞으로
우리나라에서 국제영화제를 추진할 때 큰 걸림돌이 될 공윤(공연윤리
위원회)의 사전심의제도는 반드시 개정돼야 한다"고 주장했다.

아무튼 연기 이유는 크게 사전심의와 예산 부족을 내세웠는데 그 내
막을 살펴보면 준비 소홀이 가장 큰 문제였다. 그만큼 국제영화제 개최
는 멀고도 험한 장정인 셈이라는 것을 다시 한번 입증했다.

서울국제독립영화제

해가 바뀐 1995년, 이번엔 독립영화인들이 국제영화제 개최를 준비
하고 나서 관심을 끌었다. 독립영화 제작사인 인디라인은 제1회 서울국
제독립영화제를 이 해 12월 2일부터 8일까지 서울 대학로의 동숭아트
센터 대강당에서 열었다.

이 행사는 국내에서 열린 최초의 국제영화제라는 의미가 있었지만 독립, 단편영화에 국한해 제대로 된 국제영화제로 분류되지 못했다. 공식 상영작은 시몬 반 뒤셀도르프 감독(네덜란드)의 '눈물'과 핀란드 애니메이션 영화 '위층 아래층' 등 모두 17편이었다.

한국영화로는 애니메이션 '소나기' (이용배 감독)와 다큐멘터리 '낮은 목소리' (변영주 감독) 등 2편이 공식 상영작에 포함됐다. 영화제 개막작으로는 이란 출신 압바스 키아로스타미 감독의 '내 친구 집은 어디인가'와 배용균 감독의 '검으나 땅에 희나 백성'이 상영됐다. 서울국제독립영화제는 회원제로 운영됐다는 점이 특징이다.

당시 서울국제독립영화제 김대현 사무국장은 언론과의 인터뷰를 통해 다음과 같이 밝혔다.

"뿔뿔이 흩어져 있던 독립영화인들이 만나 서로의 작품에 대한 평가를 주고받는 최초의 자리다. 독립영화를 운동권 영화로만 보는 시각은 잘못이다. 80년대의 정치적 상황이 그렇게 만들긴 했지만 90년대 들어서는 사회비판뿐 아니라 삶의 의미·자의식 등의 내면세계를 담은 작품들이 많이 발표되고 있다.

자본의 압박으로부터 벗어나는 대신 감독의 창의력·작가정신이 그대로 살아있는 독립영화는 그래서 작품성이 높다는 평을 받는다. 그러나 작품성이 아무리 뛰어나도 흥행 가능성이 없으면 햇빛 한번 보지 못하고 사장되는 게 우리 영화계의 현실이다.

독립영화와 상업영화는 기초과학과 응용과학의 관계이다. 한 나라의 산업이 발전하려면 기초과학이 융성해야 하듯 영화가 발전하려면 그 토양이 되는 독립영화가 풍부하게 양산되어야 한다. 그런데 영화진흥공사를 비롯한 당국의 지원책은 현재 전무한 상태다. 실제로 미국과 유럽, 그리고 가까운 일본의 독립영화들은 국가와 방송국의 적극적인 지원으로 배급과 재생산구조를 완벽히 갖춘 상황에서 제작되고 있다. 이젠 관객들을 믿는 수밖에 없다. 이번 국제영화제를 통해 관객들로 하여금 전혀 새로운 영상체험을 하게 할 것이다."(경향신문 1995년 11월 4일)

또 이런 시각의 보도도 있었다.

"일반인들에게는 독립영화에 대한 이해의 폭을 넓힐 수 있는 계기를, 독립영화 제작자들에게는 세계 독립영화의 흐름을 읽을 수 있는 기회를 주자는 뜻에서 영화제를 기획했다. 현재 한국독립영화의 가장 큰 현안은 재정적 어려움을 극복하는 일이다. 독립영화 활성화를 통해 새로운 영상기술과 영화문법으로 무장한 영화인들이 계속 등장할 때 한국영화산업의 발전은 저절로 이루어질 것이다. 모범적인 예로 1980년대 초 로버트 레드퍼드가 만든 미국의 '선댄스영화제'가 있다. 이 영화제를 통해 짐 자무시, 스파이크 리 같은 유명감독이 탄생했다.

스티븐 스필버그 감독의 경우에도 청소년 시절부터 단편영화를 찍으면서 영화적 소양을 쌓은 것이 오늘날 성공의 토대가 됐다는 사실에 주목할 필요가 있다. 현재 어려운 여건 속에서 독립영화를 제작하고 있는 많은 젊은이들에게 조금만 지원이 뒷받침된다면 우리 영화의 밝은 미래를 기대할 수 있다."(동아일보 1995년 11월 29일)

 서울, 광주 그리고 부산의 국제영화제

곳곳에서 분출되는 영화제 개최 동력

정부 차원의 국제영화제 개최는 사실상 수포로 돌아갔다. 영화인들의 반대가 심했다. 이런 가운데 1995년 개막된 지방자치시대를 맞아 서울, 부산, 광주 등 정부가 아닌 지방자치단체를 중심으로 새로운 문화운동 차원에서 국제영화제 개최 움직임이 일어나고 있었다.

서울국제영화제는 서울시, 광주국제영화제는 서울 신촌에서 문화 공간 '우리마당'을 꾸려온 김기종 씨, 부산국제영화제는 영화평론가 김지석(부산예술학교 교수) 씨가 각각 그 '발의자'였다.

광주국제영화제를 준비하고 있던 김기종 씨는 "베니스영화제가 베니스비엔날레를 모태로 태어났듯, 9월 개막될 광주비엔날레가 국제영화제에 좋은 생장환경이 될 수 있을 것"이라고 말했다.

영화감독 유현목, 임권택, 이장호, 정지영, 이정국, 영화평론가 안병섭, 정용탁, 김수남, 김대현, 정성일 씨와 광주예총회장 강봉규, 화가 홍성담, 연극인 박효선 씨 등 광주 지역 문화예술인, 노성대 광주문화방송 사장, 국회의원 정상용 씨 등으로 국제영화제 준비모임이 구성됐다. 준비위원장으로 '하얀 전쟁'의 영화제작자이기도 한 국회의원 국종남 씨가 선임됐다. 사실상 국 의원이 주도한 것이다.

광주국제영화제는 그 해 9월 중순, 준비위원회를 정식 발족하고 영화제의 골격을 구체적으로 갖춰갈 예정이라고 밝혔는데, 조금 다른 점은 경쟁 영화제가 최종 목표였으며, 격년제로 열리는 비엔날레 행사의 한 축에 포함시켜 국제영화제를 열 계획이었다.

반면 부산국제영화제의 얼개를 짜고 있는 김지석 씨는 "우리 영화제는 도쿄보다는 홍콩영화제에 가까운 모습이 될 것"이라고 말했다. 영화제를 통해 세계 영화의 흐름을 내다보는 한편, 한국영화에 대한 국제사회의 관심을 끌어 들이겠다는 것이다. 한국영화의 주제별 상영회를 영화제 동안 열고, 그 토론회에 외국 평론가들을 유치한다는 것이었다.

김지석 씨는 "빠르면 96년 첫 영화제를 연다. 기민하게 움직이면 그리 급한 게 아니다. 영화 선정 등 실무적 문제와 관련해 외국의 평론가들로부터 상당한 정도의 협조 약속을 받아놓은 상태"라고 밝혀 영화제 개최에 자신감이 넘쳐보였다.

이때 부산국제영화제 준비팀은 영화제 개최를 작심하고 정관계 인사 포섭에 나선 시기였다.

서울의 경우, 몇 차례 논의가 물거품이 됐던 사례에서 볼 수 있듯이 전체 영화계의 의견수렴의 태생적 문제를 안고 있었다. 한국영화의 중심지인 만큼 의견이 백출할 수밖에 없는 서울과 달리 부산이나 광주에서는 그 과정을 생략할 수 있다는 점이 강점이었다.

다시 주목받는 서울

지방자치시대가 개막된 이후 서울에서 영화제 개최 움직임은 이전과는 다른 양상이었다.

서울시는 1996년 1월 26일 국제도시로서의 이미지를 고양하고 국내 영상산업의 발전을 도모할 국제영화제를 서울시 주관 아래 창설해 1997년 10월 첫선을 보일 것이라고 공식발표했다. 영화제는 격년제로 열고 행사기간은 10일 가량으로 잡았다. 세계 30~50여 국가에서 1백여 편의 영화를 유치해 다른 국제영화제에 비해 손색이 없도록 하겠다고 덧붙였다. 한국종합전시장이나 올림픽경기장을 개최장소로 꼽았다. 개최시기는 베니스(9월)·칸(5월 중순)·모스크바(7월 중순)·베를린(2월 중순) 등 세계 유수영화제와의 중복을 피하기 위해 문화의 달인 10월 중순으로 정했다.

흥미로운 사실은 삼풍백화점 붕괴, 성수대교 참사 등 대형사고가 잇따른 점을 의식해 서울의 이미지를 개선하고 문화도시임을 세계에 알리기 위해 국제영화제를 개최키로 했다는 점이다. 그러나 서울시의 이같은 계획은 더 이상의 동력을 얻지 못하고 실현되지 못했다. 광주 역시 논의가 진전되지 못하고 주저앉는 분위기였다. 반면 부산은 이미 구체

적인 청사진이 마련돼 한국에서 국제영화제 개최를 둘러싸고 일어난
경쟁에서 최종 승자로서의 윤곽을 서서히 드러내고 있었다.

2. PIFF 태동 출범 그리고 성장

부산국제영화제, 태동하다

 ### 영화제 주동세력 등장

 # 서울 · 부산문화원 세대의 조우

세계에는 크고 작은 영화제가 1천여 개가 넘는다고 한다. 그 가운데 국제영화제는 400여 개에 달한다는 통계도 있다. 영화를 만들 여력이 있는 나라라면 영화제 한두 개 정도는 개최하고 있다는 계산이 나온다. 그러나 부산국제영화제 출범 이전, 영화 역사 100년의 한국에 영화제가 없다는 것은 충무로 사람들에겐 무척 자존심 상하는 일이었다.

우리 영화가 해외에서 홀대받고 있는 것도 창구 역할을 해줄 영화제가 없고 그럴만한 영화의 인적 네트워크가 없기 때문이라는 자성의 목소리도 있었다. 그렇기 때문에 우리나라에도 반드시 영화제가 필요하다는 인식은 자연스럽게 싹트기 시작했다.

현재 충무로에서 중견 감독으로, 평론가로, 대학 교수로 활동하고 있는 당시 젊은 영화운동가들, 제3세대 평론가로 불리는 이들이 영화제를 탄생시킨 주동 세력들이다. 이용관, 박광수, 전양준, 김지석 등 부산국제영화제의 초창기부터 현재까지 핵심 브레인으로 활약 중인 그들은 서울, 부산 할 것 없이 대학에서 영화 공부하기에 꽤 열악했던 그 시대에 어렵게 영화를 접했던 세대다.

출판 표현의 자유가 보장되지 않고 검열의 가위질이 창작 활동에 막대한 지장을 주던 그 시대에 영화를 전공과목으로 선택한 그들은 말하자면 시대를 앞서가던 진보적 지식인이었다. 대학의 부실한 커리큘럼과 영화 자료들은 그들의 갈증을 채워주기 힘들었다.

해외여행 경험도 전무했을 당시에 유럽 아트영화와 해외 영화제를 기웃거리는 이 사람들은, 새마을운동 하던 시대에 MP3나 디카폰을 구상하는 부르주아쯤으로 여겨지지 않았을까.

그들은 늘 목이 말라 있었다. 영화를 보고 싶었지만 기껏해야 프랑스문화원, 독일문화원이 유일한 창구였다. 그러다 보니 문화원을 중심으로 학생들은 모여들기 시작했다. 그들은 서울 프랑스문화원의 시네클럽, 독일문화원의 동서영화연구회, 영화서클 등 모임을 통해 영화를 보며 밤을 지새웠다.

일본어 책으로 영화를 공부하던 이전 세대와 달리, 그나마 비디오가 보급돼 자막 없는 영화를 다방에서 커피 한잔 마시며 토론하던 그들이었다. 그들은 영사기를 돌리며 보고 싶은 영화를 마음껏 보는 것이 한결같은 소원이었다.

창작운동과 비평, 영화이론 정립이 꿈틀대고 전양준, 김대현, 임영 같은 평론가들이 기고문을 통해 영화제의 필요성에 대해 열변을 토했다. 신춘문예에 영화평론 부문이 신설되고, 영화제의 개최에 대한 당위성도 보다 구체화되기 시작한 것이다.

1985년 이용관 교수가 부산 경성대로 부임하면서 이러한 열기는 부산으로 거점을 옮겨간다. 경성대에 연극영화과가 생겼지만 커리큘럼도, 강사도 열악한 상황에서 이용관 교수는 전양준, 이충직, 박광수, 강한섭, 유지나 같은 서울의 영화인들을 끌어다가 부산 강단에 세웠다.

그 당시 부산의 영화학도들은 역시 경성대 앞 프랑스문화원을 중심으로 모였다. 프랑스문화원의 시네클럽에는 김지석과 초대 부산국제영화제(PIFF) 사무국장 오석근이 버티고 있었다. '서울의 문화원 세대'와 '부산의 문화원 세대'는 이렇게 해서 부산에서 조우하게 된다. 이들이 부산에서 만났다는 사실은 훗날 부산에서 영화제가 열릴 수밖에 없었던 이유이기도 하다.

1989년 본격 비평전문지인 계간 '영화언어'가 창간되면서 그러한 열망은 한층 더 뜨거워졌다. '영화언어'가 편집실을 부산으로 옮겨가면서 가장 중요한 역할을 담당하고 있었던 김지석은 영화제를 마련하기 위한 기획서 작업에 들어갔다. 그리고 그 열망이 현실화된 구체적인 계기는 1992년 열린 이탈리아 페사로영화제였다.

페사로영화제의 추억

일반인에게는 다소 생소한 이탈리아 페사로영화제는 1992년 '한국영화 특별전'을 마련하면서 한국영화와 함께 한국영화인들을 초청해 PIFF와는 매우 특별한 의미를 갖는다.

김동호 당시 영화진흥공사 사장은 "아드리아노 아프라 페사로영화제 집행위원장이 직접 방한해 영화진흥공사에서 한국영화 100편을 보고 30편을 골랐다"고 밝혔다. 그때 아드리아노 위원장 통역으로 임안자 씨가 함께 한국을 찾았는데 그녀는 후일 PIFF 출범에 산파역을 하게 된다.

당시 아드리아노 위원장은 배창호, 이장호 등 주로 중견감독의 작품을 골라갔는데 이 작품들을 소개하는 글을 전양준이 운영하던 '영화언어' 팀이 맡게 됐다. 이 팀은 이탈리아어와 영어로 출간될 책자에 실릴 원고를 쓰면서 우리 영화를 해외에 알리기 위한 영문책자의 발간이 필요하다는 것을 절감하게 된다.

영화언어팀은 이 인연으로 페사로영화제에 참가했다. 당시 동행했던 사람들은 이용관, 김지석, 전양준, 박광수, 이효인, 안성기 등 현재 PIFF는 물론 한국영화계의 중추 세력이 됐다.

페사로영화제는 생각보다 소박했지만 강렬한 자극이었다. 거창한 축제여야 할 것이라 생각하던 영화제와는 거리가 있는 작은 축제였다. 영화제에 초청받은 이들은 한국영화가 '미개국의 알 수 없는 영화'로 알려져 있는 데 통탄하며 "우리도 할 수 있다, 아니 반드시 해야 한다"는 각오를 다졌다. 페사로영화제처럼 특별한 테마를 가진 작은 영화제라면 겁낼 것도 없다고 생각한 것이다.

'이 정도 규모로 작고 알차고 좋은 영화제 만들자'고 다짐한 소위 '페사로 멤버'들은 귀국 후 영화제가 자국 영화의 해외 진출에 어떤 영향력을 미치는지를 고민하기 시작했다. 그리고 영화 비즈니스의 성장에 어떻게 기여하는지 꿰뚫었던 이들은 수시로 만나 영화제의 밑그림을 그리기 시작했다.

회동이 빈번해질수록 영화제의 청사진은 뚜렷해졌다. 마침내 '마니아와 대중 사이에 있는 영화제' 쪽으로 의견이 모아지면서, 이 영화제를 통해 한국

▲ 1994년 11월 열린 PIFF 준비 세미나

영화가 무엇인가 변해갈 것이라는 작은 희망을 포착했다.

이렇게 해서 "비디오가 아닌 필름으로 된 영화를 보고 싶다"며 제기됐던 영화제 개최론은 한 발 더 나아가 "한국영화의 해외 진출 창구가 되어줄 영화제를 열자"는 쪽으로 발전했다. 그것도 서울이 아닌, 영화계 인사들이 거의 없는 부산에서.

부산시의 지원을 이끌어내다

이렇듯 '꿈'과 '이상'으로만 존재했던 영화제를 현실화시키기 위해선 열정보다 돈이 필요했다. 수많은 시행착오의 과정이 계속되다 1994년에 이르러 희망의 싹이 조금씩 모습을 드러냈다. 2002년 아시안게임 개최를 앞둔 부산시는 자매결연을 맺은 아시아 국가들과 '아시안 위크'란 문화행사를 준비 중이었고, 행사 프로그램 중 하나로 '영화제'가 기획되었다. 그리고 1994년 11월 21일 부산일보 소강당에서는 부산영화평론가협회 주최로 '2002년 아시안 게임을 대비한 부산영화문화의 진흥 방안'에 관한 세미나가 개최되었다.

김지석은 부산국제영화제 개최 가능성과 의의에 대해 발표했고, 이용관과 오석근은 토론자로 참석했다. 이 자리에서 부산 지역의 영화계 인사와 정·재계 인사들 사이에 '영화제의 필요성'에 대한 공감대가 형성되었고, 영화제 개최에 대한 보다 구체적인 논의가 촉발되었다.

부산이 고향인 김지석과 그의 친구이자 영화적 동지인 오석근은 특히 부산에서의 영화제를 고집했다. 학창시절부터 아르바이트로 돈 벌어 해외 영화제를 다녔던 김지석은 "세계 유명영화제들이 해안 휴양지를 끼고 있다"며 "부산을 중심으로 일어난 영화 운동이 영화제를 탄생시키려 하는데 굳이 서울로 옮겨갈 필요가 없다"고 주장했다. 지금도 "부산을 떠나서 산다는 걸 생각해 본 적도 없다"고 말하는 그는 학부는 공대를 졸업했지만 대학원은 중앙대로 진학해 부산에서 통학하며 공부했던 '고지식한' 부산 사람이다.

그러나 예상대로 서울의 영화인들은 부산을 영화제 도시로 육성하자는 의견에 상당히 회의적이었다. 남포동 광장을 끼고 극장들이 모여 있는 것은 장점이었지만 문화 불모지 부산에서 영화제를 개최한다는 것은 상상도 하지 못했다.

이용관은 이렇게 설명한다. "당시 서울의 영화인들은 만나면 '영화제한다며, 잘 되어 가나?' 가 인사였어요. 전부들 하고 싶어 했지요."

당시 상황은 서로가 왕위에 오르기 위한 복마전이었다. "내가 아니면 안 된다"는 인식이 만연했으며 해묵은 신구 세대 간의 갈등도 갈수록 골이 깊어져 눈살 찌푸릴 만한 크고 작은 충돌도 많던 때였다.

본격적으로 영화제를 준비하던 김지석, 이용관 등은 이즈음 영화제 준비단을 꾸렸다. 그리고 5억여 원의 재원으로 영화제를 지원하겠다고 나선 부산 파라다이스 호텔과 손을 잡았다.

이를 계기로 이듬해인 1995년 들어 PIFF 개최 준비는 본격화되었다. 영화제 준비를 위해 모인 김지석, 이용관, 전양준, 김유경(공연기획 열린판 대표)은 문화체육부 차관과 영화진흥공사 사장을 역임했던 김동호 전 공연윤리위원회 위원장을 영화제 집행위원장으로 추대하기로 뜻을 모았다. 국내외 영화계를 아우를 수 있는 최고의 인물을 영입키로 한 것이다. 이후 김 위원장의 합류는 훗날 PIFF가 아시아 정상에 우뚝 설 수 있는 결정적 요인으로 작용하게 된다.

프라자 회동

준비단이 김동호 씨를 집행위원장으로 추대하기로 하고 서울 시청 앞 프라자 호텔 커피숍에서 회동한 날은 정확히 1995년 8월 18일이었

▼ 김동호 위원장

다. 영화제 사람들은 이 모임을 이른바 '프라자 회동'이라 부른다.

김 위원장의 회고를 들어보자.

"공윤 위원장을 그만두고 공직을 떠나 쉬고 있을 때 어느 날 집 전화기 자동응답기에 '중앙대 이용관 교수입니다 꼭 만나고 싶습니다'란 메시지가 남겨 있었죠. 그래서 전화를 했더니 이 교수는 '부산에서 영화제를 하려고 준비하고 있는데 꼭 좀 만나고 싶습니다'라고 말해 약속시간을 잡고 프라자 호텔로 나갔죠."

이때가 한여름인 8월 18일 오전 10시, 호텔 2층 커피숍에는 이용관, 전양준, 김지석 그리고 '열린판'의 김유경 사장 등 4명이 나와 있었는데 김 위원장에게는 모두 처음 만나는 사람들이었다.

그해 3월 부산 경성대에서 중앙대로 자리를 옮긴 이용관은 "저도 영화진흥공사에서 일했습니다"라며 친근감을 표시했다. 김 위원장은 알고 보니 정식 직원은 아니었고 영진공에 와서 원고를 쓰며 오가면서 얼굴을 본 적이 있다고 기억을 떠올렸다. 첫 만남이었지만 비교적 우호적인 분위기였다.

사실 김 위원장은 나름대로 '영화제'를 염두에 두고 있었다. 영화진흥공사 사장으로 재임했던 91년부터 해외 영화제를 다니기 시작했던 그는 영화제 개최를 위해 수시로 마련됐던 공청회에 적극 참가하고, 임권택, 하명중, 장선우, 박광수 등 영화인들과도 지속적으로 접촉해오고 있었다.

또 1994년 문화부가 광복 50주년을 앞두고 준비하던 환경영화제가 그 중 가장 구체적인 단계까지 진척됐는데 김 위원장은 이 영화제의 집행위원장으로 내정되기도 했다. 물론 환경영화제는 전형적인 '탁상행정의 산물'로, 영화제를 위해 들여온 작품들이 사전심의에 걸려 세관에 묶여 있다가 결국 영화제가 무산되면서 빛도 못 보고 말았다. 솔직히 국제적인 망신이었다.

영화제를 해보자는 움직임이 곳곳에서 일어나고 있었는데 당시 신문은 이렇게 전하고 있다.

"2002년 아시안게임 개최와 지방자치시대를 맞아 부산의 뜻있는 영화인들이 한국 최초의 국제영화제 창설을 추진, 국제규모의 영화제가 오는 96년 10월 부산에서 개최될 것으로 보인다. 영화인들은 '국제영화제는 세계 영화의 흐름을 이해하고 영화인들의 교류 확대로 한국영화에 대한 전 세계 영화인들의 관심을 끌어들여 한국영화의 세계화를 도모하는 좋은 기회가 된다'고 말한다. 여기에 부수적으로 개최도시의 국제적인 홍보에 따른 이미지 제고와 관광수입 증대, 그리고 지역민의 문화 향유권 신장 등 제반 문화 산업의 활성화를 도모할 수 있다는 설명이다.

부산국제영화제는 약 12억 원의 예산으로 전 세계에서 200~300편의 영화를 초청하는 범 세계권 비경쟁 영화제의 성격으로 추진되고 있다. 이미 부산의 파라다이스 호텔 측이 5억 원의 재정 후원을 약속한 가운데 조만간 재단법인 구성과 착수 등 본격적인 영화제 준비에 들어갈 수 있을 것으로 전망된다.

국제영화제 창설과 관련, 현재 마무리 기획 작업 중인 김지석 씨(부산예술학교 교수)는 '칸, 베니스 등 세계 주요 영화제 일정을 피해 내년 10월 말께 개최가 유력하며 개최 기간은 메인행사 2주에 식전, 문화행사를 포함해 3주는 넘지 않을 것'이라고 말한다. 그는 또 '세계 각국의 참여를 높이는 방안의 하나로는 경쟁보다는 비경쟁형식이 적극 검토되고 있다’ 고 밝혔다.

영화제 사무국이 설치된 뒤 집행위원들의 최종 합의가 남아 있긴 하지만 아시아권 영화 월드 애니메이션, 세계의 다큐멘터리 감독 회고전, 한국영화주간, 북한영화 초청 등이 영화제 주요 내용으로 거론되고 있다.

김 교수는 ‘영화제는 민간차원에서 추진되겠지만 국제영화제 개최 이상의 부산 영상산업 활성화 등을 위해서라도 부산시와의 공조체제는 불가피하다’ 며 ‘영화제 개최를 위한 재단법인 설립 등이 급선무’ 라고 강조한다.

한편 영화제 준비위원으로는 김 교수 외에 주윤탁, 전수일, 오석근, 이용관, 전양준, 이정하, 이효인 씨가 거론되고 있으며 위원장엔 문화부 차관을 역임한 김동호 씨가 확정적이다. 그리고 아시아권 영화의 유럽 소개 창구로 알려진 영국의 저명한 영화평론가 토니 레인즈가 프로그래머로 가세할 전망이다.

국제영화제에 대한 영화인들의 관심은 90년대 들어 꾸준히 증대돼 왔고 결국 해프닝으로 끝나긴 했지만 1995년에는 문화체육부가 서울국제영화제를 창설하겠다고 발표하고 나서 영화계 안팎이 떠들썩했었다.

현재 부산 외에도 광주가 광주비엔날레 개최에 고무 받아 2000년 혹은 2002년에 경쟁 방식의 국제영화제를 개최키 위해 31명의 각계 인사로 준비위원회를 발족하는 등 발 빠른 행보를 보이고 있다.”(김은영 기자 1995년 10월 26일. 현 부산일보 문화부장)

영화제 반대파도 영입

아무튼 김동호 씨가 ‘프라자 회동’ 을 통해 영화제에 참여하면서 PIFF 출범 계획은 탄력을 받게 됐다. 이어 서울과 부산을 오고 가며 수차례 모임을 가진 준비팀은 부산 영화계를 대표하는 인물인 경성대 주윤탁 교수와 김사겸 감독을 잇달아 영입했다. 두 사람이 승선함에 따라 준비팀은 걸림돌을 하나 둘씩 제거했고 반면 든든한 원군을 얻은 셈이 됐다. 사실 주 교수는 "서울에서도 안 되는 영화제를 부산에서 연다는 것은 말도 안 된다"며 "대신 과거 부산에서 개최했던 부일영화제를 부활하자"며 PIFF 개최에 부정적 견해를 가졌던 대표적 반대파였다.

김동호 씨가 합류하면서 원활하게 일이 풀리나 싶더니 파라다이스 호텔이 결정적인 순간에 발을 빼면서 준비팀은 다시 위기에 직면했다. 오석근 감독은 "당시 파라다이스 호텔은 카지노 사업을 중심으로 호텔 매출 증대를 위한 프로모션 차원에서 영화제 참여를 결정한 듯한데, 아시아의 가난한 감독들을 우리가 초청해야 하며 여기에는 막대한 비용이 든다는 얘기에 지원 계획을 접은 것 같다"고 설명했다.

김동호 씨는 이때 상당히 진노했었다. "그때가 95년 11월이었는데, 파라다이스 고위 관계자와 합의한 사항이 갑자기 백지화됐어요. 돌연 회의적인 반응이 나오니 당황할 수밖에 없었죠."

돈줄이 끊겼으니 영화제 준비는 다시 원점으로 돌아갔다. 반면 다른 지자체의 영화제 준비는 급박하게 돌아가는 분위기였다. 광주에서는 국제영화제 조직위원회가 출범했다. 선수를 빼앗겼다 싶더 위기감도 있었지만 광주영화제는 관료와 독립영화인이 중심이 돼 조직이 취약했고 더 이상 진척이 없었다.

또 비슷한 시기, 서울도 광주만큼 바삐 움직였다. 1997년 개최를 목표로 추진 중인 '서울국제영화제'와 관련해 영화계 인사와 서울시 관계자들이 첫 모임을 갖는 등 상당히 깊숙한 논의를 진행하고 있었기 때문이었다.

당시 신영균 예총회장, 김채환 영화제작자협동조합 전무, 이두용 영화감독협회장 등 영화계 인사 11명과 안순덕 서울시의회 문화교육위원장, 김우석 서울시 문화관광 국장 등은 간담회에서 △영화제 방식 △다른 영화제와의 차별성 △섭외 대책 등에 관해 의견을 나눴다. 서울시는 영화제 창설을 위해 96년 5억 1천 200만 원 규모의 예산안을 편성해 놓고 있었다.

이때 참석자들은 "서울영화제는 비경쟁체제로 운영하되 만화 등 특수하거나 특색이 있는 영화분야에 경쟁체제 도입을 검토하는 게 바람직할 것"이라는 의견을 내놓았다. 이들은 다른 영화제와 차별성을 갖기 위해선 뉴미디어와의 접합 등 미래지향적인 제작방식으로 만들어졌거나 미래영화를 주도할 것으로 예상되는 영화 등을 중심으로 영화제를 개최해야 한다고 지적했다. 또 영화제의 성공적 개최를 위한 섭외 대책으로는 국제무대에서 전문적으로 좋은 영화작품이나 감독 등을 끌어들일 수 있는 큐레이터를 확보해야 한다는 의견이 제시됐다.

김동호 - 박광수 투톱 체제

부산도 다급해졌다. 1995년 12월 16일 서울 장충동에 모인 준비팀은 박광수 감독을 부집행위원장으로 끌어안았다. 당시 국내는 물론 해외 영화제에 정통한 영화인으로 박 감독만한 사람이 없었기에 준비팀이 그를 영입한 것은 또 하나의 쾌거였다. 따라서 준비팀이 김동호 - 박광수 투톱 체제를 내세운 것은 '환상의 드림팀'이었다. 이즈음 부산이 자금과 인력, 지원 면에서 다른 영화제 준비팀을 추월하는 순간이기도 했다.

1995년이 저물어가고 있었다. 잠정적으로 잡은 영화제 개최 시기는 1996년 9월, 1년도 채 남지 않은 상황에서 예산을 확보하고 영화제 개최를 위한 실무에 돌입해야 했다. 10억 원 이상의 예산, 100편 이상의 초청작, 그리고 영화제 개최를 위한 시스템 구축, 과연 이 모든 것이 가능할 것인가? 머릿속 물음표는 아무런 소용이 없었다.

이미 발을 내디뎠던 사람들은 불가능할 것이라는 의심을 가능한 확신으로 만들기 위해 움직이고 있었다. 물리적인 시간은 부족했다. 돈도 바닥이었다. 그 상황에서 원동력은 오로지 열정뿐이었다.

해가 바뀐 1996년 1월 박광수, 이용관, 전양준, 김지석, 오석근, 영화평론가 토니 레인즈, 박기용 감독, 공연기획 전문가 김유경 씨 등은 서울의 김동호 씨 자택에 모였다. 이날 회동에서 '아시아 영화 중심의 비경쟁 영화제'라는 PIFF의 기본 성격을 확정하고, 법인기구 구성, 추진 계획 및 일정, 그리고 소요 예산 등을 협의했다.

영화제 준비팀은 여기서 가장 중요한 원칙 하나를 세웠다. PIFF는 '아시아 영화가 중심이 되는 영화제'여야 한다는 것이다. 전 세계의 영화를 초청하면서 이미 오랜 역사를 지나온 유수의 국제영화제들과 경쟁한다는 것은 무의미하다고 판단했기 때문이다. 새로운 영화제로서 차별화된 지향과 의의가 필요했다. 그리고 세계의 국제영화제 중 아시아 영화를 조명하고 적극적으로 발굴하는 영화제가 부족했던 것도 사실이었다.

낯선 한국이란 나라, 그리고 더욱 낯선 부산이란 도시에서 개최되는 영화제가 유수의 영화제들이 지향하는 화제작의 '월드 프리미어' 상영을 고집하는 것 자체가 불가능한 상황이기도 했다. 이는 막 출발하는 영화제로서 직면할 수밖에 없는 고민이 반영된 결과이기도 했다.

조직위원회 출범하다

이를 토대로 약 한 달 후인 1996년 2월 13일, 부산시청 회의실에서 '사단법인 부산국제영화제 조직위원회'의 창립총회가 개최되면서 PIFF는 그 출범을 알리게 됐다.

총 발기인은 32명, 정관에 따라 영화제 조직위원장은 문정수 부산시

▼ 부산국제영화제 조직위원회 현판식

장, 조직부위원장은 강병중 부산상의 회장이 각각 맡았다. 조직위원은 김사겸 감독, 박신일 변호사 등 감사 2명을 포함, 오세민(정무부시장), 김종암(시의회 문화환경 위원장), 배혜경(예총 부산지회장), 정순택(부산시 교육감), 오거돈(내무국장), 김동호(마이TV 사장), 박광수(영화감독), 주윤탁(경성대 교수), 정한상(부산일보 사장), 남정식(국제신문 사장), 이인형(부산매일신문 사장), 이우현(문화방송 사장), 김광일(KBS 부산총국장), 김경동(PSB 사장), 안관성(학교법인 원곡학원 이사장), 강수창(파라다이스비치호텔) 사장 등 영화계, 학계, 언론계, 상공계 인사 18명이었다.

또 집행위원장에는 문화체육부 차관과 영화진흥공사 사장을 역임한 김동호 씨를 선임했고 주윤탁 교수, 박광수 감독을 집행위원회 부위원장으로, 오석근 감독을 사무국장으로 추대했다. 창립 총회에서는 영화제를 매년 9월 초순과 중순 사이에 개최하는 것을 원칙으로 하고 첫 해인 1996년에는 9월 6~16일에 부산시내 일원 5개 극장에서 열기로 확정했다.

영화제 성격은 영화박람회적 성격을 띠는 '비경쟁 영화제'로 출발하되 차후 '경쟁'을 도입키로 했다. 또 아시아영화의 교류와 지원 확대 차원에서 특히 동북아시아 영화를 중점 소개, 여타 영화제와 차별화하기로 했다. 그리고 대중들에게 다양한 영화문화 향수의 기회를 부여하기 위해 극영화 외에 독립영화, 새로운 영화 소개 등도 주력하기로 했다.

영화제 규모는 당초 계획보다 다소 축소하여 장편 극영화(해외 초청작) 50편을 비롯하여, 단편·다큐멘터리 영화 20편(국내외 포함), 국내 극영화 10편 등 총 80여 편의 작품을 초청하여 상영키로 했다.

김동호, 대우에 'SOS'

이렇게 해서 물밑에서 준비 작업에 여념이 없던 영화제가 수면 위로 올라왔다. 준비팀도 이젠 집행위로 공식 명칭이 바뀌었다. 그러나 여전히 이들의 발목을 잡은 것은 돈이었다. 영화제 예산으로 책정한 17억 원 중 일단 시비 3억 원 지원을 약속받았지만 나머지 14억 원의 예산을 구해야 하는 어려움에서 쉽게 벗어나지 못했다.

그래서 김 위원장은 마침 알고 있던 대우그룹 정희자 회장을 떠올렸다. 이때부터 김 위원장의 두터운 인맥이 힘을 발휘하는 순간이었다. 그는 정 회장 측에 면담신청을 했다. 중간에서 다리를 놓아준 것은 대우영상사업단 정주호 사장이었다. 김 위원장은 경기고 후배인 정 사장에게 면담일정을 부탁하면서 PIFF 지원 가능성을 타진했다. 물론 그 이전에 김 위원장과 정 회장은 안면이 있었다. 김 위원장이 공윤 위원장 시절 대우영상사업단을 운영하는 정 회장을 위원으로 끌어들여 영화심의위원으로 위촉해 아는 사이였다. 게다가 김 위원장은 정 회장의 남편인 김우중 회장과는 경기고 동창이었다.

김 위원장은 이에 대한 기억을 이렇게 떠올렸다.

"김 회장은 우리보다 두 살 위인데 졸업은 같이 했어요. 그런데 제가 공직에 있으면서 사석에서 거의 만나지 못했죠. 도움 같은 것은 청할 입장도 아니었고요."

어쨌든 김 위원장은 정 회장과의 면담 시 "증인이 있어야 한다"며 부위원장인 박광수 감독과 동행했다. 그런데 당시 영화계에서 대우의 라이벌인 삼성은 좀 곤혹스러운 입장이었다. 삼성영상사업단을 운영 중인 삼성그룹이 대종상 영화제 스폰서를 맡고 있었는데 매년 로비 의혹에 싸이면서 삼성에 대한 이미지가 좋지 않았다.

정 회장 면담에서 김 위원장은 이런 분위기를 적절히 활용했다. "부산에서 국제영화제를 준비 중인데 제가 책임을 맡고 있고 성공시킬 자신이 있다. 대우에서 메인 스폰서를 맡아 줬으면 좋겠다."

그랬더니 정 회장은 좋다고 흔쾌히 승낙을 하면서 "얼마면 되겠냐"고 물었다. 김 위원장이 "8억 원이면 된다"고 하자 "그 정도면 한번 해보자"며 정 회장은 화답을 했다. 면담은 이렇게 잘 끝났다.

그런데 이후 연락이 오지 않았다. 얼마를 기다렸을까. 김 위원장은 끝내 정 회장에게 전화했다. 그런데 정 회장이 "없었던 일로 했으면 좋겠다"며 면담 때와는 전혀 다른 이야기를 하는 것이었다. 김 위원장은 "무슨 얘기냐" 했더니 정 회장은 "그룹 회장단에서 이제 시작하는 영화제에 대우가 지원하는 것은 모양이 좋지 않다며 모두 반대했다"는 것이었다.

다급해진 김 위원장은 속으로 '이거 큰일 났다' 며 난감해 하면서 묘안을 떠올렸다. 그는 정 회장에게 "그러면 안 된다. 대우의 지원 건은 이미 기자들에게 다 얘기했다. 중앙과 지방지에 크게 날 거다. 지원을 못하면 대우 이미지는 뭐고, 우리 체면은 뭐냐"며 은연 중 협박과 엄포를 놓은 것이다.

정 회장은 깊은 고민을 하더니 이내 "김 위원장이 남편과 고교 동창이면서도 아직까지 대우에 도움을 부탁한 적도 없고, 내가 8억 원을 도와준다고 약속도 했는데 그룹에서 도와줄 수 없다고 해서 그냥 저버릴 수 없다. 어떻게든 지원방법을 찾아보겠다"며 끈을 놓지 않았다.

결국 정 회장은 그룹이 아닌 자신이 운영하는 대우개발 쪽에서 3억 원을 마련해 영화제에 건넸다. 이 돈은 부산 시비와 함께 영화제가 출범하는 데 결정적 역할을 하게 된다. 김 위원장은 "영화제 자금 지원과 관련해 사실 동창인 김우중 회장은 못 만났다. 아마 그는 지금도 모를 것이다. 3억 원은 정 회장 개인이 해줬기 때문이다"라고 뒤늦게 털어놨다.

예산과의 전쟁 시작되다

일이 진행될수록 영화제의 예산은 점점 늘어나 필요경비는 20억 원을 넘어섰다. 17억 원만 어떻게 확보하면 나머지는 입장수익으로 충당할 수 있으리라는 계산으로 집행부는 기업 협찬을 따내기 위해 물불 가리지 않고 예산과의 전쟁을 시작했다.

▲ 문정수 전 부산시장

문정수 전 부산시장은 당시를 이렇게 회고한다.

"법인 출범 직후에 서울 롯데호텔에서 영향력 있는 영화인 열 몇 명을 초청해 식사를 대접했죠. 부산에서 영화제를 하기로 했으니 마음으로나마 지원을 바란다는 취지였지요. 시 예산 3억으로 영화제를 시작하려고 한다. 추가로 필요한 돈은 지금부터 모아야 한다. 낡은 시청사라도 필요하다면 내 집무실도 내놓겠다. 필요하다면 출퇴근 시간 교통 통제도 하고, 시 통근버스도 내놓겠다는 요지로 기조연설을 했더랬어요."

고무된 부산시장의 연설과 달리 참석자들의 전반적인 반응은 "부산에서 되겠어요? 서울도 못했는데…"라는 비아냥거림 반 우려 반이었다.

못마땅한 얼굴로 앉아 있던 곽정환 서울시극장협의회회장은 "소박하게 시작해 판을 서서히 키우겠다"는 문 시장의 연설에 바로 딴죽을 걸었다. "영화제는 서서히 성장하는 게 아녜요. 첫 회가 망하면 끝장입니다. 시 지원이 3억이라고? 어림도 없어요. 문 시장님이 시청사도 내놓겠다는 그 마음 자세만 지키신다면 내가 1억 원 내놓겠소."

현실성 없다고 때려치우라고 말할 줄 알았던 곽 회장이 의외로 현금 1억 원 지원을 약속했다. 그러자 전국극장연합회장 강대진 씨도 나서서 "곽 회장은 조건을 달았지만 나는 조건 달지 않고 1억 원을 내겠다"며 가세했다. 당시 곽정환 씨와 강대진 씨는 미묘한 라이벌 관계에 놓여 있었던 것으로 문 시장은 기억하고 있다. 하지만 강 씨가 약속한 1억 원은 어떤 이유에서인지 끝내 접수되지 않았다.

어쨌든 서울의 영화인들로부터 심적·물적 지원을 약속받은 집행위는 기분 좋게 스폰서가 될 만한 업체와 사람들을 만나기 시작했다. 영화배우 정윤희 씨도 1억 원을 쾌척하며 기부 대열에 동참했다. 그리고 부산의 지역 상공인 200명을 초청해 디너파티 형식의 모금 행사도 벌였다. 이 행사에는 김지미, 윤일봉 등 원로 배우들과 월드스타 강수연이 참석해 도와줬는데, 부산의 기업인들이 십시일반으로 현금 2억 원을 만들었다. 그리고 영화제가 보다 진척을 보이고 언론에도 대대적으로 보도되면서 뒤늦게 삼성영상사업단과 제일제당(현 CJ)도 영화제 기간 현물 지원으로 도와주겠다고 나섰다.

그러나 아직 갈 길은 멀었다. 재원 마련을 위한 마지막 아이디어는 '부산' 시민의 애향심으로부터 촉발되었다. 문정수 시장과 김동호 위원장은 영화제 개막이 임박한 7월, 친분 있는 배우들과 함께 부산 실업가들 200여 명을 초청하여 영화제의 성공을 기원하는 기념 만찬을 열었다. 그리하여 고려산업, 동성화학, 진영수산, 동성여객, 자유건설, 우성식품, 적고, 태화백화점 등 8개 기업에서 2억 원, 중소기업과 시민들에게 2억 원을 기탁받았다.

반응이 좋아 서울에서도 부산 출신 기업인을 대상으로 후원의 밤을 개최했고, 김동호 위원장은 영화계에 진출한 제일제당과 한일그룹, 삼성 등을 찾아가 후원을 부탁하기도 했다. 그렇게 해서 모인 예산이 15억 원이었다.

돈 문제가 해결되자 난제 몰려

출범 이후 예산문제가 어느 정도 해결되면서 집행부는 영화제 준비에 보다 박차를 가하기 시작했다. 하지만 집행위는 이제 프로그래밍, 실무 노하우, 홍보 등 산더미 같은 난제들을 해결하느라 분주해졌다.

코앞에 닥친 베를린영화제에 참석한 부위원장 박광수와 프로그래머 전양준, 김지석은 PIFF 개최를 홍보하면서 영화 선정 작업도 동시에 진행하였다. 사무국장 오석근은 싱가포르 국제영화제 사무국에 파견돼 국제영화제의 전반적인 업무 체계를 익힌 뒤 돌아왔다. 전양준과 김지석은 홍콩국제영화제에 참가하여 부산에서 영화제가 열린다는 사실을 알렸다.

5월 칸영화제는 본격적인 홍보 무대였다. 칸영화제에는 집행위 전원이 참가했다. 김동호 위원장은 칸영화제의 막스 테시에와 피에르 르시엥, 로테르담영화제 집행위원장 사이먼 필드, 베를린영화제 영포럼 위원장 울리히 그레고르, 낭트영화제 집행위원장 알랭 잘라도, 포르티시모의 바우터 바렌드레흐트 등 15명의 해외 영화계 VIP를 초청해 "백지상태로 영화제를 시작하려 하니 도와 달라"고 정중히 요청했다.

참석자들은 부산국제영화제 개최 소식에 축배를 들었고, 그들의 호응에 고무된 PIFF팀은 자신감을 얻게 되었다. 그러나 모든 이들이 호의적인 것은 아니었다. 부산국제영화제의 개최 시기가 일본 후쿠오카 영화제와 겹치는 것에 대한 반발이 있었던 것이다. "일정을 변경하지 않으면 아무도 참석하지 않을 것"이라는 일부 참석자의 엄포는 영화제 집행위 내부에서 두고두고 회자됐다.

영화제 전문가들과 국내 영화인이 함께 한 세미나를 열어 PIFF를 대내외에 알리는 적극적인 홍보 활동도 시작됐다. 6월 5일 부산문화회관 국제회의실에서 개최된 부산국제영화제의 성공적 개최를 위한 국제세미나에는 △국제영화제의 흐름과 전망(토니 레인즈, 영국, 영화평론가) △비경쟁영화제의 대중적 성격(윙 아인링, 홍콩영화제 프로그래머) △국제영화제의 기획과 운영(폴 리, 미국 샌프란시스코영화제 집행위원장) △ 한국영화의 국제적 위상(임현옥, 미국) 등이 발표됐다.

이 세미나에서 한국계 재미동포 영화인인 폴 리는 "국제영화제의 성공적 개최를 위한 가장 중요한 요소의 하나가 충분한 기획"이라며 "영화제 기획이란 1년에 걸친 작업으로 프로그램 선정 작업에서부터 새로운 작품과 재능 있는 작가의 발굴, 영화 판매중개자나 배급업자와의 접촉 그리고 웹사이트 구축, 영화제 예고편 제작 등 치밀한 작업을 통해야만 영화제의 품격과 권위를 유지할 수 있다"고 조언했다.

윙 아인 링은 PIFF가 표방하고 있는 비경쟁영화제의 특징을 영화문화의 교류와 증진을 위한 이상적인 장이라 진단하고, 유·무명을 초월해 모든 참가 작품들이 그 자체로 평가받을 수 있다는 것을 최대의 강점으로 꼽았다. 그는 이러한 강점을 지닌 비경쟁영화제의 미래는 그러나 장밋빛만은 아니다 라는 진단을 내놓았다.

그는 이어 비경쟁영화제가 형식과 내용 면에서 성공하기 위해서는 영화제가 열리는 지역사회의 현안과 필요성에 민감하게 움직여야 하며, 따라서 그 지역사회의 구조와 정책을 형성하며 나아가 변화하는 시대와 함께 성장할 수 있도록 유연해지는 자세가 필요하며, 무엇보다 위험을 불사하는 혁신적인 프로그램만이 영화제의 명성을 확립해주는 방법일 것이라는 견해를 밝혔다.

영국의 저명한 평론가인 토니 레인즈는 전 세계에서 열리는 영화제는 각자의 변별성을 확보하기 위해 칸영화제의 감독주간, 베를린영화제의 신진영화 국제포럼 같은 대안적 영화에 대한 공간을 마련하고 있다며 세계 영화제의 흐름을 전해줬다. 그는 관객이 다양화됨에 따라 영화가 다양화되므로 미래의 영화제는 비주류 영화들의 진흥이 필수적 요소가 됐다고 진단하고, 미래의 영화제는 신기술에 적응하고 변화하는 방향으로 나아갈 것이라고 전망했다.

흥미로운 것은 영화제 개막 석 달을 앞두고 개최된 이 세미나에 주제발표를 위해 참석했던 이들 해외 영화인들이 영화제 집행부의 회유와 협박(?)에 못 이겨 부산에 붙잡혔다는 대목이다. 결국 이들은 물심양면의 도움과 지원을 아끼지 않아 막 출범하는 PIFF의 초석을 다지는 데 큰 역할을 했다.

민·관 합작 영화제 진통

법인을 설립한 후 '예산 확보'와 '대외 홍보'라는 두 가지 난제를 잘 풀어나가던 집행부는 예기치 않은 복병을 만났다. 민관이 함께 주도한 영화제인 탓에 내부에서 야기된 갈등이 적지 않았던 것이다. 사실 사단법인 부산국제영화제의 창립총회가 열리던 날도 사소한 문제에 이견을 보이면서 총회가 무산될 위기에 놓이기도 했다.

김지석은 초창기 양 측의 갈등에 대해 "마인드의 차이와 상호 불신으로 약간의 마찰이 있었다"며 완곡하게 말했지만 당시 공무원과 영화인들이 서로 '코드'가 맞지 않아 어지간히 속을 끓였던 것이 사실이다.

여전히 영화제를 '딴따라'들의 축제로 폄하하는 공무원들에게 영화제의 매커니즘을 완벽하게 이해해주기를 기대한 것은 무리였고, 마찬가지로 작품이나 비판하고 강의나 하던 영화인들에게 공무원 사회는 딴 세상이었던 것이다.

영화제는 낭만적인 축제이기 이전에 정치였고 경제였음을 영화인들은 피부로 느끼며 진땀을 흘려야 했다. "저 사람들 뭘 믿고 그 많은 돈을 주느냐"는 부산시 내부의 비판이 수그러들지 않는 가운데 예산 집행 과정에서의 불협화음은 개막 직전까지 이어졌다.

PIFF가 공식 출범한 직후인 3월부터 영화제는 당장 쓸 돈이 필요했지만 관행적으로 '예산 집행의 블랙홀'이라 불리는 1/4분기는 예산을 집행할 수 없는 시기였다. 집행부는 "대형 스크린 랜털비를 줘야 한다", "물품 대금 지급기일이 도래했다"며 돈을 달라고 했지만 공무원들은 요지부동이었다. 급기야 오세민 부시장이 오석근을 보증인으로 세워 5천만 원을 대출받아 급한 돈을 막아주는 촌극도 벌어졌다.

당시 부산시 의회에서는 "지금 부산에 배곯고 있는 연극인들이 얼마나 많은 줄 아느냐"면서 영화제에 수억 원의 돈을 쓰는 게 과연 합당한지 조목조목 따지며 "그만 포기하라"고 노골적으로 공격하기도 했다.

"우린 흥청망청 잔치판을 준비한 게 아니었습니다. 돈은 안 나오지, 직원들 월급은 줘야지, 제 이름으로 5백만 원을 대출받아 급한 돈을 막은 적도 있어요." 김지석은 당시 영화제 집행부가 겪은 일들은 수모였다고 고백했다. 그는 사무실에서 쓰기 위해 집에 있는 전화기까지 떼어왔고 경비 처리가 서툴러 결국 5백만 원은 챙기지도 못했다며 쓴웃음을 짓기도 했다. 초대 사무국장을 맡은 오석근은 "김지석의 돈을 못 챙겨준 건 내 책임이기도 하지만 나도 '카드깡'으로 몇 백만 원을 얻어 썼는데 결국 떼였다"고 웃으면서 당시 상황을 떠올렸다.

시청 출입이 특히 잦았던 오석근은 "결재 받을 일이 있어 시청에 들어갈 때마다 이해가 안 되었던 것은 사람이 사람을 만나는데 왜 저리 경직돼 벌벌 떨고 서 있나 싶더라"며 이해할 수 없는 공무원 사회를 회고했다. 그때 오석근이 본 공무원 사회는 형식주의에 치우친 융통성 없는 집단이었다. 결재 하나 받는데 계장, 과장, 국장 등 거쳐야 할 사람은 왜 그렇게 많은 건지, 시장님 한번 만나기가 그렇게 어려울 수가 없었다.

그도 그럴 것이 넥타이는커녕 청바지에 점퍼차림으로 시청을 들락거리는 영화제 사람들이 공무원들 눈에도 기가 막히기는 마찬가지였다. 더군다나 뭐가 이렇게 복잡하냐며 늘 불평만 늘어놓으니 그야말로 눈엣가시였다. 그나마 문정수 시장은 자유로운 사고와 행동에 젖어 있는 영화인들을 비교적 잘 이해하는 편이었다.

문 시장은 산적한 현안을 다 물리치고 영화제 팀의 서류를 가장 먼저 처리해주는 특혜를 베풀었다. 결재를 위해 다른 시 직원들과 함께 줄지어 기다리는 번거로움을 덜어주기 위해 남천동 시장 관저에서 직접 영화제 진행 추이를 보고받는 오찬도 정기적으로 마련했다.

본격적으로 영화제를 준비한 기간은 채 1년도 안 되지만 그 짧은 시간 동안 티격태격 잡음 끊일 날이 없었던 것은 당연한 일이다. 당시 집행부는 우여곡절 끝에 개막일을 맞이할 수 있게 한 일등공신으로 문 시장을 꼽기도 했다.

오석근은 이렇게 회고한다. "문 시장이 민관 갈등의 완충지대였죠. 물론 김동호 위원장도 관료 출신이라 중재 역할을 많이 했지만 민선 1기 시장이 딴 사람이었더라면 PIFF가 과연 제대로 시작될 수 있었을지 의문이었죠."

이게 무슨 부산영화제고?

부산영화제가 아시아 영화에 초점을 맞추겠다는 기본 방향에 따라 영화제의 섹션은 자연스럽게 나뉘어졌다. 아시아의 신작 영화를 소개하는 '아시아 영화의 창', 아시아 이외 지역의 신작 영화를 소개하는 '월드 파노라마', 주목할 만한 그 해의 한국영화를 소개하는 '한국영화 파노라마', 전 세계 다큐멘터리와 애니메이션, 그리고 단편영화를 소개하는 '와이드 앵글'이 기본 섹션이었다.

또 아시아 신인 감독의 신작 영화를 소개하는 유일한 경쟁부문의 이름은 '새로운 물결(New Currents)'로 결정됐다. 아시아 영화의 미래를 '새로운 물결'로 부각시키고, 지나온 영화의 전통과 특별한 영화계 이슈를 묶는 회고전과 특별전이 사이드 섹션으로 곁들여졌다.

각 섹션을 담당할 사람들은 이미 정해져 있었다. 김지석은 아시아 영화, 영국 유학을 다녀와 영어에 능통했던 전양준은 미주 유럽 영화, 이용관은 한국영화 프로그래머로 자연스럽게 나눠졌다. '101번째 프러포즈'를 연출했던 오석근은 사무국장에 임명됐다.

그러나 표면적으로 구분된 분업 체계와 상관없이 모든 업무는 뒤섞여서 진행되었다. 영화제는 모두 처음이었기 때문에 할 수 있는 일은 그저 몸으로 부딪히며 깨닫는 것뿐이었다.

그러나 이 같은 인적 구성은 적지 않은 반발을 불러 일으켰다. "이게 무슨 부산영화제야, 서울영화제지"라는 것이다. 영화제의 '주동세력'인 김지석, 이용관 등은 부산 학계에 기반을 두고 있었지만 집행위원장 이하 사무국 스태프 대부분이 서울 출신이었기 때문에 갈등은 피할 수 없었다. 특히 부일영화상을 부활시키기 위해 물밑 작업 중이던 원로 문화계 인사들과 영화제는 정면으로 부딪칠 수밖에 없었다.

영화제 법인 설립 당시 집행위원장 내정자가 부산 출신이 아니라는 이유로 진통을 겪은 것을 비롯하여, 딴죽과 방해공작, 비아냥거림은 수그러들지 않았다. 영화제 개최가 급물살을 타자 일부에서는 '보이콧'을 선언하며 의도적으로 영화제 방해공작까지 벌였다.

이용관 위원장은 "부산영화제가 지역 인력 중심으로 운영되어야 바람직하지만 초창기 때는 불가능한 일이었다"면서 "부산과 서울 지역의 갈등은 영화제 창설 후 한동안 계속됐다"고 회고했다.

그러나 알고 보면 부산사람이 의외로 많았다. 김동호 위원장을 제외하고 프로그래머, 사무국장 등 대부분은 부산과 인연이 있는 사람들이었다. 박광수 부위원장은 부산에서 고교까지를 마쳤으며 오석근 사무국장도 초·중·고·대학을 모두 부산에서 졸업한 '부산맨'이었다.

부산 토박이로 갈등의 완충지대였던 김지석은 이에 대해 "솔직하게 말하자면 문화 불모지라는 오명을 천형으로 여기고 살아온 부산 사람들의 자격지심이 작용했기 때문"이라고 조심스럽게 말한다.

경기도 파주가 고향인 이용관 위원장은 "내가 경성대에서 10년을 가르쳤는데, 이만하면 부산 사람 아닌가"라고 반문한다. 김지석의 말을 들어보자. "로테르담 영화제를 키운 사이먼 필드 집행위원장은 영국인입니다. 22년간 베를린영화제의 수장이었던 모리츠 데 하델른은 영국계 스위스 사람이고요. 얼마 전까지 카이스트 러플린 총장도 외국인 아닙니까? 세계적인 야구 천재들이 다 모인 미국 메이저 리그처럼 한국영화계를 움직이는 인재들을 부산으로 집결시켜 영화제를 개최한다는 발상의 전환이 필요했었죠."

오석근도 당시 서울, 부산 따져가며 앞장서서 영화제를 비방하던 모 대학의 모 교수를 찾아갔다. 그는 "그러지 마시고 영화제 집행위원이 되어 달라"고 회유작전을 폈다. "내가 왜 서울 놈들이 설치는 그따위 영화제에 관여해야 되냐"며 펄쩍 뛰던 그 교수에게 오석근은 "교수님 같은 비판적 시각을 가진 분의 조언이 꼭 필요하다"며 설득하여 결국 집행위원으로 영입하는 데 성공했다. 갈등의 해법은 정면 승부보다 설득과 대화였다.

근시안적인 편견으로 영화제를 곱지 않게 봤던 당시 부산 문화계·학계 인사들도 지금은 부산영화제에 없어서는 안 될 훌륭한 어드바이

저가 되었다. 소모전에 지나지 않았던 지역 간 갈등은 어느 정도 해소된 셈이다.

'서울'이 아니라 '부산'이었기 때문에 대외적으로 받은 설움도 많았다. 전양준은 "유럽 사람들은 '부산'이 어디인지 모르는 경우가 허다했다. '부산'을 발음조차 하지 못해 Busan(부산)을 Bushan(부샨)이라 표기하는 웃지 못 할 사례도 있었다"고 말한다. 만약 영화제가 서울에서 열렸다면 "아, 올림픽이 열렸던 한국의 수도 서울말이냐"라고 조금은 더 반겨주었을지도 모른다는 것이다.

그러나 영화제 사람들은 "부산은 한국에서 두 번째로 큰 도시이며 바다를 끼고 아름다운 휴양지가 있는 항구 도시"라고 열심히 도시 홍보를 했던 기억을 떠올리며 빙긋 웃곤 한다.

초보 영화제 사람들의 악전고투

아무튼 영화제 준비는 이렇듯 '산 넘어 산'이었다.

작품 초청을 위한 공문을 해외 에이전트들에게 처음 발송한 것은 1996년 4월, 개막이 불과 5개월 남은 시점에서 170여 편의 작품을 모으기 위해 전양준, 김지석, 이용관 세 프로그래머들의 악전고투가 시작됐다.

영화제의 모토에 따라 김지석은 '아시아 영화의 창'이 주력 섹션이었지만 한국영화 파노라마 부문과 월드 시네마 섹션도 소홀히 할 수 없었다. 특히 세계 영화의 흐름을 한눈에 조망할 수 있어야 하는 월드시네마 섹션은 영화제의 편협성을 극복하기 위해 신경을 써야 할 분야였다.

당시 세계 영화계에서 한국의 위상은 바닥권이었다. 문전박대 당하기 일쑤였고 상영료를 요구하는 회사도 부지기수였다. 해외 영화제에 참가할 때마다 프로그래머들을 향한 독한 소리는 끊이지 않았다. 전양준은 부산에 대한 정보가 전무한 미주 유럽 영화관계자들을 만나며 하나부터 열까지 차근차근 설명해야 했다.

영화제 마켓에 있는 판매 부스를 찾아가 작품의 초청을 의뢰하면, 대부분의 세일즈 담당자들은 "듣도 보도 못한 영화제 사람을 만날 만큼 한가하지 않다"는 이유로 문전박대했다. 한국의 지리적 위치는 초청 업무의 부담으로 작용했다. 10시간 넘게 비행기를 타고 한국의 부산까지 왕림해 줄 감독과 배우를 애타게 찾아 다녀야만 했다.

전양준은 "유럽 영화를 취급하는 필름 에이전트들에게 수없이 미팅을 요청했지만 솔직하게 말해서 당시 우리를 만나준 사람은 단 한 명도 없었다. '당신들과의 미팅을 검토해 볼 테니 기다려라. 현재로선 어떤 답도 줄 수 없다'는 답변이 가장 성의 있는 반응이었다"면서 당시의 힘든 상황을 설명했다. 그들의 입장은 영화시장으로서의 한국의 잠재력은 인정하지만 PIFF는 못 믿겠다는 것으로 요약할 수 있었다.

애가 탄 그는 프랑스문화원, 영국문화원과 각국 대사관 등에 협조를 요청하는 한편 국내 배급이 결정된 작품들을 공략하기 시작했다. 다행히 당시 한국은 할리우드와 유럽의 다양한 영화들의 구매와 개봉이 활발하게 이루어지던 시점이어서 웬만한 영화들은 국내 배급사가 이미 결정돼 있었다. 전 씨는 이들과 접촉을 시작했고 '제8요일' '율리시스의 시선' 등 영화제의 권위에 보탬이 될 만한 작품들을 그럭저럭 챙길 수 있었다.

그러나 국내업자들도 흔쾌히 영화를 빌려준 것은 아니다. 영화제에 대해 충분한 이해가 없던 그들은 "영화제에서 다 보여주면 매상이 줄어드는데 당신들 같으면 영화를 내놓겠느냐"며 고개를 절레절레 흔들었다.

국내업자들을 설득시키는 일은 김 위원장이 맡았다. 어느 분야든 그의 마당발 인맥과 로비력이 동원되지 않은 곳은 없지만 특히 프로그램 선정에 있어서는 김 위원장의 인맥이 결정적인 역할을 했다.

아시아영화를 담당한 김지석도 그나마 학창시절부터 다져왔던 인맥을 활용할 수 있었다. 80년대 중반부터 일본 야마가타 영화제, 홍콩 영화제 등 아시아 쪽 영화제를 다녔던 그는 영화인들과의 교류에 많은 공을 들였다. 그들을 통해 영화제 운영을 위한 노하우를 익히고 인맥을 쌓았다. 그의 회고를 들어보자. "영화제 순례는 싸구려 여인숙에서 자고 하루 한 끼 먹으며 버티는 고행길이었는데 그 덕분에 초창기 프로그래밍에 많은 도움을 받을 수 있었죠."

일본의 경우 가와키타 필름 인스티튜트의 해외업무 책임자 하야사카 나코의 도움으로 일본영화 최신작들을 1주일 동안 모조리 섭렵할 수 있었고 베를린과 홍콩영화제 등에서도 인맥을 바탕으로 아시아 작품에 접근했다. 그러나 그도 "초청을 거절당하느라 정신없기는 마찬가지였다"고 털어놓는다.

과정이 이러하다 보니 첫해 초청작 중에는 뒤늦게 도착해 자막 작업을 미처 못한 작품도 수두룩했고, 가까스로 김포공항에 도착한 필름이 세관에 묶여 있는 상황도 발생하곤 했다.

PIFF의 또 다른 목표 중 하나는 한국영화를 한국인의 시선을 통해 외국에 알리는 것이었다. 다수의 한국영화가 해외 영화제에 진출하곤 했지만, 한국영화에 대한 무지로 인한 오해가 뒤섞여 있었다. 한국이라는 나라를 모르는 상황에서 한국영화만 놓고 이야기하는 것에는 분명 한계가 있었다.

그리고 1980년대 운동권들이 영화 현장으로 영역을 넓혀가면서 이전과는 다른 이야기와 영상을 선보이는 영화들이 하나 둘 모습을 드러내기 시작한 90년대 한국영화계는 새로운 바람이 불고 있던 때였다.

독립영화계의 제작 활동도 활발해져 단편영화와 다큐멘터리도 관객의 저변을 넓혀가고 있었다.

그들은 정신 없이 뛰었다. 그리고 조직위는 마침내 96년 8월 7일 파라다이스호텔에서 기자회견을 갖고 국내외에서 건져 올린 171편의 작품 내역을 처음 공개했다. 부문별 출품작은 △개막작 : 비밀과 거짓말(마이크 리 감독, 영국) △아시아 영화의 창 : 19편 △뉴 커런츠 : 13편 △와이드 앵글 : 78편 △월드 시네마 : 18편 △코리안 파노라마 : 13편 △회고전 : 16편 △스페셜 프로그램 : 7개 프로그램 13편 △폐막작 : 뉴 커런츠, '와이드 앵글' 수상작 상영으로 최종 결정됐다.

영화제 최대관심사 중의 하나였던 월드 프리미어는 중국 제6세대 감독 장위엔의 '동궁서궁'을 비롯하여, 임순례의 '세 친구', 김응수의 '시간은 오래 지속된다', 김태균의 '박봉곤 가출사건', 임종재의 '그들만의 세상' 등 4편이었고, 일본영화는 15편에 달했다. 또 최우수 한국 단편영화에 수여되는 '운파상'과 최우수 해외단편영화상인 '선재상'을 마련하여 각 1만 달러의 상금을 수여하기로 결정했다.

'작품 선정의 난'을 뚫고 일궈낸 성과이기에 첫 번째 선정치고는 괜찮은 수확이었다. 이를 통해 부산국제영화제는 이제 태동에서 출범으로 역사적인 첫 발걸음을 내딛기 시작했다.

PIFF, 처녀 출항하다

 한국 최초의 국제영화제 탄생

문화 삼류도시에 모인 영화인과 구름관객

1996년 9월 13일 오후 6시 30분, 우여곡절 끝에 부산국제영화제가 막을 올렸다. 부산 해운대 수영만 야외 상영장은 5천여 관객으로 가득 찼다. '도대체 이 사람들이 어디서 온 것인가' 라며 서로 얼굴을 보며 의아해 했다. 이런 가운데 부산 뉴 필하모니 오케스트라가 조용필의 히트곡 '돌아와요 부산항에' 를 뿌려놓자 객석이 술렁이기 시작했다.

첫 개막식 사회의 행운은 영화배우 문성근과 전문 MC 김연주 씨에게 돌아갔다. 문정수 시장이 "제1회 부산국제영화제 개막을 선언합니다" 라는 힘찬 선언으로 신화의 시작을 알렸다. 이어 김동호 위원장이 개막작 '비밀과 거짓말' 소개를 마치자 지붕처럼 뉘여 있던 야외 스크린이 서서히 일어섰다.

▲ 제1회 부산국제영화제 개막식

야외 상영장을 찾은 구름관객들은 세 번 놀랐다. 말로만 듣던 야외 스크린의 위풍당당함에 놀랐고 화려한 불꽃놀이에 놀랐으며, 앞줄에 빼곡히 앉아있는 영화 스타들의 얼굴에 놀랐다.

개막작의 주인공인 블렌다 블레신과 장 마리 밥티스트 그리고 심은하, 강수연, 안성기, 김지미,

장미희, 신성일 등이 관객과
함께 '시네마 천국'의 한 장
면처럼 야외 스크린에 영사되
는 영화를 감상하며 제1회 부
산국제영화제 개막식의 탄생
을 함께 축하했다. 한국 최초
의 국제영화제의 역사는 이렇
게 쓰이기 시작했다. 그것은

▲ 제1회 PIFF 개막식에 참석한 영화배우 김지미, 강
수연 씨.

'한국 영화인의 잔치'였으며 '부산 시민의 축제'였다.

　부산국제영화제는 '행운아'였다. 무엇보다 한국 최초의 국제영화제
가 수도 서울도 아닌, '문화의 삼류도시' 부산에서 탄생했기 때문이다.
당시만 해도 부산은 형편없는 극장시설에서 액션과 에로영화만 통하는
그야말로 '변두리이자 시골'이었다. 그런 곳에서 재미없는 예술 작가
주의 영화를 상영하는 영화제를 연다는 것은 어쩌면 모험이었다. 하지
만 영화제는 열렸고 꿈은 실현됐다.

　시작부터 느낌이 좋았던 것은 무엇보다 관객들의 폭발적인 반응 때
문이었다. 개막일까지 판매된 입장권은 무려 5만 장을 넘어섰다. 집행
부의 입이 딱 벌어질 정도였다. 할리우드 영화가 아닌 색다른 영화를 맛
보고자 했던 관객의 갈증은 입장권 판매 숫자로 표현되고 있었다. 그러
나 이것은 사실이었고 실제 상황이었다.

젊은이들, 부산의 중심에 서다

　극장들로 둘러싸인 남포동 PIFF 광장은 전 세계 어디에서도 보기 힘
든 최상의 영화제 장소다. 젊은 열기로 뒤덮인 한낮의 광장, 노천카페에
삼삼오오 모여 맥주 한잔 들이켜며 이야기꽃을 피우던 PIFF 광장과 남

포동 거리에 주말이 되자 젊은이들로 넘쳐났다. 사실 남포동은 평일은 물론 주말에도 인파가 몰려 빼꼭해 보이는데 여기에 영화제까지 덧칠 됐으니 장소 선정은 그야말로 최적이었다.

영화제 상영시간표를 들고 오가는 사람들과 주말을 맞아 시내로 나들이를 나온 시민들이 한데 섞여 영화의 거리는 활력이 넘쳤다. PIFF 광장 야외무대를 통한 영화인들과의 만남도 영화제 분위기를 한층 들뜨게 만들었다.

영화제에 초청된 한국영화 감독들과 배우들이 야외무대에 올라 마이크를 잡고 인사를 하면 거리는 인파로 메워졌다. 국내 스타 한번 제대로 마주칠 수 없었던, 서울에서조차 보기 힘든 스타들의 행렬이 이어졌으니 시민들의 열광적인 반응은 어쩌면 당연한 것이었다.

부산을 처음 방문한 해외 게스트들은 이런 부산 관객의 열정에 깜짝 놀랐다. 게다가 남포동을 가득 메운 관객의 대부분이 10~20대의 젊은이들이었기 때문이다. 유명 해외 영화제의 주요 관객들이 중장년층임을 감안할 때 남포동의 구름 인파는 여느 영화제에서도 보기 힘든 낯선 풍경이었다. 칸과 베를린 등 해외 유수의 영화제 프로그래머들을 비롯하여 버라이어티 등의 외신 기자들은 PIFF를 '젊은 영화제' 라는 수식과 함께 '영화제에 희망이 보인다' 는 코멘트도 덧붙였다.

몇몇 초청작 상영 뒤에 열린 '관객과의 대화(GV)' 는 절반의 성공을 거뒀다. 프로그래머들이 직접 무대에 올라가 감독을 소개했고, '새로운 물결' 섹션에 힘을 싣기 위해 김동호 위원장이 직접 감독 소개를 했다. 한국에선 생소한 질의응답 시간이었지만 일단 시작하면 질문이 쏟아졌다. 감독들의 입장에선 동양의 젊은이들이 자신들의 영화를 이토록 꼼꼼히 봐주는 것 자체가 감동이었다.

연일 계속된 야외상영도 각광을 받았다. 다양한 연령층의 관객을 수용하기 위해 다른 상영작보다 '대중적인' 영화들로 프로그램을 안배했다. '라스트맨 스탠딩', '상하이 트라이어드', '파고', '박봉곤 가출사건', '아드만 컬렉션' 등이 그 목록이었다.

고양이, 거꾸로 도는 필름, 해운대 포장마차

하지만 영화제의 뒷 풍경은 혼란스러웠다. '첫 회 징크스' 는 상상을 초월하는 수준이었다. 박수 소리 요란한 개막식장을 등지고 있던 집행부 사람들의 얼굴엔 연일 식은 땀이 줄줄 흘러내렸다. 숙박시설 누락 문제가 여기저기서 튀어 나오고, 어떤 영화인들은 비행기 티켓을 보내 달라 아우성이고 온다던 게스트들은 불참을 통보했다.

인간의 한계를 시험하듯 초청 게스트들의 일정은 꼬이고 또 꼬였다. 게스트의 일정을 공유하는 시스템이 갖춰지지 않았기 때문에 변동이 생길 경우 사무국 전체에 알려지기까지는 꽤 오랜 시간이 걸릴 수밖에 없었다.

첫 회라 게스트가 그다지 많지는 않았지만, 인력과 경험 부족으로 인해 불편한 점들이 발생하기 시작했다. 요즘과 달리 핸드폰이 귀했던 시절이라 원거리 통신수단은 무전기와 호출기가 전부였고 직원들과 자원봉사자들은 정신없이 뛰어다니며 그야말로 몸으로 때웠다.

이런 가운데 '대형사고' 가 터졌다. 영화제의 첫 팡파르가 오른 그 다음날 PIFF 광장에서 사무국장 오석근의 팔을 누군가가 슬쩍 잡았다. 베를린영화제 포럼집행위원장 울리히 그레고르였다. 그는 심사위원으로 초청된 독일평론가 에리카 그레고르의 남편으로, 당시 모리츠 데 하델른 집행위원장과 함께 베를린을 진두지휘하는 양대 산맥이었다. 그가 귀띔한 것은 경천동지할 만한 것이었다.

"극장에 쥐가 있나봐. 쥐한테 물렸어요."

▼ 제1회 당시의 남포동

VIP가 쥐에게 물렸다는 소식에 오석근의 얼굴은 화끈 달아올랐다. 먹거리 반입을 통제하지 않았던 극장엔 이미 오래 전부터 쥐가 '상주' 하고 있었던 것이다. '도대체 이런 국제적 망신이 어디 있나?'

집행부는 머리를 맞댄 끝에 우선 임시방편으로 고양이를 극장에 풀기로 했다. 그러자 쥐들은 금세 잠잠해졌다. 그런데 이번엔 더 큰 문제가 발생했다.

오석근은 황당했던 그때 그 시절 이야기를 들려준다. "고양이란 놈이 영화만 시작되면 스크린 뒤에서 '야옹 야옹' 울어대는 겁니다. 결국 쥐보다 날쌘 고양이를 잡느라 자원봉사자들이 총동원돼 극장 안을 들쑤시며 뛰어다녔다니까요."

이뿐 아니다. 예측불허의 영사 사고와 실수가 줄을 이었다.

실험 단편영화 '다우징' 상영 때는 포커스가 나가 감독이 직접 영사실로 뛰어 올라가기도 했다. 장선우 감독의 '꽃잎' 은 필름이 거꾸로 돌아가는 상황이 벌어졌다. 세계 각국에서 보내온 프린트의 상태도 좋은 편은 아니었다. 오래 되고 낡아 너덜너덜한 프린트도 있었고, 중앙 지지대 없이 말려온 필름도 허다했다. 프린트가 도착할 때마다 확인을 하고 보정을 했지만, 따로 프린트를 관리하는 인력이 없었다. 여기에 영사 기사들의 부주의까지 더해 이런저런 영사 사고가 일어나기도 했다.

급하게 진행된 자막 작업도 문제가 있었다. '월드 시네마' 상영작 중엔 한글자막이 없는 영화도 있었고, 어떤 영화는 2개 국어 자막에 즉석 한글 더빙이 시도되었다. 자막과 영화의 속도가 어긋날 때도 있었다.

상영 시작 전까지 빈자리를 계산하지 않아 현장 자원 봉사자들이 곤

혹을 치르기도 했다. 극장 안에서 비어 있는 자리 수를 세어 무전기로 극장 밖 자원 봉사자에게 알리는 방식은 번거로웠지만, 그게 최선이었다. 모든 게 미숙함에서 비롯된 시행착오였다. 덕분에 사무국은 매번 변경 사안을 설명하는 기자회견을 열어야만 했다.

성공 신화의 주역 '피프 광장'

사실 전용관을 마련하지 못한 채 영화제를 시작하다 보니 가장 골치 아픈 문제는 상영관이었다. 남포동 극장들의 시설이 낡아 영화제 장소로 부적격이었던 데다 추석 대목을 포기할 수 없다는 극장주들을 설득하는 일도 만만찮았다. 스크린당 하루 330만 원의 대관료를 지불하고도 극장주들의 비위를 살살 맞춰가며 상영관을 빌려 써야만 했기 때문이다.

뿐만 아니라 영사 기사들의 '텃세'도 보통이 아니었다. 그들에게 부산에서 국제영화제를 처음 개최한다는 자부심은 안중에도 없었다. 해외에서 급하게 온 필름은 뒤엉키고, 자막은 엉성하고, 음향이 떨어져도 그들은 '나 몰라라'였다. 급기야 프로그래머들이 나섰다. 잘 봐달라며 '봉투'를 건네자 그 때서야 그들의 굳었던 표정이 풀어지기 시작했다. 극장주의 '배짱'과 영사 기사의 이 같은 '성깔'은 영화제가 정착될 때까지 쉽게 풀기 어려운 문제였다고 영화제 사람들은 회고한다.

인파가 몰려 영화제 성공신화의 주역이 된 PIFF 광장은 돌이켜보면 골칫거리였다. 상태도 불량했지만 노점상들의 생계까지 걸려 해결해야 할 많은 문제를 안고 있었다.

PIFF 광장

광장을 점령(?)한 노점상들을 몰아내는 일은 험준한 산과의 씨름이나 다름없었다. 떡볶이, 오징어, 땅콩을 팔아 생계를 꾸려가는 노점상들에게 열흘이나 장사를 못하게 하는 것은 가혹한 처사였다. 게다가 노점상들과 결탁돼 있는 조직폭력배로부터 영화제 집행부가 협박을 당하는 험악한 사태가 벌어졌다. 결국 노점상과 집행부는 '극적인 합의' 끝에 화해하고 영화제를 무사히 열었지만 두 집단의 갈등은 이것으로 말끔히 해소되기는커녕 해마다 되풀이됐다.

예측불허의 사고와 행운

더 큰 문제는 사실 영화제 인력이었다. 당시 부산에는 경성대를 제외하고는 영화학과가 없었다. 영화아카데미 등 교육기관과 제작사, 마케팅 홍보대행사 등 영화 관련업체들은 서울에 집중돼 있었다. 때문에 부산에서 영화제 인력을 찾기란 하늘에 별따기만큼 쉽지 않았다. 영화제가 실시한 첫 공채에서 채용된 사람은 전 사무국장 최윤나 씨를 포함해 세 명에 불과했다. 해외 에이전트나 배급사, 감독들과의 커뮤니케이션이 중요했으므로 영어회화 능력이 최우선으로 고려됐으며 '서비스 마인드'도 중요 평가 항목이었다.

이어 지연·학연을 바탕으로 추천 채용이 이어졌는데, 이때 이승진 전 사무국장, 이소영 사업팀장 등도 영화제와 인연을 맺었다. 또 서울의 제작사, 영화홍보사, 영화잡지 기자, 독립영화집단 등에서 일하던 젊은 영화인들도 부산으로 대거 왔다. 이용관은 "솔직히 영어만 좀 하면 무조건 데려다 썼다. 심지어 영어는 고사하고 컴퓨터만 능숙하게 다뤄도 즉각 채용이 이루어졌다"고 고백한다.

국제영화제 사무국장으로 막중한 책임감을 느끼고 원어민 강사로부터 영어 과외를 받고 있던 오석근은 아예 회화 강사를 초청팀 스태프로

영입해 버렸다. 재닛이라는 이름의 이 캐나다 여강사는 당시 동아대에서 시간강사로 일하다가 졸지에 영화제 식구가 됐다.

그럭저럭 필요 인력의 머릿수를 채우고 업무를 추진했으나 곳곳에서 허점이 발견됐다. 주먹구구식으로 선발된 스태프들이 노하우와 경험 없이 열정만으로 일했으니 당연한 결과였다.

프로그래머들은 나름대로 영화제에 대한 마인드를 갖고 있었지만 그 밖의 스태프들은 영문도 모르고 휩쓸려 닥치는 대로 밤을 새웠다. 자막 시스템, 티켓 발매 시스템에 대한 최소한의 상식조차 없는 비전문 인력이 대부분이다 보니 운영이 매끄러울 수 없었다.

전양준은 이것이 초보 영화제의 한계일 수밖에 없다고 설명한다. 6개월은 정상적으로 일하고, 6개월은 밤을 새워야 하는 최악의 노동 조건에 급여 수준마저 바닥권인 영화제는 그 어떤 '3D 업종' 보다 불리했다.

"인건비가 전체 예산의 20%를 넘어갈 수 없는 상황에서 까다로운 전형으로 우수 인력을 뽑을 수가 없었죠. 그러다 보니 몇 년 동안 영화 한 편 본 적이 없는 문외한이 채용되기도 했어요."

김지석과의 친분으로 영화제 식구가 된 오석근은 당시의 난감했던 상황을 이렇게 고백한다.

"싱가포르영화제에서 한 달 동안 실무를 익혔지만 솔직히 영화제의 개념조차 잡히지 않았습니다. 조금만 도와주면 된다는 김지석의 감언이설에 속았어요. 프로그래머가 운영을 어떻게 알겠냐며 슬쩍 저한테 실무를 떠맡기더라고요. 당한 거지요."

전 사무국장 이승진의 말이다.

"영화제는 구인난에 시달렸지만 상대적으로 우리는 박봉과 격무에 시달리며 독립운동가처럼 일했다. 안정된 급여는 일찌감치 포기했고, 영화제 일을 배운다는 인턴 마인드로 일했죠."

이 상태로 영화제가 개막되니 업무 분담의 경계는 순식간에 무너졌다. 게스트 의전을 담당하고, 상영관에서 GV를 진행해야 할 프로그래머들이 현장 진행요원으로 뛰는 해프닝도 벌어졌다.

김지석은 야외무대 진행을 맡고, 이용관은 배차 업무를 담당했다. 오석근은 영화제 개막 후에도 노점상들과 커넥션으로 연결돼 있던 조폭들에게 불려다니며 비위를 맞추느라 정신없었다. 박광수는 남포동으로, 해운대로 퀵서비스 오토바이에 실려 다니며 게스트들을 영접했다. 그야말로 죽기 살기로 '일당백'의 역할을 다들 해냈다.

예측불허의 '사고'만 발생했던 것은 아니다. '행운'도 있었다. 해운대 바닷가에 일렬로 늘어서 있는 포장마차들은 외국 손님들에게 이국적인 느낌을 선사했다. '코리안 팝(Korean pub)'이라 불렸던 포장마차는 날마다 국내외 영화인들의 술자리가 이어진 '명소'로 자리 잡았다. 영화를 사랑한다면 누구나 이 자리에 낄 수 있었다. 언어와 국적을 뛰어넘은 술자리 또한 PIFF가 만들어낸 풍경 중 하나였다.

예상치 못한 문화적 충격

'일본'이라는 말 앞에선 민족주의자로 돌변하는 사람들 사이에서 일본영화가 필름으로 상영된 것도 적지 않은 문화적 충격이었다. '동경의 주먹', '잠자는 남자', '물속의 8월' 등 일본영화들의 매진 속도는 점차 빨라졌다.

영화 잡지에서만 회자되던 전 세계의 화제작들을 두 눈으로 직접 볼수 있다는 건, 말 그대로 감동적인 일이었다. 최고의 인기 상영작은 당시만 해도 불법 복사 비디오로 감상할 수 있었던 일본 애니메이션이었다. 더구나 부산에 도착한 '공각기동대'와 '메모리즈'는 불법 비디오의 세계에서도 미처 유통되지 않은 신작 애니메이션들이라 더욱 화제를 모았다.

　이후 오랜 일본영화 수입 금지 조치로 인해 일본영화들에 대한 관심이 고조됐고 영화를 본 젊은이들은 비합리적인 일본영화 규제에 대해 의문을 가지기 시작했다. 결과적으로 부산에서 일본영화의 지속적인 상영은 이후 정부의 일본영화 문호확대로 이어지는 성과를 낳았다.

　'아시아 영화의 창' 섹션에는 다양한 아시아 영화들을 선보이려는 노력을 가늠할 수 있었다. 중화권 국가와 일본을 제외하고 말레이시아, 베트남, 인도, 이란, 인도네시아 등 기존 극장에선 볼 수 없었던 아시아의 예술영화들이 관객 속으로 파고들었다.

　'월드 시네마' 섹션의 목적은 두 가지였다. 수준 높은 영화제 상영작을 통해 수준 높은 영화 관람 문화를 정착시키겠다는 것, 그리고 '흥행'이었다. 이미 입소문이 난 영화들을 간판으로 내세워 관객을 불러 모은 뒤, 알려지지 않은 아시아 영화나 다큐멘터리에 관심을 갖도록 유도해야만 했다.

　물리적인 시간의 한계로 인해 이미 국내 수입사에서 들여온 영화들이 많이 소개가 되었지만 관객들은 그와 상관없이 처음 보는 영화들에 열광했다. '월드 시네마' 상영작 16편이 하나 둘 매진이 되기 시작했다. 잡지를 통해 스틸 사진으로나 맛볼 수 있었던 성찬들이 바로 코앞에 차려졌으니 당연한 결과였다.

　물론 '율리시즈의 시선' 이나 '제8요일' 처럼 칸영화제에서 공개된 작품들이 반 이상이어서 '칸영화제

재탕'이라는 비판도 있었다. 하지만 '데드맨', '브레이킹 더 웨이브', '안개 속의 풍경', '증오', '위선적 영웅', '여름 이야기' 등 관객이 외면한 영화는 별로 없었다. 이는 '액션과 에로영화만 잘 된다'는 부산 극장가의 흥행 공식을 뒤집었고, 영화를 보고 나온 관객들은 만족스런 표정으로 남포동을 거닐었다.

관객과 만난 독립영화

영화제가 출범했던 1996년은 한국영화 도약의 시기였다. '한국영화 파노라마' 섹션에 선정된 영화들은 그 해의 특성을 담은 대표작들로, 이미 개봉한 영화들이 대부분이었다. 관객보다 외국 손님들에게 한국영화를 소개한다는 목적이 강했으나, 부산을 찾은 관객들은 한국영화 상영관을 텅 비게 놔두지 않았다.

칸영화제 비평가 주간에 초청되었으나 흥행에 실패한 '유리'는 예매 초반에 매진되어 부산에서 재평가를 받았고 러시아 유학파 김응수 감독의 데뷔작 '시간은 오래 지속된다' 역시 화제작으로 떠올라 곧이어 매진되었다.

지난 시대의 한국영화를 필름으로 상영하는 '한국영화 회고전'도 신선한 자극이었다. 이용관은 영화 학자의 입장에서, 한국영화사 강의를 할 때마다 정작 영화를 볼 수 없었던 경험을 기억하면서 과거의 한국영화를 되돌아보는 회고전을 준비했다. 1980년대 영화의 새로운 출발을 알린 임권택 감독의 수작 '만다라'부터 '그들도 우리처럼', '바보선언', '첫사랑', '301, 302' 등 1990년대 한국영화의 새로운 변화를 보여주는 한국영화 작가들의 대표작이 상영되었다.

'와이드 앵글' 섹션은 기대 이상의 호응을 받았다. 무엇보다 관객들에게 쉽게 다가갈 수 없었던 한국의 독립 다큐멘터리와 단편영화들이 진지한 관객들을 만날 수 있는 자리였다. '영화 집단'으로 구성되어 있었던 독립영화계는 기꺼이 PIFF에 작품을 출품했다. 서울영상집단의 '두밀리, 새로운 학교가 열린다', 노동자뉴스제작단의 '해고자', 푸른 영상의 '어머니의 보랏빛 수건', 보임의 '낮은 목소리 - 아시아에서 여성으로 산다는 것 2' 등 한국 다큐멘터리의 현재가 모두 모여 있었다.

독립영화인들과 관객, 해외 게스트가 소통하는 공간을 만들기 위한 노력이 이어졌다. 독립영화를 홍보하는 부스가 만들어졌고, 검열 철폐를 위한 캠페인과 저예산 영화 토론회, 영화 사전 심의 철폐 작업 등이 영화제 내내 지속되었다. 이제는 부산의 대표적 행사 중 하나가 된 '와이드 앵글' 파티도 1회 때부터 성공적으로 치러졌다.

승자 없는 게임, 관객 수 맞추기

개막식 전날, 프로그래머들은 총 관객수를 두고 내기를 했다. 5만 명부터 7만 명까지, 각자의 희망을 드러낸 뒤 미묘하게 웃었다. 관객들이 오긴 할까 하는 심정이었다. 폐막일인 9월 21일까지 18만 명이 넘는 사람들이 첫 번째 부산국제영화제에 참가했다. 누구도 예측하지 못했던 결과였다. 개막식과 똑같은 장소에서 폐막식이 열렸지만 9일 전과 상황은 전혀 달랐다. 프로그래머들의 관객숫자 내기는 결국 승자가 없는 게임이 됐다.

영화제 결과에 대한 여론은 거의 비슷했다. 대부분의 언론들은 '지방자치시대의 바람직한 문화예술행사'라는 결론이었고, '성공적'이라는 평가에 인색하지 않았다. 심사위원으로 초빙된 각 영화제 위원들이 한국과 한국영화를 재발견하는 계기가 됐다고 평가했고 관객들의 지지도 대단했다.

고삐 풀린 한국영화계 문제들이 제1회 PIFF에서 공론화되었고, 그 속에서 관객들은 자유롭게 사유하고 소통했다. 누군가의 '옳고 그름'에 의해 걸러지지 않고 관객 스스로 판단하여 영화를 선택하는, 자유가 충만한 9일이었다. 우왕좌왕 준비하고, 때로는 주먹구구식으로 진행된 지난 7개월의 준비 기간은 이런 특별한 자리를 마련하기 위한 바탕이었다. 영화제의 자유로운 소통을 통해 한국영화계는 조금씩 변화하기 시작했다. 영화계의 관료적인 시스템을 반성하고 자각하는 시대가 성큼 다가오고 있었다.

혼란스러웠던 제1회 영화제가 끝나자 집행부는 통렬한 자기반성에 들어갔다. '규모는 국제영화제였지만 서비스의 질은 낮았다'는 솔직한 진단이 내려졌고 통역과 자막 등 시스템부터 프로그래밍의 문제까지 다양한 지적이 오고 갔다. 시간에 쫓겨 급하게 구성된 프로그래밍을 반성하고, '아시아 중심의 영화제'로서의 정체성에 더 힘을 쏟아야 한다는 데 의견이 모아졌다.

 아시아의 중심으로 다가서다

PIFF, 틈새 공략에 성공

첫 회를 무난히 치러내자 한국과 부산에 대한 국내외의 인식도 달라졌다. 여기에 아시아 영화에 대한 관심이 증폭되자 영화와 영화인 초청 등 일하기가 한결 수월해진 것도 수확이었다. 전년과 달리 1997년엔 비교적 시간적 여유를 갖게 된 프로그래머들은 좋은 작품 수급을 위해 각종 영화제에 파견되었다. 베를린과 칸영화제는 프로그래머가 함께 참가했고, 로테르담, 카를로비바리영화제는 전양준이, 홍콩과 인도, 싱가포르영화제는 김지석이 순회하였다.

1회를 끝낸 뒤, 그들은 더 이상 미지의 나라에서 온 외계인들이 아니었다. "PIFF에서 왔다"는 소개는 이제 자신감의 표현이 되었다. 이들로부터 들려오는 반가운 소식은 PIFF가 아시아 영화를 소개하는 새로운 창구로 인식되었다는 점이다. 아시아 영화제의 양대 산맥이었던 도쿄와 홍콩국제영화제가 정체성의 혼란을 겪고 있는 사이 PIFF가 틈새시장 공략에 성공한 것이다.

또한 아시아 영화에 대한 관심은 부산을 더욱 주목하게 만들었다. 칸영화제에서 '체리향기'(이란)와 '우나기'(일본)가 공동으로 황금종려상을 수상했고 일본영화들이 주요 부문상을 휩쓸었다. 지속적으로 우수한 작품을 내놓았던 이란영화는 영화제 트렌드를 장악해 버렸다.

여기에 1회 때 초청된 영화제 손님들의 입소문이 더해져 한국영화 상영작들이 나라밖 관객들과 만날 기회를 얻게 되었다. 베를린, 체코, 스위스, 캐나다, 인도, 싱가포르 등 다양한 국가의 영화제에서 한국영화들을 초청했다.

이런 외부적인 성과와 더불어 한국 내부의 움직임도 고무적이었다. 다양한 영화를 보고 싶어 하는 관객들의 수요는 더 많은 국내 영화제를 촉발시켰다. 여름에 부천국제판타스틱영화제가 개최되면서 영화제는 이제 일상적인 행사로 자리를 잡아가고 있었다. 한 살 더 먹은 PIFF는 막 발을 뗀 국제영화제들의 길잡이가 되어 갔다.

이런 가운데 1996년 10월 4일 헌법재판소는 공연윤리위원회의 사전심의에 대해 위헌결정을 내렸다. 오랜 기간 동안 영화인들이 표현의 자유를 요구하며 끈질기게 싸워온 결과였다.

이런 분위기에 따라 한국영화계도 판이 새로 짜이는 과도기에 들어섰다. 차승재, 심재명 등의 새로운 제작자들이 충무로에 자리를 잡았고, 새로운 감성을 가진 신인 감독들의 영화가 쏟아져 나왔다. 여전히 할리우드 직배 영화가 인기를 누리고 있었지만, 변화의 물결은 오래된 질서를 서서히 바꿔나가기 시작했다.

전년의 시행착오를 개선하는 것은 2회 영화제의 최대 과제였다. 우선 번거로운 확인절차를 거쳐야 했던 입장권 예매 시스템을 개선했다. 주요 예매처인 부산은행 외에 PC 통신으로도 예매가 가능해졌으며, 서울 코아 아트홀에 예매 창구를 만들어 서울 지역의 관객을 맞이했다. 임시 직원을 늘리고 체계적인 분업을 이룰 수 있도록 조직을 재정비했다. 영사 사고를 막기 위한 필름 트래픽팀과 기술팀이 보강되었고, 셔틀버스와 게스트 차량의 시간 관리를 위해 배차팀이 추가되었다.

자막 작업에 시간과 품이 너무 많이 들어가자 한국 자체의 자막 프로그램이 절실하게 필요해졌다. 차후의 영화제를 위해 자막 시스템 개발 비용을 따로 책정했고, 영화제 기술감독 문원립 씨의 도움으로 빠른 시간 내에 한국형 자막 프로그램을 개발할 수 있었다. 일본 프로그램 반, 한국 프로그램 반으로 비중을 나누고 자막 작업에 들어갔다.

스타와 함께하는 축제

전년보다 약 한 달가량 늦은 1997년 10월 10일 두 번째 영화제의 막이 올랐다. PIFF에 가면 금지된 영화를 볼 수 있다는 입소문은 빨랐다. 예매율은 전년의 기록을 훌쩍 뛰어넘었다. 개막 전날 이미 총 티켓 분량의 50%가 판매되었고 '체리향기'와 '하나비' 등의 화제작들은 일찍부터 매진됐다. 우수한 작품 선정 또한 관객의 호응을 이끌어냈다.

많은 국내외 게스트들이 참석해 영화제가 '축제'라는 걸 널리 부각시켰다면, 특별전과 회고전은 영화제의 예술적·학술적인 성격을 강조하는 행사였다. 작년과 같은 백화점식 회고전 기획을 탈피해 짜임새 있고 응축된 행사가 준비되었다.

홍콩이 중국에 반환되는 해였던 만큼 홍콩영화를 보며 성장한 한국영화인들에게도 의미가 컸다. 김지석은 시의성에 맞춰 '영웅본색', '천녀유혼', '외팔이 복서', '프로젝트 A' 등 한 시대를 풍미했던 수작과 화제작 12편을 묶어 '홍콩영화 회고전'을 기획했다.

사실 요즘 인기가 시들해졌지만 홍콩영화는 전 세대에 걸쳐 다양한 매력을 발산해 왔다. 아버지 세대에겐 이소룡이 있었고, 그 이후 세대에 겐 주윤발을 비롯한 홍콩 스타들과 '영웅본색'으로 대표되는 '홍콩 누아르'가 존재했다.

그리고 1990년대 중반엔 '중경삼림'과 함께 왕가위 감독 붐이 일었다. 혼란스러운 정체성을 반영한 그의 영화들은 홍콩영화에 대한 학술적인 관심을 불러 일으켰다. 메이저 영화사들은 과거 영화의 출품을 꺼리고, 영세한 영화사들의 경우에는 문을 닫은 경우가 많아 '외팔이 시리즈'나 추억의 무협영화를 초청할 수 없었던 아쉬움도 있었다.

그 부족한 부분을 상쇄시키기 위해 홍콩영화에 관한 다큐멘터리 3편이 특별 상영작으로 정해졌다. 홍콩의 과거와 현재, 미래를 되짚어보기위한 '홍콩을 바라보는 몇 가지 시선들'이란 세미나도 준비되었다. 아시아 영화에 대해 조예가 깊은 영화평론가 토니 레인즈가 사회자로, 올리비에 아사야스와 척 스티븐스가 토론자로 각각 초청되었다.

회고전의 하나로 기획되었던 초기 아시아 영화의 발굴과 복원 작업은 PIFF의 정체성을 보여주기에 충분한 행사였다.

1950년대 인도네시아에서 활동했던 허영 감독의 영화도 공개되어 초기 단계의 아시아 영화 교류에 대한 재평가도 이뤄졌다. '초창기 아시아 영화의 출발과 발전'이란 주제 하에 영화의 보존 방법이 주로 논의되었던 회고전 세미나엔 스탠리 콴, 이영일, 사토 다다오, 크리스 베리 등이 참석했다.

잊혀져 가는 한국 고전영화의 재조명 역시 영화제 목표 중 하나였다. 아카이브 시스템이 제대로 갖춰져 있지 않아 필름 훼손이 심했던 시절이고, 저작권 개념도 유명무실해 고전영화를 상영하는 일은 쉽지 않았다.

한국 최초의 컬트 감독에 놀라다

힘겨운 복원 프로젝트의 첫 번째 주인공은 유현목, 신상옥 감독보다 대중적인 인지도가 낮은 김기영 감독이었다. 영화진흥공사와 한국영상자료원의 협조로 새 프린트가 만들어졌다. 가장 큰 문제는 곳곳에 산재되어 있던 판권이었다. 감독이 직접 판권을 보유하지 않은 경우가 많아, 수소문 끝에 상영에 대한 허가를 직접 받아야 했다. 판권을 소유한 노년의 영화인을 두루 만나며 30분 이상 과거사를 듣는 건 이용관의 큰일 중 하나였다.

'한국 최초의 컬트 감독'인 김기영 감독의 회고전은 예상 외의 성공을 거뒀다. 우연히 회고전의 작품을 관람한 관객들은 그 당시에 이토록 실험적인 영화가 있었다는 것에 놀라운 표정을 지었다.

새로운 평가 속에 영화제를 찾은 김기영 감독은 젊은 관객들의 사인 요청 세례를 즐겁게 받아들였다. '하녀', '충녀', '이어도', '살인나비를 쫓는 여자' 등 8편의 상영작은 한국 모더니즘을 다른 각도로 바라보게 하는 증거물이었다. 평가 절하됐던 그의 영화들은 몇 십 년이 지나서야 제대로 평가를 받게 되었다.

뉴 커런츠 부문의 영화들은 새로운 아시아 영화를 발굴하는 작업이 너무도 흥미진진한 일임을 깨닫게 해주는 작품들이었다. 대기업의 영화계 진출로 인해 질 낮은 한국영화가 양산된다는 지리멸렬한 비판은 '한국영화 파노라마' 부문의 한국영화들에겐 적용되지 않았다. PC 통신을 매개로 한 만남을 그린 '접속'은 흥행에 성공하며 전국에서 'Lovers Concerto'가 울려 퍼지게 만들었다.

전통 가족의 해체를 비극적으로 그린 이창동 감독의 '초록 물고기', 풍자와 해학의 미학을 재발견한 송능한 감독의 '넘버 3', 박찬욱 감독의 잘 짜인 좌충우돌 소동극 '3인조', 김기덕 미학의 시작을 알린 '악어', '스타일리시 액션'이란 용어를 낳은 김성수 감독의 '비트', 크리스토퍼 도일의 촬영을 통해 여관이란 공간을 재 정의한 박기용 감독의 '모텔 선인장' 등 2000년대 한국영화계를 이끌어 가고 있는 감독들의 데뷔작이 대거 소개되었다. 다른 아시아 영화들에 비해 비교적 많은 한국영화가 포함되어 있었지만, 대부분 이의를 달 필요가 없는 수작들이었다.

한국영화가 판타지와 리얼리즘 사이에서 오가고 있을 때, 아시아의 영화들은 '정체성'을 둘러싼 고민에 빠져버렸다. 이중 관객에게나 평론가들이 제일 눈독을 들였던 영화는 프루트 챈 감독의 '메이드 인 홍콩'이었다. 유덕화가 촬영하고 남은 자투리 필름으로 완성해 낸 이 영화는 이전의 홍콩영화들과는 다른 역동성과 진지한 시선을 보여줬다.

'펀 바 가라오케', '초승달 이후', '또 다른 하루'는 각각 태국, 홍콩, 일본 사회의 일상을 각자의 방식으로 되짚어 나갔다. 새로운 영화들이 새로운 것에 목말라 하는 관객들과 만나는 건 당연한 결과였다.

여전히 일본영화에 대한 관심이 0순위였지만, 다른 아시아 영화들도 한국 관객과의 '접속'에 성공했다. 물질만능주의를 유쾌하게 풍자한

'비밀의 화원' 의 야구치 시노부 감독은 자신의 영화가 전회 매진이란 소식을 듣고 뒤늦게 영화제를 방문하기도 했다.

'새로운 물결' 부문 수상작에 대해서는 한국 내 배급을 보장하는 차원에서 1만 달러의 상금이 지급되었다. 이미 배급사가 있는 경우나 배급이 여의치 않을 경우엔 전년과 똑같이 감독에게 상금을 지급하도록 했다. 한국 내 배급을 장려하는 이러한 정책은 많은 신인 감독의 호응을 불러 일으켰다. 왕가위 감독은 아시아 감독을 격려한다는 '뉴 커런츠' 상의 취지에 동의하며 기부금을 전달하기도 했다.

이런 가운데 희망적인 소식이 들려왔다. 1997년 2월 16일 유니프랑스, 브리티시 스크린, 스위스 필름, 오스트리아 필름 커미션 등 10개국의 영화진흥기구 대표들이 베를린영화제에서 '유럽영화진흥기구(European Film Promotion)' 를 창설한 것이다. 유럽연합 미디어 프로그램의 후원을 받는 이 기구는 이어 아시아 영화계와 협력하기 위해 제2회 부산국제영화제에 대표단을 보내겠다고 발표했다.

또 '아시아 영화진흥을 위한 네트워크(NETPAC)' 는 부산국제영화제에서 총회를 열어 새로운 유럽기구와 제휴를 모색하겠다는 결정을 내렸다. 유럽과 아시아의 영화인들이 한국의 부산에서 교류를 시작하게 돼 PIFF는 개최 두 번째 만에 하나의 목적을 달성했다.

저예산 아시아 영화들의 약진

2회 때 관객은 17만 명으로 전년보다 적었다. 하지만 해외 언론인의 수는 1회의 5배나 많게 부산을 찾았다. 영화제 기간 내내 하루 평균 2만여 명이 관람해 좌석 점유율은 더 높아졌다. 부산 일대 호텔들의 예약률은 연중 최고였고, 야외 상영작이었던 '원나잇 스탠드' 의 5천 석이 모두 매진됐다.

영화제의 권위를 가시적으로 보여주는 '월드 프리미어' 작품 수도 늘었다. '새로운 물결' 부문의 '초승달 이후' 등 3편이 세계에서 처음으로 부산 관객들과 만났다.

최우수 아시아 신인 작가상을 받은 '모텔 선인장' 역시 최초로 공개되어 해외 비평가들의 호평을 받았다. 심사위원장인 유현목 감독은 "고독과 절망으로부터 벗어나려는 인간의 투쟁을 자신만의 독창적이고 새로운 비전으로 표현해내는 데 성공했다"는 심사 결과를 밝혔다.

'메이드 인 홍콩'은 '심사위원 특별 언급'과 함께 국제영화평론가협회가 수여하는 '피프레시상'을 받았다. 아시아영화진흥기구가 수여하는 '넷팩상'은 '접속'과 '나쁜 영화'가 동시에 수상했으며, 윤인호 감독의 '바리케이트'는 특별 언급되었다.

1987년 6월 항쟁의 기폭제가 된 명동성당 농성투쟁을 기록한 김동원 감독의 다큐멘터리 '명성, 그 6일간의 기록'이 최우수 독립영화상인 '운파상'을 받았다. 1987년 변혁의 시간을 현재의 시선으로 바라본 이 작품은 당시 한국 사회에 대한 많은 시사점을 던져줬다.

독립영화계의 역사를 조명한 '변방에서 중심으로'와 변영주 감독의 '낮은 목소리 2' 또한 특별 언급되었다. 최우수 외국 독립영화상인 '선재상'은 티벳 유목민의 삶을 기록한 '티벳의 소금장수'가 받았다.

9일 동안 해운대는 밤을 잊은 채 환한 불빛에 휩싸였다. 영화제를 찾은 관객들은 본 영화를 해석하고 찬양하고 비판하며 밤을 지새웠다. 여전히 부산국제영화제의 관객들은 젊었고, 때론 즐겁고 때론 진지한 영화들과 소통하며 관객들은 영화제의 주인공이 되었다. 차이밍량 감독이나 프루트 챈 감독은 '관객과의 대화' 이후, 부산의 열기에 반해 매회 영화를 들고 오는 단골손님이 되었다.

개최 2년 만에 PIFF는 순항 국면에 진입했다. 우수 작품을 중점적으로 소개하는 프로그래밍은 영화제의 골격을 만들었고, 그 안에 참여한 모든 사람들이 살을 붙였다. 영화제는 어떤 것도 강요하지 않았다. 개막이 되는 순간 어떤 풍경이 펼쳐질지 예측불허였지만, 그래서 더 역동적이었다.

게다가 표현의 자유를 막는 검열과 국제 연대를 위한 전 지구적 프로젝트가 공존하는 풍경은 이율배반적이었다. 2회 PIFF는 이 모든 변화들이 역동적으로 충돌하는 광장이 되었다. 다양한 영화들, 그리고 다양한 주장들이 영화제라는 공간 안에서 충돌하며 대안을 찾아나갔다.

 ## 경제 위기 속에 열린 영화제

예매창구에서 들려온 희망소식

한국 경제가 예기치 못한 IMF 위기에 빠지면서 1998년 3회 PIFF는 적지 않은 타격을 입었다. 일차적으로 기업 협찬이 줄어들었다. 하지만 인터넷 시대의 개막은 영화제에 득이 되었다. 7월에 'www.piff.or.kr'이란 도메인으로 영화제 홈페이지가 열렸다. 초청작에 대한 기본 정보와 영화제 정보를 한눈에 볼 수 있고, 사이트에서 예매도 가능하게 했다. 영화제에 대한 관심은 12만 회라는 접속수로 이어졌고, 인터넷을 통한 예매율이 전년 대비 300% 상승했다.

9월 7일 개시한 예매창구에서도 희망의 소식이 들려왔다. 예매 첫날부터 전체 입장권의 19%인 5만 3천여 장 넘게 티켓이 판매되면서 2억 원의 수입을 올린 것이다. 매진 속도도 전년보다 빨랐다. '4월 이야기'를 시작으로 '구멍', '고요', '자살관광버스' 등 24편이 전회 매진되었다.

무엇보다 아시아 영화에 대한 관객의 관심이 그만큼 높아진 결과였다. PIFF에 대한 관심이 나날이 고조되자 여행사들은 2박 3일 코스의 영화제 관광상품을 내놓기도 했다. 추석 연휴가 앞당겨진 관계로 9월에 영화제가 열리게 되었지만 영화팬들에게 날짜 변경은 아무런 영향도 미치지 못했다. 오히려 관객 수는 더 늘어났다.

3회 PIFF 규모는 더욱 커졌지만, 2년 동안 쌓아 올린 신뢰는 그보다 훨씬 더 컸다. 9월 25일 오전 11시, 개막식 행사 전에 피프 광장에서 핸드 프린팅 제막식이 있었다. 2회 방문객이었던 제레미 아이언스, 웨인 왕, 압바스 키아로스타미, 기타노 타케시, 시에 진이 남기고 간 손길이 동판으로 만들어져 피프 광장에 안착했다. 수영만 요트경기장에 위치한 '시네마테크 부산'에도 같은 동판이 진열되었다.

개막식은 배우 명계남과 아나운서 배유정의 사회로 시작되었다. 시장에서 물러난 문정수 조직위원장이 개막을 선언하고 안상영 부산시장이 축사를 낭독했다. 김대중 대통령은 영상물을 통해 "이 영화제가 우리 문화산업을 크게 일으키고 세계를 품에 안는 세계주의를 실천하는 훌륭한 축제의 한마당이 되기 바란다"는 축하 메시지를 전했다.

이제는 단골손님이 된 안성기, 강수연, 한석규, 문성근 등을 비롯, 이병헌, 이미숙, 배창호 감독 등이 참석해 개막식 분위기를 고조시켰다. 그리고 모흐센 마흐말바프 감독의 '고요'가 세 번째 영화제의 문을 열었다. 영화제에서 자체 제작한 자막 프로그램인 'Q 타이틀'을 통해 준비된 한글 자막이 스크린에 선명하게 새겨졌다. 5천여 명의 관객들은 의자에 앉아 아이가 침묵을 통해 성장하는 '고요'를 조용히 관람했다.

PIFF는 거대한 영화 캠퍼스

영화제 개막 이틀째인 남포동 거리는 젊은이들로 붐볐지만, 이전과는 다른 분위기였다. 필요한 게스트 인사를 제외하고 야외무대 행사를 대폭 줄여 스타들의 희소가치가 높아졌다. 오며 가며 만날 수 있는 배우들 대신 그 자리에 일반인에겐 얼굴도 이름도 생소한 감독들이 서 있었다. 더 이상 배우 구경을 하러 나온 사람들은 없었다. 오로지 영화를 보기 위해 모여든 관객들이 진지한 표정으로 피프 광장을 거닐었다.

'입장권 물물교환 창구'에선 표를 구하려는 사람들로 북적였고, 매진 공지는 점점 늘어났다. 어떤 관객은 "영화제에 공부하러 온 것 같다"라며 영화제의 분위기를 한마디로 전했다. 관객과의 대화도 지난 해 74회에서 116회로 늘어났다.

41개국의 221편의 영화를 상영하기 위해 극장도 확충되었다. 거리가 좀 떨어져 있는 MBC 시네마 홀이 새로운 상영관으로 합류했다. 흰색 티셔츠의 파란색 모자를 쓴 자원봉사단의 규모도 더 늘어나 영화제 분위기를 생생하게 전달했다. 예년과는 사뭇 다른, 활기차면서도 안정된 공기가 영화제를 감싸고 있었다. 단지 3회라는 횟수 때문만은 아니었다.

'월드시네마'는 유럽과 미주를 넘어 남미와 아프리카까지 진출했다. 영국, 미국, 네덜란드, 러시아를 제외하곤 중복되는 국가가 없을 정도로 다양한 지역의 영화들이 초대되었다. '월드 프리미어'는 아니었지만, 이미 여러 영화잡지들을 통해 입소문이 난 영화제 수상작들이 포진되어 있어 관객들의 호응이 높았다. 칸영화제 황금종려상을 받은 '영원과 하루', 로테르담영화제 타이거상 수상작 '상속자', 선댄스영화제 대상인 '슬램' 등 이미 '품질 보증'을 거친 영화들이 대다수였다.

비록 3회밖에 안 됐지만 PIFF는 중국과 일본 시장을 연결하는 다리 역할을 톡톡히 하고 있었다. 그러나 상황은 곧 역전되었다. 그 '다리'가 만들어낸 영화들이 영화제에서 최고의 인기를 누리기 시작했기 때문이다.

2년 동안 PIFF에서 상영된 한국영화들은 발 빠르게 세계로 뻗어나갔다. 최신 영화뿐만이 아니었다. 김기영 감독 회고전이 베오그라드영화

제, 베를린영화제 등에서 열리고, 몬트리올영화제는 '한국영화 특별주
간' 을 갖는 등 전 세계 영화제에서 한국영화에 대한 관심은 날로 더해
갔다. 베를린영화제에 14편, 칸영화제에 4편, 몬트리올영화제에 9편이
초청되며 한국영화는 또 다른 아시아 영화로 세계시장에 소개되기 시
작했다.

부산에서 '월드 프리미어' 를 가진 독립 장편 3편은 확실히 눈에 띄는
영화들이었다. 전북의 폐교에서 제작진이 50일 동안 합숙하며 찍은 '하
우등' 은 예산 부족으로 인한 우여곡절 끝에 부산에서 첫선을 보였다.
러시아국립영화대학 출신인 민병훈 감독은 타지키스탄의 오지 마을에
서 완성한 '벌이 날다' 를 출품했다. 주로 독립단편영화 작업을 해왔던
이지상 감독은 첫 장편영화 '둘 하나 섹스' 를 공개했다.

진지한 다큐와 수준 높은 단편

3회 영화제엔 진지한 다큐멘터리들이 대거 몰려왔다. '우리 시대의
다큐멘터리 특별전' 을 통해 프레드릭 와이즈만, 오가와 신스케, 로버트
플래허티, 크리스 마르케 등 책으로만 읽었던 다큐멘터리 거장들의 작
품이 상영되었다. 미국과 캐나다, 일본에서 활동하고 있는 한국 출신 감
독들의 영화를 모은 '또 다른 한국영화 - 재외 한인 영화 특별전' 은 한
국인의 또 다른 정체성을 고민하게 했다.

최양일의 '10층의 모기' 와 크리스틴 초이의 '누가 빈센트 친을 죽였
는가?' , 이아라 리의 '모듈레이션' 등은 영화를 감독의 '정체성' 과 동
떨어져서 사고할 수 없음을 보여주었다. 이런 상영이 가능하기까진 폴
리와 미국에서 활동하는 프리랜서 임현옥, 일본영화 전문가인 양시영
의 도움이 컸다. 아시아 독립영화계의 여성 감독 작품들을 한자리에 모
은 '이중의 장벽' 도 PIFF의 '대안적인' 지향점을 보여준 특별전이었다.

야외무대의 단발적인 무대 인사를 보완하기 위해 만들어진 특별전의 부대행사 '공개토론'은 긍정적인 효과를 불러 일으켰다. '이중의 장벽' 특별전에 초청된 아시아 여성 감독들은 미래의 영화감독을 꿈꾸는 여성 관객들과 복잡다단한 현실의 문제들을 고민하며 심도 깊은 토론을 나눴다. '또 다른 한국영화' 특별전으로 참석한 재외한인 감독들과의 토론은 비교적 조촐하게 치러졌다.

'와이드 앵글' 부문에서도 지나간 국내외의 수작들을 소개하는 프로그래밍이 추가되었다. 서울단편영화제 등 여러 단편영화제의 개최로 단편영화 제작편수가 늘어나자 젊은 감독들의 신선한 감각이 장편보다는 단편영화에서 발견되곤 했다. 이러한 단편영화계의 흐름을 이어받아 '와이드 앵글' 부문에서는 '국내 수상작 모음'이란 주제 아래 '간과 감자', '소년기', '스케이트' 등 12편을 초청했다. 이때 선보인 작품들은 한국 단편영화의 대표작으로 기억되고 있다.

'와이드 앵글'에서 가장 화제가 되었던 다큐멘터리는 홍형숙 감독의 '본명선언'이다. 한국인 본명을 숨긴 채 일본 이름으로만 살아가야 하는 재일 한국인의 오늘을 담은 다큐멘터리는 국내뿐만 아니라 해외 게스트들의 호평을 받았고, 이듬해 베를린영화제에 초청되었다. '와이드 앵글' 예매율이 높아지면서, 독립영화 감독들도 부산영화제 관객의 열정을 인정하게 되었다. 300명을 수용할 수 있는 넓은 극장이 관객으로 가득 차는 건 좀처럼 경험하기 힘든 일이었다. 독립영화의 현실과 대안을 알리는 세미나와 국내외 독립영화인이 함께 어우러지는 '와이드 앵글 파티'는 영화제의 가장 흥미진진한 행사로 자리 잡았다.

18만 명의 관객과 600여 명의 외국 게스트. 유료관객 17만 8천 942명. 극장수익 7억 5천 600만 원. 3회를 맞이한 부산국제영화제의 성과는 놀라운 것이었다. 특히 이해 PPP가 발족하면서 외국 게스트가 늘어나고 내실 있는 프로그래밍은 관객을 불러들였다. 사람이 모이니 한국영화 제작사들도 홍보를 위해 부산으로 내려오기 시작했다.

남포동은 '부산의 충무로'

영화제 기간 동안 남포동과 해운대가 '부산의 충무로' 였다. 부산에서의 우연한 인연이 영화제작으로 이어지는 등 부산은 소통의 장으로서의 역할을 충실히 해냈다. 16mm 영사기 문제로 상영이 중단되는 등 영사 사고가 몇 번 있었다는 점을 제외하곤 주최 측이나 참여자들이나 모두 만족할 만한 결과였다.

남포동과 해운대의 상점들 매출도 늘어 부산시민의 얼굴도 밝아졌다. 손님 몰이에 성공한 영화제는 이제 그 손님들이 계속 찾아올 수 있도록 스스로를 가꿔 나가려는 노력을 시작하게 된다. PPP의 성공에 고무된 부산시는 영상산업분야를 통해 부산경제를 회생시킨다는 목표를 세웠다.

안상영 부산시장은 1999년 예산편성에 PIFF를 포함해 영상산업분야에 대한 지원을 확대할 것을 강조했다. 부산영상위원회(BFC)의 설립과 영상제작단지의 건설 등 진정한 영상 도시로 나아가기 위한 프로젝트가 시작되었다.

영화제가 열리는 동안 위원장과 프로그래머들은 쉴 틈 없이 바빴다. 관객과의 대화를 진행하는 등 사회자로서의 역할도 중요하지만, 초청 손님들을 하나하나 챙겨야 하는 게 가장 큰일이었다. 특히 영화제 기간 중 김동호 위원장의 스케줄은 상상을 초월할 정도로 빡빡했다.

예컨대 9월 26일 밤 남포동 극장에서 '소무' 의 지아 장커 감독을 소개한 김 위원장의 다음 행보는 해운대였다. 악명 높은 부산의 교통난을 고려할 때, 족히 1시간은 넘게 걸릴 거리였다. 대안은 오토바이였다. 김동호 위원장은 급히 퀵서비스 기사를 불러 짐을 올려놓는 오토바이 뒤에 탄 채 35분 만에 해운대 파라다이스 호텔에 도착해 '프랑스 영화인의 밤'에 참석했다. 그 다음부터 위원장을 전담하는 퀵 서비스 기사가 생겼을 정도였다.

 정착기에 들어서다

PIFF, 과도기를 벗어나다

20세기가 저물어 가는 1999년은 부산국제영화제가 시행착오와 혼돈기를 넘어 정착단계에 진입한 해였다. 때맞춰 PIFF가 어느 정도 안정이 됐다고 판단한 초창기 멤버들이 영화제를 줄줄이 떠났다. 영화제 태동과 출범 초기부터 PIFF의 방향 설정과 위상 정립을 위해 든든한 버팀목이었던 부위원장 박광수는 영화 '이재수의 난' 제작을 위해 보따리를 쌌다. 또 폴 리 등 프로그램 어드바이저들과 스태프들은 각자의 자리를 다른 사람들에게 넘겨주고 한국을 떠나 영화 현장으로 나섰다.

또 이 해 영화제는 개막작으로 한국영화를 내걸었고, 부산에는 영상위원회 출범 등 영화관련 단체들이 속속 들어서 PIFF의 당초 목표들이 서서히 윤곽을 드러내기 시작했다. 영화제가 초기단계의 숱한 난관을 뚫고 이 같은 자신감을 보인 것은 과도기를 벗어나고 있음을 시사하는 대목이기도 했다.

지난 3년 동안의 시행착오를 거쳐 온 PIFF는 이제 자생력을 키워가기 시작했고, 그 힘이 본격적으로 가시화된 것이다. 때마침 아시아 영화는 세계무대에서 좋은 성과를 거두고 있었다. 그리고 PIFF는 '아시아 영화의 창구'로서 그 위상을 높여가고 있었다. 지난 영화제 당시 수많은 관객들의 호응과 열정을 잊지 못했던 해외 영화인들 사이에서 PIFF에 대한 입소문이 퍼지면서 서서히 효력을 발휘하기 시작한 것이다.

프리마켓인 부산프로모션플랜(PPP) 역시 PIFF에 대한 관심을 높여 나가는 데 일조했다. 김지석은 "아시아 영화제작자들이 이때부터 PIFF를 하나의 '필수 코스'로 인식하기 시작했다"고 회고했다.

집행부는 전반적인 영화제 시스템 정비에 나섰다. 먼저 항상 제기되었던 상영 사고를 줄이기 위해 상영 시스템에 손을 댔다. 상영관의 영사기 상태와 종류를 철저하게 조사하였으며, 영사기사와 영화제 관계자들의 중계 역할을 하는 '스크리닝 매니저'를 극장마다 배치했다. 또한 '상황 스태프'를 구성하여 급박한 상황 변동에 따라 적절하게 대처할 수 있도록 훈련시켰고 상영 편수의 증가에 따른 상영관 추가와 함께 자막 시스템도 보강했다.

이 해에는 'IT 강국'의 저력이 영화제에 본격 이식됐다는 의미 있는 족적을 남겼다. 네트워크 환경의 발전과 함께 인터넷 트렌드에 발맞춰 영화제 홍보에도 '동영상'이 추가됐다. 하나넷 사이트의 경우, 영화제에 출품되는 20여 개 작품의 예고편과 30여 편의 본선 수상작품들을 볼 수 있도록 제휴를 맺었다. 넷츠고와 천리안에서 운영된 PIFF 포럼에서는 각 통신사별로 사이버 기자단을 선정, 네티즌의 참여를 독려하는 특별한 이벤트도 마련했다.

폰뱅킹과 PC 통신을 이용한 홈뱅킹, 계좌 이체를 통한 인터넷 예매 등 다양한 방식을 도입하여 관객의 편의를 도왔다. 10%의 환불 수수료를 부과하여 무분별

▲ 제3회 개막식. 문정수 시장과 임권택·유현목 감독의 모습이 보인다.

한 환불을 막고 예매 문화를 정착시키는 효과를 꾀했다. 예매 관리와 환불 업무가 분산되도록 한 임시매표소 운영을 통해 효율성을 제고할 수 있었다.

ID 카드가 전산 시스템을 통해 발급되면서, 게스트에 관한 데이터베이스가 전산화되는 효과도 가져왔다. 현장 ID 카드 발급 및 티켓 발급에 소요되는 시간이 줄어들면서 게스트들의 항의도 줄어들었다.

또 다른 변화는 2개의 상영관을 늘리면서도 하루 상영을 5회에서 4회로 줄인 것이다. '관객과의 대화(GV)' 가 영화제를 대표하는 프로그램으로 자리잡아가면서 감독과 관객들 사이에 원활한 대화가 오갈 수 있도록 시간도 안배했다. 이는 야외상영관과 남포동 극장가 사이의 이동 시간을 고려한 결과이기도 했다.

이에 따라 영화 편수에 따른 상영 횟수를 맞추기 위해 영화제 기간이 이틀이 늘어난 열흘이 되었다. 3회 동안 좋은 반응을 얻었던 프로그램은 대폭 지원하였고 각종 불만들은 하나씩 줄여나갔다.

영화제의 개최 시기는 다소 변동이 있었다. 추석 연휴가 늦춰지면서 영화제는 부산 지역의 극장주들과의 협의 끝에, 4회 영화제는 추석 3주 뒤인 10월 14일 막을 올렸다.

한국영화, 개막작에 올리다

집행위는 개막작으로 이창동 감독의 '박하사탕' 을 골랐다. 이 감독의 두 번째 영화인 이 작품은 광주민주항쟁으로 역사를 거슬러 올라가며 한국에서 살아가고 있는 현재 한국인의 정체성을 묻는 의미심장한 영화였다. 또한 주연배우 설경구와 문소리라는 걸출한 스타를 배출한 작품이기도 했다.

PIFF가 처음으로 한국영화를 개막작으로 선정하자 국내외에서 많은 주목을 받았다. 한국의 관객들과 전 세계 게스트들은 수영만 야외상영장에 함께 모여 세계 최초로 '박하사탕'을 감상했고 호평이 쏟아졌다. 부산국제영화제와 우수한 한국영화가 함께 만나 시너지 효과를 발하며 영화제를 더욱 빛내주었다.

'박하사탕'이 개막작으로 선정되기까지는 적지 않은 우여곡절을 겪었다. 사실 '박하사탕'은 배창호 감독의 영화 '정'과 양보할 수 없는 일전을 벌였다. 배 감독이 이 감독보다 연장자이고 영화계 선배인데다 신망도 두터워 충무로 일각에선 '정'을 미는 분위기가 우세했다.

하지만 영화계 진보세력을 규합한 명계남 - 이창동 라인은 PIFF마저 한편으로 끌어들여 '박하사탕'을 개막작으로 선정하는 데 결정적 역할을 했다. 결국 PIFF는 이후 6회 영화제 때 배 감독의 '흑수선'을 개막작으로 초대하는 성의를 보였지만 이미 그에 대한 관심과 열기는 식은 뒤였고 흥행도 기대에 미치지 못했다.

'박하사탕'과 함께 이 해 PIFF의 또 다른 수확으로 설경구를 빼놓을 수 없다. 연극배우 출신인 그는 이전까지 '꽃잎', '처녀들의 저녁식사' 등 두 편의 영화에 잠깐 모습을 드러냈을 뿐 대중적 인지도가 미미했었다. 그러나 그가 주연을 맡은 3편을 포함해 무려 출연작 4편이 영화제에 동시 출품돼 가장 주목받는 배우로 부상했다.

그 4편을 보면 개막작인 '박하사탕', '월드스타' 강수연과 함께 연기 대결을 펼친 박종원 감독의 '송어', 전수일 감독의 '새는 폐곡선을 그린다' 그리고 한국형 블록버스터 '유령' 등이다. 그의 출연작을 지켜봤던 영화관계자들은 "설경구란 연기자의 발견은 큰 수확"이라고 입을 모았는데 10년이 흐른 지금 그는 보란 듯 충무로 정상에 등극해 있다.

한국영화, 뚜렷한 진화

이 해 한국영화는 발군의 실력을 발휘했다. 이명세 감독의 스타일을 세계에 널리 알린 '인정사정 볼 것 없다'와 민족주의 블록버스터의 연장선상이었던 민병천 감독의 '유령', 박종원 감독의 부조리극 '송어', 박광수 감독의 독특한 역사극 '이재수의 난', 한국 로맨틱 코미디의 새 장을 연 이정향 감독의 '미술관 옆 동물원'이 개봉돼 영화팬들의 많은 사랑을 받았다. 노장 감독들의 반가운 신작들도 속속 공개되었는데 김수용 감독의 '침향', 조문진 감독의 '만날 때까지', 이두용 감독의 '애'가 그 영화들이었다.

독립 저예산 장편영화였던 이지상 감독의 '돈오'와 미국사회 속의 한국청년들을 시적으로 담아낸 이재한 감독의 '컷 런스 딥'이 부산에서 처음으로 한국 관객들과 만났다.

'와이드 앵글'에서도 우수한 다큐멘터리들이 쏟아졌는데, 변영주 감독의 '낮은 목소리 3 - 숨결'을 비롯해 노숙자와 앵벌이의 삶에 다가간 '냅둬', 할머니와 엄마와 손녀 사이의 대화와 공간을 탐색하는 '고추 말리기', '민족민주 유가족협회'의 투쟁을 기록한 '민들레' 등이 화제가 되었다.

제주 4·3 항쟁을 전면으로 다뤘던 '레드 헌트'의 영화사 대표가 국가보안법 위반으로 구속되었으나, 연출을 맡은 조성봉 감독은 이에 굴하지 않고 더욱 공세적으로 2편을 제작하였다. 이 속편은 초청 받았지만 완성되지 못해 결국 상영이 취소되었다.

한 가지 재미난 사실은 1회 때부터 시작된 '와이드 앵글 파티'다. 이용관 위원장의 지인이 운영하던 조그만 바의 도움을 받아 1회 때부터 시작된 이 파티는 비록 장소는 비좁았지만 분위기는 훈훈했다. 당시 예상보다 많은 사람이 몰려 술과 안주가 모두 동이 났고, 독립영화계 게스트들뿐만 아니라 유현목, 김수용 감독, 김동호 위원장에 해외 게스트들까지 이 파티를 찾으면서 PIFF의 재미있는 파티로 소문이 나기 시작했다. 아무튼 영화제가 나이가 먹어갈수록 와이드 앵글 파티는 진화해 나갔고 PIFF의 빼놓을 수 없는 잔치로 자리 잡았다.

유일한 경쟁 부문인 '새로운 물결'은 해를 거듭할수록 안정적인 모습을 보였다. 12개 작품 중 9편이 사전에 매진되었고, 최종 예매율도 80%를 넘어섰다. 프로그래머들의 세심한 작품 선정에 대해 관객들도 동참하면서 '좋은 영화'를 미리 발견하려는 관객수가 점차 늘어간 것이다. 스타 감독의 작품에 대한 갈증이 해소되면서 신인 감독들의 새로운 작품에 눈길을 돌리는 고무적인 현상이 이어진 결과이기도 했다.

부산서 프리미어는 통과의례

전체 작품 선정에서 눈에 띄는 변화는 초청작의 국적이 더욱 다양해졌다는 것이다. 3회 때 41개국, 211편에서 4회 때 53개국, 207편의 영화들이 선보여 PIFF가 '아시아 정상의 영화제'로 성장하고 있음을 가늠할 수 있었다. 리투아니아, 슬로베니아, 세네갈, 기니, 모로코, 불가리아, 이집트, 부탄에서 찾아온 영화들이 처음으로 한국관객에게 선보였다.

대부분의 영화들이 '아시안 프리미어'라는 점은 PIFF가 아시아의 관문이 되었음을 보여주는 증거였다. 칸, 베를린, 로테르담 등의 세계 유수의 영화제에서 수상하거나 좋은 평가를 받았던 영화들이 도쿄도, 상하이도, 홍콩도 아닌 부산에서 가장 먼저 상영되었다.

이에 따라 아시아 신작들이 부산에서 아시안 프리미어로 상영하는 것을 '통과의례'로 인식하기 시작했다. 낯익은 아시아 감독들은 영화제 관객들과 영화 기자들에게 따뜻한 환대를 받았다. '쌍생아'의 츠카모토 신야 감독은 무대에 올라 다양하고 익살스런 포즈로 부산의 관객들을 위한 팬 서비스를 했고, '그 해 불꽃놀이는 유난히 화려했다'로 돌아온 프루트 첸 감독은 지난 '지각 방문'을 만회라도 하듯 개막식부터 영화제 기간 내내 부산을 지켰다.

유럽영화진흥기구(EFP)의 참가도 눈에 띄는 부분이다. 유럽 각 회원국에서 출품한 작품의 감독과 배우 11명을 부산에 보내 그들의 영화를 홍보한 것이다.

전양준은 "먼 이동 거리와 10시간 이상의 비행 때문에 그동안 참가를 꺼려왔던 유럽 영화인들이 부산에서 이 같은 홍보활동을 펼친 것은 PIFF의 중요성을 서서히 인식해 가고 있음을 보여주는 증거"라고 말했다. 아무튼 1999년 4회 영화제 이후 EFP는 매년 PIFF를 찾는 단골손님이 됐다.

이 해 PIFF는 의미 있는 족적을 남겼다. 세기 말을 기념해 '20세기 아시아 영화의 영광 : 20세기 아시아 영화 걸작선'이란 섹션을 마련한 것이다. 영화제 측은 일본, 중국, 이란을 비롯하여 필리핀, 인도네시아 등의 영화 학자들의 추천을 받아 최종 13편을 선정하였다. 물론 아시아 영화 전문 연구가인 막스 테시에와 크리스 베리도 참여하긴 했지만, 아시아인들이 직접 자국의 20세기 대표작을 뽑은 결과라 의의가 더욱 컸다.

아시아의 시선과 테크닉을 통해 전통사회와 도시가 충돌하는 근대의 시간을 그려낸 영화들로 한국의 '오발탄', 대만의 '동년왕사', 일본의 '라쇼몽'과 '우게츠 이야기', 인도의 '길의 노래' 등이 이때 소개되었다.

이 해 한국영화 회고전은 '한국 리얼리즘의 길 찾기'란 주제로 유현목 감독 회고전으로 기획됐다. 20세기를 대표하는 한국의 대표감독으로 유현목 감독을 지목한 것이다. 한국전쟁과 이후 재건 시대를 모두 경험했던 유 감독은 근대의 정체성에 질문을 던지는 영화들을 만들어 왔다. 현실을 날카롭게 반영함과 동시에 그 모든 것들을 영화적인 언어로 재창조하는 탁월한 솜씨는 한국영화의 든든한 기반이 되었다.

20세기를 기념하는 특별전은 '회고'에만 그치지 않았다. 1980년대부터 만들어진 '아시아 - 태평양 독립영화'를 한데 모아 독립영화들만이 보여줄 수 있는 미래에 대한 '비전'을 제시하고자 했다. 급진적인 주제와 참신한 기법을 보여주는 영화들이 그 중심이 되었다.

PPP에 쏠린 시선들

1회를 무사히 끝낸 PPP는 1998년 수상작인 '플랫폼'이 해외영화제에 초청되며 좋은 반응을 얻자 전 세계 영화인들의 관심을 끌게 되었다. 총 감독이었던 부위원장 박광수의 뒤를 이어 영화사 백두대간의 정태성 상무가 PPP 수석 코디네이터로 영입돼 내실 있는 프로그램에 총력을 기울였다. 영어와 일어 등 외국어에 능통한 그는 로테르담영화제 씨네마트와 협력하여 프로젝트를 공유하고, 칸영화제에서 PPP 홍보물을 배포하는 등 양질의 프로젝트를 유치하기 위해 노력했다.

그 결과 1999년도 PPP는 아시아의 작가 감독들이 대거 모이는 장이 되었다. 배창호 감독의 '나의 사랑 아프리카', 김기덕 감독의 '수취인 불명' 등 한국영화 3편을 포함, 총 17편이 PPP 프로젝트로 선정되었다. 프루트 첸 감독의 '리틀 청', 왕 샤오슈아이의 '북경 자전거', 자파르 파나히 감독의 '순환' 등 이미 부산에 다녀간 감독들이 대거 신작 계획을 발표했다.

중국과 일본 시장으로 진출할 수 있는 한국의 입지 또한 매력적이어서 미국과 유럽의 관심이 컸다. 미팅 건수는 작년에 비해 두 배 이상 늘어난 124건이었고, 미팅룸에서 바로 계약을 체결하거나 투자를 긍정적으로 검토하는 제작사들이 늘어났다.

김기덕 감독의 '수취인 불명'은 독일 필름보드 베를린펀드가 공동제작자로 나서 제작비의 절반인 2억 5천만 원과 후반 작업을 독일에서 지원하기로 했다. '수취인 불명'은 PPP에서 외국 자본 유치에 성공한 첫 번째 영화라는 기록을 남겼다. 프루트 첸 감독의 '리틀 청'도 많은 주목을 받았다. PPP 폐막 이후 카날 플러스가 투자 의사를 밝혔고, 이미 제작 전에 한국 수입 계약이 체결되었다

2000년대를 앞두고 충무로에 부는 변화의 바람이 PIFF를 통해 적극적으로 표출됐고, 아시아를 하나의 커뮤니티로 묶는 상업적인 전략을 포함하여 감독들이 자의식을 영화에 반영하는 방식도 세분화되었다.

'독립영화 네 가지 얼굴, 그 새로운 모색'이란 주제로 개최된 독립영화 세미나는 이러한 움직임을 다각도로 진단하는 자리였다. 그 경향은 '새로운 물결'에서도 분명하게 드러났다. 최우수 아시아신인작가상을 받은 '영원한 멜로디'는 세기말의 시간을 사는 동시대 젊은이들의 삶을 잔잔하게 표현해 공감을 얻었다.

또한 영화제는 영화평론가 이영일과 몬트리올 영화제 집행위원장인 세르쥬 로직에게 공로상을 수여했다. 장이머우 감독과 유현목 감독, 원로 영화배우 황정순은 PIFF 광장에 자신의 핸드 프린팅을 남겼다.

▲ 유현목 감독과 김동호 위원장

영상도시 부산, 우뚝 서다

4회 PIFF엔 스타들의 참석이 저조해 적지 않은 아쉬움을 남겼다. 영화제 측이 독립영화를 좀 더 적극적으로 초청하다 보니 스타들이 출연

한 주류 한국영화 출품작들이 상대적으로 많지 않았기 때문이다.

열흘 동안 영화제를 찾은 관객수도 줄었다. 전년보다 1만 1천 633명이 감소한 18만 914명. 상영횟수와 전체 좌석수가 줄었기 때문인데 이는 어느 정도 예상한 것이었다. 반면 영화제에 참석한 감독들의 '관객과의 대화(GV)' 는 비중이 커졌다. 애초에 104회로 공지되었던 'GV' 는 153회를 기록했다. 영화제 관객들은 스타가 없어도, 날씨가 쌀쌀해져도, 영화를 보기 위해 변함없이 부산을 찾은 것이다.

1999년은 '부산영화' 의 중요한 한 획을 긋는 해로 기록됐다. 영화부문에서 기대 이상의 굵직한 일들이 이뤄졌기 때문이다. 부산영상위원회(BFC) 발족, 시네마테크 부산 개관, 부산독립영화인협회 등이 창립됐기 때문이다.

'시네마테크 부산' 은 영화도서관 기능과 함께 지역에서 보기 힘들었던 예술영화를 부산에 선보여 관심을 모았다. '문화의 불모지' 혹은 '문화 삼류도시' 라 불렸던 부산은 이제 영화문화의 중심으로 부상하기 시작했다. 부산에서 영화는 '우리 모두의 것' 이었고 영화제는 '우리 모두의 축제' 였다. 아시아를 대표하는 영상도시로서 부산의 미래가 조금씩 그 모습을 드러내고 있었다.

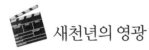 새천년의 영광

달라진 PIFF 위상

지구촌에 2000년의 해가 떠올랐다. 새 천년의 해는 유난히 부산을 밝게 비추고 있었다. 5회 영화제가 열리는 이 해 PIFF의 위상은 어느새 몰라보게 달라져 있었다. 1996년 이후 PIFF는 '아시아 영화제' 로 정체성을 확립하는 데 골몰해 왔다. 그러나 1999년 '박하사탕'이 월드 프리미어로 소개됐고 이후 전 세계 영화제에 초청되어 호평을 받으면서 PIFF의 국제적인 가치가 함께 상승했다. 그런 탓에 부산영화제 사람들은 PIFF의 역사를 구분할 때 '박하사탕 이전과 이후'로 나눈다.

이 해 한국영화의 활약상은 그야말로 눈부실 정도였다. 지속적인 한국영화의 성장은 '한국'이라는 고유명사를 세계의 영화인들에게 확실하게 인지시켰다. 임권택 감독의 '춘향전'이 한국영화 사상 최초로 칸영화제 경쟁부문에 진출했고, 주목할 만한 시선에 '오! 수정', 감독주간에 '박하사탕', 비평가 주간에 '해피엔드'가 초청되면서 충무로는 축제 분위기였다.

또 국내에서는 분단 현실을 반영한 박찬욱 감독의 '공동경비구역 JSA'가 서울관객 100만 명 이상을 불러 모으며, '웰 메이드 영화'라는 신조어를 만들어냈다. 한국영화가 브랜드 파워를 구축하면서 전 세계 영화인들은 자연스럽게 PIFF로 모여들기 시작한 것이다.

인터넷 예매가 활성화되면서 매진 속도는 더욱 빨라졌다. 개막작인 '레슬러'는 예매 개시 3분 만에 매진되어 최단시간 기록을 수립했다. 영화제가 열리기만을 기다리는 고정 관객들과 영화광들의 열정은 예매율에 고스란히 반영되었던 것이다. 개막 전까지 전체 입장권의 70%인 12만 장이 판매되면서 영화제의 흥행 성공을 예감하게 했다.

스타들의 부산나들이

오동진 기자와 배우 방은진의 사회로 개막식이 진행될 때만 해도 식장엔 스타들의 얼굴이 그다지 보이지 않았다. 베니스영화제에서 감독상을 수상한 '레슬러'의 부다뎁 다스굽타 감독과 유현목 감독, '새로운 물결' 부문 심사위원장이자 특별전 감독으로 참여한 크지스토프 자누시, 임권택, 배창호, 여균동 감독 외에 배우들은 송강호, 유지태, 최민식 등이 전부였다. 하지만 김 위원장의 안내로 개막식장에 등장한 빔 벤더스 감독은 이 해 영화제의 최고 스타였다. 그동안 개인적인 사정을 이유로 부산 나들이를 거절했던 '밀리언 달러 호텔'의 빔 벤더스 감독을 초청하기 위해 영화제 측은 '삼고초려 작전'을 구사했다. 당장 뛰어갈 수 없는 탓에 이메일을 이용했다.

마지막 메일에는 23년 전, 빔 벤더스가 주한 독일문화원에서 강연했을 당시 참석했던 젊은이들이 현재 한국영화계에서 중추적인 역할을 하고 있음을 전하면서 '그들과의 재회'를 제안하는 내용을 담았다. 결국 빔 벤더스 감독은 '재회'에 대한 기대와 PIFF에 대한 동료들의 칭찬에 힘입어 부산행 비행기에 몸을 실었다.

'기자회견 30분, 단독 인터뷰 사절'이라는 까다로운 조건을 내세웠지만, '밀리언 달러 호텔'의 '관객과의 대화'를 통해 마음을 바꾸기 시작했다. '뉴 저먼 시네마'의 산 증인을 앞에 두고 열정적인 질문을 쏟아내는 부산 관객들에게 감사해 하며, 1시간 30분 동안 관객의 질문에 친절하게 답했다. 23년 전, 독일문화원 강연의 참석자였던 정유성 서강대 교수가 사회를 맡아 더욱 뜻 깊은 자리였다.

특별전 '살롬 시네마! 마흐말바프가의 영화들'을 위해 참석한 이란의 마흐말바프 가족도 영화제의 진객이었다. '가베'와 '고요'로 이미 부산을 찾았던 모흐센 마흐말바프 감독을 비롯해 '칠판', '사과'로 칸영화제에 초청되었던 큰딸 사미라 마흐말바프 감독, '내가 여자가 된 날'로 데뷔한 아내 마르지예 메쉬키니 감독, 그리고 단편과 다큐멘터리를 선보인 하나 마흐말바프와 메이삼 마흐말바프 남매의 영화들이 상영되었다.

폐막작으로 선정된 '화양연화'의 스타 왕가위 감독과 양조위, 장만옥도 2000년 PIFF를 빛낸 특별한 손님들이었다. 부산 대중의 열광적인 호응과 인기를 누렸던 두 배우는 영화제 공식행사와 매체 인터뷰로 가장 바쁜 게스트들이었다.

PIFF 최고 감동의 순간, 연출하다

5회 영화제에 작품이 초청된 나라는 55개국에 달했다. 카자흐스탄, 우즈베키스탄 등 중앙아시아 5개국의 특별전이 기획되었고, '월드 파노라마'에 남미와 동유럽 지역 영화들이 골고루 포진하면서 참가국 수가 늘어난 것이다. 당초 상영 예정작은 209편이었으나, 왕 슈오 감독의 '아버지'가 중국 정부의 압력으로 취소되고, '기억과 비망록'은 상영일까지 프린트 일정을 맞추지 못해 207편이 상영돼 전년에 비해 다소 줄어들었다.

이 해 영화제에서 눈여겨 볼 대목은 완성된 PPP 프로젝트들의 회귀, 다시 말해 PIFF는 우수 아시아 영화들을 가장 먼저 만날 수 있는 공간이 되었다는 점이다. 이를 놓고 '연어족 영화'라는 말이 생기기도 했다.

1999년 PPP 프로젝트였던 '리틀 청'과 '시인'은 로카르노영화제 장편 극영화 부문과 비디오 부문의 은표범상을 각각 수상했고, 자파르 파나히 감독의 '순환'은 베니스영화제 황금사자상을, '수쥬'는 로테르담영화제 타이거상을 받는 등 주목할 만한 성과를 거뒀다.

PPP를 통해 제작된 11편의 영화들은 해외 손님들을 거느리고 다시 부산으로 돌아왔다. 해외 영화제 프로그래머들은 2001년도 초청작을 선정하기 위해 PPP 행사장을 방문하는 현상이 벌어졌다. 이로 인해 스타는 적었지만 5회 PIFF 해외 게스트 수는 전년의 두 배를 넘어섰다.

'아시아 영화의 창' 부문은 예술영화 중심에서 탈피, 아시아 각 지역의 트렌드를 살펴볼 수 있는 대중적 작품을 주로 선정하여 초청작이 27편으로 늘어났다. '월드 파노라마' 역시 각국의 우수작을 모두 초청하다 보니 총 92편이 섭외되었다.

영화제가 유명해지면서 그만큼 초청 작업은 수월해졌기 때문이었다. 또한 2000년에 접어들며 세계 유명 감독들의 신작이 대거 등장하면서 나타난 현상이기도 했다. 오시마 나기

▼ 제5회 시상식에 참석한 배우 송강호와 이병헌

사, 소마이 신지, 에드워드 양, 장이머우 등 아시아 스타 감독들의 영화들은 매진 행렬로 이어졌다.

집행부의 변화도 있었다. 이용관 프로그래머가 영화진흥위원회 부위원장으로 옮김에 따라 한상준 중앙대 교수가 한국영화 담당 프로그래머로 영입됐다. 그는 기존 영화제에서 선보이지 않았던 한국영화들을 선정하는 데 공을 들였다. 디지털 카메라로 촬영된 임상수 감독의 '눈물' 과 박철수 감독의 '봉자' 모두 부산에서 처음 공개되었고, 캐나다에서 제작된 다니엘 윤 감독의 '혼수상태 이후' 가 포함되었다. 상영작 대부분은 이미 자신의 세계를 구축한 감독들의 신작들로 이루어져 있었다. 화려한 아시아 영화의 성찬이었지만, 주 메뉴 중 하나인 한국영화는 다른 부문에 비해 덜 신선했기에 경쟁력이 약했다는 것이 중평이었다.

라스 폰 트리에 감독의 '어둠 속의 댄서' 의 야외상영이 있는 날, 하루 종일 내리던 비가 상영 시간이 가까워져도 멈추지 않았다. 집행부는 취소를 고민했으나 상영 강행을 결정했다. 수영만을 찾은 3천 5백 명의 관객들은 궂은 날씨에 개의치 않고, 영화제 측이 준비한 우의를 입고 영화에 몰입하며 끝까지 자리를 지켰다. PIFF '감동의 순간' 을 회고할 때마다 회자되는 이 빗속의 야외상영은 국내뿐만 아니라 해외 영화인들까지 감동시켰다.

2000년 부산을 찾은 감독들은 이를 보고 "세상에서 가장 젊고 활력이 넘치는 영화제"라는 찬사를 보냈다. 18만 명이 넘는 전체 관객 중 10대와 20대가 80%를 차지하고 영화제 스태프들과 자원봉사자 대부분이 20~30대인 영화제는 지금까지 찾아보기 힘든 것이었다.

PIFF, 디지털을 논하다

이 해 영화제 화두는 '디지털'이었다. 이 주제는 5회 영화제의 전반을 가로지르고 있었다. 당장 디지털 카메라로 촬영한 한국영화 '눈물'과 '봉자'에 관심이 모아졌다. 디지털 시스템을 거친 영화들은 관객에게 새로운 영화적 체험을 선사했다. 제작비를 줄일 수 있다는 장점이 영화감독과 제작자들의 호기심을 불러 일으켰고, 디지털과 필름의 병존 현상에 대한 심도 깊은 논의도 전개되었다.

이런 추세 속에서 PIFF는 부산영상위원회와 함께 영화제 기간 중 디지털 영화 기자재 전시회 및 세미나 'Digital EZ 2000 Pusan'을 개최했다. 프로그램은 디지털 영화 기자재 전시회, 디지털 영화에 관한 세미나 등으로 구성했다. 디지털영화 제작사 '에노스 앤 로즈'의 HD 장편영화를 상영하고, 소니사의 HD 카메라 정책에 대한 세미나와 키네스코프 기술 시연회가 동시에 열렸다.

행사와 함께 열렸던 문승욱 감독의 디지털 신작 영화 '나비'의 제작발표회 역시 큰 관심을 끌었다. 미국의 HD 영화 전문가인 피터 그레이를 초청해 학생들과 촬영 스태프들을 대상으로 HD 촬영 워크숍도 진행되었다. 당초 45명 정도의 인원을 예상했으나 100명 이상이 접수하는 성황을 이뤄, HD에 대해 높아져 가는 관심을 가늠할 수 있었다. 그동안 디지털에 대한 논의는 미니 DV 시스템을 중심으로 진행되었으나, HD 영화 테크놀로지가 본격적으로 공유되면서 디지털 영화를 논의하는 차원은 더욱 확장되었다.

감독들은 생생한 경험을 바탕으로 디지털 영화 프로덕션 과정의 장단점을 짚어주었다. '부에나비스타 소셜 클럽'을 디지털로 촬영하고, '밀리언 달러 호텔'에서 디지털 특수효과를 이용했던 빔 벤더스 감독은 '관객과의 대화'에서 "극장용 디지털 영화를 만들 날이 머지않아 올 것"이라며 디지털 혁명에 대한 예측을 전했다. 이렇듯 '디지털'은 부산만의 화두가 아니라 전 세계가 고민하고 있는 '변화'였다.

'와이드 앵글' 프로그래밍은 단편보다 다큐멘터리에 중점을 두는 방향으로 전환되었다. 그러나 한국 단편영화가 13편에 불과했고, 작년에 13편이었던 한국 다큐멘터리가 7편으로 줄어드는 등 전체 편수가 줄어들자 "영화제가 아니면 많은 관객을 만나기 어려운 독립영화의 현실을 생각한다면 좀 더 많은 작품들이 상영되고 평가받을 수 있는 기회를 제공하는 것이 바람직하다"는 독립영화계의 불만이 터져 나오기도 했다. 물론 '하늘색 꿈'이나 '데모크라시 예더봉' 등의 다큐멘터리는 모두 수작이었다는 평가를 받았지만, PIFF와 독립영화인들의 간극은 쉽게 좁혀지지 않았다.

어느새 아시아의 중심

2000년 3회를 맞이한 PPP는 어느새 아시아 시장의 중심이 되었다. 이해 PPP의 중요한 목적은 1, 2회 프로젝트의 성과를 다시 PPP로 환원하는 작업이었다. 홍콩국제영화제의 프로젝트 마켓인 '홍콩 – 아시안 필름 파이낸싱 포럼'이 상업영화 시장으로 자리 잡으면서 PPP는 자연스럽게 작가주의 예술영화의 장으로서 위상을 확립했다.

한국영화 제작자들도 PPP 프로젝트의 효과를 인식하게 되면서, 한국 시장의 관심 역시 점차 증가하기 시작했다. 시상 내역도 2개나 늘었다.

2만 달러 상당의 네거티브 필름 또는 미국에서 Cinesite의 후반 작업을 지원받는 '코닥상'과 아시아 프로젝트를 대상으로 하는 'KTB상'이 추가된 것이다.

5대 1의 경쟁을 뚫고 선정된 12개국, 22편의 프로젝트가 지난해보다 더욱 많아진 투자자와 배급사들과 만났다. 워너 브라더스, 카날 플러스, 뉴라인 시네마 등 굵직한 해외 영화사가 PPP를 방문해 높아진 위상을 실감하게 했다. 이와이 순지 감독의 '릴리 슈슈의 모든 것'은 감독의 지명도와 독특한 제작방식으로 인해 눈길을 끄는 프로젝트였다.

2000년 3회에 이르러 안정기에 돌입한 PPP는 한국영화를 위한 새로운 프로그램도 추진했다. 일단 한국영화시장을 해외배급과 연계를 목적으로 한 '인더스트리 스크리닝'과 개별 세일즈 오피스가 마련된 것이다. 처음 시도된 '인더스트리 스크리닝'은 영화제 초청작과는 별도로 국내 흥행작 중 해외 진출 및 흥행 가능성이 높은 작품들과 유명 한국 감독들의 초기작 13편을 선정하여 상영했다.

게스트와 관객의 열정은 2000년 PIFF를 더욱 빛냈다. 관객들은 작품을 고르고 높은 예매율을 유지하는 가운데, 역시 '새로운 물결' 부문이 가장 많은 인기를 누렸다. 최우수 아시아 신인 작가상은 여성 감독의 작품이 대거 초청된 제5회 영화제의 특색을 반영하듯, 마르지예 메쉬키니 감독의 '내가 여자가 된 날'이 차지했다.

이와이 순지 감독의 영화에서 조감독으로 활동했던 유키사다 이사오 감독의 '해바라기'는 국제평론가협회상을 받았고, 넷팩상은 임권택 감독의 '춘향뎐'이 수상했다. 이름을 바꾼 '선재펀드'와 '운파펀드'는 윤영호 감독의 '바르도'와 김소영 감독의 '하늘색 고향'에 각각 돌아갔다. 관객들은 에너지와 아이디어가 넘치는 저예산 역작 류승완 감독의 '죽거나 혹은 나쁘거나'에게 'PSB 관객상'을 안겨 주었다.

1999년 발족한 부산영상위원회를 통해 행정 지원을 받은 영화들이 부산 곳곳에서 촬영을 시작했다. 영화제 기간 중엔 영도대교에서 곽경택 감독의 '친구'가 크랭크인 했으며, 왕가위의 '2046', 프루트 첸의 '화장실 어디예요?', 후루야타 야스오의 '호타루' 등 해외 작품들도 부산 현지 촬영을 타진하거나 준비 중이었다.

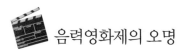

음력영화제의 오명

테러 공포와 추위 속에서 열린 영화제

2001년 9월 11일 오전 미국 워싱턴의 국방부 청사, 의사당을 비롯한 주요 관청 건물과 뉴욕의 세계무역센터(WTC) 빌딩 등이 항공기와 폭탄을 동원한 테러공격을 받은 이른바 '9.11 테러 사건'이 발생했다. 세계는 경악했고, 미국 등 주요국들은 테러와의 전쟁에 돌입했다.

이런 영향을 받아서일까. 6회 PIFF는 이 해 11월에 개막됐다. 영화제 개최시기가 예년보다 늦어진 것은 사실 테러와는 무관했다. 그 이유는 음력 추석 때문이었다. 영화제측은 극장 대관 사정에 따라 관행적으로 개최시기를 매년 추석 3주 뒤로 잡아왔다. 그런데 이 해 윤달이 끼는 바람에 추석이 늦어졌고 덩달아 PIFF도 늦게 선보인 것이다.

영화제 개최시기로 택한 11월 부산의 날씨는 쌀쌀함을 넘어 오싹할 정도로 추웠다. 바닷바람이 예사롭지 않은 이런 날씨 속에 수영만에서 야외상영을 감행하는 것은 욕을 먹을 것이 뻔했다. 집행부는 고민 끝에 개·폐막식과 야외상영을 센텀시티 부지에 새로 들어선 부산전시컨벤션센터(벡스코)에서 개최했다.

설과 함께 한국 최대의 명절인 추석은 영화제 개최 시기와 장소마저 바꿔놓은 것이다. 당시 영화제를 취재하던 필자는 이때 PIFF를 '음력 영화제'라고 불렀다. 전용관이 없는 설움을 함께 토로해 줬다. 지금 PIFF 전용관 '두레라움'이 추진되고 있는 것도 출발은 이때부터였다.

하지만 사람들은 날씨에 굴하지 않고 PIFF을 찾아왔다. 영화인들은 충무로에 남아 있을 필요가 없었다. 하반기 최고 기대작이었던 배창호 감독의 '흑수선'이 영화제 개막작으로 처음 공개됐다. '흑수선'은 예매 시작 2분 28초 만에 매진을 기록하는 등 관객의 열정은 변함없었다.

이 해 한국의 대표적 영화들이 '한국 파노라마' 부문에 출품됐다. 또한 영화 마케팅의 힘이 커져 가면서 부산국제영화제는 매력적인 홍보 장소로 인식되기 시작했다. 11월 9일이 되자 제작자, 감독, 홍보 전문가, 기자들이 부산으로 향했다. 충무로의 이동은 부산의 또 다른 활력소로 작용했다. 한국영화 시장점유율이 50%에 달하면서 충무로 사람들이 부산에 모여 그 영광을 함께 나누었다

개막작 '흑수선'을 취재하기 위해 1천 명이 넘는 기자가 부산에 도착할 때부터 영화제 흥행은 어느 정도 예견됐다. 야외무대에 어떤 감독과 배우가 등장하는지, 몰려든 사진기자들은 몸싸움을 해야만 했고 관객들은 야외무대의 주인공들을 보기 위해 앞 다퉈 몰려들었다.

특히 2001년에는 전년에 뜸했던 많은 한국배우들이 출품작과 함께 부산을 찾았다. '흑수선'의 이정재, 이미연, 안성기가 야외무대에 올랐을 때 분위기는 한껏 고조됐고, 일본영화 '고'의 유키사다 이사오 감독과 배우 구보즈카 요스케가 등장할 때 절정이었다.

남포동 PIFF 광장에 자리 잡은 부스에선 관객의 시선을 끌어 모으는 이벤트가 하루 종일 진행되었고, 거리 곳곳에서는 개봉 영화의 홍보 이벤트가 펼쳐졌다. '화산고'는 극장 앞에서 영사시스템을 장착한 차량을 준비하여 예고편을 상영했고, '런투유'와 '피도 눈물도 없이'는 부

스를 설치하고 각종 이벤트로 관객을 불러 모았다.

홍보 부스에 호기심 많은 관객들이 만들어낸 긴 행렬은 PIFF 광장의 일반적인 풍경으로 자리 잡았다. 광장 곳곳에 붙어 있는 개봉예정작 포스터들은 '영화축제'의 분위기를 고조시켰다. PIFF 광장이 관객들의 열기로 뜨거운 동안, 코모도 호텔에는 영화인들의 활력이 넘쳐났다. 진가신 감독, 논지 니미부트르 감독, 김지운 감독이 함께 만드는 3국 합작 옴니버스 영화 '쓰리'는 영화제에 참여한 국내외 언론의 최대 관심사가 되었다. 진가신 감독이 홍콩에서 김지운 감독을 만나 성사된 이 프로젝트는 이후 논지 니미부트르 감독이 합류했고, 세 명의 감독이 부산에서 다시 만나 영화의 연출 방향에 대한 의견을 나눴다.

PIFF와 단골손님

PIFF에 한 번 이상 초청되었던 아시아 감독들은 1~2년마다 새로운 영화를 들고 돌아왔다. '아시아 영화의 창' 부문은 이러한 네트워크를 적극적으로 활용했다. PPP 프로젝트와 '새로운 물결'에 신작을 선보였던 감독들이 바로 이 네트워크의 핵심이었다.

이와이 순지 감독의 '릴리 슈슈의 모든 것', 유키사다 이사오 감독의 '고', 프루트 첸 감독의 '할리우드 홍콩', 모흐센 마흐말바프 감독의 '칸다하르', 장밍 감독의 '주말음모', 차이밍량 감독의 '거기는 지금 몇 시니?' 등 부산에서 화제를 불러 일으켰던 감독들은 21세기에도 여전히 건재함을 증명했다.

감독들은 프로그래머가 초청 제안을 하기도 전에, 부산에 참가하겠다는 의사를 먼저 전해왔다. 그야말로 격세지감이란 표현이 꼭 들어맞는 상황이었다.

이제 아시아 영화의 수급은 안정적인 단계에 접어들었다. 그리고 매년 PIFF의 가족들은 점점 더 늘어갔다. 중화권 국가들과 일본의 영화가 많은 비율을 차지했던 것과 대조적으로, 이 해 '아시아 영화의 창' 부문에 초청된 28편의 국적만 해도 10개국이 넘었다. 전년에 특별전을 가졌던 중앙아시아 신작들과 함께, 해외 영화계에서 새롭게 떠오르고 있는 인도의 신작들이 '아시아 영화의 창'을 더욱 다채롭게 만들었다.

'월드 파노라마' 부문은 장 뤽 고다르나 뤼시앙 판탈리에 등 거장 감독들과 함께 '유럽의 새로운 물결'이라고 불러도 손색이 없을 만큼 유럽 출신 신인 감독들의 영화가 활력을 더했다. 45개국 67편이니 국적도 거의 겹쳐지지 않는 데다, 그 중 25편이 신인감독들의 영화였기에 관객들은 '발견'의 즐거움을 만끽할 수 있었다. 이 해 PIFF가 내걸었던 슬로건 '2001년 시네마 오디세이'는 어찌 보면 거창한 것이 아니었다. 영화라는 여정을 통해 세계인들의 현실과 고민과 희망을 공유하는 과정, 바로 그것이 부산의 오디세이였다

'2001년 시네마 오디세이'는 태국영화에 초점을 맞췄다. 1999년부터 2001년 현재까지 자국 영화시장에서 자존심을 지켜온 태국영화를 조명하는 '특별전'을 마련한 것이다. 1회 때부터 상업성과 작품성이 적절하게 조화된 태국의 영화들이 소개되었지만, 2001년에는 연간 제작 편수가 15편 미만임에도 시장점유율이 20%에 달해 전 세계 영화인들의 관심이 태국영화에 집중되었다. 폐막작으로 선정된 2001년 대작 '수리요타이'부터 저예산 독립영화까지 태국의 영화 전반을 한눈에 알 수 있는 장·단편 11편이 소개되었다.

태국영화 특별 프로그램에 대해 관객들은 빠르게 호응했다. '수리요타이'와 '킬러 타투'는 예매가 시작되자 매진됐고, 다른 영화들 역시 70% 이상의 고른 예매율을 유지했다. '너무 선정적이어서 검열에 걸렸다'는 소문이 났던 논지 니미부트르 감독의 '잔다라' 역시 화제였다.

해외 화제작만을 초청하는 것이 아닌, 한 국가의 현재를 영화를 통해 조명하는 특별전은 이전의 PIFF 프로그래밍과 차별되는 이벤트였다. 마치 학술논문 발표 같은, 시의성과 학술적 가치를 담보한 심도 깊은 프로그램이 자리 잡기 시작한 것이다.

유고슬라비아의 급진적인 감독 두샨 마카베예프 감독의 특별전은 이색적이었

다. 최우수 아시아 신인작가상 심사위원장 위촉과 함께 기획된 특별전이었으나 안타깝게도 9.11 테러 이후 비행기 공포증이 생겨 불참한다는 답변을 보내왔다. 상영작은 3편이었지만 마카예프 영화들은 영화제에서 가장 전복적이고 실험적이었다. 뉴 커런츠 심사위원장에는 허우 샤오시엔 감독이 정해졌다. 1990년대 영화광들에게 '대부'인 그가 부산에 도착하자 영화팬들은 열렬한 환호를 보냈다.

'난 배우에 앞서 영원한 학생'

누벨바그 시대의 대표적 프랑스 여배우 잔 모로의 방문 또한 감격적이었다. 유니프랑스와 프랑스대사관의 협조로 이루어진 방한, 그리고 '쥘 앤 짐' 등을 상영한 회고전은 오랜 영화팬들에게 향수를 안겨주었다. 노구를 이끌고 부산을 찾은 잔 모로는 기자회견에서 자신의 영화인생에 대해 이 같은 소감을 남기며 미소를 잃지 않았다. "배우라는 직업은 매우 풍요로운 경험을 얻을 수 있습니다. 배우 일을 하다 보면 마음을 열게 되고 호기심이 많아지며 먼 곳으로 여행을 떠나 의외의 사람과 만나게 됩니다. 나는 배우에 앞서 한 여성이며 영원한 학생입니다. 죽는

날까지 삶에서 새로운 것을 발견해 나가며 살아갈 것입니다."

신상옥 감독, 그리고 배우이자 부인인 최은희 여사, 허우샤오시엔과 함께 핸드프린팅 행사에 참여한 잔 모로는 "프린팅한 손을 아무 이상 없이 프랑스로 갈 수 있겠느냐"며 농담을 던졌고 기념 촬영 땐 프린팅 작품을 들어 보이며 "내 작품을 얼마에 사겠느냐"며 익살을 부리기도 해 그 어느 배우 못지않게 부산과 한국관객에게 따스한 인상을 남겼다.

4회를 맞이한 PPP의 위상 변화를 실감할 수 있었다. 그 척도는 '참가 신청비 5만 원'이었다. 자비로 오는 영화사들도 늘어났지만 초청 영화 사의 수를 대폭 조절하여 불필요한 초청예산을 줄이기 위한 목적이었 다. 그러나 무엇보다 중요한 목적은 비즈니스에 대한 진지한 접근을 촉 발시키기 위해서였다.

일본영화의 거장인 이마무라 쇼헤이 감독이 제자의 권유로 참가할 만큼, 아 시아 영화인들 사이에서 신뢰를 얻은 PPP는 예년보다 더 많은 손님을 맞이할 준비를 해야 했다. 이미 3월에 접수된 프로젝트만 200편이 넘었고 이 중에서 27개가 채택되었다. 이 중 김기덕 감독 의 '활', 이창동 감독의 '오아시스' 등 한국영화는 3편이었던 반면, 태국, 인도 네시아, 타지키스탄 등 참가국 범위도 확대되었다.

▲ PIFF가 발굴한 감독 중 가장 유명세 를 떨치고 있는 김기덕 감독

콜롬비아 트라이스타, 유니버설 픽처스, 20세기 폭스, 미라맥스 등 할 리우드 배급사들이 모습을 드러내기도 했다. 그들에게 PPP는 '아시아 의 주요 인사를 모두 만날 수 있는 자리'이자 '수준 높은 아시아 영화를

구매할 수 있는 기회'로 인식되고 있었다.

한국영화 해외 세일즈 활성화를 위해 별도로 '인더스트리 센터'가 준비되었고, 초청자 명단에 바이어의 비율을 높였다. 지난 1년간 제작된 한국영화 가운데 작품성, 흥행성, 해외 시장에서의 상업적인 가능성을 가진 작품들을 선정해 인더스트리 스크리닝을 진행한 결과, '나쁜 남자', '킬러들의 수다', 그리고 '화산고'가 많은 관심을 끌었다. 시네마 서비스, 튜브엔터테인먼트, CJ 엔터테인먼트, 씨네클릭 아시아, 인디스토리 등 9개사가 작년의 3배에 달하는 해외 바이어들과 만날 수 있었다.

그러나 2001년도 PPP의 핵심은 한국의 신인감독을 발굴하기 위한 '뉴 디렉터스 인 포커스(New Directors In Focus, NDIF)'였다. 장편 극영화 데뷔를 준비 중인 예비 신인감독들을 투자 및 제작사와 직접 연결하는 자리를 마련하는 프로그램이었다. 정태성 PPP 수석운영위원의 사회로 8명의 감독들이 직접 자신의 영화에 대해 발표하였으며, 국내 제작사들의 호응을 뛰어 넘어 해외 제작사들도 개별 미팅을 신청하며 많은 관심을 보였다

PIFF는 세계 굴지의 영화제

인파로 북적거리는 영화제 거리와 초청작에 대한 만족스러운 기운이 영화제를 감쌌고, 외부의 평가 역시 호의적이었다. 세계제작자연맹(FIAPF)의 페스티발 디렉터로 국제 영화제의 등급을 평가하는 필립 모레는 "PIFF는 세계에서 여덟 손가락 안에 들어가는 국제영화제"라 평했다. 순위가 중요한 것은 아니지만, 그만큼 영화제가 인정받고 있다는 증거였다.

하지만 영화 밖 현실은 만만치 않았다. 특히 한국영화 호황 시대임에도 불구하고 상업영화가 아닌 예술영화는 상영 기회를 마련하는 것조

차 쉽지 않았다. 최우수 아시아 신인작가상을 받은 송일곤 감독의 '꽃섬'과 넷팩상을 받은 '고양이를 부탁해'는 호평을 받았지만, 흥행 성적은 좋지 않았다. 한국영화 파노라마 부문에 초청된 임순례 감독의 '와이키키 브라더스'나 장현수 감독의 '라이방' 모두 작품성은 인정받았지만 역시 흥행과는 인연이 적었다.

6회 PIFF에선 한국영화에 관한 다양한 담론이 오고 갔다. 한국의 영화산업은 막 피어오르는 시기였고 '친구' 같은 흥행작이 등장하면서 '상업영화'의 실험은 계속되었다. 영화제 영화와 상업영화가 양분되면서 PIFF는 자신의 위치를 재점검해야 하는 시간을 맞이했다. '다큐멘터리'를 둘러싸고 독립영화협회와도 충돌이 있었다. PIFF의 명성이 높아질수록 책임감도 늘어났다. '문화운동'에서 출발했던 영화제는 '아시아의 마켓'을 대표하며 시대를 반영해 나갔다.

아시아로, 전 세계로, 한국영화가 진출하는 가운데 외면당한 이들이 있었다. 사회의 모순을 가장 직접적으로 표출해 내는 '와이드 앵글' 부문의 한국 다큐멘터리 초청 편수가 줄어들면서 전년부터 시작된 독립영화계와 PIFF와의 골이 깊어졌다. 이에 독립영화계에서는 '제6회 부산국제영화제 오프시어터'라는 이름으로 10일과 11일 이틀 동안 부산 카톨릭센터에서 7편의 다큐멘터리를 상영하기도 했다.

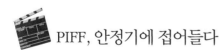

PIFF, 안정기에 접어들다

PIFF, 해운대로 시프트

일곱 번째 영화제가 열린 2002년, PIFF도 안정기에 접어들었다. 특히 이 해에는 한일 월드컵 축구와 부산아시안게임이 열린 축제의 한 해였다. 두 스포츠 행사는 1년 내내 나라 전체를 뜨겁게 달구었다.

이에 못지않게 '한국영화의 메카' 충무로도 승승장구했다. 해외로 진출한 한국영화는 세계 곳곳에서 수상의 낭보를 전해왔다. 김기덕 감독이 '사마리아'로 베를린영화제 감독상을, 임권택 감독이 '취화선'으로 칸영화제 감독상을, 이창동 감독은 '오아시스'로 베니스영화제 감독상을 수상하면서 한국영화는 세계 3대 영화계에서 가장 뜨거운 이슈가 되고 있었다.

이런 관심은 자연스럽게 아시아 영화의 중심이 '한국'으로 변해갔고, PIFF 역시 그들의 주목을 받았다. 영화제의 성과가 한국영화계에 영향을 미치고, 한국영화는 자국 영화제의 국제적인 성과를 배양시키는 선순환 구조가 만들어졌다.

또 PIFF도 변했다. 해운대가 영화제의 새로운 거점이 된 것이다. 해운대에 새로 문을 연 메가박스 11개관이 추가되면서 영화제 상영관은 남포동, 해운대, 범일동(시민회관)으로 분산돼 개최됐는데 사실상 '해운대로의 파워 이동'이 시작됐음을 알린 신호탄이었다. 뿐만 아니라 PPP 장소도 남포동 코모도 호텔을 떠나 해운대 파라다이스 호텔로 변경돼 영화제의 주요 기능이 해운대로 이동했다.

2002년 영화제 개최시기는 전년과 같은 11월이었다. 무엇보다 부산 아시안게임과 11월 초에 열리는 밀라노 필름마켓(MIFED)의 영향으로 행사가 불가피하게 늦어졌다. 개막식 장소는 전년 개최 장소였던 해운대 벡스코를 떠나 범일동에 소재한 1천 700석 규모의 부산시민회관으로 결정되었다.

행사 규모와 게스트 숫자에 비해 협소했던 공간 문제를 개선하기 위해 개막식 행사는 광케이블을 통해 외부 모니터로 동시 중계되었다. 57 개국 226편으로 더욱 규모가 커진 영화제는 참석자들에게 '드레스코드' (정장 입장)를 지켜달라고 요청했다. 세계 3대 영화제에서 시행하고 있는 정장 입장은 PIFF에선 처음 시도된 것이었지만 문제가 있다는 지적에 따라 이듬해 폐지됐다.

이 해에는 지상파 방송 3사가 개막식을 생중계해 관심을 모았다. 가장 영향력 있는 미디어인 TV의 생중계는 PIFF의 위상을 한 단계 높이는 데 일조했다. 장동건, 이병헌, 김정은, 장미희, 강수연 등의 스타들이 개막식 좌석을 채웠다.

부산 찾은 세계 3대 영화제 수뇌부

7회를 맞이하면서 영화제에는 달라진 점들이 있었다. 개최 시기가 늦어지면서 9월에 열렸던 베니스영화제 출품작들까지 아우를 수 있어 상영 편수가 226편으로 늘어났다. 눈여겨 볼 대목은 집행위원회 내부의 변동이 있었다는 점이다. 4회 영화제까지 한국영화 프로그래밍을 담당한 뒤, 영화진흥위원회 부위원장을 역임했던 중앙대 이용관 교수가 2년 만에 부집행위원장으로 돌아왔다.

한국영화 프로그래밍도 3개 부문으로 나누었다. 허문영 전 '씨네21' 편집장이 '한국영화 파노라마' 프로그래머로 영입됐고, 홍효숙 사무차장이 '와이드 앵글' 코디네이터를, 심사위원 코디네이터였던 조영정 씨가 '한국영화 회고전' 코디네이터를 전담하게 됐다.

초청 게스트의 성격도 변화했다. 7회 영화제 때는 베를린, 칸, 베니스영화제의 집행위원장이 모두 부산을 찾았다. PIFF의 위상이 어느 정도

인지를 실감케 하는 대목이다. 그리고 세계 각국의 주요 영화제 프로그 래머들을 비롯한 영화전문가들은 아시아 영화의 현재를 보기 위해 PIFF 에 몰려들었다. 김동호 위원장은 이 해 무려 15개 해외 영화제를 방문하 며 그 인기를 몸소 실감했다.

화제성 위주의 스타보다는 영화평론가와 세계 영화제 관계자, 제작 및 배급업자 등의 현장 영화인들이 중심이 되었다. 영화를 감상하며 즐 기는 영화 축제의 성격을 넘어, 생산적인 결과와 실질적인 효과를 불러 일으킬 수 있는 시간과 공간으로 영화제가 재구성된 것이다. 영화를 논 하는 자리는 더욱 진지해졌고, 마켓에서는 구체적인 협상이 오갔다. 광 장에선 다양한 프로모션이 이어졌다.

이 해 PIFF의 거점이 남포동에서 해운대로 이동해 '해운대 시대'를 열었다. 해운대에 새로 문을 연 메가박스 11개관을 임시 메인 상영관으 로 추가하면서 영화제는 남포동과 해운대라는 두 축에서 행사를 진행 하게 됐다.

PPP 장소도 남포동 '코모도 호텔'에서 해운대 '파라다이스 호텔'로 옮겼다. 그러나 남포동 - 해운대를 오가려면 거의 1시간 이상이 소요돼 관객들의 불만이 많았고 기자들의 취재 활동도 제약을 받았다. 이런 불 편함의 원인이 부산국제영화제 '전용관'이 없기 때문이라는 공감대가 형성됐다.

전용관(이후 '두레라움'으로 명칭 변경) 설립 부지로 해운대가 주요 후보지로 부각되면서 영화제의 중심은 서서히 '해운대'로 옮겨가고 있 었다. 물론 7회 영화제에서도 여전히 해운대보다는 남포동이 떠들썩했 지만, 주요 영화인 게스트 등이 해운대에 머물면서 자연 해운대가 영화 제의 중심으로 자리 잡게 됐다. 그러나 치열한 비즈니스만이 해운대를 장악한 것은 아니었다. 매일 밤 벌어진 다양한 파티도 해운대의 밤을 밝혔다.

반면 남포동 PIFF 광장의 풍경 역시 달라졌다. 영화 속 의상을 그대로 입고 전단지를 나눠주는 거리 홍보전이 PIFF 광장의 새로운 볼거리로 떠올랐다. '해리 포터와 마법사의 돌'의 호그와트 학교 친구들이 엽서를 나눠주고, '광복절 특사'의 죄수들이 돌아다니는 등 퍼포먼스에 가까운 거리 이벤트에 관객들은 디지털 카메라 촬영으로 호응했다.

이미지가 강화된 각종 이벤트는 비단 영화 홍보에만 국한되지 않았다. 매년 PIFF 광장에서 사람들의 지지서명을 받아왔던 스크린쿼터문화연대는 빨간 점퍼에 X자가 그려져 있는 마스크를 착용하고 '문화 분야는 WTO의 협상대상이 아니다'라는 구호가 적힌 피켓을 들고 침묵시위를 벌였다.

배우들 '가자 부산으로'

이 해 영화제를 방문한 한국배우의 수는 역대 최고였다. 개막식에 참석한 장동건, 이병헌 등을 비롯해 '질투는 나의 힘', '로드 무비', '피도 눈물도 없이' 등의 배우와 감독이 PIFF 광장 야외무대에 올랐다. 한국영화 마케팅은 야외무대까지 장악하는 힘을 보여줬다. 본격적인 해외 판매에 나선 '광복절 특사'는 설경구와 차승원을 내세워 관심을 끌어모았다.

영화제 기간 중 깔끔한 거리를 조성하기 위해 영업을 중단했던 노점상들도 PIFF 광장 한 켠으로 복귀, 새로운 풍경을 만들어냈다. 외국인들이 싫어하는 '마른 오징어 구이'는 팔지 않는다는 조건 아래 포장마차 10여 개가 관객들을 맞이했다.

PIFF는 매년 '성공적'이란 평가를 받았으나 이에 정체되지 않고 해마다 새로운 고민의 장을 펼쳐야 했다. 영화가 아닌 영화 홍보로 언론과 대중의 관심이 집중되고 있
던 차에, 영화제는 다시 '관
객층'에 대해 고민하기 시
작했다. 14~18만에 이르는
관객들이 매년 부산을 찾았
지만 영화제와 한국영화계
의 미래를 내다봤을 때 젊은 관객층을 개발할 필요가 있었다.

이에 따라 도입된 것이 영화학과 대학생을 대상으로 발급된 ID 카드
시스템이었다. 한국영화교육학회가 접수한 신청서 중 심사를 거쳐 500
명을 선발, 참가비 2만 원으로 영화제 기간 동안 마음껏 영화를 볼 수 있
는 ID 카드를 발급했다. 영화를 전공하는 학생들의 폭발적인 호응은 당
연한 것이었다. 영화마니아 중심이었던 관객층을 탈피해 영화 전문가
및 미래의 영화인으로 새로운 관객층을 확장시킨다는 의도는 성공했고
좌석 점유율도 높아졌다.

더불어 영화제의 학술적인 성격을 더욱 강화하고 영화 감상의 지평
을 넓히기 위해 '월드 파노라마'에 '비평가 주간' 부문을 새롭게 신설
하였다. 김영진, 김소희, 전찬일, 김선엽, 이명희 등 5명의 평론가들이
발견한 영화 10편으로 구성된 '비평가 주간'의 기본 원칙은 5편 미만의
영화를 제작한 감독의 작품이었다.

다르덴 형제의 '아들', 엘리아 슐레이만의 '신의 간섭' 등 이미 해외
에서 명성을 얻은 감독들과 기요르기 폴피의 '허클', 이앤 딜테이의
'열망' 같은 낯선 신인감독들의 영화가 첫 회 '비평가 주간'을 장식했
다. '대만 신전영 탄생 20주년 특별전' 또한 영화제에 학구적인 성격을
더했다. 우 니엔진 감독의 '태평천국', 리앙 감독의 '쿵후선생', 차이밍
량 감독의 '청소년 나타' 등 장·단편 15편이 소개되었다. 대만에서도

미처 열리지 않았던 이런 특별전이 부산에서 가능했던 것은 허우샤오시엔 감독 덕분이었다. 그는 이 특별전에 직접 관여하면서 자국 영화에 대한 애정을 보여줬다. 물론 영화 상영에만 그친 것이 아니다. '대만 뉴웨이브의 과거와 현재'라는 대만영화의 역사를 짚어보는 오픈 토크와 함께, '한국과 대만의 독립영화 현황'이란 보다 심도 있는 주제 토론이 함께 병행되었다. 김수용 감독 회고전과 '오시마 나기사, 한국과의 인연' 특별전도 오픈 토크가 곁들여져 관객의 이해를 도왔고, 회고전 및 특별전과 관련된 기념 책자도 함께 발간되었다.

PPP, 최신 정보의 장으로 우뚝

해운대로 중심지를 옮긴 PPP는 규모를 더 확대했다. 35개국의 300여 개 영화사에서 1천여 명의 관계자들이 이곳으로 모여들었다. '아시아 최고의 프리 마켓'이라는 수식어는 이미 공인된 것이었고, 이젠 그 안을 채울 내용이 중요해졌다.

PPP 프로젝트 신청에는 엄청난 수의 영화들이 몰려들면서 선정 작업 또한 신중해졌다. 되도록 다양한 국가들의 영화가 참여할 수 있도록 유도했는데, 최종 선정된 21편의 작품들은 모두 12개국에서 참가한 프로젝트들이었다. 홍상수, 허우샤오시엔, 진가신 등 아시아 스타 감독들의 새로운 프로젝트가 처음으로 공개되면서 PPP는 가장 '최신' 정보를 확보할 수 있는 공간으로 발전했다.

홍콩의 스타인 양자경은 자신이 제작한 영화를 홍보하기 위해 PPP를 찾았다. 미팅 건수가 가장 많았던 프로젝트는 민규동 감독의 '솔롱고스'와 이성강 감독의 '살결'이었지만, 부산상은 홍상수 감독의 5번째 프로젝트 '여자는 남자의 미래다'와 허우샤오시엔 감독의 '내 생애 최고의 날들'에게 돌아갔다.

두 번째를 맞이한 NDIF 프로젝트에 대한 국내 영화사들의 관심도 예년보다 커졌다. 한국영화 전성기를 맞이해 신인감독들에 대한 수요는 점점 커져 갔고, NDIF는 이런 추세 속에서 활기차게 진행되었다. 아이픽처스가 1천만 원을 지원하는 '아이픽처스상'은 우민호 감독의 '무기여 안녕'이 수상했다. '코리안 필름 인더스트리 센터'를 방문하는 외국 바이어들의 수도 증가했다. 한국영화의 인기는 이곳에서 실물경제로 전환되었다. 한국영화사들도 체계적인 해외 홍보를 펼치기 시작했다.

2002년도 PPP는 부산을 아시아 영화의 중심으로 만들기 위해 보다 구체적인 역할을 수행 중이었다. 한국영화만을 거래하던 '코리안 필름 인더스트리 센터'와 로케이션과 후반작업 정보를 공유하는 'BIFCOM'이 통합되어 '아시아 필름 인더스트리 센터(AFIC)'란 이름의 마켓으로 2003년 출범시켰다. 아시아 영화배급사와 로케이션 업체 등 100여 개의 회사가 참가하는 아시아 최대의 필름 마켓이자, 전 세계 영화인이 참여하는 공식마켓으로 발전시킨다는 계획이다.

이를 위해 한국을 비롯하여 일본, 홍콩, 태국, 대만, 싱가포르, 인도네시아, 말레이시아 등 주요 아시아 영화단체 관계자들이 'AFIC'에 대한 토론회를 가졌다. 미국시장 진출 사례를 발표하는 패널 게스트들도 참여해 영화인들의 주목을 받았는데 '와호장룡', '영웅' 등의 투자와 제작을 맡았던 시네마 컴필레이션 대표 도나 스미스와 프로듀서 필립 리, '킬 빌'의 베이징 촬영을 진행했던 미라맥스 프로듀서 니디 니커슨 등은 '아시아 공동제작 영화에 대한 파이낸싱'에 대해 구체적인 경험담을 들려줬다.

2002년 부산에서는 '영화제는 문화외교'란 사실을 깨닫게 하는 여러 만남이 이루어졌다. 2003년 'WTO 다자간 협상 테이블'을 앞두고 '자국 문화시장 개방' 반대의 연대활동을 모색하기 위해 프랑스국립영화진흥원(CNC)이 부산을 찾았다.

프랑스 방문단과 한국영화진흥위원회는 '한국 - 프랑스의 날'을 마련하고 '문화협력 약정 체결식'을 거행했다. 문화정체성을 위협하고 있는 WTO 협상에 관해 상호 정보를 정기적으로 교환하며 함께 대응한다는 게 골자였다. 영화와 인력을 교류하고 합작영화를 추진하는 등, 자국 영화시장 완전개방의 위기를 극복하기 위한 구체적인 논의도 계속되었다.

프랑스 박스 오피스 1위를 차지했던 '8명의 여인들' 상영이 행사 중 있었고, 프랑소와 오종 감독과 두 주연배우가 참석해 자리를 빛냈다. 캐나다 대사관도 '캐나다 포커스'라는 행사를 마련하고 영화제를 방문한 캐나다 영화인들과 한국영화인들의 교류를 다지는 자리를 가졌다.

더불어 '월드 파노라마' 부문의 작은 변화도 있었다. 칸, 베를린, 베니스 등 메이저 영화제에서 두각을 보인 영화의 초청을 기본으로, 특정 국가의 영화적 경향을 집중 소개하는 프로그래밍이 이루어졌다. 캐나다 영화의 경우 전년부터 관심을 받은 영화들로 2002년 역시 지속적으로 소개되었고, 이에 발맞춰 캐나다 영화인들이 부산을 찾게 된 것이다.

캐나다와 더불어 호주 영화도 '월드 파노라마' 안에서 주목을 받았다. 한국영화를 해외에 알리는 데 도움을 준 영화인을 선정해 수여하는 '한국영화 공로상' 수상자로는 도빌아시아 영화제 알랭 파텔 집행위원장이 선정되었다. 한국영화들이 연속 3년 동안 대상을 받았던 이 영화제는 한국영화의 저력을 프랑스에 알리는 데 결정적인 역할을 해왔다.

부산은 '아시아의 칸'

아시아뿐만 아니라 유럽의 영화들이 '아시아 프리미어'로 소개되는 PIFF는 '아시아의 칸'이란 별명을 얻으며 전 세계의 다양한 흐름을 포착해왔다. 영화제 간의 교류는 이제 국가 간 문화교류로 이어졌으며, 고유의 자국 문화를 억압하려는 신자유주의 물결에 맞선 문화 연대 활동으로 이어졌다.

한국영화의 성장은 최우수 아시아 신인작가상 결과에도 반영되었다. 올해 '새로운 물결' 부문은 도발적인 한국 신인감독의 영화들이 모이는 자리가 되었다. 박찬옥 감독의 '질투는 나의 힘' 과 카날라 사스트리 감독의 '의례' 가 최우수 아시아 신인작가상을 수상했고, 디지털 카메라로 노인들의 사랑을 포착해낸 박진표 감독의 '죽어도 좋아' 는 국제평론가협회상과 PSB 관객상을 받았다.

저예산으로 만든 퀴어영화 '로드무비' 로 김인식 감독은 넷팩상을 차지했다. 독립영화인들과 한 차례 갈등을 겪었던 '와이드 앵글' 부문은 더 풍성한 내용으로 부산을 찾았다. 다양한 주제로 호평을 받았던 한국 다큐멘터리 가운데, 운파상은 '철로 위의 사람들' 과 '영매 - 산 자와 죽은 자의 대화' 가 공동 수상했다. 선재상은 '호흡법 제2장' 이 받았다.

7회 PIFF의 관객수는 16만 7천 349명, 점유율은 70%를 넘어섰다. 여전히 일본영화가 인기였고, 한국영화들 중 미개봉작은 입장권 전쟁이 벌어졌다. 하지만 PIFF는 더 이상 관객만을 위한 영화제가 아니었다. 아시아의 영화들을 발견하고, 그것을 많은 관객들에게 보여주기만 하던 시기는 이미 지났다.

'발견' 이전에 새로운 영화들이 만들어지도록 격려하고, 그 영화들이 부산 이외의 다른 곳에서 상영될 수 있도록 길을 닦는 것이 PIFF의 가장 큰 과제로 떠올랐다. 미국과 유럽의 아시아 영화에 대한 관심은 시장을 넓히는 효과를 발휘했다. PIFF는 그 사이에 다리를 놓는 중개자였다.

아시아 각국의 '다양성' 을 세계에 알리기 위한 프로그램도 강화되었다. 한국영화가 전 세계적인 주목을 받고 있었지만, 새로운 미학과 용기를 잃지 않는 아시아 영화 모두가 주목의 대상이었다. 무엇이 좋은 영화인지 알리는 작업과 함께, 좋은 영화를 만들 수 있도록 지원해야 영화제에 좋은 영화들이 되돌아오는 것이다.

순환의 논리는 간단했다. PIFF는 차근차근 이러한 순환구조를 만들어 나가는 중이었다. 그리고 이제 부산국제영화제는 '전용관' 과 '전용기금' 을 마련해 안정적으로 개최될 수 있도록 힘을 다져야 했다. 아시아 영화인 모두가 이 영화제를 필요로 했다. 영화제는 영화를 둘러싼 정치, 사회, 문화적 경향과 맞물리며 유연하게 변해갔다

 풍성한 한국영화, 역동적 영화제

태풍도 물리친 영화제

2003년, 8회를 맞이한 PIFF는 한국영화계만큼이나 역동적이었다. 개막 바로 전 태풍 '매미' 가 해운대를 덮쳤으나 개막식은 무사히 치러졌다. 벡스코와 부산시민회관에서 3년 만에 다시 수영만 야외 상영장에서 막을 올렸다. 개막작인 '도플갱어' 와 폐막작인 '아카시아' 의 선택 또한 이례적이었다. 두 영화는 어떤 해외 영화제에서도 선보이지 않은 '인터내셔널 프리미어' 와 '월드 프리미어' 영화들이었다. 장르적 성격이 짙은 두 영화는, 새로운 감독을 발굴하려는 영화제의 열린 자세를 반영하고 있었다.

본격적인 한국영화 부흥기가 시작되면서 PIFF는 이제 유명세를 얻고 있었다. 영화인들은 이제 해외 비즈니스를 하기 위해서는 부산을 꼭 찾아야만 했고, 영화 마케팅에 따른 이벤트와 다양한 종류의 미팅이 영화제 동안 숨 가쁘게 진행되었다. 그 속에서 관객들은 좋은 영화와 소통하

기 위해 꾸준히 영화제를 찾았다.

이 해에는 한국영화 수작들이 쏟아져 나온 한 해였다. '살인의 추억'이나 '스캔들－남녀상열지사' 등 평단과 흥행에서 호평을 거둔 영화들이 영화인들에게 보람을 안겨주었다. 더불어 한국 드라마들이 아시아 여러 곳에서 방영되면서 '한류 바람'이 거세게 불었다. 세계의 많은 사람들이 약진하는 한국영화를 보러 모여들었고, 그 중엔 '겨울연가'의 스타 배용준 때문에 '스캔들'을 보러온 일본과 싱가포르의 단체 관광객들도 있었다.

한국영화가 해외영화제에 대거 초청되면서 벌어진 특이한 현상 중 하나는 '한국 파노라마' 섹션에 '아시아 프리미어'나 '월드 프리미어'가 현저하게 줄어들었다는 점이다. 어찌됐든 한국영화의 인기는 부산에서도 식지 않았다. 인권을 다룬 영화 '여섯 개의 시선'의 상영에서는 영화의 취지와 부합하도록 청각장애인과 시각장애인을 위한 상영 시스템을 구비하기도 했다.

한국영화 프로그래머 허문영은 상업영화의 빛에 가려진 독립영화들에 초점을 맞추려고 노력했다. 블록버스터 '내츄럴 시티', 상업적 흥행을 거둔 장르영화 '장화, 홍련', '스캔들'과 함께 주류 시스템 밖에서 제작된 '그 집 앞', '미소', '오구' 등의 작품이 '한국영화 파노라마'에 펼쳐져 있었다.

한창 한국에서 진행 중인 '장르'라는 화두를 껴안음과 동시에, 주류에서 벗어나 힘겹게 만들어진 영화들을 외면하지 않는 균형적인 시각을 보여주었다. 가장 놀라운 '선택'은 '새로운 물결'에 유일한 한국영화로 출품된 홍기선 감독의 두 번째 영화 '선택'이었다. 그 해 떠오르는 신인들을 제치고 '새로운 물결'에 오른 이 영화는 장기수 문제를 다룬 작품으로, 부산에서 상영된 뒤 많은 관객들의 지지를 받았다.

'아시아 영화의 창' 부문은 초청국가 수가 많아지고, 각국의 현실이 워낙 달라서 '경향'을 한 줄로 요약할 수 없을 만큼 다양해졌다. 2003년에는 특히 PIFF에서 데뷔작을 선보인 감독의 이름을 다수 발견할 수 있다. 또한 세계 각국의 내전으로 고통 받는 현실을 반영한 작품들도 눈에 띄는데, 스리랑카 영화 '8월의 태양'이나 이란에서 온 '바람에 쓴 편지', '오후 5시' 등이 그러한 작품이었다. 천박한 자본주의를 비판하는 중국영화나 중앙아시아 영화, 장르영화를 비틀어 일상을 장르적으로 재구성해 내는 일본영화 모두 스스로의 현실에 대해 각자 독창적인 표현으로 공감대를 형성하였다.

아시아의 과거와 현재를 아우르는 특별전은 보다 과격해졌다. '중국 독립영화 특별전'에선 중국 정부의 무수한 탄압을 받아왔던 '지하전영' 영화들의 의미를 되짚었고, '아프가니스탄과 영화 특별전'은 탈레반 정권 붕괴 이후 아프가니스탄인의 삶을 영화를 통해 공감하는 계기가 되었다. 영화제 기간 중에는 아프가니스탄의 어린이 교육 지원을 위한 '사랑의 펜 모으기' 행사가 개최되는 등 특별전으로 만들어진 공감대가 작은 실천으로 이어질 수 있도록 노력했다.

아프가니스탄 행사는 모흐센 마흐말바프 감독에 의해 추진되었는데, 그는 이란의 요절한 시인이자 감독인 포루흐 파로허저드를 추모하는 특별전에도 참여해 직접 시를 낭송하기도 했다.

'월드 파노라마' 부문은 참가국을 확대하는 작업과 한 국가의 영화계를 집중 탐구하는 작업을 동시에 진행했다. 36개국 49편의 상영작은 거장과 신인 감독들이 적절히 배분되어 전 세계의 다양한 목소리를 전해 주었다. 특히 '캐나다 영화 특별전'은 아시아가 아닌 미주 지역의 국가로서는 최초로 개최된 특별전이었다.

'한국-캐나다 수교 40주년'을 기념하는 행사로 마련되었는데 아톰

에고얀, 드니 아르깡, 데이빗 크로넨버그, 가이 매딘 등 캐나다를 대표하는 감독의 영화 총 12편이 초청됐다.

전년 '월드 파노라마'에 포함되어 있었던 '비평가 주간'은 '크리틱스 초이스'로 이름을 바꾸고 독립적인 섹션으로 자리 잡았다. 선택 범위도 넓어져 한국영화 1편과 아시아 영화 2편이 추가되었다. '새로운 시네아티스트의 발견'이 목표인 만큼 생소한 신인작가들의 작품들이 대거 포진돼 영화제의 '다양성'을 발전시키는 데 한몫을 담당했다. 최우수 아시아 신인작가상 심사위원장인 얀 트로엘 감독 특별전과 루마니아의 거장 루시앙 핀틸리에 감독 특별전은 쉽게 접할 수 없는 유럽 영화를 감상할 수 있는 기회였다.

오픈 토크에 쏠린 관심

이 해 영화만큼 많은 대화가 이루어졌다. 영화제 기간 동안 매일 여러 가지 시의성 있는 주제로 토론이 계속되는 모습을 심심치 않게 볼 수 있었다. 전년에 실시돼 좋은 반응을 얻었던 '오픈 토크'는 2003년에는 해운대 바다가 보이는 파라다이스 호텔 가든에서 진행되었다.

오구리 고헤이 감독의 '잠자는 남자'에 함께 출연하기도 했던 배우 야쿠쇼 코지와 안성기가 '아시아 배우'로서 정겨운 대화를 나누었고, 특별전 부대행사로 정창화 감독과 그의 제자인 임권택 감독과의 대화도 이루어졌다. 중국 지하전영 감독들이 대거 방문하여 중국영화의 과거와 현재를 관객들에게 알렸고, 아프가니스탄의 영화에 대해서 이야기하는 오픈 토크도 마련되었다.

외부 단체의 도움을 받아 세미나의 주제를 다변화한 것도 독특했다. 기호학 연구회는 PIFF를 기호학적으로 분석하는 세미나를 주관, 8회를 맞는 영화제에 독특한 시사점을 안겨 주었다. 부산 영산대학교에서는

'영화와 법'이란 주제로 실무적인 세미나를 개최했다. 한국독립영화 관련 세미나도 재개되었는데, 독립영화의 배급 방안을 모색하기 위한 '독립 다큐멘터리와 방송채널과의 연계교류'에 대해 구체적인 논의가 오갔다.

사람들이 모이는 곳엔 늘 파티가 열리기 마련이다. PIFF 각 부문에서 개최된 파티엔 점점 많은 게스트들이 찾아왔다. 뿐만 아니라 영화사들 역시 파티를 개최하여 사람들을 불러 모았다. 국내외 독립영화인들이 모두 모이는 '와이드 앵글 파티'는 영화제에서 가장 흥겨운 파티로 소문이 자자했고, '새로운 물결' 파티는 세계의 신인감독들이 서로 인사를 나누는 공간이 되었다.

에르메스는 '한국영화의 밤'을 지속적으로 후원하면서 회고전의 감독에게 기념품을 전달했다. 그러나 2003년부터 영화제 주최의 파티 행사보다 영화사가 주축이 된 각종 홍보 파티가 증가하기 시작했다. 강제규 필름은 '태극기 휘날리며의 밤'으로 리셉션을 개최했는데, 언론의 시선은 모두 한류스타인 장동건과 원빈에게 집중되었다. '시네마서비스의 밤'과 '아이픽쳐스의 밤' 등 한국영화 제작사의 파티에는 유명 배우들이 참석하여 늦은 밤까지 게스트들은 쉴 수가 없었다.

반면 야외무대 행사는 예년보다 축소되었다. 야외무대에서 관객을 만난 영화는 '내츄럴 시티' 한 편뿐이었고 관객들을 위한 파티는 수영만 야외 상영장에서 벌어졌다. 관객 서비스를 강화하기 위한 목적으로 야외 상영장에는 국내 뮤지션들의 공연이 이어졌다. 더더밴드, 여행스케치, 타카피, 자전거를 탄 풍경 등 7개의 밴드들이 영화제 상영 전의 분위기를 더욱 고조시켰다.

PPP, 인지도 실감

PPP가 열리는 파라다이스 호텔에선 한국과 일본의 제작자들이 모여 '한국형 블록버스터의 현재와 미래'에 대해 토론했다. 시네마테크 부산에서 개최된 '아트플러스 공동 프로그래밍 대안 모색' 세미나에는 전국의 예술영화전용관 관계자와 배급사 청어람, 영화진흥위원회 관계자들이 참석해 각자의 어려운 상황을 공유하고 함께 대안을 찾아 나갔다.

영화계 안팎의 사람들이 모여 다양한 의견을 통해 새로운 합의점을 찾아가는 것은 PIFF이기 때문에 가능한 일이었다. 1회부터 반응이 좋았던 '관객과의 대화'는 영화제의 간판 행사로 정착되었다. 한 번 경험한 관객들은 그 대화의 '기쁨'을 못 잊어 다시 부산을 찾게 되었다.

PPP 또한 다양한 아시아 영화의 프로젝트를 모으기 위한 사전작업을 펼쳤다. 싱가포르와 일본의 경우 해당 국가의 영화 홍보기관을 통해 PPP가 알려지면서 다른 나라에 비해 두 나라의 프로젝트가 상대적으로 많이 접수되었다. 전체적으로 사전 조사를 통해 섭외된 프로젝트보다 자발적으로 응모한 프로젝트가 반 이상 늘어났고, 이 중 한국 감독들의 프로젝트가 대거 몰려 국내의 PPP 인지도를 실감할 수 있었다. 또한 아시아를 대상으로 한 프로젝트를 준비 중인 미주·유럽 감독들의 참가 문의가 증가하면서 PPP 프로젝트에 대한 규정을 다시 조정해야 한다는 의견이 나왔다.

2년 만에 재개최할 예정이었던 '홍콩 – 아시아 필름 파이낸싱 포럼 (HAF)'이 중국 대륙을 휩쓴 사스의 전파로 인해 연기되자 PPP는 HAF 운영위와 초청비를 공동 부담하여 'HAF in PPP'란 이름으로 5편의 홍콩 프로젝트를 선보였다.

PPP는 필름 마켓인 'AFIC(아시아 필름 인더스트리 센터)'를 출범시켜 9개국의 20여 개 해외 세일즈 회사들에게 오피스 공간을 제공했다.

AFIC와 BIFCOM이 함께 영화매매뿐만 아니라 로케이션과 후반작업 정보도 공유할 수 있었다. 지난해보다 70% 증가한 5천여 명의 영화인들이 모여들었고, 6회에 걸쳐 진행된 HD 카메라 등 장비 시연회의 빈자리는 찾아볼 수 없었다.

제작을 앞둔 한국영화사들은 외국 업체와 미팅 끝에 소품이나 기술 장비 등을 협찬 받거나 저렴한 가격에 계약하는 성과를 얻었다. 일본과 호주 영상위원회는 세미나를 열고 자국의 로케이션 촬영을 유도하는 등 적극적인 마케팅을 펼쳤다. 영화산업 기자들이 좋아할 만한 뉴스가 쏟아져 나오는 장이 되어 버린 PPP는 바야흐로 투자, 제작, 배급이 동시에 만나는 아시아 최고의 마켓으로 성장했다. 단 5년 만에 말이다.

남포동과 해운대의 격차

관객은 16만 5천 103명, 좌석 점유율은 전년대비 2.3% 상승한 83%였다. 할리우드 리포터, 버라이어티 등 해외 주요 언론에 영화제 관련 기사가 게재되었고, 영화제 공식 게스트는 5천 명을 훌쩍 넘겼다. 그러나 인기에 따른 부작용 역시 없지 않았다. 게스트가 증가하면서 ID 발급이 기하급수적으로 늘어갔고, 해외 게스트들은 원하는 영화를 볼 수 없다는 불편함을 토로했던 것이다. 그래서 2003년에는 주요 상영작을 따로 묶어 상영하는 '게스트 스크리닝'을 시행하기도 했다. 또한 남포동과 해운대의 격차는 여전히 풀어야 할 숙제로 남았다.

마켓의 성황과 한국영화의 치열한 마케팅의 중심에서, PIFF는 다시 한 번 초기의 정체성을 가다듬었다. 영화를 통해 세상을 바꿔 나가려는 의지는 새로 제정한 '올해의 아시안 영화인상'을 통해 드러났다.

한 해 동안 아시아 영화산업과 문화의 발전에 있어 가장 두드러진 활동을 보인 아시아 영화인에게 수여되는 이 상의 첫 번째 주인공은 모흐센 마흐말바프 감독이었다. 이란에서 영화 제작활동과 함께 아프가니스탄의 어린이 교육과 문화재건 운동에 전력을 기울이는 그는 부산국제영화제를 통해 자신의 신념을 널리 알렸다.

아시아의 현재를 바라보는 시선은 최우수 아시아 신인감독상 리스트에서도 명확하게 드러났다. 대만의 가족과 인간관계를 느린 호흡으로 관찰한 리캉생 감독의 '불견'과 고립된 광산을 지키는 두 사람의 이야기인 알리레자 아미니 감독의 '광산에 내리는 진눈깨비'가 최우수 아시아 신인감독상을 수상했다.

한국영화를 세계에 알리는 데 공헌한 인물들에게 감사의 인사로 제정한 '한국영화 공로상'은 박병양 아시아 영화사 대표와 이봉우 시네콰논 대표가 공동으로 선정되었다.

한국영화와 아시아 영화에 대한 고른 관심은 PIFF를 이끄는 두 축이다. 동시대를 이야기하는 영화들과 함께 성장해 온 영화제는 이제 자신의 성장을 도와준 영화와 영화인들에게 보답할 수 있는 여유를 품게 되었다.

 스타 없어도 성공 가능성 입증하다

PIFF, 세계 톱5에 들다

PIFF는 할리우드 스타가 없어도 영화제가 성공할 수 있다는 사실을 증명한 영화제다. 부산의 스타는 항상 기대를 충족시키는 아시아의 감독과 배우들이었다. 누구에게도 관심과 호기심의 끈을 늦추지 않는 관객들은 영화제를 움직이는 원동력이다.

마켓은 자연스럽게 전 세계 영화인들을 불러 모았다. 영화제 예산의 많은 부분을 지원하는 문화관광부나 부산시는 이러한 문화 행사에 직접 나서지 않아도 된다는 것을 깨달았다. 9년 동안 영화제를 꾸려온 부산국제영화제는 어떠한 간섭에도 굴하지 않고 관객들과 호흡하며 영화제를 발전시켜 왔다.

'문화운동'으로 출발한 영화제는 이제 아시아의 이슈를 논하는 자리가 되었고, 세계에서 다섯 손가락 안에 꼽히는 국제영화제로 부상했다. 베를린, 칸, 베니스와 같은 유명 영화제에서 한국영화는 필수목록이 되었다. 미학적인 측면에 대한 인정뿐만 아니라 상업적인 가치 역시 높아졌다.

미국, 프랑스, 일본 등 주요 영화시장에서 한국영화들이 속속 개봉되었고, 한국영화 마니아가 생겨날 정도로 전 세계적인 각광을 받았다. 9년 전만 해도 한국영화의 미래는 우울했고 PIFF는 혼란스러웠지만, 이제 상황은 반전되었다.

2004년도 역시 문화관광부와 부산시는 꾸준한 지원을 아끼지 않았고, 골드 프리미어 스폰서 RDS, 실버 프리미어 스폰서인 시네마서비스, 메가박스, CJ 엔터테인먼트, 삼성전자는 영화제의 든든한 후원사가 되었다. 예산은 여전히 영화제의 난점 중 하나였지만 해가 거듭되고 영화제가 안정될수록 지원과 후원의 손길은 끊이지 않았다.

한국영화 시장 점유율이 50%에 달하면서 외국영화들의 입지는 상대적으로 줄어들었다. 이전에도 그랬지만 상업영화를 제외한 외국의 예술 및 독립영화 화제작을 극장에서 보는 것은 더욱 어려워졌다. 다양하고 풍족한 영화 체험을 원하는 관객들은 열광적으로 영화제에 몰려들었다.

PIFF 관객의 대다수는 영화계의 '얼리 어답터(Early Adopter)'들로 늘 새로운 영화에 목말라하는 영화팬들이었다. 그런가 하면 영화제의 축제 분위기를 즐기는 '페스티벌 마니아'도 늘어났다. 일본영화만 편식하던 취향은 어느덧 사라지고 다양한 나라의 영화들을 즐기거나, 다양한 국가의 감독이나 배우를 찾거나, 이벤트에 지속적으로 참가하는 등 다양한 모습의 관객들이 영화제 점유율을 높였다.

예매 시작과 함께 매진은 당연 수순

왕가위 감독의 '2046'이 개막작으로 발표된 이후, 예매 시작과 함께 매진되는 것은 이제 당연한 수순이었다. 더군다나 개막식 버전은 칸영화제 상영 버전을 재편집하여 부산에서 최초로 공개하는 것이었다. 2004년 월드 프리미어 40편, 인터내셔널 프리미어 16편을 유치한 프로그래밍은 영화제의 위상을 짐작케 했다.

영화제를 처음 방문한 젊은 관객들의 시선을 사로잡는 건 화제작들뿐만이 아니었다. 전년부터 관객 서비스 강화의 일환으로 이벤트 프로그램 개발에 힘을 기울였던 영화제는 9회를 맞이하면서 더욱 다양한 관객 이벤트를 기획했다. '감독과 영화를 보다'는 이재용, 장준환, 김태용 등 10명의 감독들이 각각 20명의 관객들과 함께 영화를 관람하는 이벤트로, 감독이 직접 영화를 선정하고 상영이 끝난 뒤 함께 대화를 나누는 방식으로 진행됐다. 영화제 측의 어떤 강요도 없이 감독이 알아서 스케줄을 소화하는 이벤트였기에 관객과 감독의 친밀도를 높일 수 있었다.

주말 심야상영도 새로 마련된 이벤트였다. 늘어난 상영 편수를 소화하고 영화제의 활력을 더하기 위해 시도된 심야상영은 예상대로 매진이었다. 멀리서 온 관객의 경우 짧은 일정 동안 많은 영화를 보기 위해 심야상영을 택했고, 아침 5시까지 대부분 한 숨도 자지 않고 영화를 즐겼다. PIFF는 축제이기도 했지만 작가와 시네필이 소통하는 학술적인 공간이기도 했다. 영화제는 이 두 가지 측면이 자연스럽게 조화를 이루도록 행사를 조율했다.

허우샤오시엔 감독과 테오 앙겔로풀로스 감독은 '마스터 클래스'의 첫 마스터들이 되었다. '마스터 클래스'는 거장들과 함께 그들의 예술 세계와 지나온 영화인생을 돌아보는 행사로 두 감독은 '나의 인생과 나의 영화'라는 주제로 강연을 펼쳤다. 메가박스 10관에 모인 100명 이상의 청중들은 한 마디라도 놓칠세라 그들의 강연을 경청했다.

24시간 비행기 타고 왔어요

이 해 '아시아 영화의 창' 부문에 모인 영화는 총 45편으로 모두 자국을 대표하는 개성 강한 영화들이었다. 신선한 이름들은 해가 거듭될수록 늘어났다. 매년 가장 많이 초청되던 중국영화는 확실히 변화의 모습을 읽을 수 있었다.

전년에 '지하전영 특별전'을 특별하게 만들 정도로, 밝은 지상으로 올라온 지하영화 작가들은 따뜻한 시선의 영화들을 내놓았다. '사랑에 빠진 바오버'나 '구름의 남쪽' 등에서 보여진 그들의 도시는 여전히 혼란스러웠지만, 인간 사이의 미시적인 측면을 강조하며 나름의 '희망'을 찾아가는 중이었다. 고레에다 히로카즈, 미이케 다카시, 이와이 순지 등 꾸준히 해외에서 호평을 받고 있는 일본의 작가 감독들과 새로운 발견이었던 호시 마모루, 이상일 등 신인감독들이 포진한 일본영화 프로그래밍도 흥미로웠다.

대만과 태국, 인도, 이란, 홍콩 등 아시아의 영화 강국들 곳곳에서 기존의 작가 감독과 신인감독의 영화가 사이좋게 부산에 도착했다. 카자흐스탄, 아프가니스탄, 베트남, 필리핀, 말레이시아 등에서 온 영화들은 세대, 성, 계급에 대한 성찰을 담아내고 있었다.

'새로운 물결'과 '한국 파노라마', '와이드 앵글'에서 두드러진 특성은 '디지털 카메라'가 저예산 영화의 대안이 되어 새로운 방법론과 미학을 모색해 나간다는 점이었다. 우얼산 감독의 '비누극', 노동석 감독의 '마이 제너레이션', 조범구 감독의 '양아치 어조' 등의 장편 극영화를 비롯, 김동원 감독의 '송환', 옴니버스 퀴어 영화 '동백꽃 프로젝트' 등은 디지털 시대의 미덕을 보여주는 작품들이었다.

영화제 측은 매년 예의주시하고 있던 인도네시아 영화들을 묶어 특별전을 기획했다. '새로운 물결' 부문에 영화를 출품해 온 가린 누그르호 감독은 그 사이 인도네시아의 대표적 감독으로 성장했고, 새로운 영화들은 특별전을 개최할 만큼 풍성했다. 인도네시아 역시 디지털로 인한 영화 제작현장의 변화를 경험하고 있었다.

여성감독과 단편영화의 증가는 새로운 가능성을 감지할 수 있는 신호가 되었다. 부대행사로 가린 누그르호 감독과 니아 디나타 감독 등이 참여한 '인도네시아 영화 세미나'도 열렸다. 미지의 영화에 대한 관객의 관심이 크진 않았지만, 이제 부산에서 '인도네시아 영화'는 낯선 존재가 아니었다.

아시아 영화에 초점을 맞춰왔던 영화제는 전년부터 '월드 시네마' 특별전을 개최하며 변화를 시도했다. 이 해는 1960년대 뉴 저먼 시네마부터 현재에 이르는 12편의 독일영화들이 부산 관객들과 만났다. 2004년 칸영화제 경쟁작인 한스 바움가르트너 감독의 '에쥬케이터', 2004년 베를린영화제 금곰상을 받은 파티 아킨 감독의 '미치고 싶을 때', 빔 벤더스 감독의 '풍요의 땅' 등 최신작을 통해 현재 독일영화의 좌표를 점검해보는 시간이 되었다.

유럽 특별전은 일종의 감사의 표시이자 교류의 장이기도 했다. 베를린영화제는 이에 대한 인사로 임권택 감독의 회고전을 기획했다. 영화제들은 적극적으로 서로의 문화를 조명하며, 그 나라의 예술을 알리는

데 앞장섰다. 이전까지 야외무대 인사와 언론 매체 인터뷰에 머물렀던 EFP의 프로모션은 더욱 적극적으로 변모했다. EFP내의 'FSS(Film Sales Support)' 는 감독과 프로듀서의 영화제 방문을 돕기 위해 5천 유로씩을 지원하는데, 아시아 영화제 중에 유일하게 PIFF가 포함되었다.

이러한 지원 덕분에 부산을 방문한 유럽 영화인들은 해마다 늘어났다. 또한 유로파 시네마는 한국에서 최소한 2개 스크린에서 2주 이상 유럽 영화를 개봉할 경우 1만 유로까지 배급사와 영화관에 각각 지원하겠다는 지원책을 발표했다. '월드 시네마' 의 30%를 차지하고 있는 프랑스영화조차 제대로 개봉되지 않는 현실을 타개하기 위한 나름의 대안이었다.

'월드 시네마' 부문에 유럽과 미주 외에 아프리카와 라틴 아메리카 영화들의 비중이 점차 늘어나고 있는 것도 고무적이었다. 물리적 거리로 인해 교류가 힘들었던 지역이었지만, 올해 '위스키' (우루과이)나 '물라데' (세네갈) 등 수작들이 부산까지 올 수 있었다. 특히 '죽은 사람들' 의 리산드로 알론소 감독은 24시간이나 걸리는 아르헨티나 – 부산 비행을 견디며 영화제에 참여하는 성의를 보여 관객들의 박수를 받기도 했다.

이 해 PIFF에는 외국 정부의 영화부처 관료들이 다수 방문해 눈길을 끌었다. 영화제 스폰서들은 영화제 기간 중 자신들의 사업 계획을 발표했고, 그 사업에 공동 참여하는 각국의 관료들이 부산을 방문한 것이었다. 프리미어 스폰서인 메가박스는 일본문화청과 함께 한 · 일 국교 정상화 40주년을 기념하는 일본영화제를 개최한다는 계획을 발표했다. 때문에 일본문화청 문화부장이 기자회견을 위해 부산을 찾았다.

역시 프리미어 스폰서인 CJ 엔터테인먼트는 베이징에 CGV 체인을 설립하며 본격화하는 중국 진출을 기념하기 위한 'CJ 엔터테인먼트와 함께 하는 중국 영화의 밤'을 열었다. 국가광파전영전시총국의 부국장과 CCTV 대표 등 10여 명의 중국 인사들이 부산을 찾았다.

영화제작에 도움이 되는 실무적인 토론회도 열렸다. 한국영화제작가협회와 영화진흥위원회는 '2004년 한중일 프로듀서 포럼'을 공동으로 개최했다. 한국, 중국, 일본의 프로듀서들이 발제자로 참석해 각 나라의 제작 방식과 배급에 대한 정보를 나눴다. 세계적인 트렌드인 아시아 영화가 해외에서 그 입지를 공고히 하는 전략도 함께 고민했다. 로케이션과 합작이 빈번해진 시대에 각 나라에 대한 오리엔테이션은 매우 중요한 사전 작업이었다.

봉준호 감독의 '괴물'도 시장에 내놓다

PPP에서 개최한 '한국영화 파이낸싱' 세미나에는 100여 명이 넘는 영화인들이 참석해 관심을 표했다. 한국영화 점유율은 높았지만 수익 구조는 여전히 불투명했고, 산업의 구조 자체가 선진화되어 있지 않다는 비판이 이어졌다. 특히 세미나에 참석한 할리우드영화 비즈니스 컨설턴트 롭 애프트는 외국 자본 유치 방법에 대한 설명을 곁들여 참석자들의 관심을 불러 일으켰다.

'와이드 앵글' 부문의 부대행사로는 국내에 한정되어 있던 논의를 확장시켜 '아시아 다큐멘터리의 교류 방안'이란 세미나가 개최되었다. 야마가타 다큐멘터리영화제 프로그래머와 KBS '독립영화관' 프로듀서 등 실질적인 지원을 담보할 수 있는 토론자들이 한자리에 모였다. 각 분야의 전문가가 모여 서로의 입장과 시스템을 이해하며, 보다 나은 지향으로 나아가는 모습을 이곳저곳에서 확인할 수 있었다. 다양한 이해관계를 가지고 있는 참석자들이었으나, 영화제 안에서만큼은 서로 동료이고 친구였다.

'한국 액션영화의 개척자' 로 평가받는 정창화 감독의 특별전도 화제가 되었다. 한국에서 활동하다 홍콩 무협영화 전문제작사인 '쇼브라더스' 에 진출하여 영화를 만들었지만, 한국영화사에서 제대로 평가된 적은 없었다. PIFF는 한국의 장르영화 붐을 맞이해 정 감독의 업적을 재평가하는 자리를 가진 것이다.

PPP 프로젝트와 아시아 세일즈 마켓은 실질적인 경제활동을 목적으로 찾아온 바이어들을 맞이하느라 분주했다. 한류의 영향은 세일즈 오피스에서 바로 드러났다. '내 머릿속의 지우개' 가 역대 일본 수출액 중 최고가로 판매되기도 했다.

아시아 외부에서 활동하는 아시아 출신 감독의 프로젝트를 두고 고민하던 PPP는 2004년에 접어들어 그들의 프로젝트를 적극적으로 받아들였다. 그레이스 리의 '버터냄새' 가 대표적 케이스였다. 가장 많은 관심을 모은 프로젝트는 이미 '플란다스의 개' 와 '살인의 추억' 으로 지명도를 얻은 봉준호 감독의 신작 '괴물' 이었다. 공식미팅만 550여 건이 이루어진 PPP는 수준 높은 프로젝트에 대한 신뢰감을 고취시키며 막을 내렸다.

PPP를 통해 문턱이 낮아지고 공동제작 가능성이 높아지면서 더욱 체계적인 시스템이 필요하게 되었다. 아시아 지역 단위의 인터스트리 센터에 이어, 합작 영화 제작과정에 필요한 정보를 교환하기 위해 아시아 영상위원회 연합기구인 '아시아 영상위원회 네트워크(AFCnet)' 가 창립되었다.

부산영상위원회 운영위원장인 박광수 감독이 의장을 맡고, 부의장은 마코 다나카(고베 필름오피스)와 카밀 오스만(말레이시아 멀티미디어 개방공사)이 각각 선출되었다. 부산영상위원회, 남도영상위원회, 인도네시아 발리 필름 커미션, 러시아 블라디보스톡 필름 커미션, 중국 장춘

제편창 등 16개 영상위원회와 촬영지원기구가 정회원으로 등록했다.

영화제의 규모는 63개국 263편으로 역대 최대였다. 16만6천164장의 입장권이 팔렸고 점유율도 84.8%에 달했다. 규모가 확대되면서 역시 다양한 사람들이 부산을 찾았다. 핸드프린팅을 남긴 테오 앙겔로풀로스 감독의 특별전에 열성적으로 참여한 마니아도 있었고, '한·홍 합작 시대' 특별전에 참가하며 공동제작의 역사에 주목하는 영화 학자도 있었다.

아시아 투자자와 배급자를 만나느라 하루하루를 보내는 영화산업 종사자들도 있었다. 파라다이스 호텔에선 '역도산의 밤'이나 '주홍글씨의 밤' 등 홍보 파티가 연일 계속되었고, 해운대 술집에선 국내외 영화인들이 한데 모여 술잔을 기울였다.

2004년도 영화제의 '올해의 아시아 영화인상'은 허우샤오시엔 감독에게 돌아갔다. 그는 대만영화인임에도 불구하고 오즈 야스지로 감독에게 헌정하는 '카페 뤼미에르'를 통해 일본과 대만을 하나의 영화 속에서 소통하게 만들었다. 물론 그가 지금까지 쌓아온 명성도 눈부셨지만, 9회의 부산은 허우샤오시엔 감독의 새로운 실험에 주목했다.

CJ 엔터테인먼트와 CJ CGV는 PIFF에 초청된 아시아 영화 중 5편을 선정해 판권을 구입하는 'CJ 콜렉션'을 추진했다. '아름다운 세탁기', '대결', '드랙퀸 가무단', '구름의 남쪽', '사냥꾼'이 첫 번째 콜렉션으로 선정, CGV의 극장망을 통해 국내 배급이 가능한 길이 열렸다.

PIFF는 아시아의 목소리에 귀를 기울이고, 아시아 영화들이 경계를 허물고 만날 수 있도록 지원했다. 훌륭한 한국영화를 세계에 전파하고, 항구 도시 '부산'의 가치를 드높이면서 10년을 살아왔다. 물론 이 모든 성과를 홀로 거둔 것은 아니었다. 부산국제영화제는 '아시아'의 영화제였고, 역동적인 아시아 영화들과 영화인들이 이 축제의 든든한 버팀

목이었다. 그렇기에 10년 동안 흔들리지 않고 중심을 지켜온 영화제는
여전히 젊고, 여전히 열정적이었다.

 새로운 10년을 향한 첫걸음

어느새 훌쩍 커진 PIFF

2005년 열 돌을 맞은 PIFF는 어느새 훌쩍 성장해 있었다. 이 해 영화
제는 각종 통계 수치를 갱신하며 규모의 성장을 확인시켜 줬다. 상영작
수는 73개국 307편으로 역대 최다였으며, 공식상영은 총 631회, 관객과
의 대화(GV) 수는 총 161건으로 집계됐다.

유료판매 티켓 수는 총 19만 2천 970장으로 전년 16만 6천 164석보다
20% 가까이 증가해 시민들의 높은 지지를 실감케 했다. 무엇보다 영화
제를 10회 특집으로 준비하며 의도적으로 규모를 키운 것이 주된 이유
였다. 참석자 수도 대폭 늘었다. 공식 ID 발급자 수는 총 6천 88명(PPP 1
천 100명 포함)으로 전년보다 400여 명 증가했고, 국내외 참석 기자들
은 1천 559여 명으로 200여 명 늘어났다.

톱스타 한석규, 강수연의 사회로 진행된 개막식은 허남식 조직위원
장의 개막선언과 김동호 집행위원장의 뉴 커런츠 심사위원 소개, 축하
공연 등으로 진행됐는데 특히 아시아의 톱 가수로 우뚝 선 보아가 깜짝
게스트로 출연해 눈길을 끌었다. 개막작의 영예는 '쓰리 타임즈'의 허
우샤오시엔 감독에게 돌아갔다.

영화의 바다에서 만난 영화인들

게스트 면면도 화려해 장쳰, 스즈키 세이준, 성룡, 츠마부키 사토시,

비비안 수, 에릭, 하지원, 박찬욱 등 국내외 유명 감독과 배우들이 부산에 집결해 10돌을 맞은 영화제를 축하해 줬다.

특히 PIFF 측은 개막식 행사가 끝난 6일 오후 11시께 해운대 앞바다에 '영화인의 배'를 띄웠다. 크루즈선인 '티파니 21'에는 강수연, 김민정, 홍상수, 김기덕 등 PIFF에 참석한 배우와 감독 영화제작자 등 200여 명이 승선해 선상 파티를 즐기며 PIFF 개막을 축하했다. '배우들의 부산 나들이를 독려하자'는 차원에서 처음 마련된 이 행사는 '영화계 맏형'인 안성기 부집행위원장의 아이디어였다.

10회 기념 이벤트 풍성

10회를 맞아 준비한 다양한 행사들은 예년과 달라진 영화제를 실감시켰다. 이 해 처음 시도한 관객 파티 '시네마틱 러브'는 색다른 콘서트로 3천여 명 관객들에게 확실한 즐길 거리를 제공했고, 스펀지 8층 옥상에 설치된 관객 카페는 새로운 GV 형태인 '아주담담' 등으로 관객 서비스의 또 다른 형태를 보여줬다. 한국영화에 대한 10주년 기념 학술 세미나는 영화제에 깊이를 더한 부대행사로 진지한 시네필의 관심을 모으기도 했다.

또한 해운대 백사장에 야심차게 설치한 PIFF 파빌리온은 해운대에 축제 광장을 형성하는 중심축 역할을 하며 큰 관심을 모았다. 인근에는 임시 텐트를 세워 홍보부스와 게스트 라운지를 만들었고 콘테이너 16개를 이어 붙여 10주년 전시회도 열었다.

이 해 영화제는 새로운 도약대를 준비한 해이기도 했다. PIFF 측은 영화제 기간 중 BFM(부산필름마켓) 창설 기자회견, 영상센터 건립 기념식을 개최했고 아시아 영화인들의 교육 프로그램인 AFA(아시아영화아카데미)도 진행해 미래에 대한 투자를 확인케 했다.

특히 AFA를 처음 시작했는데 대만의 허우샤오시엔 감독을 교장으로 앉히고 전 아시아 국가에서 영화지망생 28명을 뽑아 1대 2로 교육을 시켰다. 태국의 논지 니미부트르 감독 – 황기석 촬영감독, 박기영 감독 – 유 릭와이 촬영감독이 학생들을 두 팀으로 나눠 완성된 15분짜리 단편을 영화제 기간 중 상영해 참가자들로부터 프로그램 내용상 '아시아 최고'란 찬사를 듣기도 했다.

그러나 커진 규모로 인한 균열은 영화제 곳곳에서 발생해 모토로 내건 '관객 사은'을 무색케 했다. 여전히 문제는 영사 사고와 상영 취소였다. 최근 몇 년간 드물게 발생했던 영사 사고가 이 해 놀랍게도 유형별로 빈발해 마치 초창기 영화제 모습이 재연되는 듯했다.

또한 남포동 극장가의 열악한 관람 환경과 광장의 무질서 문제도 되풀이됐다. 부산극장·대영극장에서는 영화 화면이 잘리는 무성의한 영사, 높은 실내온도 등이 관객 만족도를 떨어뜨렸다. PIFF가 성공 영화제로 자리 잡으면서 학술적으로 'PIFF학'이 싹트고 있지만, 10회라는 전환점을 맞고도 지난 자료들을 체계적으로 집적화·데이터베이스화하지 못한 점은 또 다른 아쉬움으로 남았다.

11살, 그 당당한 위상

새로운 도약을 향해 첫발을 내디딘 11회 PIFF는 아시안필름마켓(AFM), 아시아필름아카데미(AFA) 등을 통해 내실 다지기에 주력하는 모습을 보였다.

63개 나라에서 245편의 영화가 초청돼 모두 662차례 상영됐다. 관객 수는 16만 2천 835명으로 좌석 점유율은 71.3%를 기록했다. 10주년을 기념해 성대하게 치러진 전년의 관객 수 19만 2천여 명에 비해서는 적었다. 하지만 이는 9회 때의 16만 6천여 명과 엇비슷한 수치다.

섹션별로는 처음 도입된 '미드나잇 패션'이 좌석 점유율 100%로 폭발적인 인기를 끌었다. '아시아 영화의 창'(좌석 점유율 98%), '애니 아시아2'(87%), '뉴 커런츠'(82%) 등의 순으로 관객들의 아시아 영화에 대

▲ 김동호 위원장과 성룡, 이병헌, 김희선

한 사랑이 유별난 점이 두드러진 특징이다. 아시안필름마켓(AFM) 출항으로 게스트 수는 51개국 8천 321명으로 전년의 6천 88명보다 크게 늘었다. 국내외 보도진 수는 1천 577명이었다.

월드 프리미어는 64편으로 역대 최다를 기록했다. 자국 밖 최초 상영인 인터내셔널 프리미어와 아시아 프리미어로 각각 20편과 71편을 불러들여 한층 높아진 국제적 위상을 입증했다. 이 해 처음 문을 연 아시안필름마켓도 꽤 괜찮은 성과를 내 일단 연착륙하는 분위기를 연출하기도 했다.

홍콩 스타 유덕화와 궈푸청, 일본의 아오이 유우 등 정상급 외국 배우 및 감독과 국내 톱스타들을 총출동시켜 무대를 호화롭게 꾸민 점도 대단했다.

PIFF, 다시 아시아를 조명하다

아시아 영화의 고향, 아시아다큐멘터리네트워크(AND)를 정식 출범시키고 아시아필름아카데미(AFA)의 두 번째 문을 열어 PIFF는 이제 아시아 영화의 산파역을 도맡았다. AND는 15편의 작품에 모두 1억 3천만 원을 지원했다. 부산에서 싹튼 예비 작품들은 탐스러운 결실을 맺는 순

간 고향 부산으로 회귀할 것이다.

아시아 지역 영화 꿈나무 교육 프로젝트인 AFA에서는 23명의 2기 졸업생이 배출됐다. PIFF에서 영화의 꿈을 키운 예비 영화인들 중 누군가는 세계 영화계의 대들보가 돼 금의환향의 꿈을 꾸며 PIFF는 아시아 영화의 고향으로 터를 닦아가고 있었다.

PIFF의 터전이었던 남포동은 그동안 상영관으로 지정됐던 부산극장이 빠지고 대영시네마 1~3관만이 상영관으로 남아 겨우 명맥만 유지했다. 전체 662회의 상영횟수 중 남포동의 것은 88회로 13%밖에 안 됐다.

영화제를 키웠던 남포동 PIFF 광장에서는 핸드프린팅, 일부 무대인사만이 쓸쓸하게 진행됐다. 서 부산권 시민들과 중구청, 남포동 상인들이 노골적으로 불만을 드러내면서 '영화제가 해운대로 완전히 넘어가는 것 아니냐'는 우려를 낳기도 했지만 전반적인 분위기는 해운대가 대세였다.

반면 장산 CGV가 상영관으로 추가돼 해운대 쏠림 현상은 더 심해졌다. 배우와 감독의 무대인사, 전시회, 특별강좌, 세미나, 관객파티 등 주요 행사들마저 대부분 해운대에다 판을 펼쳤다. 수려한 경관의 해수욕장과 완벽한 시설의 호텔을 무대로 펼쳐진 영화제의 해운대 지역 이벤트에는 찬사가 쏟아졌다.

올빼미족도 등장하다

11회 PIFF의 최대 화제는 처음 도입된 '미드나잇 패션'이었다. 개막 셋 째날로 들어선 14일 0시 10분께, 다들 단잠에 빠질 이슥한 밤이지만 PIFF 상영관인 부산 해운대구 메가박스 로비는 사람들로 꽉 찼다.

배낭과 담요에다 먹거리까지 한 꾸러미 껴안은 이들의 눈은 깊은 밤과는 어울리지 않게 반짝반짝 총기가 서려 있었다. 이들은 밤새껏 영화의 바다에 빠질 각오로 달려온 '올빼미 시네필'로서 PIFF가 처음 만든 밤샘 관람 프로그램 '미드나잇 패션' 섹션에 기꺼이 몸을 던지러 온 영화 마니아들이었다.

신설 섹션이 처음 가동된 메가박스 5관의 320여 좌석은 빈자리 없이 빽빽이 들어찼다. PIFF 상영작 티켓 예매가 시작된 첫 날에 나흘 일정의 섹션 전체 티켓이 동나버렸다. '억척 관객'들은 0시 30분부터 장장 5시간이 넘도록 4편의 영화 묶음에 흠뻑 빠졌다. PIFF의 밤은 이들 올빼미 족의 열정으로 환히 밝았다.

이 해에는 처음으로 출범한 이탈리아의 로마영화제가 PIFF와 같은 기간에 열려 향후 PIFF에도 적지 않은 영향을 미칠 것으로 우려됐다.

김동호 위원장은 "로마영화제 출범으로 필름 수급에 약간의 영향을 받았습니다. '아버지와 아들'과 '악몽탐정'은 양 영화제에서 같은 날 월드프리미어로 개봉됐습니다. 내년 PIFF는 로마영화제보다 일주일 정도 당겨진 10월 4일에 개최할 예정이며 로마 측도 일정을 조정하겠다고 알려왔으니 큰 문제는 없을 겁니다"라고 말했다.

이 해 최우수 아시아 신인작가상(뉴 커런츠상)은 '빈랑'의 양헝(중국), '사랑은 이긴다'의 탄 취무이(말레이시아) 감독이 공동수상했다. 또 한국 최우수 단편영화상인 선재상은 이진우 감독의 '바람이 분다'와 윤성호 감독의 '졸업 영화'가 공동으로 받았고, 특별언급은 최영준 감독의 '메리 크리스마스'에 돌아갔다.

다큐멘터리 출품작 중 최우수 작품에게 주어지는 운파상은 김덕철 감독의 '강을 건너는 사람들'과 김명준 감독의 '우리 학교'가 공동으로 거머 쥐었고, 특별 언급은 17명의 감독이 공동 연출한 '불타는 필름의 연대기'가 차지했다.

국제영화평론가협회(FIPRESCI)상은 '사랑은 이긴다'의 탄 취무이,

아시아영화진흥기구(NETPAC)상은 '마지막 밥상'의 노경태, KNN 관객상은 '하얀 아오자이'의 후인 루 감독이 각각 수상했다.

 한국영화 불황 속에 열린 PIFF

영화인 부부가 사회 맡다

'경계를 넘어 세계 영화의 중심'을 선언한 2007년 제12회 부산국제영화제가 뚜렷한 성과에도 불구하고 일부 미숙한 진행으로 오점을 남긴 영화제로 기록됐다.

이례적으로 배우 문소리와 감독 장준환 부부가 사회를 맡은 개막식 이후 모두 64개국에서 날아온 영화 271편이 770회에 걸쳐 상영됐다. 월드 프리미어가 65편, 인터내셔널 프리미어가 26편으로 한층 높은 위상을 자랑한 영화제의 상차림에 관객들은 열띤 호응으로 답했다.

영화제 전체 관객 수는 19만 8천 603명으로 최대 기록을 갱신했다. 지금까지 최다 관객은 2005년 19만 2천 970명이었다.

안정적으로 구성한 프로그램은 전반적으로 고른 호평을 받았다. 전년에 새로 만든 심야상영 미드나잇 섹션은 100%, 신설한 갈라프레젠테이션과 플래시포워드 섹션도 각각 73%, 65.4%의 높은 점유율로 사랑받았다. 아시아영화인상 수상과 함께 마련한 고(故) 에드워드 양 특별전은 전작 7편을 유례없이 상영해 특히 호평받았고, PIFF가 마련한 최초의 배우 회고전 김승호 회고전도 '마부'의 베를린영화제 트로피를 다시 제작해 수여하는 등 공들인 진행으로 눈길을 끌었다.

그러나 대통령 선거를 앞두고 열린 이 해 영화제는 일기예보를 비웃듯 비가 내리는 가운데 대선후보들이 참모진과 함께 대거 개막식을 찾

제12회 당시의 남포동

아 무질서를 초래했고, 이탈리아 출신 영화음악의 거장 엔니오 모리꼬네의 의전 소홀 문제까지 겹치면서 개막식 행사가 최악이었다.

특히 영화제 측은 엔니오 모리꼬네를 어렵게 초청했지만 진행요원이 모리꼬네 부인의 손을 거칠게 잡아끌면서 빨리 입장할 것을 재촉했고, 100m 정도 레드카펫을 걸어가는 동안 고령의 모리꼬네 부부가 비를 맞기도 했다. 이

▲ 영화제를 찾았던 이탈리아 출신 영화음악의 거장 엔니오 모리꼬네

런 이유로 엔니오 모리꼬네는 개막식 직후 핸드프린팅을 하기로 했던 개막 파티에 불참하는 등 세계적인 음악거장다운 대우를 받지 못했다.

오~우 '빈폴 영화제'

PIFF 개막식에 비가 내린 것도 이 해가 처음이었다. 전양준은 "비가 조금 내리다 그친 적은 있지만 이렇게 본격적으로 비가 내린 것은 개·폐막식을 통틀어 처음"이라며 "전국적으로 비가 내린다는 예보가 없었

다”고 안타까워하기도 했다.

이와 함께 삼성그룹의 제일모직이 역대 최고인 10억 원을 후원해 '다이아몬드 프리미어 스폰서'로 영입됐지만 과도한 홍보로 적지 않은 후유증을 남겼다. 삼성그룹의 자회사답게 거액을 쾌척한 제일모직은 자전거 탄 남자 모양의 빈폴 브랜드를 해운대 파빌리온 등 곳곳에 내세웠는데 이를 둘러싸고 일부 언론은 '빈폴영화제'라며 꼬집었고 결국 제일모직은 12회 때 한차례 협찬하고 영화제에서 손을 뗐다.

이런 와중에도 성과는 적지 않았다. PIFF는 2005년 아시아영화아카데미 출범, 2006년 아시안필름마켓 개설에 이어 PIFF는 이 해 아시아영화펀드(ACF)를 신설해 기존 다큐멘터리뿐만 아니라 장편극영화 개발과 후반작업까지 지원을 확대했다.

27편의 지원작 중 5편은 PIFF 상영작으로 돌아와 첫 해부터 의미 있는 결실을 거두었다. 이와 함께 아시아연기자네트워크(APAN)를 띄워 아시아의 스타들을 부산으로 불러 모았고 아시아영화아카데미(AFA)를 통해서는 15개국 24명의 예비영화인들을 품었다. 아시아영화 발전과 문화 다양성에 기여한 공로로 유네스코 펠리니 메달도 수상했다.

가장 큰 변화로 꼽혔던 티켓 시스템 개선은 작은 문제점들에도 불구하고 획기적인 관객 편의를 달성했다. 모두 7명이 참여한 핸드프린팅과 6명이 이끈 마스터클래스는 역대 가장 많은 거장들이 참여했고, 아주담담, 오픈토크 등 관객과 영화인의 만남도 크게 늘어났다. 전년과 달리 1층을 관객에게 개방한 피프 파빌리온과 피프 빌리지는 영화제 기간 내내 북적거렸다.

개막식 아침에 전해진 최진실 자살 뉴스

2008년 제13회 부산국제영화제는 어수선한 분위기 속에서 출항했다. 개막일인 10월 2일 오전 톱스타 최진실의 자살 소식이 힘겹게 준비해 온 영화제를 출발부터 숙연하게 만들었기 때문이다. 이에 따라 영화제 참석차 부산에 내려온 많은 배우들도 개막식 참석을 포기하거나 부산 체류 일정을 단축하고 서울로 올라가기도 했다.

이날 정진영 · 김정은의 사회로 진행된 개막식에는 5천여 관객이 자리를 메운 가운데 국내외 스타 100여 명이 참석했지만 무대에 오른 김동호 위원장은 "국민의 사랑을 많이 받았던, 아주 귀여웠던 최진실 배우가 타계했다. 모든 영화인들과 함께 고인의 애도를 진심으로 빈다"고 말해 장내를 엄숙하게 만들었다.

하지만 역대 최다 상영작과 최다 월드 프리미어라는 상차림에 관객들은 높은 좌석 점유율로 호응했다. '힘내라 한국영화' 라는 슬로건이 붙은 이 해 영화제에는 역대 최다인 60개국, 315편의 영화가 초청됐으며 이 중 월드 프리미어는 85편이나 됐으며 아시아 프리미어 역시 95편이었다. 영화제측은 개막작으로 비교적 알려지지 않은 카자흐스탄 영화 '스탈린의 선물' 을 고르는 모험을 걸었지만 관객들은 높은 호응을 보이며 프로그래머들의 선택에 지지를 보냈다.

#충무로를 뒤덮은 불황

부산을 빛낸 건 역시 스타들이었다. 일본의 우에노 주리와 아야세 하루카, 카호 등이 한국 팬들을 만났으며 영화 '터미네이터4' 의 문 블러드굿, 드라마 '히어로즈' 의 제임스 카이슨 리, 영화 '디스터비아' 의 애런 유 등 한국계 할리우드 스타 3명도 영화제를 찾았다.

장동건, 이연희, 신민아, 이병헌, 송혜교, 이미숙 등의 스타들이 개막식 레드카펫을 밟았으며 '좋은 놈, 나쁜 놈, 이상한 놈' (놈놈놈)의 스타 송강호, 이병헌, 정우성은 '오픈 토크'를 통해 관객들과 대화를 나눴다.

이들 중 영화제 초반 가장 많은 환호를 모은 스타는 우에노 주리와 '놈놈놈'의 3인방이었다. 우에노 주리의 출연작 '구구는 고양이다'의 관객과의 대화 시간에는 객석 정원보다 50여 명 넘어선 300여 명의 팬들이 몰렸으며 기자회견 역시 150명 가량의 취재진이 모였다.

충무로를 뒤덮은 한국영화의 불황 탓인지 영화제는 비교적 차분한 분위기 속에서 진행됐다. 영화 제작사와 배급사의 파티 수는 예년에 비해 적은 편이었고 규모도 CJ엔터테인먼트 주최 행사를 제외하고는 작았다.

이는 마켓에서도 여실히 드러났다. '낮술'(노영석), '아내의 애인을 만나다'(김태식), '밀양'(이창동) 등의 해외 판매 소식이 있었지만 큰 규모의 계약이 성사됐다는 소식은 들려오지 않았다.

영화제 운영은 전반적으로 예년에 비해 무난했다. '스카이 크롤러'(오시이 마모루)의 야외 상영 도중 정전이 발생해 56분간 영화 상영이 중단되는 사고가 있기는 했지만 집행위원장과 프로그래머 등 영화제 관계자들이 신속하게 무대에 올라 사과를 하고 추가 상영을 마련하는 등 한층 나아진 위기관리 능력을 보이기도 했다.

"무엇보다 이 영화제를 열렬히 지지하는 관객들이 있다는 것이 인상적이다." 폐막 하루 전, 여섯 번째 부산을 찾은 왕가위 감독은 이렇게 말했다.

또한 부일영화상 부활 소식도 이 해에 전해졌다. 35년 만에 부활한 한국 최고의 영화상 시상식에는 윤정희, 김희라, 신성일 등 원로배우와 홍상수, 김윤석, 수애 등 충무로 최고의 감독과 배우들이 대거 참석해 과거의 영광을 재현하는 듯했다. 또한 이 상의 부활은 부산국제영화제의 성공이 부산의 눈부신 영화적 자산 위에서 가능한 것이었음을 재차 확인하는 자리였다. 많은 영화인들은 한국영화 전성기를 이끈 부일영화상의 부활이 한국영화의 재도약으로 이어지길 바란다며 축하해줬다.

3. PIFF 예산, 검열과의 전쟁

 예산 전쟁, 막 오르다

작은 거인의 원맨쇼

영화제의 곳간이자 금고 격인 재정, 즉 예산은 작품 초청에서 상영을 아우르는 에너지원이다. 대부분 영화제는 자체 재정 충당이 거의 불가능하기 때문에 국가나 시의 지원에 의존한다. 이는 영화제의 문화, 산업적 영향력이 '공공의 재산'으로 인식되고 있기에 가능하다.

그러나 관(官)의 지원은 늘 부족하다. 때문에 영화제마다 굵직한 기업을 유치해 안정적 행사 진행과 기업 홍보라는 '윈윈 게임'에 나서려는 것이다.

지금이야 PIFF가 아시아 최고로 대접받지만 초창기 영화제는 천덕꾸러기 신세를 면치 못했었다. 무엇보다 돈 문제가 가장 심각했다. 초창기, 영화제 사람들의 돈 구하기는 그야말로 맨 땅에 헤딩하는 식이었다.

PIFF 출범을 전후해 정부나 부산시로부터 예산 및 스폰서 확보는 사실상 '작은 거인' 김동호 위원장의 '원맨쇼'에 의지해야만 했다. 어느 문화행사가 그렇듯이 예산이 없으면 아무것도 할 수 없다. 부산영화제 역시 같은 처지였다. 그러나 김 위원장은 정·관계의 든든한 인맥을 적극 활용해 PIFF에 돈줄을 끌어오는 데 '일등공신'이었다.

그래서 전양준은 김 위원장을 영입해 온 이용관 교수를 놓고 "PIFF에 김 위원장을 영입한 것 하나만으로도 충분히 역할을 했다"고 평가할 정도였다.

김 위원장이 돈 구하기에 본격 나선 것은 영화제 개막 1년 전으로 거슬러 올라간다.

그 당시 부산 파라다이스 호텔 측이 지원 방침을 거두고 갑자기 태도를 바꾸자 사정이 급하게 돌아갔다. 이때가 1995년 12월 4일, 위기 상황을 직감한 김 위원장은 아무래도 말발이 먹힐 부산시에 행정 및 재정적 지원을 요청하기로 마음먹고 본격 나섰다.

사실 이때부터 김 위원장의 '마당발 실력'이 나오기 시작했다. 김 위원장은 일단 부산에 SOS를 쳤다. 상대는 오세민 정무부시장. 울산이 고향인 오 부시장은 경제기획원(현 기획재정부) 예산국장, 예산실장을 역임하고 이후 국회 예결위 수석 전문위원을 거친 그야말로 '예산통'이었다. 김 위원장이 예산을 매만지던 문화부 기획관리실장일 때 자주 만나 두 사람은 술깨나 마시던 막역한 사이였다.

김 위원장이 "부산서 부시장님을 좀 만나야 할 일이 있다"고 했더니 때마침 다음날 일본 출장계획이 잡혀 있던 오 부시장은 "오후에 잠시 시간을 낼 수 있다"고 화답하자 부산을 한걸음으로 달려갔다.

당시 공항에 오석근 감독이 차를 갖고 마중을 나왔다. 그는 영진위 산하 영화아카데미 출신으로 김 위원장을 잘 안다고 했다. 그때 오 감독은 이명세 감독의 '지독한 사랑'의 부산 촬영을 도와주고 있었다. 차도 거기서 잠시 빌린 것이었다. 그래서 오 부시장의 면담 석상에는 김 위원장과 김지석, 오석근 세 사람이 갔다.

김 위원장은 가슴속에 묻어두었던 돈 이야기를 꺼냈다. 먼저 그는 "부산영화제를 만들려고 준비하는데 알고 있느냐"고 묻자 오 부시장은 "잘 모른다"고 했다. 이어 김 위원장이 저간의 사정을 설명한 뒤 "아무래도 부산시에서 도와줘야 할 것 같다. 예산은 총 17억 원 정도 들어갈 것 같은데 부산에서 8억 원 정도 지원해줬으면 한다"고 했다.

예산통이자 화끈한 경상도 사람인 오 부시장은 "그 정도면 마련해 보자"고 긍정적인 답을 주었다. 예상외로 일이 쉽게 풀렸다. 두 사람은 예전에 그랬듯이 술자리로 자리를 옮겨 거나하게 한 잔을 걸쳤다.

김 위원장과 오 부시장의 면담 이후 열흘이 지난 12월 13일, 영화제 준비팀은 마침내 문정수 부산시장을 예방했다. 오 부시장이 중간에서 다리를 놓은 것이다. 여기서 부산국제영화제 기본 구상을 설명했고, 문 시장은 3억 원의 예산을 지원하기로 했다고 통보를 했다.

김 위원장이 오 부시장에게 요청한 시비는 원래 8억 원이었는데 이번엔 부산시 의회가 말썽을 부렸다. 8억 원의 예산안을 올렸더니 다 삭감되고 겨우 3억 원으로 낙찰된 것. 이유야 어찌됐건 이 돈은 훗날 영화제가 출범하는 결정적인 종자돈이 됐다.

지금과 달리 당시 국고 지원은 기댈 형편이 못 됐다. 영화제를 개최하려는 96년 예산은 이미 확정됐기 때문이다. 더구나 준비팀이 활동하고 있던 95년에는 영화제 실체도 없어서 정부의 지원을 기대할 수 없었다. 사실 96년에 들어서도 국고 지원 여건은 전년과 마찬가지였다.

예산 삭감 위기서 빛난 마당발 실력

2회 PIFF 예산 확보도 전쟁 수준을 벗어나지 못했다. 1회의 성공으로 스폰서들에게 영화제의 취지를 조목조목 설명할 시간은 줄었지만, 여전히 예산 확보 과정은 힘들었고 영화제 사람들을 괴롭혔다. 부산시는 전년과 같이 3억 원을, 문화체육부가 국고 3억 원을 지원했다.

대우그룹을 비롯해 선경그룹이 각각 3억 원을 지원해 메인 스폰서가 되었고, 대선주조를 비롯한 다양한 후원사와 후원인들로부터 100만 원 이상, 1억 이하 단위의 지원금을 협찬 받았다. 그렇게 모인 16억 원에 전년도 입장료 수익 4억여 원이 더해져 영화제는 예년보다 안정적인 예산을 바탕으로 개최될 수 있었다.

김 위원장이 또 한 번 진가를 발휘한 것은 1998년, IMF 사태가 터지면서 정부 지원이 순식간에 3분의 2로 삭감될 위기에 처한 때였다. 이때 그는 특유의 마당발 실력을 유감없이 발휘했다. 당시 테니스 친구였던 임창열 경제부총리와 장시간 독대 끝에 삭감된 예산을 완전 복구시킨 것이다.

또 2회 영화제 당시 3억 원을 지원했던 대우와 선경그룹이 각각 2억 원과 1억 원으로 후원금을 하향조정했다. 김 위원장의 발걸음은 더 바빠졌다. 다행히 힘이 되는 친구들은 아주 가까이 있었다. 2회까지 영화제를 지켜봤던 부산 시민들이 자발적으로 5만 원, 10만 원씩 후원금을 모아주었고, 십시일반으로 모인 성금은 1억 원에 이르렀다. 입장권 판매 예상 수익과 정부 및 부산시의 지원금을 통해 25억 원의 예산을 확보할 수 있었다.

1999년, PIFF를 괴롭히는 가장 큰 괴물은 여전히 예산이었다. 이번엔 정부가 괴롭혔다. 당시 PIFF 예산 중 가장 큰 몫을 차지하는 것이 국고였는데 주무부처인 문화관광부가 3년 이상 지원된 영화제에 대해 국고 지원 중단 방침을 내세운 것. 예산 당국의 영화제 지원 '삼진 아웃제' 방침에 당장 집행부에 비상이 걸렸다. PIFF를 직접 겨냥한 것이었다.

하지만 PIFF의 생각은 달랐다. 영화제의 규모가 해를 넘길수록 커지고, 아시아 영상산업의 발전을 도모하는 중심으로 영화제가 더욱 강조되고 있는 상황에서, 국가적 차원의 지원 없이 예산을 책정하는 것 자체가 불가능하다고 판단한 것이다.

상황이 어렵게 돌아가자 김 위원장이 발 벗고 나섰다. 예산 삭감 위기에 맞서 돌파구를 찾기 위해 그는 국회 예결위원장이었던 한나라당 김진재 의원을 찾았다. 지금은 고인이 된 김 의원은 부산 출신 지역구(금정) 국회의원이었기에 PIFF를 누구보다 잘 알고 이해하고 있었다.

특히 동일고무벨트라는 든든한 기업체를 운영 중인 김 의원은 자금 사정을 호소하는 김 위원장의 마음을 누구보다 잘 헤아렸다. 결국 두 사람은 마라톤 협상을 벌여 예산당국이 삭감했던 10억 원을 국회에서 다시 살려 놓았다. 당시로서는 거의 기적에 가까운 일이었다.

김 위원장의 노력에 힘입어 안정적인 국고 지원을 얻어내자 부산시도 힘을 보탰다. 또 영화제의 인지도가 상승하고 흥행에 성공하면서 스폰서들도 하나 둘씩 늘어갔다. 대우자동차, 대영시네마, 부산극장 등이 후원에 동참했다. 이로써 확보된 제4회 영화제 예산은 총 26억 5천만 원이었다.

2000년 5회를 맞이한 PIFF 규모는 조금 커졌다. 그러나 예산은 27억 5천만 원으로 거의 늘어나지 않았다. 최대 스폰서였던 대우가 그룹 해체로 빠지고 새로운 프리미어 스폰서로 KTB 네트워크를 영입했다.

'공동경비구역 JSA' 등 다양한 작품에 투자사로 참여하면서 엔터테인먼트 분야로 사업 영역을 다각화하던 KTB 네트워크는 PIFF의 가치를 인정해 3억 3천만 원을 지원한 것이다. 공식 스폰서들 중 부산은행은 예금 이자의 10%만큼의 금액을 은행 부담으로 후원하는 '피프 통장'을 만들어 1천만 원을 기탁, 부산 시민의 영화제 사랑을 실감케 했다. 볼보자동차 코리아는 영화제를 방문하는 게스트를 위해 신차를 제공하는 등 물품 지원 스폰서들은 더 늘어났다.

6회 PIFF의 재정 확보 작전도 힘겨워 보였다. 영화제는 안정적 성장이란 명성을 획득했지만, 여전히 정규 스태프는 적었고 단기 스태프와 자원봉사자로 그 틈을 메워나갔다. 그러다보니 곳곳에서 크고 작은 사고가 터졌다.

더군다나 문화부는 영화제 예산의 거의 3분의 1가량이 되는 국고지원에 다시 난색을 표시했다. 매년 지원방침으로 전환된 것으로 알았지만 문화부는 영화제 지원금을 중단하겠다는 통보를 해온 것이다.

집행부는 다시 예산당국인 기획예산처와 문화부 관계자들과 논의 끝에 한 회 더 지원하겠다는 결론을 얻어냈다. 결국 개막 전날까지 김 위원장은 자금을 확보하기 위해 동분서주해야 했다.

영화인들 십시일반 후원에 나서

국고 지원만 어려웠던 것이 아니었다. 2000년도 프리미어 스폰서였던 KTB 네트워크의 후원 역시 1억 원으로 줄었다. 더군다나 상영관 리모델링으로 관람 환경이 좋아졌으나, 좌석은 4만 석 가까이 줄어들어 입장권 수익은 작년보다 감소할 것이 분명했다.

그러나 이번엔 영화인들이 PIFF의 어려움을 외면하지 않았다. 영화 제작사들이 직접 스폰서로 나선 것이었다. 강우석 감독의 시네마서비스가 1억 원을 후원했고, 신씨네와 튜브엔터테인먼트도 후원금 기부대열에 동참했다.

영화제를 도우려는 여러 기업의 정성 또한 곳곳에서 빛을 발했다. '코닥필름'은 신상옥 회고전에 상영될 오래된 필름을 무상으로 복원했고, 'DHL 코리아'는 필름 운송료를 대폭 할인하였다. '씨애틀 베스트 커피'는 남포동 매장을 게스트 라운지로 대여하고, 음료를 무상 제공하였다. 프랑스 기업 '에르메스'는 신상옥 감독의 공로상을 위해 '에르메스 감독 의자'를 제작하고 '한국영화의 밤' 행사 비용을 부담했다. 관객들은 '부산국제영화제후원회'를 결성해 정성을 보탰다.

2002년도 7회 영화제 예산은 32억 5천만 원으로 부쩍 늘어났다. 정부와 부산시가 각각 10억 원을 지원하고 골드 프리미어 스폰서로 4억 5천만 원을 후원한 포스코건설을 영입했다. 또 SK텔레콤, 시네마서비스, 부산은행, 파라다이스 호텔, 코닥필름 등 20여 개의 스폰서들이 동참했다. 가수 이문세, 작곡가 노영심, 연극배우 윤석화와 박정자는 서울에서 '친구' 콘서트를 개최하여 수익금을 영화제 발전기금으로 내놓기도 했다.

또 전년에 부산 언론계를 주축으로 결성된 100명의 후원회와 바자회 행사 등을 기획했던 '부산영화제를 사랑하는 사람들'은 영화제의 든든한 후원 가족이 되었다.

후원 부도낸 메인스폰서

이후 예산 문제가 크게 부각되는 경우는 적었다. 대신 메인스폰서가 말썽을 일으킨 사고가 종종 있었다. 2004년 9회 PIFF의 최대 후원사는 부동산 개발업체 RDS㈜였다. 그런데 이 회사가 부도 처리되면서 후원금으로 받은 어음 3억 원이 '펑크' 난 것이었다. 당시 RDS㈜는 2002년부터 3년 연속으로 가장 많은 4억 원씩을 후원해 왔는데 9회 당시 현금으로 낸 1억 원 외에 어음으로 지급한 3억 원이 만기일이 지나도 결제되지 못했다.

이승진 전 사무국장은 "PIFF 예산 39억 5천만 원 중 RDS㈜가 내기로 한 후원금 3억 원이 들어오지 않더라도 긴축재정을 통해 6천만 원을 절감하고 후원회 후원금 및 기타 수익으로 2억 4천만 원은 충당했다"고 했지만 PIFF 메인스폰서가 중도에 엎어진 것은 PIFF 사상 처음이었다.

'인생지사 새옹지마' 라고 했던가. 10회 PIFF는 국내 최대 포털 네이버 운영사인 NHN을 영입하는 데 성공해 예산 부족의 우려를 한꺼번에 씻어냈다. 검색 포털 네이버, 인터넷 게임 포털 한게임을 거느린 인터넷 전문 기업 NHN은 3년간 영화제를 지원키로 약속하고 골드 프리미어 스폰서 계약을 체결한 것이다. 협찬금 규모는 5억 원으로 단일 협찬사로는 역대 최고를 기록했다.

2007년 12회 PIFF는 삼성그룹을 스폰서로 유치하는 쾌거를 일궈냈다. 제일제당이 CJ그룹으로 계열 분리돼 분가한 상황에서 지난 1954년 설립된 제일모직은 사실상 삼성 계열사 중 '맏형' 격이었다. PIFF 후원은 삼성그룹 차원에서 진행됐는데 단번에 10억 원을 쾌척, 씀씀이도 삼성다웠다. 뮤지컬과 오페라 등 주로 순수예술 분야를 지원해 오다 대중적 문화행사인 영화제에 후원하기는 처음이었던 제일모직은 PIFF를 모르고 덤볐다가 혼쭐이 났다.

거액을 쏘았다는 자만심에 요란한 홍보전을 펼치다 결국 '빈폴영화제' 란 잡음이 일자 1회 지원으로 PIFF에서 철수를 결정했다. 2008년 13회 영화제는 제일모직이 빠지는 바람에 4회 연속 5억 원을 지원한 네이버가 다시 최대 스폰서 자리를 되찾았다. 반면 PIFF는 삼성이라는 대어를 놓친 격이 됐다.

PIFF 예산, 사상 첫 감소

매년 늘기만 하던 PIFF 예산이 2009년 사상 처음 줄었다.

PIFF 조직위는 2월 25일 부산시청 대회의실에서 제14회 PIFF 예산을 지난해(89억 8천만 원)보다 3.6% 감액한 86억 5천만 원으로 확정했는데 이는 경기 불황에 따른 기업 협찬금 감소 때문이었다.

수입 가운데 국비는 전년과 같은 15억 원이었고, 시비는 14억 4천만 원 늘어난 46억 4천만 원이었다. 하지만 기업 협찬금과 티켓 판매금을 합한 자체수입이 전년 42억 8천만 원에서 23억 1천 400만 원으로 크게 줄었다. 이는 지난 13회 PIFF 때 메인스폰서 유치에 실패해 12억 원의 적자를 낸 것을 그대로 반영했기 때문이다.

조직위는 이에 따라 PIFF 파빌리온 공사비 예산을 4억 원 감액한 3억 3천만 원으로 편성했고, 1억 원의 예산이 들었던 아시아연기자네트워크(APAN) 행사 자체를 취소했고 PIFF 사무실도 6실 5팀에서 6실로 축소했다. 환율 상승으로 초청작 역시 지난해 315편, 827회 상영에서 290편, 790회 내외로 조정했다. 1998년 IMF 경제위기 때도 줄지 않았던 PIFF 예산이 감소함에 따라 향후 PIFF는 또 다시 예산과의 전쟁을 치러야 할 처지에 놓이게 됐다.

▼ 허남식 부산시장

그러나 정부와 부산시는 PIFF를 외면하지 않았다. 7월 임시총회에서 문화부 3억 원, 부산시 10억 원 등 총 13억 원의 추경예산을 지원키로 했다. 이에따라 2009년 14회 영화제 예산은 약 99억 5천만 원으로 역대 최대로 편성됐다. 특히 10억 원의 시비를 추가 투입키로 한 허남식 부산시장의 '통큰' 배짱이 크게 작용했다.

 정·관계와 거리 두기

지원은 하되 간섭은 없다

오늘날 PIFF가 성공한 이유 중의 하나는 정부와 부산시, 정치권 등과의 일정거리를 둔 것이 주요했다. '지원은 하되 간섭은 없다' 는 PIFF만의 원칙을 마련했고 이를 철저히 지켜냈기 때문이다. 그 시작은 영화제 출범 이전으로 거슬러 올라간다.

1996년 초, PIFF 집행위원회 현판식을 앞두고 부산시 공무원과 영화제가 대립하는 사건이 있었다. 당시 3억 원의 시비를 지원한 부산시로선 당연히 시장이 모든 행사의 주역이 될 것을 주장했지만 영화제 사람들의 생각은 달랐다. 세계 메이저 영화제의 사례를 들면서 영화제 행사는 영화제 사람들에게 맡겨달라고 한 것이다.

당시 부위원장을 맡았던 박광수 감독은 이렇게 회고한다. "부산국제영화제 현판식을 하는데 시에서는 자기네가 하겠다고 주장했고, 우리는 가장 중요한 것은 관이 주관하면 안 된다며 힘겨루기를 했다. 그러나 시 하위직 직원들이 계속 우겨댔다. 그래서 그럴려면 너희들끼리 하라며 최후통첩하니까 막판에 항복하더라. PIFF는 첫 단추를 잘 맞춘 덕에 오늘날 관으로부터 독립해 아시아 정상의 영화제로 우뚝 선 것이다."

이후에도 양복 입은 공무원과 청바지 입은 영화제 사람들의 입장 차이는 현격했지만 '공무원 불개입'을 주장하는 영화제 사람들의 고집은 대단했다. 또한 이 같은 고집스런 주장을 들어주며 국제영화제 개최에 확고한 의지를 표명했던 문정수 시장의 역할 또한 막중했음은 물론이다. 문 시장은 공무원들의 늑장 처리에 영화제 사람들이 불만을 표시하자 출근 전 관사로 불러 직접 보고를 받는 등 PIFF가 초기에 정착하는 데 일조한 것은 물론, 관으로부터 독립하는 데에도 결정적 역할을 했다.

흥미로운 대목은 1회부터 13회까지 이어진 PIFF 개막식의 전통에는 '정치인 무대인사'가 없었다는 점이다. 장관, 고위 공무원, 국회의원, 지역유지 등 힘깨나 쓰는 고위직 인사들이 매년 개막식에 참석했지만 이들 중 무대에 올라가는 영광은 PIFF 조직위원장인 부산 시장뿐이었다. 그가 하는 역할도 "지금으로부터 제00회 부산국제영화제를 개막합니다"라는 개막선언이 고작이었다.

정치인 무대인사 없는 전통

사실 이런 전통을 세우기까지 적지 않은 어려움이 있었다. 좋은 예가 1997년 10월 10일 열린 2회 영화제 개막식이었다. 당시 게스트 입장 시 갑작스런 플래시 세례가 터지더니 대권경쟁에 나선 새정치국민회의 김대중 총재가 모습을 나타냈다.

그 해 연말 대선을 두 달여 앞두고 영화제가 개막됐기 때문에 거물 정치인이 부산 표심을 잡기 위해 영화제에 모습을 드러낸 것이다. 연예인 당원을 앞세워 개막식에 참석한 김대중 총재는 그러나 끝내 공식적으로 소개되지 못했다.

이후 대통령에 당선됐지만 국고가 지원되는 행사에 당시 유력 대선 후보가 문전박대를 당하는 수준이었다. 손님 접대를 제대로 안 해주니 불쾌해진 국민회의 의원들이 김 위원장을 찾아가 거세게 항의하는 바람에 육탄전까지 벌어졌다.

이뿐이 아니다. 개막식 직후 주말을 맞아 몰려나온 인파들로 덮인 남포동 PIFF 광장에 이번에는 신한국당 이회창 후보가 등장했다. 그는 조직위원장이자 한나라당 소속인 문정수 시장을 앞세우고 야외무대에 올라 간이 유세를 벌일 작정이었다. 대선 후보들에게 남포동에 집결한 구름 인파가 전부 표로 보였을 것이다.

그때 무대 위에서 행사를 진행 중이던 사무국장 오석근 감독이 몸을 날려 뛰어내렸다. 양팔로 이회창 후보의 진입을 저지하면서 "이러시면 안 됩니다"라고 맞섰다.

문 시장은 순간 당황했다. 조직위원장이 수행하고 있는 차기 대통령 후보를 잡상인 취급해도 되는 건가 싶었던 것이다. 얼굴이 벌게진 문 시

장은 "알 만한 사람이 왜 이러냐"며 오 감독을 밀치려 했다. 순간 문 시
장은 안경 너머로 글썽글썽한 눈물을 발견하고는 그만 가슴이 '쿵' 하
고 내려앉았다. 오 감독의 눈물에서 단호한 의지를 읽은 조직위원장은
미련 없이 돌아섰다.

이회창 후보도 오 감독의 어깨를 툭툭 치며 겸연쩍은 모습으로 발길
을 돌렸다. 문 시장은 이 후보를 연단에 올리지 못한 죄로 "도대체 당신
은 어느 당 시장이냐"는 질책에 시달렸으며 이후 정치적 행보에도 타격
을 입었다는 후문이다.

이용관 위원장은 대선 후보들이 한바탕 소란을 떨고 부산을 떠난 후
PIFF 데일리를 통해 "영화제의 성공적인 개최에 기꺼이 협조해 준 후보
님들께 진심으로 감사드린다"는 괘씸죄를 무마하기 위한 기고문을 게
재하기도 했다.

오 감독은 "조직위원회나 외부의 압박을 극복하지 못한다면 영화제
는 끝이다는 심정으로 PIFF 광장이 유세장으로 전락할 위기를 막았다"
고 당시를 회고한다. 전양준은 "설사 대통령이 영화제 개막식에 참가한
다 해도 영화제와 상관없는 형식적인 인사말을 위해 시간을 내줄 수는
없는 일"이라며 "영향력 있는 인사 한두 명을 거명하거나 연단에 올리
기 시작하면 끝이 없다"고 설명한다.

그는 "체코 대통령 하벨은 10번 이상 카를로비 바리 영화제 개막식에
참석했지만 경호원들이 따르면 서로 불편하다며 조용히 나타나서 개막
식만 지켜보고 돌아간다"고 덧붙였다.

대통령뿐만 아니라 영화제 주무 부처인 문화관광부 장관도 마찬가지
다. 이창동, 정동채 장관은 김동호 위원장의 의지를 존중해 개막식에 참
석해 열심히 박수만 쳐주다 돌아가곤 했다.

이용관 위원장은 "사실 한국이 아시아에서 가장 자유로운 나라에 해

당한다"면서 "대만, 싱가포르를 포함한 아시아 지역의 모든 영화제는 예외 없이 형식을 중요시하는 정·관계 인사들의 간섭과 입김으로 피곤한 상황"이라고 설명한다. 싱가포르영화제의 경우 조직위원장의 연설이 30분을 넘기는 경우도 있다.

상황은 2007년 12회 PIFF 때 재연됐다. 대선을 앞두고 한나라당 이명박 후보, 대통합민주신당 정동영 후보, 민주노동당 권영길 후보가 개막식장에 나타난 것이다.

귀빈대기실에서 어색한 조우를 한 세 후보는 개막식장 레드카펫을 차례로 밟았다. 그러나 관객들은 영화제 스타에게는 아끼지 않았던 박수를 보내지 않는 등 냉담한 반응을 보였다. 가랑비가 내리는 가운데 우비를 입은 세 후보는 PIFF의 전통에 따라 소개조차 되지 못하고 객석에 앉아 있다가 조용히 퇴장을 해야 했다.

당시 부산일보는 이렇게 보도하고 있었다. "세 후보는 영화제 내빈석에 나란히 앉았으나 어색한 표정이었다. 정 후보는 권 후보와 때때로 귀엣말을 주고받았지만, 바로 옆자리의 이 후보와는 눈조차 마주치지 않았다."(이병철 기자. 2007년 10월 5일)

 '복병' 검열의 등장과 퇴장

영화 특구 가로막은 검열

PIFF 출범 당시 예상치 못한 복병 중 하나는 바로 검열이었다. 1회 1996년 경험 부족으로 인한 허술한 운영과 함께 집행부를 내내 괴롭힌 것은 심의, 즉 '검열의 망령'이었다고 영화제 사람들은 입을 모은다.

당시 영화진흥법은 '3개국 이상이 참여한 3년 이상 된 국제영화제가

아니면 초청작 모두 한국공연윤리위원회(공윤)의 심의를 받아야 한다'
라고 못 박고 있었다. 공윤은 부산영화제의 모든 초청작에 대해 심의를
하겠다고 통보했다. 영화제 집행부는 난감했다. 편당 80만 원의 심의료
도 문제였지만 명색이 국제영화제인데 검열이라니 말도 안 된다고 생
각했지만 공윤은 요지부동이었다.

이용관 위원장은 첫해 '공윤'과의 갈등에 대해 이렇게 회고했다. "영
화제는 영화 특구입니다. 모든 것이 허용되어야 하는데 현실은 그것이
아니더라고요." 집행부는 정면으로 맞서서 될 일이 아니라고 판단하고,
심의를 최대한 피해갈 수 있는 방법을 모색했다.

이때 또 김 위원장이 뛰어들었다. 그는 공윤에 몸담았던 시절의 인맥
을 활용, '폭탄주 접대'로 심의위원들을 어르는 한편 최대한 시간을 끄
는 편법도 동원했다. 개막이 임박해서야 필름이 도착했다며 서울로 올
려 보낼 시간이 없다고 우기는가 하면 아주 사소한 사안도 모두 공문으
로 주고받으며 미적거렸다. 영화제가 개막돼 상영이 시작되면 공윤도
어찌지 못할 것이라고 생각하고, '배째라' 식으로 밀어붙인 것이다.

오 감독은 초창기 심의에 대해 웃지 않을 수 없는 일화도 많았다고 회
상한다.

"심의위원이 내려오면 여관방에서 심의를 하게 했어요. 비디오를 산
처럼 쌓아놓았더니 먼저 질려 버리더라고요. 문제가 될 만한 작품은 멀
찍이 놓고 별 문제 없을 작품을 먼저 보도록 했죠. 그러면서 수시로 옆
에 앉아서 말 시키고, 노출 장면이 나올 때가 되면 시선을 딴 데로 돌리
게 하는 코미디도 벌어졌습니다."

김 위원장은 "문제가 생기면 내가 잡혀가겠다는 각오로 밀어붙였더
니 그럭저럭 심의의 칼날을 피해 갈 수 있었다"고 말했다.

그러나 결국 이 심의 문제로 1회 영화제에 오명을 남길 만한 사건이

터지고야 말았다. 영화제 둘째 날 부영극장에서 상영된 데이비드 크로 넨버그의 '크래쉬' 가 문제였다.

공윤은 이미 수입 심의에서 등급보류 판정을 받은 '크래쉬' 는 봐줄 수 없다며 '제한 상영' 을 결정했다. 일반 예매가 중단되고, 게스트와 기자들에게만 영화를 공개할 수 있는 상황이 됐다. '크래쉬' 는 칸 영화제 경쟁부문 초청작으로 동성애와 변태적 성애를 담은 화제작이었다. 당시 공윤은 폭력에는 관대했지만 노출에는 민감했고 또한 이데올로기 문제 역시 아주 엄격한 잣대를 들이댔다.

한술 더 떠서 수입배급사 대우는 재심을 의식해 문제가 될 부분을 12분가량 삭제한 필름을 영화제 측에 보내왔고, 집행부는 이 사실을 상영 직전에 알게 됐으나 삭제된 필름을 걸고야 말았다. 제한 상영도 모자라 삭제된 필름이라니, 설상가상이었다.

당시 영진법에는 '3년 이상 영화제 심의면제 규정' 외에 '문화체육부 장관이 특별히 명하는 영화제에 한하여 심의를 면제해준다' 고도 규정 돼 있었다. 일찌감치 심의 문제에서 해방될 수도 있었다는 말인데, 집행부는 문체부와 공윤을 적당히 구워삶아 심의 절차만 피하면 문제가 없을 것이라고 가볍게 생각했다. 말하자면 '으샤 으샤' 하는 분위기로 밀어붙이다 삭제된 필름을, 그것도 일반관객을 배제한 채 상영하는 오점을 남긴 것이다.

공윤과 영화제의 악연은 첫해뿐 아니라 이듬해 왕가위 감독의 '해피투게더' 심의에서도 재연됐다. 유독 동성애와 변태적 성행위에 민감한 공윤은 두 해 연속 제한상영이라는 조치를 내림으로써 영화제 열기에 찬물을 끼얹었다.

이용관 위원장은 "검열은 싱가포르, 홍콩, 이란 등 아시아 지역 영화제의 공통적인 아킬레스건" 이라면서 "심의기관의 융통성 없는 태도가 가장 큰 문제지만 프로답게 대처하지 못한 것은 영화제의 불안정한 내부 동력 때문이었다"고 설명한다.

PIFF는 검열 해방구

그러나 이 같은 부산의 밀어붙이기식 행보는 결과적으로 한국영화사에 적지 않은 공로를 남겼다. 다시 말해 PIFF는 '검열의 해방구'였다. 감히 한국의 극장에 걸릴 수 없는 영화들이 '원본' 그대로 상영되며 관객과 만났다. 서서히 검열 기구의 통제력은 영화제 앞에서 무력해지기 시작했다. 여성의 과다노출을 관리하는 법이 만들어지는 시대에 부산에선 '브레이킹 더 웨이브'의 성기 장면이 공개되었다. 베니스영화제 경쟁부문에 진출했던 장선우 감독의 '거짓말'은 말도 많고 탈도 많았지만 원본 그대로 공개됐고 암표까지 등장했던 곳이 바로 PIFF였다.

하지만 1996년 10월 헌법재판소가 공윤의 사전 심의에 대해 위헌판결을 내렸음에도 불구하고 잔존하고 있던 심의 관습은 이렇듯 자유로운 영화제 분위기에 찬물을 끼얹었다.

동성애를 다뤘다는 이유로 공윤으로부터 수입 불가 판정을 받았던 왕가위의 '부에노스 아이레스' 역시 심의를 피하지 못한 작품이었다. 공윤은 3회째인 1998년부터 영화제 출품작에 대한 심의를 면제해 주기로 했다. 다만 한시적으로 '부에노스 아이레스'를 무삭제로 상영하도록 허가했다. 그러나 '형평성에 어긋난다'는 여론이 조성되자 문화체육부와 공윤은 다시 언론과 영화관계자들에게만 제한 상영하는 방침을 내걸었다.

개막식 때 "이 영화를 많은 관객이 봐주길 원한다"고 소감을 밝혔던 주연배우 양조위는 이 사실을 알고 아쉬워했다. 관객들의 입장권은 환불되었지만 납득할 수 없는 당국의 조치에 대한 대중의 비난은 멈추지 않았다.

'나쁜 영화'의 경우는 반대였다. 공윤이 '나쁜 영화'의 심의를 보류하자, 제작사는 눈물을 머금고 20분을 잘라낸 프린트로 심의를 받았다. 결국 영화는 만신창이가 되어 일반극장에 걸렸다.

하지만 PIFF에서는 '잘려진 20분'이 복원된 완벽한 프린트가 공개된다는 소식이 들리자 영화제 상영분은 곧바로 매진되었다. 검열의 유령은 여전히 한국영화계를 죄고 있었지만 PIFF는 서서히 이를 탈피해 나가고 있었던 것이다.

독립영화 또한 여전히 검열의 굴레를 벗지 못했다. 공윤이 '와이드앵글'에 초청된 독립영화들을 서류로 심의했다는 사실이 밝혀지면서 PIFF 광장에서 검열 철폐 시위가 시작되었다. 부산국제영화제가 열리기 전 인권영화제가 공권력의 압력으로 중단되고, 퀴어영화제는 개막조차 할 수 없었기 때문에 영화인의 분노는 더욱 증폭되었다.

기록영화제작소 보임, 서울영상집단, 푸른영상, 하늬영상, 전국시네마테크연합 등에 소속된 60여 명의 독립영화인들이 '검열 철폐'를 목놓아 외치며, 아카데미 극장부터 남포동 거리를 행진했다. 광장에서 다시 모인 이들은 '퓨처아트'의 애니메이션과 김동원 감독의 '상계동 올림픽'을 상영하며, 부당한 현실을 영화제 관객들과 시민들에게 알렸다.

1998년 반가운 것은 영화제가 드디어 사전 심의에서 해방되었다는 것이다. 국제영화제의 경우 3회째부터 심의를 면제한다는 영화진흥법에 따라 이제는 '제한 상영' 같은 불미스러운 일이 벌어질 이유가 없었다.

▲ 독립영화인들이 영화제 기간 중 검열 철폐를 외치고 있다.

시대를 앞서간 '거짓말'

1999년 4회 장선우 감독의 '거짓말'은 이 해 최고의 화제작이었다. 당시 김수용 영상물등급위원장(현 예술원 이사장)이 "선량한 시민에게 보여줄 수 없는 영화"라며 등급보류 판정을 내렸던 이 작품이 PIFF에 초청된 것. 부산에 앞서 개막된 이탈리아 베니스영화제 경쟁부문에 진출했고 '표현의 자유 시비', '판금소설의 영화화' 등 숱한 화제를 몰고 다녔기 때문이다.

뿐만 아니라 PIFF의 상영필름은 가위질이 전혀 안 된 '해외 버전'이었고 '다시는 국내에서 볼 수 없는 영화'라는 소문이 퍼지면서 상영 직전 4천 원짜리 입장권이 10만 원짜리 암표로 둔갑되는 등 호기심 차원을 넘어 이상과열 현상을 빚었다.

가위질 없이 상영된 '거짓말'은 이렇듯 PIFF 사상 최고의 인기작이었지만 흥행에는 운이 없었다. 영화제 폐막 직후 열린 2차 등급심의에서 또다시 '등급 보류' 판정을 받았고 이후 비디오나 파일로 불법 유통되면서 이듬해 1월 '5분 삭제'와 '18세 관람가' 판정을 받아 겨우 극장 개봉을 했지만 관객의 반응은 신통치 않았다. 결국 온전한 '거짓말'을 본 것은 PIFF 관객뿐이었다.

2000년 5회 영화제 왕슈오 감독과는 재미난 일화가 있었다. 개막 전부터 최우수 아시아 신인 작가상의 강력한 수상 후보로 예견되었던 '아버지'는 결국 부산에서 상영되지 못했다. 1996년 완성된 이 영화는 중국정부의 상영금지 조치로 4년간 공개되지 못하다가 2000년 스위스 로카르노영화제에 초청되어 대상을 수상했다. 왕슈오 감독은 부산영화제의 초청을 받고 프린트를 보내겠다고 약속했지만 이를 지킬 수 없었다.

그는 뒤늦게 로카르노영화제 상영본이 불법 프린트였다는 이유로 부산에 보낼 수 없다는 입장을 전해왔다. 중국 정부의 압력에도 굴하지 않고 상영을 감행할 예정이었지만 영화제 측은 결국 '아버지'의 상영을 취소해야만 했다.

권위적인 아버지와 반항하는 아들 사이의 갈등을 그린 이 작품은 지난 세대에 대한 비판의식을 우화적으로 표현해낸 영화로, 소설가이기도 한 왕 감독의 데뷔작이었다. 결국 감독은 프린트 없이 혼자 부산에 도착, 상황에 대해 알고 있던 국내외 영화인들로부터 위로를 받는 데 만족해야 했다.

신상옥 감독의 '탈출기'도 제한 상영

2001년 6회 PIFF 회고전의 주인공은 1950년대부터 1990년대에 이르기까지 왕성한 창조력으로 다양한 영화를 만들었던 신상옥 감독이었다. 당초에는 전년에 기획됐지만 감독의 고사로 한차례 무산된 바 있었다. 신 감독이 이 해 영화제에서 북한에서 제작한 영화를 상영하겠다고 결정하며 본격적으로 추진된 것이다.

신 감독의 북한 체류 당시 대표작이자 감독 자신이 가장 아끼는 작품인 '탈출기'를 남한에서 최초로 공개할 예정이었다. 그러나 검찰이 '탈출기'를 이적 표현물로 규정, 상영 시 위원장을 구속하겠다는 통보를 해왔다.

달리 선택의 여지가 없었다. 결국 영화제는 고심 끝에 '제한 상영'이라는 절충안을 마련하여 일반 관객들이 아닌 국내외 게스트와 기자들에게만 공개하기로 했다. 안타까운 사건이었지만 '지옥화', '연산군', '다정불심' 등 장르를 넘나드는 신상옥 감독의 1960~70년대 대표작들은 젊은 영화인들에게 과거의 한국영화를 되돌아볼 수 있는 계기를 마련했다는 것으로 아쉬움을 달래야 했다.

남북관계의 진전에 따라 냉전의 틈바구니를 비집고 북한영화가 부산에서 상영된 적도 있었다. 1998년부터 북한의 민족화해협의회와 조선영화수출입사와 지속적으로 접촉해 온 PIFF는 2003년 8회 영화제 기간에 북한영화의 상영 일정을 발표했다.

1998년 베이징에서 북한 영화 관계자와 접촉했던 영화제 측은 남북영화와 영화인의 교류를 이끌어내기 위해 2000년부터 상영을 모색해 왔다. 그 결과 2003년 8회 영화제에 이르러서야 북한영화를 부산에서 상영할 수 있게 된 것이다.

선정된 작품들은 해방 직후부터 1990년대 사이에 제작된 '기쁨과 슬픔을 넘어서', '신혼부부', '봄날의 눈석이' 등 총 7편이었고, 10월 7일부터 3일간 두 개의 극장에서 각 1회씩 무료로 상영되었다. 7편의 프린트는 한국영상자료원이 10만 달러에 수입한 것으로 비영리적이고 학술적인 용도에 한해서만 상영이 가능했다. 물론 PIFF는 예외라는 조항이 덧붙여졌다.

그러나 통일부의 규정에 따라 상영 적합성 여부를 검토한 문화관광부와 국가정보원이 '봄날의 눈석이'와 '내 고향'에 대해선 상영불가 판정을 내려, 영화제 게스트 ID 소지자를 대상으로 '제한 상영'을 할 수밖에 없었다.

영화를 통해 북한영화의 흐름을 살펴봄과 동시에 북한영화인들을 초청해 대화의 시간을 가지려 했으나, 북측이 방문하기 위해선 6개월 이상의 시간이 필요하다고 밝혀 초청은 이루어지지 못했다.

북한영화에 가장 큰 관심을 보인 건 노년층 관객이었다. 갈 수 없는 고향의 산하를 영화로나마 접하고자 영화제를 찾은 것이다. 영화를 통해 남북한을 가로지르는 장벽을 허물었던 감동적인 프로그램이었다.

4. PIFF를 만든 사람들

 영화제 개국공신

　누가 PIFF를 만들었을까. 많은 이들이 궁금해 하는 대목이다. 김동호 위원장처럼 혁혁한 전과를 올린 사람도 있지만 저 밑에서 묵묵히 일했던 이름 모를 자원봉사자도 영화제의 토대를 쌓는 데 일조했다. 이렇듯 PIFF의 성공은 어느 특정인의 작품이 아니었고 다수가 의기투합한 '합작품'이었다는 것은 분명하다.

　결론은 그렇다 치더라도 영화제의 시작은 힘들고 어려웠다. 그것은 무엇보다 PIFF 출범 당시 영화제를 아는 사람도, 돈도 없었고 기술이나 자료도 부족했기 때문이다.

　그럼에도 불구하고 그들은 도전에 나섰다. 영화제를 만들어 보자는 물밑 작업이 추진된 것이다. PIFF에 몸담은 멤버 중에는 영화제 아이디어를 낸 사람도 있고, 맨몸을 던지며 뛰어든 이도 있으며, 다른 곳에서 일하다 우연히 참여한 사람도 있었다.

　그들 가운데 소위 'PIFF 개국공신'으로 분류되는 사람들이 있다. 그리고 많은 이들은 김동호, 이용관, 박광수, 전양준, 김지석, 오석근 등 6

인을 '개국공신' 으로 꼽는 데 주저하지 않는다. 그들은 오늘날 PIFF의
밑그림을 그리고, 스케치를 했고, 멋진 작품을 완성했다.

 ## 한국의 영화 청년 김동호

PIFF를 아시아 정상의 영화제로 키워
낸 사람 중 으뜸으로 김동호 위원장을
꼽는 데는 별다른 이견이 있을 수 없다.
이용관 위원장은 "김 위원장이 승선하
는 시점이 PIFF의 시작" 이라고 말할 정
도로 그의 역할은 막중하고 심대했다.

1995년 PIFF호에 승선한 이후 2009년
현재 15년째 영화제를 이끌고 있는 김동
호는 누구일까. 그는 왜 뛰어들었고 무
엇 때문에 부산을 위해 헌신했을까. 이유야 어떻든 필자는 지난 10여 년
간 지근거리에서 그를 지켜봤다. 성급한 결론을 먼저 말한다면 그는 세
계 영화계가 인정하는 '한국의 영화 대통령' 이다.

공직보다 그 이후가 더 빛난 사람

김 위원장은 1937년 8월 6일 강원도 홍천에서 태어났다. 올해 세수로
일흔셋이다. 경기고 - 서울 법대 출신으로, 1961년 문화공보부 주사보
로 공직에 몸을 담았다. 소위 고시 출신이 아니다. 하지만 그는 특유의
근면과 열정, 부지런함으로 문화부 말단에서 차관까지 오르며 엘리트
관료의 길을 걸어왔다. 그러나 그는 공직보다는 그 이후가 더 빛난 사람

이다. 특히 영화와 인연을 맺고 난 뒤로는 어느 영화인보다 한국영화를 사랑했고 PIFF를 세계 5대 영화제로 키워낸 '한국 영화계의 거인' 이다.

1988년 문화부를 떠나 영화진흥공사(현 영화진흥위원회) 사장에 오르면서 영화와 인연을 맺었는데 그때 연간 100편 이상의 영화를 보고 영화인들을 만나며 영화를 공부했다.

부산영화제 선장으로 승선한 이후 김 위원장은 문화부 차관까지 지냈던 정부 고위관료로서의 권위와 체면을 단숨에 털어냈다. 오로지 PIFF의 성공을 위해 고개를 숙였고 손 벌리기를 주저하지 않았다. 언제나 겸허한 자세로 자식이나 손자뻘 되는 젊은이들과 격의 없이 소주잔을 주고받았다.

세계 3대 영화제를 비롯해 대부분의 영화제 집행위원장은 절대 권한을 행사한다. 그러나 김 위원장의 스타일은 권한은 최소한으로 줄이는 대신 막힌 곳은 직접 나서 뚫는 해결사였다.

아랫사람들을 아우르는 통솔력도 뛰어나다. 초청작 선정에는 관여하지 않는 대신 해외 영화제와의 관계 구축이나 정부, 자치단체 등과의 껄끄러운 사안에는 몸을 사리지 않았다. 그리고 매년 3분의 1을 국외에서 보내면서도 결코 일등석을 이용하지 않는다. 프로그래머들과 똑같이 좁고 불편한 이코노미클래스를 고집한다.

최고 자산은 마당발 인맥

KS(경기고 · 서울대) 출신인 그의 인맥은 상당히 광범위하다. 고교 동기인 김우중 회장의 대우를 1회 영화제 최대 스폰서로 영입한 것은 물론 문화부 차관 등 공직시절 때 사건 정 · 관계 및 문화계의 인연을 총동원해 재원을 차근차근 확보했다. 이런 마당발 인맥을 동원해 영화제 출범 당시 시비, 국고, 스폰서 등 22억 원의 예산을 모았다. 이는 순전히 김 위원장이 불철주야 뛰어다닌 덕분에 가능했던 일이다. 1996년 8월 영화제 개막을 한 달여 앞두고 했던 언론과의 인터뷰를 보면 당시 준비 상황의 어려움이 그대로 묻어나온다.

♣ 영화제 개막이 한 달도 안 남았다. 준비 상황은.

국제영화제 개최 경험이 없어 더러 시행착오를 겪지만 대체로 순조로운 편이다. 자원봉사자 모집, 영화제 참가작 선정에 이어 카탈로그 제작, 초청인사 확인 등 막바지 작업을 하고 있다. 각종 인쇄물은 이달 말께면 거의 나오고 프린트(영화필름) 수송 및 최종 점검을 하고 손님맞이만 하면 된다.

♣ 영화제 성패는 작품 구성에 달려있다고 본다. 1백 71편이 최종 확정됐는데 프로그래머들의 작품 선정은 만족할 만한가.

페스티벌 어드바이저로 지난 6월부터 우리 팀에 합류해 있는 폴 리(샌프란시스코 아시안 아메리칸 국제영화제 집행위원장)의 표현을 빌리자면 굉장히 우수한 작품들이 선정돼 놀랍다고 했다. 상당한 수준의 영화제가 될 거라는 확신이 든다.

♣ 영화제를 목적으로 외국서 들여오는 영화도 검열을 받나.

영화진흥법 시행령에 3개국 이상이 참가하는 3년 이상 된 영화제만 사전심의를 예외로 하고 있다. 세계 각국의 내로라하는 영화제 집행위원장 및 영화제 공인기구인 국제제작자연맹 관계자 등도 내한하는데 부산국제영화제의 이미지를 고려, 사전심의를 안 받도록 최선의 방법을 강구 중이다. 그것은 아마 실무협의 수준에서 등급을 조정하는 정도가 될 것이며 이는 문화체육부에서도 공감하고 있다.

♣ 일본영화 상영 편수 문제로 외무부나 문화부 쪽과 약간 갈등이 있었다는데.

갈등이라고까지 얘기할 것은 없다. 하지만 예민한 문제였다. 외무부는 일본영화 수입, 문화부는 심의문제가 결국 결부된 것 같다. 일본영화의 국내 상영 사례는 이전에도 있어 별 문제가 없다. 다만 국내 정서를 감안하여 미성년자 관람가 · 불가 수준의 등급조정이 뒤따를 것이다.

♣ 북한영화는 단 1편도 들어있지 않은데.

북한영화 상영에 대해 전혀 생각지 않은 것은 아니지만 간단한 문제가 아니었다.

♣ 춘사 나운규의 '아리랑'(1926년) 필름 찾기를 극비리에 추진했었는데 왜 중단했나.

'아리랑'이 한국영화사에서 차지하는 비중을 알기 때문에 영화제 창설과 함께 상영을 추진했다. 필름 소장자로 추정되는 일본인 아베 씨와 접촉하면서 우리 의견을 전달하고 그에 따른 아베 씨 쪽의 요구 조건도 있었지만 상당히 진전되는 듯했으나 그게 전부였다. '아리랑' 필름 찾기는 다시 원점으로 돌아간 느낌이다.

♣ 작품 외엔 어떤 점이 어려웠나.

재원확보 문제였다. 당초예산 14억 5천만 원이 지금은 22억 원 규모로 늘어났다. 현재 입장 예상 수입을 포함해 18억 원이 확보됐고 앞으로 4억여 원이 더 필요하다. 그동안 부산시 3억 원, 대우개발 정희자 회장 3억 원, 부산 출신 2세 기업인 모임 2억 원 외에 고은아 - 곽정환 씨 부부, 정윤희 - 조규영 씨 부부, 파라다이스 호텔이 각각 1억 원을 기탁했으며 전국극장연합회 강대진 회장도 1억 원 기탁의사를 밝혔다. 또 파로마

가구는 3천만 원 상당의 가구협찬, Y클럽은 5천만 원 상당의 자원봉사자 의류 협찬, 제일극장을 운영하는 운파문화재단은 와이드 앵글 시 상금으로 1만 달러를 내놓기로 했다. 그밖에 영화사 및 중소기업의 성금이 있었다.

♣ 부산이 주도하는 영화제인데 부산 쪽 협찬이 미미하진 않았나.

부산시비를 포함하면 절반 수준은 된다. 앞으로도 충분히 기회는 있다고 본다.

♣ 영화제 실무진들의 구성이 뛰어나다고 영화계 안팎에서 기대가 크다.

영화제를 끝내봐야 알겠지만 만약 이번 영화제가 성공한다면 그 첫 번째 요인은 인적 구성에서 찾아야 할 것이다. 김지석, 이용관, 전양준 등 3명의 프로그래머와 토니 레인즈, 웡 아인링, 임안자, 임현옥 씨 등 해외 영화계에서의 지원 세력의 결합이 절묘했다.

♣ 부산 문화 인프라에 대한 낙담은 컸을 텐데.

부산의 극장시설에 만족하기는 어렵다. 그보다는 영화제에 대한 정확한 인식을 갖도록 전환시켜 나가는 작업이 필요했다. 으레 영화제라고 하면 화려한 것만을 생각한다. 아카데미나 칸 같은 배우 위주의 영화제에서 필름과 감독이 중심이 되는 필름의 축제로 정립해 가야 한다.

♣ 스위스 로카르노의 야외 상영기나 일본의 레이저빔 자막기를 들여오는데 대여료도 수월찮다고 들었다.

음향기를 포함해 야외 스크린은 1억 6천만 원, 자막기는 9천만 원의 대여료가 들었다. 도쿄, 후쿠오카영화제도 같은 자막시설을 빌려 쓰고 있다. 국내엔 물론 1대도 없다. 부산이 이제 첫발을 디뎠지만 서울, 광주 등에서도 영화제를 곧 한다니까 국내 구입 방안도 적극 모색해야 할 것이다.

♣ 홍보 방안은.

옥외광고물 홍보를 이제 시작했다. 언론이 많이 도와주었으면 좋겠다. 영화제 붐 조성을 위해 9월 6일 수영만 요트 경기장에서 대규모 음악회를 열기로 했다. 개막전 TV로도 녹화·방영된다. 그리고 여행사와 연계해 영화도 보고 여행도 즐기는 PIFF 투어단 패키지상품을 추진 중이다. 해외 홍보는 영화제 관계자들이 해외 영화제에 직접 참가해 알린 게 전부지만 알만한 영화관계자들은 다 안다. 인터넷 홈페이지는 지난 12일부터 정상 가동됐다.

♣ 지금 부산의 교통상황은 최악이다. 영화제 기간 특별 교통소통 대책은.

해운대~남포동 구간이 특히 문제다. 부산해운항만청의 협조를 얻어 전용여객선을 운영할 계획이다. ID카드 소지자나 프레스카드 소지자들에 대해 승선료를 면제하는 한편 일반시민들도 싼 승선료로 이용할 수 있도록 할 계획이다.

♣ 영화 상영에 관한 구체적 정보나 입장권 예매는.

상영 일정이 자세히 수록된 티켓 카탈로그가 이달 말께 20만 부가 나와 무료 배포된다. 부산은행 협조로 우리나라 영화계에서는 최초로 입장권 전산예매제가 실시된다. 입장료는 일반 3천 원, 학생 2천 5백 원, 개·폐막식은 5천 원으로 책정됐다.

♣ 여담 같지만 김 위원장의 인망이 두터워 영화제 준비에 한결 도움이 됐다
고들 한다.

그건 괜히 하는 말들이다. 그저 최선을 다하고 있다. 문화공보부에 20
여 년간 근무한데다 예술의 전당 이사장, 공연윤리위원회 위원장, 영화
진흥공사 사장, 문화체육부 차관 등 문화관련 요직을 거치면서 사람들
을 많이 알게 돼 도움이 컸다. 사실 성공해도 욕먹고 실패하면 배 이상
욕먹어야 한다는 것도 안다. 옛날부터 우리나라에도 국제영화제가 하
나쯤 있었으면 했는데 힘을 보탤 수 있어 기쁘다.

♣ 부산시민에게 하고 싶은 말은.

해외 영화제에 가서 극장 앞에 줄지어 서 있는 관객 모습이 그리 부러
울 수가 없었다. 모처럼 가져온 좋은 영화들을 부산시민들이 1편이라도
더 많이 볼 수 있기를 바란다. (김은영 기자 1996년 8월 16일. 현 부산일
보 문화부장)

이 인터뷰 기사의 행간에서 알 수 있듯이 김 위원장의 자신감이 도처
에서 묻어 나온다. 늘 그렇듯 자신을 최대한 낮추고 겸손함으로 영화제
를 준비하고 있음도 물론이다. 가장 어렵다는 예산의 경우, 백방으로 뛰
어다녀 이미 영화제를 치를 정도로 확보해 놓았으며, 검열 문제도 '사
전심의를 안 받도록 최선의 방법을 강구 중' 이란 표현으로 구사하며 충
분히 대비하고 있는 치밀함을 엿볼 수 있게 한다.

세계 주당클럽도 결성

세계 영화계의 '주당클럽' 이 있다는 것을 아는 사람은 드물다. '타이
거클럽' 이 바로 그것. 세 살 때부터 막걸리를 마셨다는 전설적인 주당

인 김 위원장이 세계 영화계의 주당들을 모아 결성한 사모임이다. 회원들의 면면을 보면 보통을 훌쩍 뛰어넘는다.

사이먼 필드 전 로테르담집행위원장, 대만의 허우 샤오시엔 감독, 네덜란드 기자 피터 반 뷰렌, 뒤에 칸 집행위원장 티어리 프레모가 가세했다. 김 위원장의 이름 끝자와 로테르담영화제의 트로피 이름을 따 '타이거'라고 이름을 붙였다. 이들은 영화제 때마다 만나 날을 잡아 밤새워 술잔을 돌리며 노래 부르고 춤을 추며 세계 영화의 흐름을 논한다.

김 위원장이 특별히 기억하는 술에 대한 추억이 있다. 1996년 1회 영화제를 마친 직후, 심신이 지친 이용관 프로그래머와 오석근 사무국장이 동시에 사의를 표명했다. 거의 석 달 열흘간 이들을 만류하던 김 위원장은 "나도 더 이상 못하겠다"고 해산을 선언했고 이별주나 한잔하자며 술자리를 마련했다. 이 자리에서 김 위원장은 비장한 고별사를 남긴 뒤 큰 맥주잔에 위스키를 가득 따라 원샷으로 연거푸 마셔 버렸다. 순간 분위기는 싸늘해졌고 이에 놀란 이용관과 오석근은 벌떡 일어나 무릎을 꿇었다. 손이 발이 되도록 싹싹 빌었다. 그리고 영화제 해체는 없던 일이 됐다.

1997년에는 이런 일도 있었다. 영화제에 초청된 필름 일부분을 영사기사가 실수로 태워버린 사건이 발생했다. '사랑하기'란 일본 작품이었는데 도저히 국제영화제에서 있을 수 없는 망신스러운 일이었다. 고민하던 김 위원장은 김지석 프로그래머와 함께 훼손된 필름을 들고 직접 일본으로 갔다. 후쿠오카 영화제에서 만났던 인연을 앞세워 위원장은 우선 필름의 주인인 구마이 케이 감독을 만났다.

▲ 김동호 위원장과 티어리 프레모 칸영화제 집행위원장

술잔이 오가고 한일 양국의 두 주당은 이내 마음이 통해 버렸다. 밤새 도록 부어라 마셔라 하는 동안 이 심각한 사건은 저절로 무마됐다. 일본 노감독이 김 위원장의 소탈한 스타일에 반해 타버린 필름은 잊어버린 채 대작을 즐겼다는 후문이다.

김동호는 하늘이 내린 적임자

숱한 역경을 딛고 영화제 성공을 이끈 김 위원장은 지금 세계 영화계 가 주목하는 영향력 있는 인물이다. 한국의 영화 대통령, 영원한 영화 청년 김동호의 파워는 그래서 경이롭다.

그는 부산시 및 정부와 '지원은 하되 간섭은 하지 않는다' 란 절묘한 관계를 정립했고, 국내외 영화인들과의 끈끈한 유대관계를 바탕으로 영화제를 조기에 안착시켰다.

영화제 사람들은 김 위원장을 "관료 출신으로 행정 매카니즘에 대한 이해력이 높으면서, 형식주의에 얽매이지 않는 융통성 있는 인물"이라 고 평하면서 "무엇보다 어떤 영화인보다 사교성이 뛰어나다"고 입을 모은다. 흔하지 않은 '반 관료, 반 영화인'으로 영화제 집행위원장으로 는 하늘이 내린 적임자다.

필자는 2008년 4월 22일 이탈리아 우디네극동영화제에 함께 참가한 김 위원장과 4박 5일을 보내면서 인터뷰할 수 있는 기회를 얻었었다. 공 항대합실 혹은 이동하는 비행기, 호텔 로비 등에서 꾸밈없이 편하게 이 야기를 나누었는데 PIFF 참여와 영화 인생의 길을 들어보는 좋은 기회 였다.

♣ 요즘 어떻게 보내는지요.

영화제를 맡은 덕분에 '제2의 인생'을 잘 보내고 있습니다.

♣ 공직에 몸담았던 분들과는 다른 인생을 사는데.

그래요. 오히려 요즘엔 여한 없이 외국을 돌아다닙니다. 공무원 시절보다 더 잘 다니죠. 사실 문화부에 있을 때는 일이 많아 외국에 거의 못 나갔어요. 제가 1961년 공직에 입문했는데 그로부터 10년 후인 1971년 당시 공보차관을 수행해 월남(지금의 베트남)을 다녀온 것이 처음이었어요. 그 다음에 1976년 영국 공보성 초청으로 영국, 프랑스, 독일, 이태리, 스위스를 3주 동안 다녀온 것이 두 번째였고, 1984년 기획관리실장 시절 일본 외무성 초청으로 교토에서 열린 가야특별전을 다녀온 것 등 해외출장은 거의 손꼽을 정도였어요.

♣ 이제 PIFF와 인연을 맺은 지 15년이 됐는데 매사 힘들었죠.

1회 때를 제외하면 1998년 국고를 처음 보조받고 99년 두 번째, 2000년까지 세 번 보조받았어요. 그런데 '모든 영화제는 세 번 지원', 즉 삼진 아웃 원칙에 걸려 예산이 삭감될 위기 때 인맥과 지연을 동원해 겨우 살려 놓았죠. 예나 지금이나 항상 돈이 문제였어요.

♣ 영화제 출범 당시가 궁금합니다.

저는 1995년 8월 영화제에 승선했어요. 당시에는 이용관도 몰랐고, 김지석 등도 처음 만났죠. 그분들과는 그 해 8월 18일 서울 프라자 호텔에서 처음 회동했는데 당시 이용관, 전양준, 김지석 그리고 열린출판 김유경 사장 등 4명을 만나면서 PIFF와 인연이 시작된 거죠.

♣ 그때 어떻게 연락을 취했나요.

제가 공연윤리위원장을 그만두고 완전히 쉬고 있을 때 어느 날 집 전화기 자동응답기에 이런 메시지가 남겨 있었어요. "중앙대 이용관 교수입니다. 꼭 만나고 싶습니다." 그래서 전화를 했더니 이 교수는 "부산에서 영화제를 하려고 준비하고 있는데 꼭 좀 만나고 싶습니다"라고 말해 약속을 하고 프라자 호텔로 나갔죠.

1995년 8월 18일 오전 10시 호텔 로비에 4명이 나와 있었는데 물론 모두 처음 만나는 사람들이었어요. 이용관 교수는 "저도 영진공서 일했다"며 친근감을 표시했는데 알고 보니 정식 직원은 아니고 영진공 원고를 쓰면서 오가면서 얼굴을 본 적이 있다는 것이었어요.

♠ 당시 부산 이외에 서울과 광주에서도 영화제를 준비하고 있었는데 걱정이 되지 않았는지요.

서울영화제는 영진공 사장을 할 때 서울종합촬영소가 준공이 되면 영화제를 한 번 하려고 했어요. 영화제에 많이 다닌 영화인 20여 명을 모아 회의를 해보았는데 여건이나 시기가 맞지 않았어요. 그러다 1994년인가 이민섭 문화장관이 광복 50주년을 맞아 이듬해 서울에서 영화제를 열겠다고 발표했죠. 하지만 영화제 개최를 발표하자 영화계 주변에선 반대 목소리가 많았어요. 시간이 부족한 것이 주된 이유였죠. 영화평론가협회가 서울 세종문화회관에서 세미나를 개최한 적도 있었는데 저도 패널로 참가해 들어봤어요. 찬성하는 사람도 있었지만 전체적인 결론은 시기상조라며 반대하는 이들이 많았죠. 그래서 잘 안 됐어요.

♣ 당시 서울은 민주당 출신 조순 서울시장 때문에 안 됐다는 얘기도 있는데.

부산은 1995년부터 영화제를 준비하고 있었는데 광주에서도 영화제를 하겠다고 나섰어요. 당시 광주 출신 국정남 의원이 조직위원장을 맡고 임권택 감독 등 영화인을 동원해 준비하고 있었어요. 하지만 핵심 실무자들이 독립영화를 하던 사람들이라 제대로 진척이 안 됐죠. 이어 조순 시장이 1997년에 서울영화제를 하겠다고 발표했는데 영화계 분위기가 영 좋지 않았어요.

그래서 조 시장의 의도를 최종 확인하기 위해 영화단체장과 전국극장연합회 강대인 회장, 서울시극장협회 곽정환 회장 등이 조 시장을 찾아갔어요. 이들은 조 시장과의 면담 석상에서 "영화제를 하겠다고 했는데 야당 출신인 서울시장이 이런 행사를 하겠다는 것은 정치적 의도가 있는 거 아니냐"며 고함을 치고 책상을 엎었다고 하더군요. 이런 국제적 영화제를 하겠다는 사람이 영화인들과 사전협의도 없이, 더구나 개최 1년을 앞두고 통보하는 것은 분명 다른 저의가 있어 협조가 힘들다며 반대 입장도 함께 전했고요. 그때 조 시장은 부하 직원들이 실무적으로 합의돼 있는 걸로 알고 자리를 만들었다가 결국 혼쭐이 난 셈이죠.

그러고 얼마 뒤 제가 코리아 하우스(현 충무로 한국의 집)에서 이들 영화계 단체장들과 만나 협조를 부탁했어요. "제가 오는 9월 부산에서 영화제를 하려는데 도움을 부탁드립니다." 그랬더니 강 회장과 곽 회장이 이구동성으로 말하더군요. "며칠 전 조순 시장을 만나 서울서 영화제를 한다고 해 시기상조라며 깽판을 놨는데 이거 난감한데요? 하지만 김형(김 위원장)이 한다니까 어쩔 수 있나요. 도와줘야지요."

결국 이들은 제 요청에 흔쾌히 동의를 해준 셈이죠.

♣ 당시에 문정수 부산시장도 이들 단체장에 대한 사전정지 작업에 나섰다고 하던데요.

문 시장은 "서울 영화계는 걱정하지 마라. 내가 그들을 신라호텔에서 만나 저녁을 사고 정지작업도 다 해놨으니 문제없다"고 했어요. 나중에 서울 영화인들은 부산국제영화제 자문위원으로 임명했죠. 이런 물밑작업은 당시 YS(김영삼)가 정권을 잡고 있었기 때문에 가능했어요. YS는

PK(부산 - 경남)를 정치적 기반하고 있는데다 소위 'YS 꼬붕'이라 불리던 문정수 시장을 부산시장으로 앉혔고 이런 정치적 배경과 YS 정권의 실세로 통했던 문 시장이었기에 영화인들을 구워 삼는 것은 그다지 어려워 보이지 않았던 겁니다.

♣ 이후 김 위원장의 행보는 가벼웠겠네요.

신났고 막힘이 없었어요. 적은 규모로 영화제를 할 테니 도와달라고 했더니 그들은 "그게 무슨 얘기냐. 영화제를 하려면 애초부터 크게 키워야지"라며 조순 시장과의 면담 때와는 딴판으로 말하더군요. 또 이렇게 화기애애한 분위기가 조성되자 곽정환 회장은 "1억 원을 내겠다"고 선수를 쳤어요. 당시 곽 회장과 강 회장은 서로 앙숙일 정도로 사이가 안 좋았는데 곽 회장이 큰돈을 쾌척하겠다고 하자 강 회장도 지지 않았죠. "난 아예 그런 조건도 없이 그냥 1억 원을 스폰서하겠습니다." 그런데 결국 곽 회장은 약속을 지켰고, 강 회장은 돈을 내지 않았어요. 강 회장이 왜 약속을 지키지 않았는지는 잘 모르겠어요.

♣ 대우그룹의 스폰서는 어떻게 된 것인가요.

원래 대우의 지원을 받고자 했던 것은 아니었어요. 사연이 좀 복잡해요. 열린출판 김유경 사장이 부산의 파라다이스 호텔과 접촉했죠. 부산에서 영화제를 한다니까 자기들이 호텔 내부에 극장을 설치하고 그러면서 영화제에 5억 원을 지원하겠다고 했죠. 파라다이스 호텔의 지원약속 때문에 오석근, 김지석, 전양준이 그걸 믿고 영화제를 만들려고 했던 겁니다.

좀 더 거슬러 올라가면 1992년 이탈리아 페사로영화제가 발단이 될 수도 있죠. 페사로영화제 측에서 한국영화 30편을 상영했는데 그 당시

아드리아노 위원장이 영진공에 한 달간 머무르며 한국영화 100편을 봤어요. 그리고 이 중 30편을 선정했고 그때 통역으로 임안자 씨가 함께 왔는데 물론 임 씨는 후일 부산영화제 출범에 큰 역할을 하게 됐지요.

영진공 사장을 하다가 이후 문화부 차관으로 부임하는 바람에 페사로 영화제에는 후임 사장이 갔는데 그 영화제에는 박광수, 이용관, 전양준, 김지석 씨 등이 초청을 받았어요. 그들은 페사로영화제를 보고 현지에서 '이런 규모도 작고 알차고 부산에서 좋은 영화제를 만들자' 고 다짐을 했다고 합니다.

이후 이들 영화인은 자주 회의도 하고 세미나도 했는데 부산 파라다이스에서 5억 원을 스폰서 한다니까 그럼 집행위원장으로 누굴 모실까 하다가 제가 걸린 것이죠. 저도 물론 OK를 한 뒤 영화제 준비를 시작했는데 파라다이스 호텔과 김유경 사장 간 몇 차례 협의를 하다가 결국 1995년 말쯤 호텔 측에서 협찬 약속을 포기했어요.

♣ 사정이 급하게 됐네요.

네. 그 해 12월 제가 당시 부산으로 내려가 오세민 부시장을 만났어요. 오 부시장은 경제기획원 예산국장, 예산실장을 하고 이후 국회 예결위 수석전문위원을 거친 그야말로 예산통이었죠. 저하고는 문화부 기획관리실장 때 예산 투쟁 시절 자주 만나 술도 먹던 막역한 사이였고요.

어느 날 제가 부산으로 좀 만나러 간다고 하니까 때마침 오 부시장은 다음날 일본으로 출장을 가는데 짬을 낼 수 있다고 하더군요. 그래서 출국 전날 오후 5시에 만나기로 하고 시청으로 찾아갔죠. 당시 공항에 오석근 감독이 차를 갖고 마중을 나왔는데 그는 영진위 산하 영화아카데미 출신으로 저를 잘 안다고 하더군요. 그래서 저하고 김지석, 오석근이 정무부시장을 만나러 간 거죠.

"부산영화제를 만들려고 준비하는데 알고 있느냐"고 묻자 오 부시장은 "잘 모른다"고 하더군요. 제가 아무래도 부산시에서 도와 줘야겠다고 말했고 예산은 총 17억 원 정도 들어갈 것 같다고 했죠.

♣ 결과는 잘됐나요.

예산통이자 화끈한 경상도 사람인 오 부시장은 "그 정도면 마련해 보자"고 즉석에서 화답하더군요. 그리곤 식사 자리에서 술을 꽤 마셨는데 나중에 고속버스를 타기 위해 터미널에 갔는데 그곳에서도 소주를 한 잔 더 했죠. 그 다음날 오 부시장은 일본 출장이었는데 아마 떡이 됐을 겁니다.

♣ 또 술로 큰일을 해내셨네요. 그러면 부산시의 협조로 영화제 준비가 본격화된 거네요.

그럴 수 있죠. 그런데 부산시가 의회에 예산안을 올렸더니 다 삭감되고 겨우 3억 원만 지원하겠다고 통보를 해왔어요. 당시 국고 지원은 전혀 고려의 대상이 아니었어요. 이미 96년 예산은 전년도에 확정됐기 때문이죠. 더구나 95년에는 영화제 실체도 없었고 말입니다. 96년에 들어서도 국고 지원 사정은 전년과 마찬가지였어요.

영화제 예산 17억 원 중 일단 시비 3억 원 지원을 약속받았지만 나머지 14억 원의 예산을 구해야 하는 어려움에 봉착했지요. 그래서 마침 알고 있던 대우그룹 정희자 회장(김우중 회장의 부인)을 떠올렸죠.

♣ 정 회장이 흔쾌히 도움을 줬나요.

일단 면담신청을 했어요. 중간에서 다리를 놓아 준 사람은 제 경기고 후배이자 대우영상사업단 정주호 사장이었어요. 정 사장에게 면담 일정을 부탁하면서 부산영화제 지원 가능성을 타진했는데 물론 그 이전에 저와 정 회장은 안면이 있는 사이였어요. 제가 공윤위원장 시절 대우영상사업단을 운영하는 정 회장을 위원으로 끌어들였고, 영화심의위원으로도 위촉해 아는 사이였어요. 게다가 저는 정 회장의 남편인 김우중 회장과는 고교 동창이었고, 김 회장은 우리보다 두 살 위인데 졸업은 우리와 같이 했죠. 저는 정 회장과의 면담 시 "증인이 있어야 한다"며 부위원장인 박광수 감독과 동행했어요.

그런데 당시 영화계에서 삼성은 좀 곤혹스러운 입장이었습니다. 삼성영상사업단을 운영 중인 삼성그룹이 대종상 스폰서를 맡고 있었는데 대종상이 매년 로비 의혹에 휩싸이면서 그룹 이미지가 좋지 않았어요.

정 회장 면담에서 이런 분위기를 적절히 활용했죠. "부산에서 국제영화제를 준비 중인데 제가 책임을 맡고 있으며 이걸 성공시킬 자신이 있다. 대우에서 메인스폰서를 해줬으면 좋겠다"고 했더니 정 회장은 좋다고 답을 하더군요. 얼마면 되겠냐고 물어 8억 원이면 된다고 하자 좋다고 응낙을 했고 면담은 그렇게 잘 끝났어요.

♣ 그 이후에 어떻게 됐나요.

얼마만큼 시간이 지나도 연락이 오지 않아 답답한 마음에 정 회장에게 전화했죠. 그런데 정 회장이 "없었던 일로 했으면 좋겠다"며 면담 때와는 전혀 다른 이야기를 하는 것이었어요. 그래서 "무슨 얘기냐" 했더니 정 회장은 "그룹 회장단에서 이제 시작하는 영화제에 대우가 지원하는 것은 모양이 좋지 않다며 모두 반대했다"는 것이에요. 저는 속으로 '이거 큰일났다' 하며 난감해하면서 정 회장에게 "그러면 안 된다. 대우의 지원 건은 이미 기자들에게 다 얘기했다. 중앙과 지방지에 크게 날거다. 지원을 못하면 대우 이미지는 뭐고, 우리 체면은 뭐냐"며 은연 중

협박과 엄포를 놨죠.

　그랬더니 정 회장은 잠시 고민을 하더니 "김 위원장이 남편과 고교 동창이면서 아직까지 대우에 도움을 부탁한 적도 없고, 내가 8억 원을 도와준다고 약속도 했는데 그룹에서 도와줄 수 없다고 해서 그냥 저버릴 수는 없다. 어떻게든 지원방법을 찾아보겠다"며 끈을 놓지 않았죠.

　결국 정 회장은 그룹이 아닌 자신이 운영하는 대우개발 쪽에서 3억 원을 마련해 영화제에 지원해줘 영화제가 출범하는 데 적지 않은 역할을 하게 된 겁니다. 영화제 지원과 관련해 김우중 회장은 못 만났고 아마 그는 지금도 모를 거예요. 3억 원은 정 회장 개인이 해줬기 때문이죠.

♣ 송경식 제일제당 회장에게도 지원요청을 했죠.

　예. 송 회장을 만난 건 고교 1년 후배인 김동건 아나운서가 중간 역할을 했어요. 1995년 9월경으로 기억되는데, 당시 김 아나운서가 제일제당(현 CJ그룹)에 다니는 고교동창　친구가 영상사업을 시작하려는데 물어보는 것은 많지만 자신은 잘 모르고 해서 대신 우리 선배 중에 잘 아는 사람이 있다며 저를 소개하겠다고 해서 결국 한 번 만나서 점심을 함께 했죠.

　당시 손 회장은 영상사업에 관심이 많은 것 같았어요. 손 회장은 비서를 데리고 나왔는데 두세 시간 넘게 식사를 하면서 일일이 메모를 할 정도로 관심을 갖고 있었죠. 극장 사업과 관련해 세계적 추세인 멀티플렉스, 서울, 부산, 인천, 대구 등 주요 지역의 체인화, 제작지원과 함께 판권 확보와 배급 등 많은 얘기를 해줬죠. 이런 인연으로 손 회장에게 영화제 스폰서를 해달라고 했는데 실무자들이 검토하다가 결국은 안 됐어요.

♣ 현 CJ그룹 이미경 부회장도 만났죠.

그런 연후에 칸영화제에서 이미경 부회장을 만났어요. 당시 제일제당은 미국 드림웍스와 계약하고 영화 사업에 본격 뛰어들 때였죠. 그래서 이 부회장에게 "부산에서 영화제를 하려는데 제일제당의 도움이 필요하다. 스폰서를 맡아줬으면 좋겠다"고 했어요. 그러나 이 부회장은 "이제 영상사업에 뛰어든 처지여서 영화제에 스폰서할 단계는 아니다"며 정중히 고사했죠. 대신 프로모션 차원에서 부산영화제에서 '세 친구' 파티에 1억 원 범위 내에서 지원하겠다고 했고 나중에 임순례 감독의 '세 친구' 제작에 도움을 줬죠.

김 위원장과 영화제 이야기를 하다보면 이렇듯 돈 이야기가 빠지지 않는다. 그가 아무리 마당발 행보를 한다 할지라도 영화제 예산은 자신의 곳간에서 충당하는 것이 아닌 만큼 돈 문제는 곳곳에서 도사리고 있는 암초 같았다. 예컨대 영화제 개최시기는 다가오는데 부산시, 대우그룹 등 여기저기서 지원을 약속했지만 현물이거나 추후 지원이어서 당장 써야 하는 실탄이 없었던 것이다.

영화제 지원을 약속한 부산시의 예산집행 과정이 늦어져 오세민 부시장이 개인신용 대출로 5천만 원을 끌어와 영화제에 지원해줘 가까스로 급한 불을 끄기도 한 것은 좋은 사례이기도 했다. 때문에 실탄을 확보하는 데 김 위원장의 재치가 발휘되는 순간도 적지 않았다.

♣ 충무로 영화인들의 도움을 받는 과정에서 재미난 일이 있었다는데요.

네. 돈은 필요한데 서울시극장협회 곽정환 회장이 주겠다는 1억 원이 생각났어요. 그런데 부산영화제 현판식을 1996년 6월 5일 개최하겠다고 발표했죠. 그래서 제가 곽 회장에게 부산에 내려가 전달식을 갖자고 했어요. 곽 회장은 때마침 미국에 간다고 했는데 전달식에는 본인보다 부인인 고은아 사장이 가는 것이 좋겠다고 하더군요. 부산에서 운영 중인 은아극장도 있고 해서 말입니다. 그때 부산기업의 파급효과를 위해 신문과 방송을 다 불러 전달식을 가졌죠.

아무튼 곽 회장은 봉투에다 1억짜리 수표를 넣어 주었어요. 그래서 제가 "이렇게 줄 게 아니고 기왕이면 세금 감면 혜택을 받을 수 있는 문화예술진흥기금으로 주면 더 좋은 것이 아니냐"고 했더니 곽 회장은 "그럼 그렇게 하라"고 하더군요. 돈은 일단 기금으로 들어왔는데 여기서 문제가 생겼어요. 기금과 관련한 부산시 조례가 없어 돈을 빼낼 방법이 없더군요.

모든 것이 처음이라 조례도 제정해야 하고, 의회 심의도 받아야 하고…. 그래서 6월에 받은 곽 회장 돈을 실제로 쓴 건 두 달이 지난 8월이 넘어서였어요. 나중에 하도 돈고생을 하니까 그때 그냥 받아서 쓸 걸 괜히 기금으로 받아서 엄청 후회를 하기도 했지만 지금은 다 옛날이야기가 됐어요.

김 위원장의 영화제 승선이야기는 결국 돈으로 시작되어 돈으로 끝난 인상을 준다. 결국 이런 행사는 예산이 무엇보다 중요했기 때문이다. 영화제 사람들이 PIFF의 시작은 김동호의 승선 때부터라고 하는 것은 괜한 말이 아닌 듯싶다.

엉킨 매듭 푼 김동호표 폭탄주

예산확보에서 인맥 구축까지 김 위원장의 강력한 무기는 바로 '술'이었다. 인간 김동호의 술 실력은 장안에 파다했다. 그에게 술은 인간관계를 촉진시키는 윤활유였다. 폭탄주가 정답게 오고가는 가운데 사람의 마음을 사로잡아 버리는 친화력은 그만큼 정평이 나 있었다. 스폰서를 끌어들일 때, 정부 예산을 따낼 때, 그리고 공윤 관계자와 세관장을 설득할 때 으레 술자리를 마련해 엉킨 매듭을 풀어왔다.

그의 술 스타일은 소탈하다. 남포동 길거리에 신문지를 깔고 '스트리트 바(Street bar)'를 만들거나 해운대의 포장마차 순례를 즐긴다. 말술에도 불구하고 실수를 한 적은 거의 없는 깔끔한 매너의 소유자이기도 하다.

손정인(전 국제신문 문화부 차장) 씨는 이렇게 기억한다.

"수년 전 칸에서 있었던 일이다. 미국에서 대서양을 건너 밤늦게 칸의 숙소에 도착한 김 위원장은 짐도 풀기 전에 큰 양주병을 들고 한국 영화인들과 기자들이 모여 있던 방으로 직행했다. 그는 족히 서른 명은 되는 사람들에게 일일이 잔을 돌리고 받아 마시기를 반복했다. 얼굴색 하나 안 변하고 새벽까지 어울렸던 김 위원장은 불과 몇 시간 뒤 조깅복 차림으로 호텔 마당에 나타나 젊은 사람들을 경악하게 했다. 열 시간이 넘는 비행기 여정 직후 새벽까지 이어진 술자리에도 불구하고 그는 평소와 다름없는 모습으로 누구보다 먼저 아침을 맞이한 것이다."

매년 PIFF를 찾는 국내외 영화인들은 싱싱한 생선회를 안주 삼아 밤새 홀짝이던 소주의 쌉싸래한 맛과 미포 밤바다의 낭만을 못 잊는다. 노천카페에서 들이켰던 시원한 맥주 한잔, 인정사정 없이 투하되던 '김동호표 폭탄주'의 위력 때문이다.

그는 우리 나이로 고희가 되던 지난 2006년 1월 1일, 반세기 이상 벗같이 지냈던 술과의 인연을 끊었다. 그는 이를 공언했고 다시는 술잔을 들지 않았다. 그가 술을 끊은 데에는 몇 가지 이유가 있었다.

김 위원장의 절주와 관련해 이용관 위원장은 이렇게 전했다.

"10회 영화제 때였지. 그땐 너무 키워놨잖아. 특별전을 하고 난 뒤에도 규모가 줄어들지 않았던 거야. 그런데 예산을 어디서 갖고 오나. 그러면서 김 위원장이 쓰러지셨지. 최대 고비였어. 그때부터 (포스트 김동호를) 마음에 준비해 온 거야.

내가 추측하기엔 김 위원장이 치아 때문에 고생을 많이 하셨어. 씹는 것도 굉장히 불편하고 그러면서 술은 계속 드셔야 했고 말이야. 그러니까 그런 것들이 축적돼 오면서 드디어 술을 마시면 안 된다는 자각 증세를 느끼신 거야. 그래서 술은 2006년 1월 1일부터 완전히 끊었어. 금주 이후에 몸무게가 줄어드는 가운데 이를 뽑았는데 금단현상 같은 것이 나타나면서 견디질 못하는 거야. 그래서 조금 턱이 돌아가고 구토를 하시고…. 그래도 위원장님 사모님이 유명한 약사시니까 강제 입원을 시킨 거지. 다행히 종합 진단을 받아보니까 아무런 문제가 없었지. 금주 후유증으로 좀 못 견디신 건데 문제는 국외의 무리한 일정이었어.

그건 또 계속하겠다고 고집을 피우신 거야. 그래서 불안해서 내가 홍효숙(현 프로그래머)을 함께 보내며 '넌 무조건 위원장님을 따라다니고 매일 전화를 하라' 고 지시를 내렸지. 자칫하다간 국제적인 사고가 생길 수 있다고 생각하니까 잠이 안 오고 미치겠는 거지. 아닌 게 아니라 사라예보영화제 파티 때 잠시 쓰러지셔서 급히 119가 출동했지. 진찰을 해보니까 피곤이 누적된 거지, 특별한 문제는 없었던 거야."

그런 김동호 위원장은 2009년 2월 PIFF 총회를 앞두고 영화제를 떠나기로 결심했다. 필자는 이를 눈치 채고 인터뷰를 했다. 평소 필자에게 가슴속에 있는 말까지 숨김없이 털어놓았던 김 위원장은 이날도 속내를 드러내며 '사퇴의 변' 을 전해주었다.

♣ 왜 사퇴를 결심하게 됐는지요.
무엇보다 PIFF가 짧은 시간에 아시아에서 가장 대표적 영화제로 발돋움했고 세계 주요 영화제로 위치도 공고해졌다고 생각해요. 유일의 숙원 사업인 영상센터도 허남식 시장의 결단으로 지난해 기공식을 가졌고 이제 남은 문제는 예산인데 정부와 부산시, 정치권이 잘 협조하면 무난히 해결될 것으로 봅니다. 이렇게 볼 때 PIFF에서 제 역할이나 임무는 끝난 것이고 집행위원장을 떠날 적절한 시기라고 판단한 것이죠.

♣ 그럼에도 위원장의 사퇴 소식은 아쉬운데.

지난 10회 때를 전후해 언론과의 인터뷰를 통해 몇 차례 그만두겠다는 말을 한 적이 있어요. 가족과 친구들과도 많은 상의를 했고 영화제 스태프들에게는 제 뜻을 전했죠. 부산시에는 2월 25일 PIFF 정기총회 때 사퇴 의사를 전달할 예정입니다.

♣ 부산시와 영화제 내부에선 사퇴를 만류하는 분위기인데.

그럴 줄 알고 저는 지난 3년 동안 영화제를 공동위원장 체제로 운영해왔어요. 현재 이용관 공동집행위원장을 중심으로 영화제가 상당히 안정적 토대를 마련했죠. 안병률 부위원장 등 인력 보강도 많이 돼 운영 기반도 탄탄히 구축됐다고 봅니다. 영화제 자체는 이제 제가 없더라도 '잘 굴러가지 않겠는가' 라고 생각한 겁니다.

♣ 그동안 맡아왔던 해외 업무는 모두 접는 것인가요.

연초에 로테르담, 파리를 거쳐 베를린영화제를 다녀왔어요. 내달에는 라스팔마스영화제와 도빌영화제를 다녀와야 하고, 한국원양어업 전진기지가 있는 라스팔마스에서 열리는 영화제는 올해 10회째인데 심사위원장으로 초청을 받았고, 도빌영화제와는 자매결연을 맺을 겁니다. 또 일본 오키나와영화제가 출범하는데 심사위원장으로 초청을 받았어

요. 4월 독일 하노버영화제와 이탈리아 우디네영화제, 5월 프랑스 칸영
화제도 다녀올 계획입니다.

♣ 건강은 어떠신지요.

요즘 몸은 좋습니다. 그러나 2005년 10회 영화제가 끝나고 병원진단
을 받았는데 의사가 "음주는 자제하는 것이 좋겠다"고 권유해 이듬해
인 2006년 1월부터 술을 완전히 끊었어요. 금주를 하니까 몸무게가 4kg
정도 줄었어요. 2007년 7월께 카를로비 바리, 사라예보, 예르반 등 유럽
의 영화제를 강행군하다가 강한 햇볕 때문에 잠시 현지에서 병원신세
를 진 적이 있어요. 당뇨도 정상이고 별다른 이상은 없어요.

♣ 영화제 사령탑으로 어려웠던 일은 무엇입니까.

1회 때부터 지금까지 돌이켜보면 역시 예산확보가 제일 힘들었어요.
스폰서 구하기 역시 어려웠죠. 결국 돈 구하는 문제가 늘 쉽지 않았다는
생각입니다. 또한 영화제 초기에 초청된 작품의 심의와 검열문제도 있
었는데 그건 문화부와 공연윤리위원회(현 영상물등급위원회)와 협조
관계로 힘들었지만 원만히 잘 풀어나갔죠. 이 밖에 PIFF 전용관인 영상
센터를 마련하는 것도 돌이켜보면 무척 힘들었어요.

♣ 보람도 많이 느끼셨는지요.

부산에서 한국 최초로 국제영화제를 출범시켜 세계적 영화제로 도약
하는 데 기반을 마련한 것에 자부심을 느낍니다. 또한 문화 불모지 부산
에서 국제적 행사를 무난히 치러내 지역의 문화마인드를 확장하는 데
일조한 것도 꼽을 수 있죠. 나아가 부산에 영상산업을 새로 싹트게 했고
PIFF가 어느 정도 역할을 한 것 역시 보람을 느끼는 대목이죠.

♣ 여전히 한국영화계를 위해 일정 역할을 하셔야 한다는 목소리가 높은데.

영화제를 떠나도 PIFF나 한국영화계를 위해 힘이 될 수 있으면 자원봉사 형태라도 도와드려야 되지 않을까 하는 생각을 갖고 있습니다. 봉사직으로 일정 부문 역할이 주어지면 힘이 닿는 대로 돕겠습니다. 오는 10월에 열리는 14회 영화제까지는 치를 생각입니다.

그러나 김 위원장의 사퇴 선언 정황을 감지하고 스트레이트와 함께 작성한 이 인터뷰 기사는 끝내 신문에 실리지 못했다. 부산시와 PIFF 측에서 막판 양해를 구해 왔던 것이다. 결국 김 위원장도 필자와의 고별 인터뷰를 했지만 정기총회 전날 허남식 부산시장의 만류로 사의를 거두었다.

 꾀돌이 박광수 감독

필자가 부산국제영화제에 대한 저술을 기획하면서 가장 먼저 만난 사람이 바로 박광수 감독이다. 영화제 개국공신 가운데 그는 가장 많은 해외 영화제 경험자였다. 서울대를 나와 프랑스에서 영화 유학을 했고 국제영화제 출품 경험도 많았다. 영화제에 합류하면서 출범 초기 집행위원회 부위원장을 맡아 '영화제 넘버 2'가 됐다. 이용관 교수와는 동갑내기이지만 전양준, 김지석, 오석근은 나이로 보나 경력으로 보나 모두 '동생'이었다.

이를 토대로 그는 본업인 영화 일을 뒷전으로 미룬 채 부산영화제 출범에 몸을 던졌다. 무에서 유를 창조하는 작업에 가장 많은 아이디어를 냈고 남다른 추진력으로 영화제의 성공적 출항에 큰 힘을 보탰다.

박 감독도 말술에 이야기꾼이다. 한번 이야기를 꺼내면 쉼이 없을 정도로 아이디어와 재치가 철철 넘쳐난다. 이런 자신감과 의욕을 갖고 김동호 위원장과 함께 영화제를 대표하며 정부와 부산시, 영화계의 막후를 오가며 난관을 뚫고 헤쳐 나가 오늘의 PIFF를 일궈냈다.

9회 영화제를 준비하던 2004년 6월 13일, 그와 장시간 인터뷰를 갖고 영화제 출범을 전후한 이야기를 들을 수 있었다.

♣ 영화제 참여 계기는.

영화제를 처음 시작할 때 이용관과 김지석이 도와달라고 제의를 해왔어요. 왜냐하면 그때 내가 해외 영화제를 가장 많이 다녀 일찌감치 눈을 떴고 해외와의 합작 프로젝트도 많이 성사시켰어요. 예컨대 한국에서는 처음으로 영국 채널4로부터 영화 제작비의 15%를 유치했고 해외 프리마켓인 로카르노 프로젝트에도 진출했었죠. 당시 영화제 멤버들은 이런 프로젝트마켓이 있는 줄도 몰랐죠.

♣ 그들은 왜 영화제를 하겠다고 했나요.

솔직히 이야기하면 이용관, 전양준, 김지석은 영화제 필요성은 인식하면서도 내용은 잘 알지 못했어요. 특히 해외 영화제를 자비로 다녔던 김지석은 프로그래머가 되고 싶은 '순진한 꿈'을 갖고 있었던 것 같았어요. 그런데 그 이상의 능력이 안 되니까 저와 김동호 위원장을 끌어들인 것이죠. 그때가 1995년 하반기인데, 난 사실 그런 일을 하고 싶지 않았어요. 영화 '아름다운 청년 전태일'을 찍기 전에 관절에 문제가 생겼는데 수술을 하면 6개월은 걸린다고 의사가 말하더군요. 결국 수술을 않고 영화촬영에 들어갔는데 로케이션을 먼저 찍고 세트 분량을 찍으려다 문제가 생겨 진도가 안 나가는 상황이었죠. 때마침 시간이 남을 때 PIFF 참여를 제의받은 것인데 어쩌면 타이밍이 절묘했죠.

서울 동국대 근처 엠베서더 호텔에서 김동호, 이용관, 전양준, 김지석 등 네 사람을 처음 만나 참여하게 됐죠. 당시에는 오석근 감독은 빠져 있었는데 내가 자주 부산에 내려가 만나면서 "요즘 뭐하냐, 놀지 말고 사무국장이나 해라" 하며 오 감독에게 일을 떠맡겼죠.

♣ 역할 분담은 어떻게 한 것이죠.

모두들 영화제를 해본 경험 없어 추상적으로 그려 볼 뿐이었어요. 일단 큰 방향은 내가 잡았고, 김동호 위원장은 대정부, 기업스폰서를 맡았죠. 그 다음으로 중요한 프로그래머는 자연스레 정해졌는데 이용관 - 한국, 김지석 - 아시아, 전양준 - 미주·유럽 이런 식으로 쉽게 교통정리를 했죠. 달리 방법이 없었어요.

♣ 영화제 성격은 어떻게 정했나요.

부산국제영화제가 경쟁력을 가지려면 유럽식, 즉 경쟁영화제는 안된다고 봤어요. 그래서 아시아 영화로 특화하자고 했죠. 아시아 영화를 지원하고 부산에서 아시아 영화의 미래를 논의하자 뭐 이런 식으로 말이죠. 그리고 해외 영화제 관계자들을 부산에 초청해 아시아 영화 1년을 정리해 주자는 겁니다. 당시 해외 영화제 프로그래머들은 아시아를 다룰 때 비경쟁영화제인 홍콩을 주로 찾았어요. 홍콩은 중국영화의 해외 창구역할을 하고 있었고 음식, 언어 등도 편했기 때문이죠. 반면 경쟁영화제인 도쿄는 시원치 않았어요. 이런 틈새를 노린 것이죠.

PIFF는 비경쟁영화제로 결정하고 신인감독상(현재 뉴 커런츠 상) 하나만 주기로 했어요. 이는 무엇보다 경쟁으로 가면 한국 혹은 한국어가 경쟁력을 갖지 못해 팍팍 깨질 것 같아 그렇게 방향을 잡았고, 조그마한 상을 주면서 비경쟁의 아쉬움을 달래자는 계산도 깔려 있었던 거죠.

실제로 우리나라 평론가들이 한국 신문에 영화비평은 많이 써도 외국에선 통하지 않았어요. 이런 파워를 갖고 출범하는 한국의 국제영화제가 단기간에 성장하기 힘들다고 판단한 거죠. 이렇게 파워를 갖지 못할 바에는 차라리 비경쟁으로 가고 '홍콩 타도'로 방향을 잡았어요.

당시 홍콩의 문제점은 기본적으로 시의회에서 주관하는 영화제, 즉 일부 프로그래머를 제외하고는 공무원들이 주도한다는 데 한계가 있어 따라 잡기에 충분하다고 봤어요.

♣ 출범 당시 가장 큰 문제는 무엇이었나요.

과연 '부산시가 협조할 수 있나'였죠. 당시 문정수 부산시장은 돈이 없다고 하는 바람에 파라다이스 호텔이 돈을 댄다니까 시작한 것이죠. 또 부산시 내부에서는 1958년 한국 최초의 영화제였다가 1973년 중단 됐던 '부일영화상'을 살리자고 얘기하는 공무원들도 있었고요. 뿐만 아니라 비슷한 시기에 서울에선 조순 시장이 서울국제영화제를 하려 했고, 광주국제영화제도 슬슬 움직이기 시작했어요.

특히 문제는 서울이었는데 서울에는 극장협회, 감독협회 등 영화관련 단체가 많은데 다행히 내부 갈등이 많아 영화제 개최가 쉽지 않았죠. 예컨대 조순 시장이 서울국제영화제를 하려고 하니까 집권당인 한나라당은 '이거 선거용이 아니냐'며 색안경을 끼고 영화인들을 동원해 조 시장 책상을 뒤엎는 등 못하게 하는 쪽으로 방해공작을 폈어요.

그때 반대파들이 주장하는 논리가 참 재미있었어요. "국제영화제라는 것이 모든 나라의 영화가 와야 하는데 북한영화도 들어오냐. 그럼 대한민국 한복판에서 북한영화를 튼다는 것이 말이 되냐." 그러면서 책상을 엎은 것이죠. 지금 생각하면 참 말도 안 되는 논리였는데 그게 통할 때였어요. 그러나 YS가 정권을 잡고 있던 시절이라 부산은 달랐죠. 처음에는 돈이 없다고 했던 문정수 시장도 여러 경로로 다가서니까 조금씩 달라졌어요. 나중에 그는 "좋다, 한 번 해보자. 시에서 돈 대겠다"며 적극 지원으로 입장을 바꿨죠.

♣ 초창기 밑그림은 어떻게 그려 갔는지요.

무엇보다 영화제 초기 멤버들이 국제영화제에 대한 훈련과 감각이 없었다는 게 문제였어요. 그래서 영화제 출범을 앞두고 부산에서 세미나를 열었고, 여기에 해외에서 영화제 경험이 있는 폴 리, 임현옥 등 한국계 해외영화인들을 불렀고, 그리고 세미나가 끝난 뒤 이들을 부산에 붙잡아 PIFF 멤버로 참여시키면서 영화제 밑그림을 그려 나갔어요. 프로그램, 작품 및 게스트 초청 등 영화제 초기에 큰 도움을 받았어요. 3회 영화제를 치르면서 이들 대부분은 떠났죠. 그들 도움이 없었다면 어떻게 영화제를 치러냈을까 라는 생각을 하면 끔찍하죠.

또 재미난 것이 PIFF 직원들의 월급을 내가 책정했어요. 근데 윗사람이 많이 받으면 밑에 사람도 많이 받아야 하니까 일단 독립군처럼 일해야 한다며 일부러 낮게 정했죠. 월급이 적어 프로그래머들이나 직원들은 불만이 꽤 있었죠.

♣ 출범 당시 프로젝트 마켓인 PPP의 필요성도 제기했다는데.

국제영화제의 승부는 월드프리미어(세계 초연) 영화를 많이 가져야 한다는 점을 많이 강조했어요. 평론가들은 이를 먼저 보고 글을 써야 이름값이 올라가는 게 당시 세계적 흐름이었으까. 국제영화제에서 프리미어를 띄우려면 한국 - 부산 갖고는 어렵다고 생각했어요. PPP에서 재정후원하고 단, 조건은 영화가 만들어지면 부산에서 먼저 틀어야 한다는 것을 내세웠죠. 물론 강제는 아니지만 분명 영화제와 보완관계를 갖고 있어 도입해야 한다며 3회부터 PPP를 강행한 것이죠.

♣ 그 아이디어는 어떻게 생각해낸 것인지.

2회 영화제인 1997년 워크숍을 개최했어요. 당시 한국영화계의 국제적 배급망이나 파이넌싱은 전무한 실정이었고 그래서 일단 PPP를 띄워서 한국영화업자들의 시야를 열어줘야 한다고 생각했죠. 미국의 프로듀서, 독일의 투자책임자 등을 초청해 사전제작을 어떤 방식으로 하는지, 어떤 영화에 어떻게 투자하는지, 계약서는 어떻게 쓰는지 등에 대해 학습을 한 것이죠.

♣ 당시 반응은 어떠했나요.

워크숍을 통해 모두들 엄청 공부했어요. 그러나 문제는 영화제가 이를 이해하지 못하는 거예요. 사실 김동호 위원장도 뭐가 뭔지, 프로젝트 마켓 같은 개념도 몰랐죠. 다시 말해 만들어진 영화는 아는데, 사전제작 시장은 너무 모른 거예요. 프랑스와 네덜란드 등에서 다양하게 영화제작을 지원하는데 PPP가 예산확보가 어려운 아트 영화들을 지원하는 방법이라는 것을 그제야 깨달은 것이죠. 첫 회 PPP가 끝난 뒤 김 위원장도 이제 알겠다고 말한 것이 기억나네요.

♣ 영화제 초청과정이 쉽지 않았을 텐데.

꼭 그렇지는 않았어요. 처음 하는 영화제치곤 비교적 순탄했죠. 제가 교육을 많이 시켰어요. 프로그래머들은 영화제 초청경험이 없었는데 반면 나는 많이 가봤기 때문이죠. 그래서 공식 레터, 즉 페스티벌 디렉터의 사인이 든 공식 초청장, 그 다음 비행기 티켓 발송, 공항 영접, 호텔 안내, 동선 확보 등을 놓고 초청팀에게 몇 달 동안 교육시켰죠. 한국의 제2도시 부산에서 이런 걸 아는 사람이 전무했고 그래서 해외 영화인 초청은 특히 난감한 일이었는데 워크숍 때 한국에 온 폴 리 등을 붙잡아 잘 활용했죠.

또 다른 문제는 당시 프로그래머의 어학 수준이 형편없었다는 점이에요. 그래서 영어가 원어민 수준인 폴 리에게 초청업무를 맡겼고, 함께 부산을 찾았던 임현옥 씨에게는 영문 책자와 팸플릿 만드는 일을 맡겼죠. 뭐 이런 식으로 풀어나가니까 작품이나 게스트 초청도 처음 하는 영화제치곤 그다지 어렵지 않았다는 생각이었습니다.

박 감독은 출범 당시 비사도 털어놨다. 부산시와 적지 않은 갈등관계를 보이거나 PIFF 출범의 해외 공로자 중 한 명인 영국의 저명한 영화평론가 토니 레인즈에 대한 부정적 시각이 그것이다.

♣ 출범 초기 부산시와 영화제 간 갈등이 있었다는데.

PIFF 현판식을 하는데 시에서는 직접 하겠다고 주장했고, 우리는 "가장 중요한 것은 관이 주관이 되면 안 된다"고 말하며 힘겨루기를 한 것이죠. 부산시 하위직 직원들이 계속 우겼지만 "그럴려면 너희들끼리 하라"고 최후통첩을 하니까 막판에 항복하더군요. 그렇게 첫 단추를 잘 끼운 덕에 오늘날 PIFF가 관으로부터 독립해 아시아 정상의 영화제로 우뚝 선 것으로 볼 수 있어요. 광주영화제는 거의 문 닫는 형국이고, 부천도 휘청거리며 위상이 크게 추락한 것도 다 관이 너무 설쳐댔기 때문이죠.

♣ 영국 출신 영화평론가 토니 레인즈도 초기 PIFF 멤버로 참여했는데.

물론 폴 리 말고 토니 레인즈도 PIFF에서 역할을 좀 했죠. 그런데 나중에 보니까 도와주는데 건성건성 하더군요. 너희들이 해보니 되겠냐, 그냥 이번만 하자는 식이었어요.

한국을 우습게 본 거죠. 사실 당시 영화진흥공사가 욕을 많이 먹을 때였는데 외국에서 팩스 하나 보내면 답장도 없고 관료적이어서 외국에서 보기엔 답답했죠. 토니가 보기에는 국제적 비즈니스 마인드도 없었는데 이런 얘들이 국제영화제를 한다니까 도와주긴 하면서도 미덥지 않았던 것이죠.

♣ 부산영화제 히트상품인 수영만 야외 상영장 아이디어는 어떻게 나왔는지.

사실 내가 다녀본 해외 영화제를 벤치마킹 한 거예요. 당시 부산의 극장시설은 아주 형편없었어요. 화장실은 양발로 지지해야 하는 양변기라 영화인들은 상영이 끝난 뒤 호텔로 돌아가 볼일을 보는 경우가 많았죠. 영사방식도 지방극장이라 상식을 밑돌았어요. 예컨대 영화가 끝나면 엔딩 자막도 안 올라갔는데 그냥 불을 켜 버리고, 필름이 끊어지면 그대로 이어야 하는데 대충 잘라 붙이고…. 국제적 수준과는 거리가 멀었죠. 그래서 극장 영사기사들을 모아 교육을 시키기도 했어요.

아무튼 이래선 안 되겠다 하는 차에 스위스 로카르노영화제를 4번 갔었는데 그곳의 야외 상영장이 문득 떠올라 아이디어를 냈죠. 현지 야외 상영장은 아파트에 둘러싸여 있고 광장 가운데에 위치해 소리의 낭비가 없었고 주민들은 불을 꺼주며 많이 협조하는 분위기였죠. 조그만 골목을 막으면 9천 석이나 나오더군요.

그래 막 출범하는 PIFF도 이렇다 할 이미지가 없었는데 다들 야외 상영이 좋다고 해서 채택된 거죠. 때마침 스위스 스크린 렌탈회사가 있어

1회부터 빌려 쓰게 된 거예요.

♣ 앞서 지적했듯이 극장 시설이 열악해 에피소드도 많았을 텐데.

여러모로 힘들었죠. 국제영화제는 원칙적으로 영어 자막이 있어야 하는데 자막 작업을 할 인력이나 기술이 없었죠. 그래서 어떻게 할까 고민하다가 카이스트 출신 동국대 교수에게 연구를 맡겼고, 일본에서 자막기를 도입해 겨우 한글 자막을 넣었어요. 문제는 짧은 기간에 많은 영화가 오는 거예요. 그 중에는 늦게 오는 경우도 많았는데 특히 아시아 영화는 필름관리가 엉망이어서 애로가 많았죠. 또 필름이 찢어진 것도 많고, 코어도 없이 오는 것도 적지 않았어요. 특히 인도에서 오는 필름은 문제가 많았고, 러시아는 우리가 1천 피트씩 통에 담는데 그 친구들은 500피트씩 제작해 필름통 분량이 많았어요. 필름 양이 많으면 자주 필름을 바꿔 끼워야 하니까 영사기사들이 무척 싫어했죠.

♣ 영사기사들의 성깔이 무척 셌다는 말을 들었는데.

네 엄청났어요. 그래서 영화제 하기 전에 20만 원씩 줬는데 문제는 '오야지'가 다 먹고 조수한테는 한 푼도 안 줘 효과가 별 소용이 없더라고요. 평상시 일반영화는 대개 오후 10시경에 끝나는데 영화제의 경우, 12시까지 상영하는 때도 있어 영사기사들이나 청소 아줌마들은 무척 싫어했어요. 그래서 잘 봐달라며 돈을 준 것이죠.

그런데 극장 사장들은 오히려 돈 주지 말라고 막았어요. 자기 말을 들어야 하는데 남의 말 듣는다며 싫어한 거죠. 몇 년 전만 해도 영사기사들은 조금만 신경 써주면 상영 분위기가 좋았는데 만약 그렇지 않으면 소리 레벨도 안 맞추고 장난치고 심술부리고 아주 위세가 대단했어요.

어디 그뿐인가요. 국제영화제란 것이 사실 영화 마니아들이 많아 엔딩 자막도 다 보는데 영사기사들은 습관적으로 영화만 끝나면 확 끊어 버렸고 어느 극장에선 광고와 일반영화 예고편을 틀기도 했죠. 일부 극장주들은 "지금이 찬스 아니냐. 이렇게 사람들이 많은데 영화 홍보하기 좋다"며 "영사기사들에게 요령껏 해보라"며 부축인 거죠. 지금이야 웃고 이야기하지만 외국 손님 모셔다 놓고 그런 식의 장난을 치니까 우리는 경험도 없지, 아무튼 곳곳에서 난리가 났어요.

♣ 해외 게스트들은 전략적으로 초청이 이뤄졌다면서요.

폴 리가 자문을 많이 해줬어요. 게스트 초청은 두 가지로 나눴는데 하나는 그냥 영화감독과 배우이고, 그 다음에 전략적으로 한국영화를 알려야 되는 사람 즉, 주요 영화제 사람을 초청한 거죠. 예컨대 프랑스 칸 영화제는 처음부터 많이 밀었어요. 요즘도 칸영화제에 한국영화가 많이 가는 이유가 있어요. 그만큼 부산에서 그들의 요청을 들어준 거죠. 다 뿌린 씨앗이 많다는 얘깁니다. 사실 그들은 좀 집요한 면이 있어요. 예컨대 '나는 비행기 좌석 5번 정도(1등석)를 좋아하고 그 다음 부산 인근에 절이 있고 해산물 관련 요리가 좋다고 들었다. 관광도 했으면 한다' 는 식의 대단한(?) 메일을 보내왔죠. 그래도 우리는 이 정도 반응이면 부산에 오겠다는 뜻이라며 다시 정중하게 메일을 보냈죠. '우리는 1등석이 없다. 비즈니스로 하자' 며 조금씩 조건을 바꾸면서 말입니다. 아무튼 그들의 요구사항을 대부분 해결해 줬는데 칸영화제 위원장의 경우, 전략적으로 호텔도 좋은 데로 배정하고 전문통역도 붙여 많이 배려했어요.

이탈리아 베니스영화제에선 처음에 오지 않았어요. 우리와 개최 시기가 비슷해 올 수 없었던 것이고 베를린영화제 사람들도 나중에 왔어요. 그런데 그들이 부산에 올 수밖에 없는 것이 최고 영화제인 칸 사람들이 자꾸 부산을 찾으니까 더 이상 오지 않을 수 없었던 것이죠. 우리 전략이 기가 막히게 맞아 떨어진 거예요.

♣ 그렇게 해서 초청한 해외 게스트 반응은 어땠나요.

남포동 PIFF 광장에 엄청난 사람이 몰리는 것을 보고 외국 게스트들이 엄청 놀랐죠. 사실 남포동은 골목이 좁아 주말에도 사람으로 꽉 차는 곳이었는데 말입니다. 그들은 한결같이 "한국 사람들이 영화를 이렇게 좋아하냐"며 놀라는 반응이었어요.

어떤 게스트는 "대개 해외의 영화 관객은 장년이나 노년층인데 한국의 20대 젊은이들이 이렇게 재미 없는 예술영화를 보는 사람이 많냐. 정말 비전이 있다"며 입을 다물지 못하더라고요.

게다가 외국 게스트들은 술을 잘 안 마셔요. 근데 부산에선 희한하게 생긴 술집, 즉 포장마차에 사람이 넘쳐나고 그것도 모자라 바닥에도 신문지를 깔고 앉아 마셔대잖아요. 초창기 김동호 위원장이 노구를 이끌고 술집, 포장마차 등 이곳 저곳을 돌며 낭만적인 분위기를 만들고 야심한 새벽 서너 시까지 술잔을 기울이니 그들은 당연히 놀랠 수밖에 없었죠.

김 위원장은 정말 중요했어요. 일단 배짱이 있잖아요. 정·관계 인사와 만나 예산과 스폰서를 기가 막히게 따내고 술 잘한다는 소문은 들었지만 만나 보니 진짜 인간적이었어요.

♣ PIFF가 지금 제대로 방향을 잡아가는 것인가요.

현재 별 문제는 없어요. 다만 최근 개막작 선정이 실패해 우려스러운 부문이 있죠. 또 홍콩이나 태국, 도쿄 등이 추격하는 모양새인데 PIFF도 독자적인 발전방안이 있어야 합니다. PIFF가 잘 되는 원인 중 하나가 한국영화가 잘되기 때문인데 그래서 해외 영화인들이 많이 오는 것이죠.

여기 와야 한국영화를 볼 수 있도록 만든 것이고, 이런 분위기가 계속돼야 하는데 그게 문제죠.

♣ 경쟁영화제로의 전환은 어려운 것입니까.

비경쟁에서 경쟁영화제로 바꾸면 위험하고 승산이 없어요. 처음에는 경쟁영화제로 전환할 것 같은 얘기도 했죠. 그러나 그것은 어디까지나 언론과의 인터뷰에서 '립서비스' 차원에서 한 것일 뿐이고 경쟁영화제로 가려면 많은 여건이 더욱 성숙해야 하는데 아직 멀었어요.

그리고 영화제는 신뢰도가 한 번 무너지면 복구하기 힘들어요. 특정 세력에 편들거나 권력 혹은 돈을 좇으면 신뢰를 잃을 수 있고요. 부산영화제가 살아남는 것은 그런 점에서 제일 깨끗했기 때문이죠. 불만 요인이 충무로에서 제기되면 문제인데 그래서 항상 조심해야 합니다. 개인적으로 불만스러운 것은 프로그래머들이 글을 써야 하는데 그렇지 못하다는 것이죠. 프로그래머들은 '이 영화제에 내 영화를 낸다' 는 점을 부각시켜 줘야 하는데 PIFF는 그렇지 못해요. 프로그래머들은 영화비평가라고 생각하는데 전양준은 글쓰기를 싫어하고, 김지석은 쓰고 싶은데 알아주지 않고, 이용관은 바빠서 안 쓰는데 이게 문제죠.

 '맏형' 이용관 공동집행위원장

박광수 감독과 동갑내기(1955년생)인 이용관 위원장의 첫인상은 좀 날카롭다. 지극히 개인적인 생각이지만 그는 문인보단 무인에 가깝다는 느낌도 든다. 아마도 그를 처음 만나는 사람들은 이런 생각을 가질지도 모른다. 하지만 그가 영화이론에 박식하고 대인관계가 원만하며 화끈한

성격의 소유자라는 것을 알기까지 그다지 오랜 시간이 걸리지 않는다. 남이 잘한 것은 잘했다고 말하고, 자신이 부족한 것은 금세 인정하는 솔직함도 큰 무기다.

그는 PIFF라는 큰 강의 출발점이었고 오늘날 아시아 최고 영화제로 일궈낸 일등공신 중 한 명이다. 그런 그가 PIFF의 창립멤버 중 한 사람이란 사실을 보통사람들은 잘 모른다. 김동호 위원장 그늘에 가리거나 조연 역할에 만족해 왔기 때문이다.

경기도 파주가 고향인 그가 어떻게 부산과 인연을 맺었을까. 학창 시절까지 그는 부산과는 별다른 연고도 없었다. 그런데 그가 지금 부산의 영화 터줏대감 노릇을 하고 있으니 무슨 변고(?)라도 있었던 것일까.

그 인연은 지금으로부터 약 25년 전인 1985년으로 거슬러 올라간다. 중앙대학교에서 영화학을 전공한 그는 '평생의 은인' 인 부산 경성대 주윤탁 교수와 만난다. 주 교수에 의해 그는 전국에서 5번째, 부산에서는 처음 설치된 경성대 연극영화과 교수로 임용된 것이다.

그가 인연을 맺게 된 당시 부산은 지금과는 달리 영화와 무관한 도시였다. 사람도 없고, 장비도 없고, 관심도 없는 소위 영화 인프라가 제로였다고 해도 과언이 아니었다. 영화를 좀 안다는 그가 본 당시 부산의 모습은 적어도 그랬다.

이후 1995년 모교인 중앙대로 옮기기까지 꼬박 10년을 부산에서 보냈다. 이 기간 동안 부산에서 김지석, 오석근 같은 '영화학도' 들을 만났고 박광수, 전양준, 이충직, 유지나 같은 젊은 평론가들을 부산으로 끌어내려 서울의 영화문화를 부산으로 이식시켰다. 이런 그의 노력은 결국 훗날 PIFF를 출범시킬 수 있는 중요한 원동력이 됐다.

이 위원장을 2009년 2월 PIFF 정기 총회를 앞두고 만나 영화제 출범에서 오늘에 이르기까지 솔직한 그의 속내를 들어봤다.

♣ 영화제의 시작을 어디로 잡아야 하는가.

1995년 8월 18일 김동호 위원장을 영입하던 '프라자 회동' 때이다. 김 위원장이 없었다면 PIFF도 없었을 테니까.

그는 주저 없이 이렇게 말했다. 영화제 일등공신으로 자신도, 박광수도, 김지석도 그 누구도 아닌 김동호 위원장을 꼽은 것이다. 주저 없이 내놓는 답을 보면 마치 무인 혹은 군인의 길을 걷는 사람 같았다.

♣ 김지석이 PIFF 씨앗을 뿌렸다고 볼 수 있는데 동의하는지.

그 친구가 제안한 거야. 95년에 캠퍼스신문이란 것이 있었는데 그들과 영화제를 하려다가 무산됐고, 이후 파라다이스 호텔과 얘기가 된 것이지. 파라다이스 호텔 김인학 전무에게 영화제를 제의하니까 하자고 해서 우리가 기획서 만들어서 올렸는데 결국 잘 안 됐어. 물론 김지석이 개인적으로 접촉한 것이지.

♣ 그런 와중에 이 위원장은 경성대에서 중앙대로 옮겼는데.

(번번이 스폰서 영입이 무산된 것을 보고) 난 이렇게 해선 안 된다고 생각했지. 이쯤에서 부산 이야기를 좀 해야겠다. 난 95년 3월 새 학기에 서울 중앙대로 오게 됐는데 그동안 부산에서 이뤄놓은 게 많았어. 경성대 교수로 임용돼 부산에 가니까 나는 '혼자'였어. 그래서 이래선 안 되겠다 싶어 사람들을 모았지. 간단했어. 박광수, 이충직, 신강호, 전양준,

김소영, 강한섭 등 해외 물을 먹은 영화인들을 부산으로 끌어내려 특강을 시켰으니까. 그 중에서 박광수가 제일 많이 했어. 박 감독은 부산에서 고교를 졸업했고 세계영화제에 많이 다녔고 학생과 어울려 술도 먹으니까 아이들이 좋아하며 잘 따랐지.

대화를 나누는 이 위원장의 말투는 막힘이 없었고 마치 툭툭 내던지는 것 같았다. 물론 학교 강의에선 다를 것이다. 하지만 그는 때론 편안하고 부드럽게, 때론 정곡을 찌르는 핵심을 잘 짚어냈다. 당시의 기억력도 정확해 보였다.

♣ 부산에서 서울로 왔는데 그러면 영화제 추진 동력도 떨어진 것 아닌가.

어느 날 중앙대로 지석이가 찾아왔지. 영화제 하자고 말이야. 내가 부산에서 올라오니까 할 만한 사람도 없어서 나를 꼬시려고 온 거지. 근데 난 그때 영화잡지나 하고 싶었어. 당시 만난 사람들 대부분이 잡지를 통해 만난 사람이니까.

그런데 지석이가 자꾸 조르니까 어떻게 해. 그래서 "서울에서 한 번 해보자"고 그랬지. 사람은 충분히 있었지. 전양준, 이충직, 신강호, 강한섭, 정성일, 김소영 이들만 동원해도 10명 정도는 되니까.

그때 서울에 국제영화제 준비팀이 몇 개 있었는데, 내 생각엔 이러다간 싸움만 하고 서로 다칠 것 같았어. 그래서 우리는 부산서 하자고 생각했지. 마침 파라다이스호텔 김인학 전무가 후원키로 한 것도 계기가됐지. 그땐 해운대를 중심으로 자그마한 학술적인 영화제를 하자는 내용의 기획서를 만들어서 김 전무를 만난거지. 아무래도 내가 제일 위다보니까 자연스럽게 대장이 됐고 말이야.

이쯤 되면 그가 다시 부산으로 내려가게 된 경위는 어느 정도 드러난다. 결국 국제영화제 하자고 외치고 다니던 김지석의 꼬임에 넘어간 것이다. 이 위원장은 그만큼 귀가 얇다고나 할까. 아니면 순정파일까.

♣ 박광수 감독은 어떻게 영입하게 됐나.

김동호 위원장이 영화제에 참여하니까 막상 일할 사람이 필요했지. 한데 박 감독이 제일 경험이 많았고 감독으로도 유명했어. 인격적으로도 신뢰했기 때문에 부위원장으로 오라며 영입한 거지.

♣ 박 감독과는 동갑내기인데 왜 그가 부위원장이 된 것인가.

우리는 원래 가깝던 멤버니까 사이가 좋았어. 그리고 박 감독이 부위원장을 하는 게 맞지. 난 원래 빠지려고 했어. 왜냐하면 부산서 영화제를 하면 서울 학교 강의 때문에 자칫 짐만 될 수 있어서 오히려 난 없는게 낫다고 생각했거든. 근데 박 감독이 "네가 없으면 뒤치다꺼리는 누가 하냐"고 떠미는 바람에 참여했지. 그리고 박 감독이 "한국영화계에 네가 제일 발이 넓으니까 한국영화를 맡아라"고 해서 프로그래머를 맡게 된 거지. 난 정말 박광수가 하라고 해서 한 거야.

이게 무슨 뚱딴지같은 소리일까 생각되지만 PIFF 초대 한국영화 프로그래머이자 현 영화제 공동위원장의 말은 진심으로 들렸다.

난 프로그래머 같은 건 전혀 생각지도 않았던 거야. 솔직히 프로그래머란 것도 그땐 몰랐어. 박 감독에게 "프로그래머가 뭐냐"고 그랬더니 "그냥 하면 돼"라고 그러는 거야. 당시 전양준, 김지석은 자기 돈으로 해외 영화제를 다니면서 네트워크를 만들 때이고 김 위원장이나 박 감독은 자연스럽게 외국에 많이 나가니까 다 알지만 난 국내에만 있었기 때문에 프로그래머가 뭔지 어떻게 알았겠어. 하라니까 "에이, 하지 뭐" 그랬지. 그렇게 된 거야.

♣ 박광수 감독은 어떤 사람인가.

아주 합리적이고 냉철했거든. 사실 난 박 감독을 통해 많이 배웠지. 그때 50대인 김 위원장을 빼곤 모두 30대였지. 나랑 박 감독은 서른아홉 이었고, 전양준은 바로 밑이고 김지석, 오석근은 한참 더 밑이었고.

영화제를 해보니 박 감독이란 사람이 얼마나 대단한 사람인지 알게 됐지. 난 영화제를 너무 몰랐고, 전양준, 김지석은 너무 나이가 어렸고, 그래서 조직, 해외 영화인, 네트워크 등 대부분의 영화제 아이디어가 박 감독 머리에서 나온 거야. 그리고 김동호 위원장하고 호흡을 맞출 사람 은 박광수밖에 없었어. 그가 초기에 터전을 다 닦아 놓은 거야. 해외 영 화인 정보를 아니까 폴 리, 토니 레인즈, 임현옥 등을 다 데리고 왔어. 어 쨌든 김 위원장 혼자선 못했을 거야. 그 모든 것을 처리해 주고 도와준 건 박광수야.

♣ 전양준은 어떻게 합류하게 됐나.

그 친구는 영국으로 유학을 갔다 왔지. 성균관대 출신인데 영화평론가 인 변인식 선생님이 서울 신일고등학교 선생님이시면서 1979년 '프레임 1/24'이란 잡지를 냈는데 거기에 글을 썼고. 필진으로 전양준 이외에 강 한섭, 안동규 등 경희대, 고려대, 성균관대 출신 등이 주축을 이뤘지.

나는 그 친구들과는 직접 사귀지는 않았고 독일 유학준비를 했지. 군 대를 제대한 뒤 알아보니까 미국 쪽은 비용이 많이 들고, 고교 때 독일 어를 했으니까 독일을 생각하고 있었지. 독일 가서 미학이론을 하면 나중에 영화를 할 때 도움이 되겠구나 생각했던 거야. 그래서 독일문화원에 가서 영화를 많이 보곤 했는데 그러다가 내가 중앙대 조교를 할 때 그 친구들을 다 만난 거야.

박광수하고 나하고 만남은 꽤 됐지. 1982년쯤 얘기인데 박 감독은 서울대 영화동아리인 '얄라송'을 하고 있었고, 멤버들은 용산 금성극장에서 주로 모였어. 그 모임에 중대 복학생들이 많이 나갔는데 어느 날 중대에 와서 세미나한 뒤 끝나고 술을 마셨고 토론을 했지. 그 후로 친하게 됐어. 박 감독이 "친구하자"고 한 거야.

그러고 있으니까 전양준, 강한섭, 이충직 등이 유학 후 귀국했고, 그 중에 내가 똑똑하게 봤던, 연출보다는 이론 분야에 강한 친구들을 부산으로 끌어내려 경성대에서 특강을 시킨 거지. 당시에 유학갔다 온 애들이 천지였는데 강의료 주고, 술 사고 2차까지 가는 노는 문화를 만들어낸 거야. 부산에서 말이야.

양준이는 그때 영화잡지를 하나 만들었지. 이장호 감독이 '판코리아'라는 영화사를 하고 있을 때인데 임권택 감독에 대한 책을 만들자고 제의했지. 나는 작가주의 전공이니까 글을 써주게 되면서 그들과 긴밀하게 알게 된 계기가 된 거야.

또 1994년 서울에서 단편영화제를 하게 됐잖아. 거기에 첫 심사위원으로 양준이가 나를 추천하게 된 거야. 배용준, 신철, 안성기 씨도 그때 함께 일했어. 그러니까 단편영화제 심사위원은 해봤어도 프로그래머라는 건 몰랐지. 박 감독이 그래도 "네가 한국영화에 제일 밝으니 프로그래머를 해라"고 해서 여기까지 온 거지.

♣ 영화제 출범 당시에 이렇게까지 성공할 줄 알았나.

나는 당시 '관객 3만에서 5만 명 정도의 이탈리아 페사로영화제를 하자'는 생각이었지. 우리가 페사로에서 느낀 게 뭐냐면 '작은 영화제를 하자. 한국이란 나라가 너무 초라하다. 영화인들이 심기일전해서 한국 감독들을 해외에 알리는 책을 만들자' 이런 목표를 세운 거야.

외국에 나가면 아쉬운 게 우리나라 영화계가 너무 안 알려져 있으니까 소책자 같은 것을 통해 외국에 알리자는 취지였지. 얼마 전 영화진

흥위원회에서 영문 책자를 냈는데 그게 바로 그때 우리가 꿈꿨던 거야. 나는 그걸 마음에 노렸던 거고 다른 친구들은 영화제에 욕심을 냈던 것이고.

▲ 1992년 이탈리아 페사로영화제에 참가한 PIFF 주동 세력(오른쪽부터 이용관, 전양준, 김지석, 토니레인즈)

♣ 부산시와 문화부 등 공적부문은 주로 누가 맡았나.

주로가 아니고 전부 김동호 위원장이 맡았어. 돈 문제는 박 감독이 약했어. 그러니까 김 위원장이 다 하신 거야.

그러면서 그는 김 위원장 영입에 즈음한 이야기를 털어놓는다.

뭐라 할까. 김 위원장은 예나 지금이나 인격자시지. 사실 그동안 숨겨 났던 얘기가 있어. 우리가 영화제 초대 위원장을 영입하려고 수십 명의 리스트를 만들었는데 늘 정답은 '김동호'라는 분밖에 없었어. 물론 그 아이디어도 지석이가 냈지. 우린 모두 30대이고 평론가이니까 수장을 모시기로 했는데 그만한 분이 없었던 거야.

그때 지석에게 넌 누굴 생각하냐고 물었더니 언제나 '김동호'로 답이

나왔고, 난 약간 좀 달랐어. 당시 군사정권 시절 김 위원장은 영화진흥 공사 사장을 역임해 주저하는 바가 있었고 양준이도 다른 분을 생각한 적이 있었는데 그분의 순위가 너무 낮았던 거지.

아무튼 맏형인 내가 총대를 메야 되는 상황에서 반대하면 안 될 것 같고 곰곰이 생각해 보니까 김동호라는 분밖에 없었던 거야. 할 수 없이 김 위원장에게 전화를 걸었지. 아무튼 김 위원장 영입 아이디어는 지석이 낸 거야.

♣ 영화제가 출발부터 드림팀으로 구성된 모습이었는데.

결국 우리가 김 위원장을 모시지 않았으면 박광수하고 내가 했을 것인데 그렇다면 이렇게까지 그림을 못 그렸어. 우선 예산에서 주저앉았고, 그 다음에 문화부를 설득하는 데 불가능했지. 왜냐하면 예나 지금이나 노인네들이 이야기하면 무시 못하는 것이 있었는데 그런 장벽을 다 설득하고 헤쳐나갈 수 있었던 '김동호'라는 절묘한 수를 찾은 거지. 만약 김 위원장이 아니었다면 지역에서 어린애들 장난치는 정도였지 뭐. 우리끼리 했다면 지금쯤 2~3만 명 규모의 작은 영화제나 하고 있었을 것이고 말이야.

♣ 김동호 위원장이 일등 공신이란 얘기인가.

그건 당연하지. 굳이 그 뒤를 꼽는다면 박광수가 그 다음이고, 물론 영화제 아이디어는 김지석이 냈지만 그건 중요한 게 아니야. 실천할 수 있는 사람은 그분밖에 없었고, 나야 마음이 반반인 사람이라 늘 뒤치다꺼리만 하면 됐지 뭐.

♣ 그동안 생각나는 위기의 순간은 무엇을 꼽는지.

위기는 정말 많았지. 1회 영화제가 끝나고 2~3회로 넘어가는 순간순간마다 피똥 싸는 단계였지 뭐. 이게 과연 될 것인가라고 생각하다가 첫회가 끝나고 너무 겁이 난 거야. 또 하자고 다들 이야기하는데 나는 또 하는 건 위기라고 생각했지.

다시 말해 영화제가 우리의 능력 범위를 넘어선 거야. 처음 우리가 준비하면서 내기를 했는데 관객 3~5만 명 정도였지. 전부 그랬지. 어느 누구의 예측도 7만 명을 넘질 못했거든. 또 밤을 꼬박 새가며 개막식 준비를 하고 있었는데 답이 안 나오는 거야. 그런데 영화제가 끝나고 이걸또 어떻게 하나. 거기에 대한 준비는 아무도 안 했던 거고.

그런데 첫 영화제에 사람들이 엄청나게 몰려 온 거지. 18만 6천 명인가. 영화제 끝나고 나서 모두들 신나서 울고불고 난리가 난거야. 난 오히려 화가 났어. 다들 술 마시고 하는데 나는 멍청히 앉아서 이걸 영화제라고 한 거냐, 이건 사기다. 아무리 그렇지만 이건 좋아할 때가 아니다. 그러면서 난 떠나야 할 때라고 생각한 거야. 그래서 내가 사표를 내고 떠났어. 내가 사표를 냈으니 여기가 위기였지.

그런데 박 감독이 위원장님에게 "저 새끼 잡아야 한다"며 날 붙잡고 대여섯 번 술을 마셨는데 내가 그만 울고 말았지. 김 위원장이 "날 이렇게 고생시켜 놓고 당신은 그냥 가느냐"고 하는데 여기서 내가 할 말이 없었던 거야.

또 김 위원장이 10회 영화제 때 그만 두시겠다고 말한 거야. 우리는 그거 절대 안 된다며 말렸지. 김 위원장은 부담을 많이 느끼신 거지. 그래서 내가 말씀을 드렸지. "하루도 쉴 새 없이 10년을 지내오셨으니까 그 심정은 이해가 가나 더 계셔야 되지 않겠습니까. 그 대신 대안을 마련하겠습니다"라고 말이야.

♣ 소위 '포스트 김동호'를 말하는 것인데.

위원장이 쓰러지신 게 2006년도에 일어난 일인데 정말 무지무지하게 어렵게 지내면서 더 이상 안 되겠다 싶어서 나도 사람(후임자)을 만나러 다니게 됐지. 그동안 안성기 씨 말고 열 분도 넘게 만나봤어. 그러면서 나 혼자 이야기하면 안 되니까 이춘연, 강우석, 강수연 등에게 도움을 요청했고. 그런 뒤에 위원장께 말씀을 드렸지. "안성기 씨를 (후계자로) 선언하십시오"라고 말이야.

그런데 안성기라는 사람은 역시 인격자야. 나보다 다섯 살 위인 형님인데 고민고민하다가 못하겠다는 거야. 두어 번 술자리를 만들었는데 무척 술에 취했어. 그러면서 성기 형은 "무슨 의미인지 잘 안다. 그러나 난 연기자에게 모범되는 길을 만들어 주고 싶고 연기를 더하고 싶다. 그런데 지금 그걸(PIFF) 맡게 되면 아무것도 못 하잖냐. 또 내가 전력투구를 다 해도 김 위원장님만큼 못한다. 이건 누가 해도 마찬가지다. 내 길이 아닌 것 같다"고 하는데 뭐라고 말하겠어. '역시 인격자다'라고 생각했지.

그래서 내가 "형님 2~3년만 더 생각해 주시고 그럼 부위원장은 수락해 주십시오"라고 해서 모시게 된 거지. 김 위원장도 "안성기 씨 영입이 안 되니까 나중에 무슨 일이 있을지도 모르니 공동체제로라도 하자"고 말씀하셨고 "그렇다면 그건 좋습니다"라고 말했지. 그래서 내가 공동위원장이 된 거야. 이게 두 번째 큰 고비였지.

♣ 김 위원장이 2009년 정기총회 직전 사의표명을 했다가 거두었는데.

그해 1월 중순, 직원들에게 "이번 총회에서 물러나겠다"고 공식적으로 말씀하셨어. 그래서 우리가 "시장님이 안 놓아 줄 것 아닙니까. 내년까지는 좀 계십시오. 일은 제가 하겠으니 그 이후에도 고문 같은 것을 맡아 해외의 중요한 일정을 맡아 주어야 할 것 아닙니까"라고 말씀을 드렸지. 사실 지난 4년 동안 (후임자 물색을 위해) 난 할 만큼 다했어. (김 위원장 사퇴를) 더 이상 말리면 '도리가 아니다'라고 생각했지. 물론 위원장께서 찬성하시는 (후임자) 몇 분이 계시는데 그분이 오면 나는 옆으로 빠져서 도우면 되고. 그런데 지금 상황에선 답이 잘 안 나와. 이러다간 결국 박 감독하고 이용관이 영화제를 맡을 수밖에 없는 쪽으로 자꾸 가고 있는 것이 아닌가 생각돼.

많은 사람들을 만나 봤는데 특히 김 위원장 친구 분들은 "때 놓치면 추한 꼴 본다. 박수칠 때 떠나라"는 말을 하셨지. 나에게도 "잘 모시는 것도 좋지만 언제까지 모실 거야? 이제 그만 놔 줄 때가 아니냐"고 말하더군. 이게 세 번째 고비야.

♣ 아무것도 없이 시작했는데 아시아 최고 영화제가 됐다. 성공요인은 뭐라고 보는지.

한국과 부산의 문화적 성숙도겠지. 칸, 베니스도 마찬가지인데 PIFF가 성공한 것은 서너 가지 요인이 맞아 떨어진 거야. 국제영화제를 받아들일 수 있는 문화적 분위기가 일어났고, 한국영화가 급격하게 발전했고, 그런 분위기에 맞춰 금기사항이 풀렸고, 또한 좋은 영화를 보려는 욕구도 많아졌고 말이야.

당시 영화의 인프라는 엄청나게 부족했지만 문화적으론 엄청 성숙돼 있어서 영화제 개최가 가능했던 거지. PIFF 성공의 제일 큰 요인은 한국영화계의 성숙과 국민의 문화의식이야. 폭발 직전이었는데 우린 그냥 뇌관을 터뜨린 것뿐이야. 우리도 잘했지만 당시 누가 해도 진지하고 성실하게 했으면 터졌을 것이야. 하필이면 우리가 했던 것뿐이고 부산이 아니고 서울에 갖다놔도 성공했을 것이고 말이야. 난 그렇게 생각해.

♣ 언론에 매도 많이 맞았는데 아쉬운 대목은 없는지.

없어. 사실 난 기자나 언론에 평생 감사하며 살아가. 내가 직원들에게 말했지. 언론에 지적을 당했으면 더 잘하라는 뜻으로 생각하자. 안 그러면 우린 진다. 이만큼 도와줬으면 됐지 더 도와달라는 식으로 투덜대는 것은 안 된다. 우린 그만큼 부족하다. 요즘 온라인 매체가 많은데 그것도 우리가 넘어야 할 산이라면 넘어야 한다고 말해.

♣ PIFF에 참여한 것을 후회하나.

난 후회를 많이 했어. 매년 끊임없이 갈등했고, 아마 내가 제일 많이 후회했을 거야. 늘 영화제를 언제 어떻게 그만둘까 고민했지만 언제나 답이 없었어. 그러면서 PIFF를 이렇게 이끈 김 위원장을 잘 모시자고 다짐하지. 어느덧 나 자신을 바꾼 거야. 사실 난 영화제에 대해 너무 강박관념이 강했어. 항상 김 위원장 스케줄이 먼저이고, 그러니 학교 수업이 제대로 되나, 학회도 잘 안 나가고 말이야. 요즘엔 대학원장이 돼 학교 구조조정 총대도 메야 하고. 뭐 인생이 이러냐며 자꾸 술만 마시게 되고 말이야.

♣ 대학교수를 하면서 문화운동을 했는데 돈은 벌었나.

빚만 있어. 명색이 대학교수인데 집도 2년 전에 겨우 마련했어. 늘 마누라가 빚 갚아가며 살아왔고 말이야. 마누라나 애들한테는 영화제 집행위원장이란 직함만 있었지 돈만 갖다 쓰는 사람으로 인식됐지 뭐. 집에선 문화운동은 젊은 사람들이나 하는 거지 나이 예순이 다 된 사람이 아직도 정신을 못 차린다며 기가 막힌다는 표정이야.

사실 스물아홉인 우리 애가 결혼할 때가 됐는데 전세돈이라도 마련해 주어야 하는데 그 생각을 하면 요즘 가슴이 아프다. 이런 건 양준이나 지석이가 너무 잘 알아. 보스로서, 맏형으로서 설움은 어디 가서 말도 못하고 말이야.

그래도 난 학교라는 직장이 있잖아. 그건 복이야. 학교가 있어서 지금까지 굶지 않고 살아왔고 나중에 연금이라도 나오잖아. 서서히 물러나면서 내 인생을 정리할 시간이 돼 가는데 돈 쓸 시간은 많았어도 돈 모을 시간은 없었지.

 영국 신사, 전양준 부위원장

유럽 · 미주 담당 프로그래머인 전양준은 1959년생 서울 사람이다. 현재 PIFF 부위원장 직책을 맡고 있는 그는 이용관 위원장의 '꾐'에 넘어가 영화제 사람이 된 케이스다. 부산과는 아무런 인연이 없던 그가 경성대 교수로 재직 중이던 이용관 교수가 '콜' 하는 바람에 시도 때도 없이 부산을 들락거리다 영화제 창설 개국공신이 된 것이다. 서울 사람이지만 지금 그는 1년 365일 부산을 위해 뛴다. 1995년부터 2009년까지 햇수로 15년째다.

그의 꿈은 영화감독이었다. 물론 지금은 접었다. 그런 그가 PIFF에서 유럽 · 미주 담당 프로그래머로 일하게 된 것은 영화제 태동에 앞서 영국 유학을 다녀왔고 영어에 능통했기 때문이다. 이런 배경 때문에 영화제 초기 프로그래머 역할을 한국, 아시아, 유럽 · 미주로 분담할 때 자연스럽게 유럽 · 미주 담당으로 교통 정리됐다.

그는 영화제 내에서 '영국신사'로 통한다. 술도 담배도 못한다. 평상시에는 캐주얼 차림으로도 다니지만 영화제 땐 깔끔한 턱시도를 차려입고 해외 주요 게스트를 접대하며 정곡을 찌르는 특유의 언변으로 영화제의 방향성을 유도한다. 영화제 일을 하느라 마흔이 넘은 나이에 늦장가를 간 것도 이채로운 대목이다. 그런 그를 2009년 2월 만나 영화제에 대한 이야기를 들어봤다.

♣ 처음부터 현재와 같은 영화제 그림을 그린 것인가.

아니다. 처음에는 너무 소박했다. 중급 규모로 시작했는데 생각보다 예산이 적었고 부산시의 반응도 신통치 않아 규모가 줄어든 것이다. 한 150편 정도의 작품을 초청하면서 당시 아시아영화제의 모델이었던 홍콩영화제를 잡자는 것이 우리의 목표였고. 그때 홍콩영화제는 프로그래밍은 진지했지만 산업적 역량이 없으니까 우린 가능하다고 봤다.

사실 이렇게 커질 것이라곤 생각 못했다. 또한 영화제가 지속될 것이란 생각도 없었다. 왜냐하면 당시 영화계 내부에서 국제영화제에 대한 이해가 전혀 없었고, 반대의 목소리가 높았기 때문이다. 또 예산확보에 문제가 있었고 심지어 영화검열도 존재하고 있어서 이런 상태에서 흑자를 내며 잘될 것이란 생각은 갖지 못했다.

♣ 그렇게 해서 출범한 1회는 비교적 성공했다. 그런데 이용관 위원장은 당시 사표를 내겠다고 하는 등 혼란이 많았었는데.

이 위원장이 그런 말을 왜 했는지 반신반의하는데 이 위원장이 술 먹고 하도 그런 얘기를 많이 해서 사실 본심에서 했던 말인지 아닌지 좀 의아하다. 아마도 관용적 표현이 아닐까 한다. 이 위원장은 학교로 돌아가면 되니까 그 정도 수준의 이야기는 자주 하는 말이고 그런 탓에 큰 의미를 안 두는 편이다.

영화제 이전부터 알아온 나로선 '그냥 하는 말이겠지' 아니면 '또 삐졌나' 이 정도로 받아들였지 심각하게 생각하지 않았다. 당시 사표 내는 시스템이 있었던 것도 아니다. 이 위원장은 가끔 그런다.

♣ 영화제를 하면서 겪은 어려움은 무엇인가.

영화제를 하기 전에는 관객의 입장이었는데 실제 영화제를 운영하는 입장으로 앵글이 완전히 바뀌었다. 우린 전혀 경험이 없었고 한국에서 그런 경험을 했던 사람 또한 전무했다. 영화제에 대해 가장 많이 안다는 박광수 감독도 마찬가지였다. 물론 초창기 멤버 6명 가운데 해외 영화제 참가경험은 박 감독이 가장 많았던 것은 사실이다.

때문에 우리는 영화제를 거꾸로 풀어갔다. 어떤 영화제에선 이건 이렇게 하더라는 식으로 마치 퍼즐을 맞춰간 것처럼 했다. 아는 게 없으니까. 그래서 우린 무수한 시행착오를 겪었다.

♣ 그래도 김 위원장이 있어서 덜 고생하지 않았나.

아니다. 영화제를 둘러싼 조건이 너무 나빴다. 물론 열심히 해서 순간순간 돌파했다. 돈, 조직 모두 없었다. 지금 영화제를 한다면 PIFF 등 참고할 만한 것이 있지만 당시에는 아무것도 모르니까 그냥 사람을 믿고 가는 수밖에 없었다.

예컨대 우리 가운데 극장 운영을 해 본 사람이 아무도 없었다. 영화제 기간 중 극장을 일주일간 빌려 운영해야 하는데 이것은 완전히 새로운 것이었다. 극장에서 영화를 본다는 것 외에는 아는 것이 없었는데 영화제를 한다니까 어떤 사람들은 우리에게 전화를 걸어와 돈을 달라고 하는데 이건 전혀 새로운 경험이었다. 또한 돈을 줬는데 영사실 '오야지'

(영사기사)가 다 먹거나 '배달사고'로 중간에 사라졌다. 이런 난감한 상황은 경험에 의하지 않고 배울 수 없는 것이었다.

우리를 더욱 힘들게 한 것은 부산에서 사람을 만나 협조를 요청하고 설득하는 것이었다. 다시 말해 우리가 설득하고 협조를 요청해야 할 것은 돈이고 인력인데 만나는 상대마다 그런 것에는 관심이 없고 '저놈은 부산 사람도 아니고 서울 놈인데…'라는 반응이 가장 힘들었다.

물론 지금은 이런 분위기가 사라졌고 우리 역시 부산을 위해 일한다는 자부심으로 살고 있지만 당시엔 참 풀기 힘든 난제였다.

♣ 유럽·미주 담당 프로그래머를 맡았는데 애환은 없었나.

프로그래머 중에서 아마도 제가 제일 많이 설움을 받았을 것이다. 왜냐하면 당시 해외 영화제 마켓에 가서 영화를 초청해야 하는데 만나는 사람마다 "왜 국제영화제도 없는 나라에서 영화를 달라고 하냐"는 것이었다. 심지어는 "바쁜데 나가라"(You go out!)고 하더라. 이런 상황은 국내 다른 영화제 프로그래머들은 경험하지 않았고 유독 나만 겪은 것이다. 당시에는 물론 우리나라에 국제영화제가 없었고 해외 영화제 마켓에는 사기꾼도 많아 그랬던 것 같다. 그런데 5년 정도 지나니까 상황이 달라지더라. PIFF가 유명해지니까 까칠하게 대하던 사람들도 저만 보면 인사를 하고 나오기까지 하더라.

♣ 게스트 작품 초청 역시 간단한 문제가 아니었을 텐데.

그렇다. 처음엔 게스트 초청은 꿈도 못 꿨다. 돈도 없고 우리를 믿지도 않았다. 영화를 사는 장사꾼도 믿지 못하는 판에 게스트 초청은 말도 안 되는 상황이었다.

♣ 그런 상황에서 중국의 장위엔 감독 같은 당시로선 '대어'도 낚았는데.

아시아는 유럽과 미주와는 또 달랐고, 영화제 문화를 잘 몰랐다. 사실 우리나라에서 영화제가 개화기를 맞은 것도 시기적으론 얼마 되지 않는다. 한국은 부산영화제 이후 급속도로 국제화된 것이다.

아시아의 경우 일본과 홍콩의 일부 그리고 인도의 극소수 이외는 전혀 국제영화제가 어떻게 돌아가는지, 아트영화가 어떻게 유통되는지 아는 사람이 거의 없었다. 장위엔도 칸, 베를린을 잘 모르니까 부산에서 초청하니까 덜컥 받아들이고 온 것이다.

또 다른 이유는 그의 대표작 '동궁서궁'은 좀 문제가 있었다. 이 작품은 중국 내 장애자 문제를 극단적으로 표현하고 있는데 당시 로테르담 영화제에서 그는 중국 무관한테 납치될 정도로 중국 내에선 찍혀 있었고 그의 영화는 상영될 곳이 없었다. 신인감독인데다 국제 사정을 잘 몰랐고 부산에서 틀어준다니까 넙죽 받아들이고 온 것인데 결과적으론 성공했다.

♣ 영화제가 언제부터 틀을 잡기 시작했다고 보는지.

3회 기점으로 상승하기 시작했다. 이때 PPP도 시작됐지만 규모가 무척 커졌다. 사실 해외 영화제에 가서 카탈로그를 보면 규모나 예산 등 그 영화제 수준을 쉽게 알 수 있다. 현재 우리는 베를린이나 토론토영화제 수준을 유지하는데 상영 편수와 두께 등 카탈로그를 보면 '이 친구들 범상치 않은 애들이구나' 라는 사실을 금세 알 수 있다.

♣ 영화제 출범과정을 보면 박광수 감독의 활약상이 곳곳에서 두드러져 보인다.

정말 박 감독은 영화제를 위해 많은 힘을 썼다. 그러나 박 감독은 자신이 영화감독이지만 아트하우스(예술영화) 영화를 만들다 보니 늘 자금 확보에 어려움을 겪어 왔다. 그래서 그는 부산영화제를 활용해 아시아 감독의 집합체를 만들었고, 이를 통해 자신의 문제도 함께 해결해 나가려고 했다. PPP, 아시아영화마켓, 아시아영화펀드 등을 그가 주도적으로 만든 것도 그러한 배경에서다.

♣ 해외 영화인 가운데는 PIFF 표기를 바꿔야 한다는 지적을 하는데.

영화제 표기는 통일돼야 한다고 생각한다. 개최 도시는 BUSAN으로 쓰고 영화제는 PUSAN이라고 하면 문제가 있다. 이젠 PIFF를 버리고 BIFF로 당연히 바뀌어야 한다. 영화제 내부 논의는 대충 끝났고 언제 할 것인가 시점만 남았다. 아마도 이를 바꾸려면 1년 정도 유예기간을 두고 바꿀 것이다. 지금도 해외 영화인들 중에는 BIFF로 쓰는 사람들도 꽤 되고, 우리 직원들 일부도 그렇게 하고 있다. 에어프랑스에서는 부산을 B대신 F로 표기하더라. 아무튼 빨리 통일시켜야 한다.

이와 관련 김동호 위원장은 영화제 전용관인 영상센터가 준공되는 시점에 고민해 볼 대목이라고 말했다. 영상센터가 준공되면 로고 등을 정해야 하는데 이때 전체적인 것을 검토하자고 부산시와 협의를 마쳤다고 했다. 그러나 B로 바꾸면 당장 태국 방콕영화제와 겹치는 등 문제점이 있어 고민이라고 덧붙였다.

♣ 초반에 영화제가 주목받게 된 계기는 무엇이라고 생각하나.

2회 때 영국 출신 스타 제레미 아이언스의 방한을 먼저 꼽을 수 있다. 영화제가 성장하는 데 그의 방한은 큰 도움을 줬다. 또 수입이 금지된 일본영화를 보려는 욕구가 많았었는데 부산에서 이를 볼 수 있다는 점도 영화제 발전에 적지 않은 기여를 했다. 당시 극장 시설이 열악했음에도 불구, 부산에 가면 제대로 된 일본영화를 볼 수 있다는 소문이 난 것이다.

♣ 4회 영화제 개막작으로 이창동 감독의 '박하사탕'을 선정했는데 특별한
  이유가 있었나.

　20세기 말인 1999년도에 개막작은 '박하사탕'이었다. 영화제 내부
회의 결과, 이 작품을 개막작으로 가자는 데 이견이 없었고 만장일치로
결정됐다. 당시 나는 이 영화의 해외담당 공동 프로듀서를 맡았다. 영화
제 쪽에서 적정 임금을 보장할 수 없으니까 이런 일도 하게 된 것이다.
하지만 그 이후엔 별로 (경제적) 도움도 안 돼 더 이상 안 맡았다.

　아무튼 '박하사탕' 개막작은 성공적이었다. 영화가 좋아 베를린영화
제서 탐을 많이 냈다. 그러나 모리츠 데 하텔든 위원장이 PIFF가 국제영
화제이고 부산에서 개막작으로 상영됐기에 경쟁은 안 된다며 파노라마
에 초청하려 했다. 그때 우리는 베를린보다는 칸에 보내고 싶어 했다.
결국 칸도 경쟁이 아닌 감독주간에 초청했다. 근 두 달 동안 베를린에서
빨리 통보해 달라는 전화를 엄청 받았는데 지금 생각해봐도 곤혹스러
운 일이었다.

　사실 요즘 한국영화인들이 너무 베를린영화제를 무시하는 것 같아 문
제다. 그래서 베를린이 삐져 있는 것 같고, 최근 베를린 경쟁부문에 못
가는 이유도 이런 분위기가 적지 않게 영향을 미친다. 우리나라 감독 수
준은 안 되는데 자꾸 칸에만 가려고 하기 때문이다. 실력은 연·고대 수
준도 안 되는데 서울대를 가려고 하는 것과 마찬가지다. 서둘러 고쳐져
야 할 대목이다.

♣ '박하사탕' 이후 다시 점프 계기가 있었는지.

　그 다음에 순차적으로 성장했다고 보면 된다. 늘 전년보단 더 잘해야

하니까 부문별로 맡고 있는 사람들이 보이지 않는 내부경쟁을 했다. 물론 상호보완적인 맨 파워도 좋았다. 축구에서 공격수만 있으면 파워가 안 나오듯 은연 중 경쟁 심리와 보완을 통해 영화제가 점진적으로 성장했던 것 같다.

♣ 10회 영화제 땐 규모가 엄청나게 커졌고 이후 후유증도 있었는데.

그렇다. 10회부터는 영화제가 너무 비대해졌다. 행사도 많아졌고 스타들도 많이 오면서 커진 것이다. 진작 줄여야 하는데 하면서도 규모 축소 작업을 하지 못했다. 수영만 야외 상영장의 경우 5천 명이 들어간다. 하지만 영상센터 완공 후에는 달라질 것이다. 그곳 수용인원은 4천 명 정도다.

♣ 위기의 순간은 없었나.

사실 위기라고 할 만한 특별한 것은 없었다. 돌이켜 보면 그만큼 힘은 들었지만 순탄하게 보냈다. 무엇보다 PIFF가 오늘의 위상을 구축한 데는 우리가 열심히 노력한 것도 있지만 정부와 부산시가 공적자금을 안정적으로 지원한 것을 빼놓을 수 없다. 이런 것을 빼놓고 열정만 갖고 영화제를 하기엔 힘들다.

경제위기가 닥친 이후 해외영화제를 가 보면 다들 예산이 줄어 힘들어 한다. 칸, 베를린, 베니스 같은 경쟁영화제를 빼놓고 대부분 예산 때문에 고생들을 한다. 그런데 PIFF는 비경쟁영화제임에도 별다른 예산 걱정을 하지 않는다. 물론 2009년에는 전체 예산이 소폭 줄어들긴 했지만 이는 공적자금이 줄어든 것이 아니라 기업 스폰서 부문이 축소됐기 때문이다. 해외에 나가 보면 진짜 '한국정부나 시정부가 PIFF를 중요하게 여기고 있구나' 라는 생각이 든다.

지난 2월 PIFF 정기 총회에서 올해 예산이 어쩔 수 없이 줄었는데 후원회장께서 줄어든 만큼 추경을 통해 더 지원해야 한다고 말했다. 이런 상황 자체가 외국에는 없다. 그런 면에서 위기는 없었다고 본다.

♣ 2009년 초 김동호 위원장이 사퇴할 결심을 했는데.

김 위원장은 이젠 개인이 아니다. 사퇴 계획은 우리가 미리 알고 있었다. 그런데 그분이 공인이기 때문에 어떻게 하겠는가. 베를린영화제 집행위원장에게 김 위원장이 사퇴한다고 말했는데 어떻게 수습해야 할지 난감하다.

사실 김 위원장 지근에 위원장을 괴롭히는 '악의 무리'가 있다. 아주 지겨운 인간들이다. 정권이 교체돼 우익의 목소리인 양 큰소리를 내고 있지만 그들은 김 위원장에게 근거 없는 비방을 하면서 "지금이라도 늦지 않았으니 우리 품으로 돌아오라"고 한다. 코미디다. 그들은 영화제를 못해 한이 맺혀 있는 사람들이다.

♣ 그렇다 치더라도 '포스트 김동호'를 생각해야 하는 것 아닌가.

현재 차기 위원장으로 거론되는 사람들은 전혀 가능성이 없는 사람들이다. 그 정도라면 내 이름도 이야기돼야 하는데 왜 난 거론이 안 되는 거지? 이는 '이용관 스타일'이다. 이 위원장이 어느 정도 사람들을 만나고 다닌다. 그러면 소문이 난다. 그러나 알고 보면 전혀 위원장이 될 가능성이 없는 사람들을 만나고 있는 것이다. 현재로선 자연스럽게 '이용관 체제'로 가는 것이 순리이고 무리가 없다.

♣ 왜 문제가 없다고 보는 것인가.

김 위원장이 맡아왔던 의전 같은 부문을 조직위원장(부산시장)에게 넘기면 된다. 부산시가 영화제에 연간 50억 원 정도를 주고 있다. 그렇다면 시장이 어느 정도 역할을 해야 한다고 본다. 또 영화제 시스템은 그대로 있지 않은가.

♣ 김 위원장이 해외에서 해오던 일이 많았다. 예컨대 해외 영화제 심사위원장 같은 것 말이다.

김 위원장 시대에는 그랬다. 너무 많은 것을 혼자서 다했다. 그 바람에 잃어버린 것도 많았다. 예컨대 아시아 프로그래머인 김지석은 어디 가서도 대접을 받지 못한다. 김지석이 도쿄의 작은 인디영화제에 가면 최고인데 도쿄영화제에 가면 자리가 없다. 또 해외에서 한국영화 프로그래머가 누구인지도 모른다. 국제영화제는 일종의 보스끼리 모임인데 김 위원장이 너무 큰 인물들만 만나왔기 때문이다. 좋은 면이 있었지만 그렇지 않은 측면도 있었다는 얘기다.

♣ 영화제 이외에 다른 계획은 없나.

없다. 학교로 가려 했으면 공부를 더했겠지. 이제 프로그래머가 직업이 됐으니 죽으나 사나 영화제에서 오래 일하는 게 목적이다. 나이 먹었다고 하면 급료를 좀 낮추고, 더 이상 영화제에 기여할 것이 없다면 은퇴하겠다고 할 것이다. 난 솔직한 사람이니까 그렇게 얘기할 거다.

♣ 후회는 안 해봤나.

그런 건 안 한다. 다만 아직 한국영화가 세계 정상에 못 올라갔는데 이를 돕고 싶다. 칸·베를린에서 대상을 받아야 하는데 아직 아무도 가본 사람이 없다. 영화계 최일선에 있는 사람으로서 이런 점에 기여를 해야 한다. 그런데 요즘 보면 내 꿈이 너무 시든 것이 아닌가 생각된다. 문제는 한국감독들이 영화를 만들어 조금 부각되면 거물이 된 듯 동작이 느려진다는 데 있는 것 같다. 90년대 말에는 다들 열정으로 충만했는데 지금 그렇지 않아 보여 한숨만 나온다.

♣ 프로그래머란 직업이 고독하지 않은가.

물론 힘들다. 어렵다는 생각보다는 직업이라 생각하고 일한다. 1년을 알기 쉽게 이야기하면 서울에서 6개월, 해외에서 3개월, 부산에서 2개월을 보내고 나머지 1개월은 공중에 있다.(비행기 타고 이동 중이라는 뜻) 나보다 해외에 더 나가시는 김 위원장은 아마 두 달쯤 공중에 떠 있지 않을까 한다.

♣ 원래 영화제 사람이 꿈은 아니었잖은가.

바뀌었다. 감독을 하고자 했는데 그 길을 못 갔다. 후회는 남아있지만 비슷한 일을 하고 있지 않은가. 이제는 감독을 할 기회가 주어져도 못한다. 영화감독을 하려면 하루 절반 이상을 영화를 생각하며 보내야 하는데 열정이 떨어져 그렇게 할 수 없다. 물론 또래이자 친구인 정성일이 뒤늦게 영화를 찍고 있는 특수한 예도 있다.

♣ 영화제 말고 공직을 맡으라는 제의가 오면 어떻게 하겠는가.

그건 절대 안 한다. 늦게 결혼한 탓에 아이도 어리다. 혹시 영진위 위원장 같은 자리를 두고 말하는 것 같은데 그 같은 자리가 무슨 재미가 있겠는가.

♣ 최근 영화제 조직이 많이 변하는 것 같다. 젊은 피도 많이 수혈했는데 그 와중에 '중대 영화제', '씨네21 영화제'란 이야기가 나오기도 했다.

'중대 영화제'라는 말이 있는데 사실 영화계에서 중앙대는 좋은 학교다. 외국의 괜찮은 대학에서 석사를 하고 온 사람도 중대에서 박사학위를 할 정도니까 말이다. PIFF를 놓고 그런 얘기가 나온 것은 일리 있는 지적 같지만 다른 한편으론 이용관 위원장에 대한 시기이고 영화계에서 가장 앞선 '중대학파'에 대한 질투이다. 쉽게 말하면 이용관이 부러운 거다. 최고의 영화학과 교수인데다 최고 영화제 집행위원장이니까 그런 말이 나오는 거다. 사실 이용관을 씹는 소위 교수라는 사람들은 말도 많고 질투도 많은 집단이다. 겉도는 사람도 많고.

올해 초 이 위원장이 워크숍을 하면서 새 직원들에게 사령장을 주면서 "영화제에 중대가 많다고 하는데 뭐가 많아?"라고 하기에 내가 "아니 학부로 치면 별로 없지만 대학원까지 치면 많은 거 아냐"라고 했더니 할 말을 못하더군.

'씨네21 영화제'란 지적에 대해선 잘 모르겠다. 허문영 프로그래머, 조종국 기획실장, 남동철 마켓팀장까지 '씨네21' 출신을 두고 하는 말 같은데 아마도 다른 이유 때문에 나온 말 같다. 다만 조 실장을 당초 홍보팀장으로 뽑은 건 잘못된 인사였어. 영화제 '술상무'를 맡으라고 뽑았는데 홍보경험도 없고 술·담배도 못하는 사람을 선발했으니 검증과정에 문제가 있었던 거지. 그런 인사를 하면 안 되고 그래서 다른 쪽으로 돌리고 있다.

 꿈 많았던 시네필 김지석

부산국제영화제에 대한 책을 만들겠다고 결심한 이후 가장 나중(2009년 5월)에 만난 사람이 김지석이다. 그는 현재 PIFF 수석 프로그래

머다. 부산에서 태어났고, 부산에서 자란 탓에 영화제 창설 멤버 중에 사실상 유일한 정통 부산맨이다.

학창시절 무작정 영화를 좋아하는 영화청년이었던 그는 영화제 출범에 결정적 단초를 제공한 사람이다. 때문에 많은 사람은 김지석 때문에 부산영화제가 탄생됐다고 말한다. 30대 중반의 나이에 공과대학을 졸업한 그는 왜 세상의 많은

유혹을 뿌리치고 영화제에 뛰어들었을까. 그리고 그가 그리는 PIFF 청사진은 무얼까.

♣ 누가 영화제를 하자고 제일 먼저 제의했나.

배경을 정확하게 말씀드릴게요. 부산에서 영화제를 만들자며 제가 주동이 돼 세미나를 한 적이 있어요. 그런 연후에 1994년 말 즈음에 만난 사람 중에 공연기획을 하던 김유경 씨가 있는데 그분이 파라다이스 호텔 쪽에 영화제 이야기를 했었죠. 물론 김 씨는 저에게 와서 호텔에서 영화제를 할 경우 시드머니를 댈 수 있다고 귀띔을 했죠. 영화제 할 생각을 갖고 있던 우리로선 속으로 쾌재를 불렀죠. 용관이 형 등 멤버들과 모여 얘기를 나눴고 호텔을 끌어들이자는 쪽으로 이야기를 진행시켰죠. 물론 그 전에 영화제 이야기는 모두 꿈꾸는 단계였죠.

일단 호텔 측 이야기를 듣고 의사를 확인한 뒤 95년 들어 영화제 선장이 필요해 김동호 위원장을 섭외했던 것이죠. 그래서 우리가 찾아가 인사드리고 위원장을 맡아달라고 했죠. 당시 김 위원장은 영진공 사장을 했고 해외에도 많이 다니고 했는데 그 즈음 광주에서 영화제를 하자는

제안이 우리 쪽보다 먼저 들어간 걸로 알고 있었어요. 그런데 얘기를 들어보니까 그쪽은 준비가 덜 돼 있었던 것으로 판단했고 저희들 제의에 흔쾌히 동의해 주신 거죠.

♣ 그것 갖고는 김 위원장 영입작전 설명이 좀 부족해 보인다. 김 위원장은 공직에서 차관까지 지내시고 영진공 사장까지 역임한 분이지만 영화제 준비팀들은 모두 일천한 경력에다 나이는 모두 30대가 아니었는가.

잘 못 믿겠지만 사실이에요. 우리는 영화제의 필요성을 자세히 얘기했고 우리가 갖고 있는 인적 네트워크도 함께 털어놨죠. 페사로영화제 집행위원장, 야마가타영화제 집행위원장, 토니 레인즈 등에게 도움을 받을 수 있다는 말도 덧붙이고 말이죠. 그리고 저나 전양준 선배는 해외 영화제 좀 갔다 왔었잖아요. 그러니까 '이 친구들 영화제 좀 아네' 하고 승낙을 하신 거죠. 또 하나 이유는 파라다이스 호텔에서 돈을 댄다고 하니까 '이거 되겠다' 고 생각하신 거죠.

좀 불안했던 부문은 영화 현장 쪽 사람이 없었던 것인데 그래서 김 위원장께서 박광수 감독을 부위원장으로 영입했고요.

♣ 초반에 공연 기획하던 김유경 씨의 역할이 컸다. 일찍 빠진 이유가 궁금한데.

판단을 냉정하게 하는 박 감독이 영화제 준비팀에 합류한 뒤 상황이 좀 달라졌어요. 박 감독이 준비팀에서 함께 일하는 김 씨의 역할은 무엇이냐고 물었는데 별로 할 것이 없다고 했고 분위기가 그렇게 되니까 김 씨 본인이 알아서 빠진 것이었어요.

♣ 파라다이스 호텔에서 발을 빼게 된 이유는.

호텔 측에서 우리가 준비하던 영화제를 아카데미상처럼 생각했던 것 같아요. 배우들이 레드카펫을 걷고 TV에서 화려하게 중계도 하고 뭐 그런 것 말이죠. 그런데 돈도 없고 이름도 모르는 배우와 감독이 오는 아시아 중심의 영화제를 한다니까 이거 아니다 싶어 발을 빼게 된 것이죠. 우리로선 시드머니가 없어져 다급해졌어요. 결국 자금줄이 막히니까 김 위원장이 그때 돈 나올 구멍이 기업하고 부산시라고 판단한 뒤 기업은 대우를 접촉한 것이고, 시는 오세민 부시장을 만난 거죠. 오 부시장은 당시 문정수 시장에게 보고를 드렸고 그래서 지원을 받게 된 거죠. 영화제의 첫 단추는 그렇게 끼워진 거예요.

♣ 영화제 준비단계에서 그렸던 청사진은.

우리는 늘 머리를 맞대고 회의를 했고 그래서 합의를 도출했어요. '비경쟁영화제와 아시아영화'에 포커스를 맞추자는 것이 핵심이었죠. 이는 지금도 변함없는 원칙입니다.

♣ 준비 작업은 어떻게 했는지.

그때 토니 레인즈를 불러 자문을 구했고 그는 말 그대로 페스티벌 어드바이저였어요. 토니의 경우 프로그래밍하는 데 아주 구체적이고 실제적 도움이 아니라 해외 연락 정도를 자문하는 수준이었고 작품선정 작업에는 개입하지 않았죠.

그리고 중요한 사람이 바로 재미교포이자 샌프란시스코 아시안영화제 집행위원장인 폴 리였어요. 이 친구는 박 감독이 끌어들였는데 폴 리가 합류하면서 영화제 운영의 틀이 잡혀가기 시작했어요. 사실 우린 아무런 경험이 없었죠. 예를 들어 티켓 카탈로그 하나를 만드는데 마감시간도 생각하지 않고 진행하자 어느 날 폴 리가 와서 "왜 안하고 있냐?"고 묻더군요. 뭐 그런 식이었죠. 몰랐으니까.

또 영화제 초기에는 임안자 씨의 도움도 많이 받았죠. 그분과의 인연은 이탈리아 페사로영화제 때 맺었는데 스위스에 살고 있으면서 한국영화 관련 평론을 쓰면서 중간다리 역할을 하고 있었어요. 페사로에 가면서 알게 됐는데 나중에 우리 일을 참 많이 도와줬어요.

임 씨 외에 윙아이린 당시 홍콩영화제 프로그래머도 우리에게 큰 도움을 줬습니다. 당시 홍콩영화제는 우리의 롤모델이었는데 토니 레이즈가 연결해줬어요.

♣ 그들의 도움을 받기는 했어도 어려움이 많았을 텐데.

처음 사무실은 수영만 요트경기장 쪽방을 얻어 썼어요. 요즘과 같은 인터넷과 핸드폰은 전혀 없었고 팩스로 대부분의 서류를 주고받았지요. 많은 일을 해야 하는 해외와의 연락은 그래서 아주 어려웠어요.

♣ 그렇게 해서 1회 영화제를 치렀다. 그때 소회는 어떠했나.

첫 영화제 마지막 날, 오 감독하고 있는데 대학교 때 영화동아리를 같이 했던 여학생이 한마디 툭 던지며 지나가더군요. 울산에서 선생님을 하고 있던 그 친구가 "소원 성취했네요"라고 말했는데 그 말이 사무쳐서 그랬는지 눈물이 왈칵 나오더라구요. 사실 1회 관객은 누구도 예상하지 못했어요. 그저 5만 명 정도 예상했는데 무려 18만 명이 왔잖아요. 정말 이건 말로 표현하기 힘들 만큼 엄청난 성공이었죠.

♣ 영화제의 성장과정에서 PPP의 등장은 무척이나 돋보이는데.

그래요. 그 아이디어를 낸 사람은 박 감독이었어요. 로테르담의 비슷한 프로그램인 시네마트에 참가한 경험이 있었기에 '이거 좋다'며 제안을 했고 2회 때 세미나를 통해 붐을 조성한 뒤 3회 본격적으로 시작했죠. 영화제가 오늘에 이르는데 PPP가 무척 큰 도움을 준 것은 분명한 사실입니다.

영화제란 게 축제잖아요. 일반적으로 사람들이나 언론에서 영화제를 바라볼 때 어떤 시야로 보냐면 그냥 축제로 보죠. 다들 영화축제가 산업적 기능을 할 수 있을 거란 생각을 못할 때 이를 제안했던 거죠. PIFF는 그냥 축제가 아니고 산업적으로 기여할 수 있는데 영화제로 전환하는데 중요한 역할을 한 거예요.

또 하나 중요한 것은 초창기 때 우리가 비경쟁과 아시아 영화에 포커스를 맞췄는데 그럼 다른 영화제와 차별화할 것은 뭔가를 고민한 것이죠. 특히 '지존' 홍콩영화제와 다를 게 뭐냐 이런 식이었는데 그래서 부분적으로 경쟁부문을 도입해 아시아 신인감독에게 뉴 커런츠 상을 준 거죠. 당시 홍콩에는 경쟁부문이 없었어요.

로테르담 타이거상은 전 세계가 대상인데 우린 아시아로 국한했죠. 나중에 홍콩이 경쟁부문을 만들었는데 그건 순전히 부산 때문에 그런 거예요.

아무튼 초창기 홍콩과 구별되는 점은 우리는 아시아 신인작가를 발굴하는 경쟁부문이 있다라는 것이었고 이후 3회 들어가면서 PPP를 만들면서 홍콩과는 완전히 차별화되는 영화제로 자리를 굳히게 됐죠.

♣ 그렇다면 홍콩을 완전히 제친 것인가.

PIFF 위상이 이젠 크게 높아졌어요. 영화제만 놓고 보면 홍콩은 부산을 따라오기가 힘들어요. 여러 이유가 있는데 홍콩이란 도시 자체가 갖고 있는 한계를 꼽을 수 있죠. 홍콩은 3주 가까이 영화제를 하지만 평일 낮에는 일부를 제외하곤 상영을 하지 않는데 이로 인해 집중도가 떨어지죠.

또 멀티플렉스 극장들이 우리만큼 도와주지 않아요. 극장이 분산돼 있는 탓에 홍콩 전역에서 영화제를 하죠. 그 이유는 우리는 10개 스크린의 멀티플렉스를 통째로 빌릴 수 있는데 홍콩은 그게 안 되는 거죠. 여러 개 중에서 하나만 빌려주고 그래서 방법이 없는 거예요.

우리는 8일 동안 죽고 못 사는 축제를 하는데 거기는 시네마테크 특별 프로그램을 3주 동안 하는 느낌이죠. 이 얼마나 큰 차이입니까.

♣ 홍콩 관객들의 반응은.

모두 해봤자 10만 명도 채 안 됩니다. 작년에 집행위원장을 쇼브라더스 창립자 손녀딸인 런스웨이로 바꿨고 이를 계기로 좀 잘해 보려고 하는 것 같은데 지켜봐야죠. 영화제 프로그래밍과 관련해 예를 들면 작년 우리는 월드와 인터내셔널 프리미어가 100편이 넘는데 올해 홍콩은 30편도 안 되더군요. 볼 영화가 거의 없었어요.

♣ 홍콩 마켓은 잘 되는 거 아닌가.

정확하게 말하면 홍콩필름마트죠. 사실 영화제와는 아무 상관 없어요. 홍콩무역발전국에서 주최를 하고 개최 시기도 6월이었어요. 영화제는 3월에 열고 주최도 홍콩소사이어티라는 법인체에서 맡아요. 그런데 부산에 하도 밀리니까 안 되겠다 해서 3월로 합친 것인데 조직은 그냥 놔두고 날짜만 같이 하는 겁니다.

홍콩보다는 도쿄영화제가 더 문제죠. 도쿄는 약 한 달간 콘텐츠 마켓을 여는데 만화, 음반, 영화를 다 합니다. 내용도 알치고 게스트도 많고 일본 정부가 공식 후원하고 있어 솔직히 우리보단 앞서죠. 우리 영화제의 경우, 문화부에서 지원받아 행사를 치르는데 이것 갖고는 부족하고 경제부서에서도 영화제에 참여해야 한다고 생각해요.

일본 마켓은 분명 현 상황에서 우리보다 잘하고 있고 그래서 대책을 세워야 하는 상황이라는 거죠. 특히 도쿄영화제 개최일자가 바로 우리 뒤이고 돈이 많으니까 바이어에게 방도 다 제공합니다. 올해부터 우리도 하려고 해요.

♣ PPP 도입한 이듬해인 4회 때는 '박하사탕'을 개막작으로 선정했는데.

물론 그 전에도 개막작으로 한국영화를 걸고 싶었는데 그럴 만한 작품이 없었어요. 이창동 감독의 두 번째 작품으로 물론 굉장히 모험이었죠. 그런데 작품이 워낙 좋았어요. 역대 영화제 중 가장 모범적 사례라고나 할까.

영화제를 하다 보면 프로그래머들에게는 시네필 같은 자세가 있어요. 지금 세월이 지나고 보니까 초창기에는 이런 낭만적인 생각을 갖고 있었는데 물론 후회를 하죠. 예컨대 부산영화제는 '예술영화제'를 지향한다거나 그래서 수면제 같은 영화들만 튼다는 비판이죠. 물론 그게 옳은가 고민을 하지 않은 건 아닙니다. 프로그래머의 주관도 중요하지만 이런 시네필적인 사고는 500석짜리 개막식에선 통하지만 5천 명짜리 개막식에선 통하기 힘들어요. '박하사탕'은 드라마도 탄탄했고 예술성과 대중성도 겸비한 좋은 영화였어요.

♣ 이를 계기로 이창동 감독은 세계적 주목을 받았고 참여정부에서 문화부 장관을 하는 계기도 됐는데.

개막작으로 내건 이듬해 '박하사탕'은 칸영화제 감독주간에 진출했어요. 사실 지금은 칸 경쟁부분에 안 가면 시시하다고 생각하는데 그 당시엔 칸 어느 부분도 가기 힘들 때라 우리 영화제에서 개막작을 하고 칸에 가니까 마음이 뿌듯했죠. 이 감독 이름도 세계적으로 알려지게 된 계기여서 여러 가지로 행복한 케이스였죠.

♣ 5회를 넘기면서 영화제 운영이 비교적 순탄했던 것 같은데.

솔직히 이야기하면 5회 이전 운영시스템은 주먹구구식이었죠. 그래서 5회 이후에는 시스템을 본격적으로 갖춰 나갔어요. 우리가 자부하는 건 영화제 운영 표준시스템을 만들고 있다는 것입니다. 티켓 시스템만 하더라도 안 좋은 추억들이 많아요. 초창기 부산은행이 해주었는데 그 서버로는 도무지 감당을 못해 종종 다운되고…. 그런데도 부산은행과의 관계 때문에 계속 갈 수밖에 없었고요. 시스템을 고쳐 가며 진화해 나갔는데 예컨대 초청시스템은 이전엔 엑셀이 고작이었죠. 그런데 체코에서 초청 프로그램 소프트웨어를 샀는데 이를 우리에게 맞게 고쳐 쓰면서 시스템이 서서히 체계화되기 시작한 거죠.

이것도 한참 지나니까 한계를 드러내 지금은 더 획기적 시스템을 CJ시스템즈와 개발 중이에요. 이게 완성되면 또 영화제의 표준이 될 것입니다. 우리가 성공하면 전주 등 다른 영화제에서 갖다 쓰고 있는데 이런 표준화된 시스템이 개발되면 장기적으로 해외에 팔 생각이에요.

♣ 해외에서 부산영화제를 배우고 있다는데 어떤 부문인가.

베트남에 드디어 영화제가 생깁니다. 약 3~4년간 준비를 했어요. 올해 홍콩에서 담당자를 만나 보니까 베트남 미디어 쪽이 중심이 돼 영화제를 준비하고 있다고 합니다. 그동안 관료제 때문에 힘들어 했는데 내년 하노이 시 탄생 100주년을 기념해 영화제를 열기로 했다고 하네요. 그들은 우리를 멘토로 생각해요. 3년 전에는 부산에 인턴을 보내 우리의 노하우를 배워갔을 정도예요.

올해 처음 출범한 일본 오키나와영화제도 우리가 조직·운영에 관한 자료를 만들어서 줬지요. 그 때문에 김 위원장이 심사위원장으로 초청 받았고 저도 VIP게스트로 다녀왔고요.

♣ 운영시스템 체계의 선진화 이외에 다른 점.

영화제의 위상을 이야기할 때 프리미어는 무척 중요한 부문이에요. 우리는 5회 이후 집중적으로 프리미어 숫자를 늘리는 노력을 기울여 왔죠. 여기서 부끄러운 고백을 하고 싶은데, 사실 초창기 우리가 '발굴' 이란 표현을 쓰곤 했지만 좀 낯간지러운 대목입니다. 일부 작품은 칸, 베를린, 베니스 등 큰 영화제에서 다 상영한 건데 그저 한국에서 처음 상영한다고 '발굴' 이란 표현을 쓴 것이죠. 지금 생각하면 정말 낯 뜨거워요. 그래서 우리는 영화제가 안정 궤도에 진입한 5회 이후 프리미어 확보에 주력했지요.

♣ 초기에는 힘들었겠지만 작품이나 게스트 초청에 노하우는 있는지.

무엇보다 중요한 것은 인적 네트워크예요. 이제는 아시아 국가별로 핵심 영화인들을 모두 친구로 다 만들어 놨어요. 그래서 누가, 어떤 영화를 만든다는 정보가 다 들어와요. 정보가 빠르니까 초청교섭도 일찌감치 들어가죠. 또 하나 중요한 것은 부산에 왔던 사람들이 "넌 부산에 가야 한다"고 앞장서서 홍보를 한다는 점입니다. 이런 게 다 초청 노하우예요.

♣ 2000년 이후에는 세계 3대 영화제 집행위원장도 찾는 영화제로 발돋움 했는데 영화제 성공에 어떤 영향을 미쳤는지.

그런 대목이 영화제 성장에 굉장히 작용했어요. 또 버라이어티, 스크린 등 세계적으로 영향력 있는 영화잡지 기자들을 초청한 것도 주효했고요. 이젠 그들이 알아서 오고 영화제 초청작 기사도 써주니까 해외 영화인을 초청하는 데 수월해요. 사실 영화하는 사람들은 부산영화제를 다 알아요. 예컨대 해외 영화제에 나가면 나를 무조건 찾아와 DVD를 주죠. 신작인데 부산에 초청해 달라는 겁니다. 이젠 거기까지 갔어요.

♣ 영화제가 어느 순간 불쑥 커졌는데.

영화제가 10회를 맞으면서 규모가 커졌어요. 초청작이 300편을 넘겼으니까 말입니다. 한번 키워놓으니까 쉽게 줄지 않더라고요. 이젠 좀 줄여야 합니다. 올해는 280여 편 안팎으로 초청할 계획이에요.

요즘 우리 영화제에 아시아 영화는 장 · 단편 포함해서 1천 200편 정도 들어오는데 이를 보고 80~90편 가량의 장편을 골라내죠. 약 10대 1의 경쟁률을 보이고 있고 그런 면에서 보면 격세지감을 느낍니다.

♣ 반면 과거에 비해 '한국영화 발굴'이란 측면에서 소홀했다는 비판도 받는데.

10년여 전과 지금은 상황이 많이 달라졌어요. 우리나라 소위 톱 감독들은 이젠 3대 영화제 아니면 거들떠보지도 않아요. 이게 현실이고 인정해야 합니다. 또한 우리는 새로운 감독을 발굴하는데, 상대적으로 언론에서 그렇게 보지 않는 이유도 있어요.

그렇다고 부산영화제가 가능성 있는 감독을 놓치느냐? 그렇지 않다고 봅니다. 다시 말해 특출한 재능 있는 감독을 놓치면 문제인데 아직 그런 건 아닌 것 같아요.

두 번째는 우리 영화제가 어떻게 나아갈 것인가와 관련이 있죠. 이 역시 언론에서 놓치는 부문인데 영화제가 규모에 따라 목표가 달라질 수 있다는 것입니다. PIFF는 세계 정상급 영화제가 목표인데 그래서 요즘 무엇을 해야 할 것인가 고민 중입니다. 새로운 방향, 즉 산업적 역량을 얼마나, 어떻게 키울 것인가를 놓고 조만간 중요한 화두를 내놓을 예정이에요.

♣ PIFF가 조직된 지 15년이란 시간이 지났다. 익숙함에서 오는 문제도 있을
  수 있는데.

　PIFF의 미덕이자 장점은 구성원 간 팀워크가 좋다는 것입니다. 의견
조율이 잘 되고 그래서 화합하며 안정적으로 운영하고 있죠. 또한 국내
에서 우리가 처음 영화제를 출범시킨 탓에 운영 노하우가 많이 축적돼
있어요. 이런 대목은 사람을 바꾼다고 해서 되는 것은 아닙니다.
　예를 들어 저 같은 경우 프로그래머 역할이 진화해 왔다고 말할 수 있
어요. 단순변화가 아니라는 얘기죠. 물론 이걸 어떻게 후배에게 물려주
느냐 하는 것이 숙제이지만 이런 진화는 쉽지 않고 이렇게 쌓인 자산은
무척 소중한 것이죠.

♣ 김동호 위원장과 15년을 함께 했는데.

　말콤 글래드 웰이 쓴 '아웃라이어, 성공의 기회를 발견한 사람들' 을
보면 천재들은 전적으로 '자기가 잘나서 천재가 된 것은 아니다' 라고
말하고 있어요. 그 책에선 환경 이야기를 많이 하는데 만약 부산영화제
에서 일하는 사람 중 외부에서 능력이 있다고 평가되는 사람이 있다고
칩시다. 그게 본인의 능력 때문인가요. 천만의 말씀이죠. 제가 보기에
50% 이상 김 위원장의 그늘에 있어서 빛나는 거예요. 김 위원장과 함께
있다는 단 하나의 이유만으로 그 사람의 능력은 50% 이상 먹고 들어갑
니다. 우리에겐 큰 우산이고 존재 자체만으로도 위안이 되어 주시는 분
입니다.

♣ 그런 것은 어디서 나온다고 보는지.

제가 보기엔 그분의 인품이에요. 누구에게나 존경심을 표하는 온화한 인품이죠. 처음부터 지금까지, 말단에서 프로그래머까지 존댓말로 대하고 이런 원칙이 철저하신 분이죠.

♣ 올해 초 총회를 앞두고 김 위원장의 사퇴 소동이 있었는데.

물론 김 위원장의 사퇴 계획을 우리는 알고 있었어요. 그렇지만 저나 영화제 직원 모두 믿는 게 있었죠. 그게 바로 시장님이죠. 그분은 절대 OK 안 할 것이라고 생각했어요. 그게 우리가 믿고 있던 마지막 카드였어요.

사실 김 위원장께서 사퇴하려는 것은 주위 분들 때문이에요. 그분들이 영화제를 많이 공격하는데 "왜 네가 그런 욕을 먹어가며 살아가냐"라는 말을 하도 하니까 김 위원장도 행동에 옮기려는 것 같아요. 그럴 때마다 우리가 이렇게 말하죠. "위원장님, 그분들 명단 주십시오. 다 초청하겠습니다"라고요.

♣ 영화제를 하면서 젊음을 다 바쳤다. 개인적으로 성공했는지.

저한테는 가족 말고 영화제가 인생의 전부예요. 제 인생을 걸은 거죠. 아직 100% 완성된 것은 아니지만 지금도 그 길로 걸어가는 중이죠. 솔직히 돈은 못 벌었어요. 지금 제가 받고 있는 월급은 한국에서 잘 나가는 은행원의 초봉보다 못하죠. 그래서 집사람이 하는 말이 왜 월급이 안 오르냐는 겁니다. 사실 우리의 월급은 우리가 직접 책정하는데 지금까지 그렇게 지내 왔어요. 프로그래머 월급은 3년째 동결이고요.

다만 대학 강단을 그만두고 영화제로 왔는데 그건 100% 잘했다고 생각해요. 지금 그 학교의 학과가 없어졌어요. 그렇지 않으면 졸지에 실업자가 됐을 것 아닙니까.

또 다른 보람은 제 아들놈입니다. 그 놈이 몇 년째 변하지 않는 꿈이 있는데 바로 부산영화제 프로그래머가 되는 겁니다. 벌써 계획을 다 세워 놨어요. 프랑스로 유학 가고 그러기 위해선 외고에 가야 하고, 조만간 불어학원에 가야 한다는 계획까지 세워놨죠. 저 때문에 일찍 깬 거죠. 그래서 그 놈한테 다른 건 닦달을 안 합니다. 농땡이 치면 "프로그래머 되는 것 포기했냐"고 하면 "에이" 하면서 공부를 하니 적어도 그 부분에 대해선 마음이 놓이죠.

♣ PIFF 이후 부천, 전주, 광주영화제가 우후죽순 생겨났는데.

전 나쁘게 생각하지 않아요. 왜냐하면 부산에서 모든 영화를 다 소화할 수 없기 때문이죠. 영화제 성격만 확실하다면 괜찮다고 생각해요.

그런데 전주에서도 프로젝트프로모션(JPP) 같은 프로그램을 하는데 아마 전주가 산업적 파워를 갖고 싶어 하는 것 같아요. 하지만 제 생각은 좀 다릅니다. 이는 부산의 PPP와 유사한 것인데 과연 이럴 필요가 있나, 또는 역량이 있겠나 하는 우려가 있는 것이죠. 이런 건 자꾸 부산을 바라보면서 생겨난 것인데 전주나 부천 모두 자기 성격에 맞는 영화제를 해야 하는데 너무 부산을 의식하고 따라 하려고 하는 것이 아닌가 라는 생각이 들죠.

전주의 JPP나 부천의 나프가 그러한 예인데 둘 다 프로젝트 마켓이죠. 물론 프로젝트를 뽑아오는 것은 할 수 있는데 문제는 누가 거기서 미팅을 하느냐, 즉 미팅을 하는 사람, 회사를 얼마나 데리고 오느냐 하는 점이 우려스럽죠.

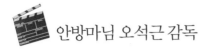

넉넉한 인상을 풍기는 오석근 감독 역시 PIFF를 이야기할 때 빼놓을 수 없는 공신 중에 한 명이다. 부산 인맥으로 분류되는 그는 '영화청년' 김지석과의 운명적 만남을 통해 영화제와 굳은 인연을 맺었다. 그가 다른 PIFF 멤버와 달리 초창기부터 '감독'으로 대접받는 것은 연출경험 때문이다. 물론 박광수 감독도 연출을 하다가 PIFF에 참여했는데 오 감독보단 한참 고참이다.

필자가 만나 본 오 감독은 진짜 이야기꾼 같았다. 무엇보다 입담이 구수하다. 다소 강한 듯한 첫인상을 주지만 사실은 누구랑 만나도 쉽게 동화되는 친화력의 소유자다. 그의 꿈은 영화감독. 물론 그 꿈은 실현됐다. 하지만 그는 PIFF 출범 첫 회 영화제 안방살림을 책임지는 초대 사무국장이라는 생각지도 못했던 중책을 맡았다.

배정고 - 부산대 기계공학과를 나온 김지석 프로그래머와 부산 동인고와 동아대 축산과를 졸업한 오 감독은 '부산'이란 공통분모를 빼면 사실 남남이나 다름없다. 동갑내기(1961년생)인 이들은 출신학교도 다르고 학과도 다른데 고교 시절 둘 사이에 있던 한 친구가 이들을 연결해 줬고, 이후 30년 가깝게 둘도 없는 '영화 친구'가 됐다.

대학 시절 김지석은 부산대 영화연구회, 오석근은 동아대 영화예술연구회에 몸담으며 정기적으로 만나 영화도 보고 토론도 하곤 했다. 이들은 부산 프랑스 문화원을 오가는 사람을 규합해 '시네클럽'을 만들었는데 초대 회장은 김지석이 맡았다.

오 감독은 일찌감치 영화로 진로를 잡았다. 대학 졸업 후 한국영화아카데미 4기를 차석으로 수료한 오 감독은 단편영화 '어느 자살자를 위한 보고서'(1984년)로 대한민국 단편영화제 동백상을 받았고, '소매치기'로 부산 프랑스 문화원 단편영화제 대상(1985년)을 수상하며 영화감독의 꿈을 키워 나갔다. 이후 이명세 감독의 '개그맨' 연출부로 영화계에 입문했다.

89년 영화 아카데미 출신 10명을 포함한 20여 명의 영화 전문 교육세대를 주축으로 '영화공장 서울'을 결성했다. 오 감독은 '네 멋대로 해라'(1992년)를 연출하여 감독으로 데뷔했다. 고다르의 '네 멋대로 해라'를 한국판으로 각색한 작품이다.

적은 제작비로 실험성을 보였던 첫 작품과는 달리 두 번째 작품 '백한번째 프로포즈'(1993)는 일본의 인기드라마를 각색했고 문성근, 김희애 등의 인기배우를 캐스팅해 대중적 주목을 받았다. 이 작품 역시 첫작품과 마찬가지로 지고지순한 순애보적인 내용의 멜로 드라마였다. 한동안 메가폰을 놓았던 오 감독은 '태양은 외로워'(2001), '연애'(2005) 등을 잇따라 연출했고 지금도 시나리오 작업을 놓지 않고 있다.

오 감독이 풀어놓는 PIFF에 대한 단상을 2008년 9월 들어봤다.

"고교 시절부터 알고 지내던 지석이는 부산대로 가고 저는 동아대로 갔죠. 그런데 재미난 일화가 있어요. 대학 재학 시절 제가 영화 서클 회장을 맡고 있었는데 어느 날, '부산대 써클 회장 나오라고 해'라는 큰소리가 나서 보니까 지석이더라구요. 이젠 더 이상 알고 싶지 않은 친구죠.(웃음)

전 부산 동인고 - 동아대를 졸업했는데 사실 고교 때 이미 영화에 어느 정도 빠져 있다가 대학에선 완전히 푹 빠졌죠. 제 부친은 해양대를 나와 배를 탔고, 할아버지는 강원도 원주에서 사업을 하는 바람에 가족들이 자주 이사를 했지만 그래도 졸업은 부산서 했죠.

지석이와 숨겨진 일화가 있어요. 제가 강원도 양구 22사단에서 군대생활을 할 때인 1982년 지석이가 면회를 왔어요. 그런데 입사시험(풍산금속)을 보고도 면접 당일 부산서 그 먼 곳까지 면회를 왔다는 거예요. 그런 감동은 없죠. 만약 당시 지석이가 저한테 면회 오지 않았다면 아마 회사에 들어가 지금쯤 중역쯤 올라가 있지 않겠어요."

그는 이용관 교수와의 꽤 오래된 인연도 함께 털어놨다.

"저희가 용관이 형(그는 사석에서 이렇게 호칭했다)을 만난 지 20년이 넘었죠. 그런데 만나면서 우리는 자연스레 호칭과 계급 등이 다 정해졌어요. 용관이 형과 친해지게 된 결정적인 계기가 있어요. 저와 지석이가 경성대 앞 프랑스 문화원을 오가며 시네클럽을 만들었죠. 당시 부산 경성대에 연극영화과가 생겼고. 시네클럽에서 활동하고 있는데 형님 같은 사람이 딱 들어오는 거예요. 그때가 1985년이었죠.

30대 초반인 용관이 형이 경성대에 교수로 온 거죠. 우리에겐 좋은 공격 대상이 됐죠. 너는 연극영화과냐, 그래 우린 시네클럽이다. 뭐 이런 식으로 말이죠.

어쨌든 이용관이란 사람은 부산에 와서 좀 답답해했어요. 부산이 영화적으론 촌동네고 뭐가 있겠어요. 용관이 형은 당시 작가 이론 쪽으로 가르치려고 하는데 우리 같은 애들한테 뭐 이론이 먹히겠어요. 그러니까 저희들을 보니까 아마추어가 폼은 잡는데 얘들하고 얘기해서는 갈증이 해소 안 되고 그러니까 서울에서 사람들을 불러 내리기 시작했어요.

시간강사 형태로 특강을 마련한 건데, 이충직, 전양준, 유지나 등 서울의 주류 영화인들을 불러 내린 거죠. 한데 말이 대학 강의지 용관이 형이 외로움을 달래려고 그 사람들을 부른 거예요. 이후 서울 영화인들은 우리와 자연스레 어울리게 됐죠. 저희는 부산에 있다 보니까 서울하고 네트워크가 전혀 없어 우물 안에 개구리 수준이었는데 잘된 거죠.

아무튼 용관이 형이 서울과 부산을 연결하는 데 제일 큰 역할을 했어요. 지석이가 부산대에서 석사를 마치고 중앙대로 가 석사를 한 것도 용관이 형이 강력히 추천한 것이고요. 이렇게 해서 용관이 형과 저희들, 서울 영화인들과 자연스레 연결이 됐죠.

이런 배경 하에서 부산국제영화제가 시작된 거예요. PIFF 멤버 중에서 김동호 위원장은 영진공 사장님이었고 이용관, 박광수, 전양준, 김지석 그리고 저까지 5명인데 영화제 준비 자체가 '낯설지 않은 시작' 이었죠. 서로가 다 아니까 말이에요.

영화제는 지석이가 먼저 '발의' 했어요. '영화제를 만들자' 고. 아마 본인은 그렇게 생각했던 것 같아요. 지석이 입장에서 보면, 영화를 너무 너무 하고 싶은데, 감독되는 것이 꿈인데, 하지만 연세가 많으신 어머니는 혼자 계시고 서울로 가서 현장 활동을 할 수 있는 여건은 안 되고…. 어쨌든 영화는 해야겠고 이런 식으로 고민을 많이 했죠. 그나마 제가 부산에서 으샤으샤 하는데 그게 뭐 되겠어요. 소리 없는 메아리지.

그래서 지석이 딴에 머리를 쓴 것이 아시아 영화제죠. 그땐 누구도 거기에 관심을 갖지 않았으니까. 당시 기호학이라든가 라캉 정신분석 등 서구 영화비평 이론이 강세였고, 그 모든 것이 정성일의 큰 아우라가 형성되고 다른 하나는 이용관 교수가 맡았고 말이에요.

평론에 있어서 이런 파벌이 형성됐는데 지석이 보기에는 도저히 그 자리에 끼어서는 승산이 없다고 생각을 한 거죠. '아시아를 뚫겠다' 며 지석이는 몇 년을 자기 돈 갖고 영화제를 나갔어요. 아무런 타이틀도 없이 개인 신분으로 말이에요.

저는 미쳤다고 했죠. 그럼에도 불구하고 지석이는 외국에 나가 호텔 방값이 없어 장선우 등 한국감독이 묵고 있는 호텔을 찾아가 침대 밑에서 자고 뭐 그런 식으로 영화제를 다니면서 아시아 영화를 중점적으로 보기 시작했죠.

그러는 사이에 이용관 교수가 계간 '영화언어' 라는 잡지를 내기 시작했는데 거기에 전양준, 김지석 등이 참여했죠. 지석이는 거기에 끼면서 서울과 네트워크가 만들어진 거죠. 그런 식으로 학계나 평론과 네트워크가 되는 동안에 저는 서울 영화아카데미에 들어가서 공부하는 바람에 영화 현장과 연결이 됐죠."

이야기는 자연스럽게 영화제로 넘어갔다.

"영화제 시작 전 업무 분담은 별 문제가 없었어요. 김동호 위원장은 자금 조달과 윗선을 맡고, 박광수 감독은 해외를 많이 나갔으니까 영화제 조직을 책임지고 나머지 세 사람은 쉽게 교통정리가 됐죠. 용관이 형은 한국, 지석이는 아시아, 영국 유학 다녀온 전양준은 미주와 유럽, 이런 식으로 말이죠. 미리 정한 것은 아니에요. 일을 할 수 있는 사람을 모으니까 자연스럽게 그렇게 조합이 된 거죠. 전 사무국장을 맡는데 야전에 굴렀으니까 현장에서 박박 기어라 뭐 그런 거죠.

이러다가 지석이가 또 다른 칼을 하나 뽑았어요. 제가 당시 '백한 번째 프러포즈' 란 영화를 찍고 있었는데 주연인 김희애가 예술의 전당에서 공연하는 장면이 있었죠. 당시 공연 기획하던 김유정이란 친구가 그곳 장소 섭외를 맡았는데 그 친구를 지석이에게 소개했죠. 지석이가 김유정이란 친구를 만나서 영화제를 하고 싶은데 어떻게 하면 좋을까 얘기를 나눴어요.

어쨌든 전 '공연기획자인 당신이 도와줬으며 좋겠다' 라고 말을 했는데 김유정 씨가 파라다이스 호텔의 김인학 전무(현 인천파라다이스 호텔 사장)를 소개했어요. 파라다이스 호텔 측에서 스폰서를 하겠다고 연락이 왔고 그래서 한 번 만나자 해서 용관이 형하고 얘기를 해서 만나게 된 거죠. 그런데 김 전무는 영화제를 카지노하고 연관시킨 거예요. 깐깐한 배우들이 오면 레드카펫 위를 걷고, 카지노에서 돈 팍팍 쓰고 뭐 그런 식으로 말입니다.

이야기는 처음에 좋게 진행됐죠. 호텔이 내놓기로 한 돈이 5억 정도였는데 굉장히 큰돈이었어요. 당시 영화제 예산을 10억 정도 잡았는데 절반가량을 댄다고 하니까 김동호 위원장에게 보고도 했죠.

막상 두 사람이 만났는데 지석이가 '아시아 영화인들은 필름 보낼 돈도 없습니다' 라고 하니까 호텔 측에선 '이거 아니다' 싶었던 거죠. 영화제라는 것이 칸영화제하고 오스카상 두 부류인데 그냥 배우와 감독이 화려하게 등장하는 아카데미영화제만 생각한 거죠.

어쨌든 부산에서 영화제를 하면 배우든 감독이든 많이 오면 호텔에서 묵고 카지노에서 돈도 펑펑 쓰고 이런 생각을 했는데 지석이를 만난 뒤 생각이 달라졌죠. 그리곤 발을 뺐어요. 김 위원장께서 이래선 안 되겠다며 이때부터 직접 나서 부산시에 자금지원을 요청하기로 한 거죠.

1995년 말, 제가 부산에서 이명세 감독이 촬영 중인 '남자는 괴로워'를 도와주고 있었죠. 명세 형이 우리 집에서 시나리오 쓰고, 강수연, 김갑수를 데려다 주며 으싸으싸 하고 있었는데 어느 날 지석이한테 연락 왔어요.

김 위원장께서 부산시 오세민 부시장과 면담을 갖기 위해 부산에 오시는데 함께 수행을 해야겠으니 차를 좀 갖고 오라는 거예요. 당시 제가 차가 어디 있습니까. 그때 김갑수가 끌던 캘로퍼를 잠시 빌려서 공항으로 나갔죠. 공식적으로 처음 부산시하고 미팅하는 날이었는데 위원장께서 혼자 들어갈 수 없으니까 우리가 수행을 하자며 지석이가 저한테 SOS를 친 거죠.

김 위원장과 경제기획원 출신 오세민 부시장은 공직에 오래 계셨던 탓에 서로 잘 알고 있었어요. 시청에서 만난 뒤 중앙동 명동일식집으로 옮겨 식사하면서 더 이야기를 나눴는데, 김 위원장은 '내가 가만히 있었는데 애들이 영화제를 하자고 해서 나도 이제 할까 한다. 내가 아는 것과 연관도 되고 내가 보기에도 서울은 아닌 것 같다. 국제영화제라는 것이 바다를 끼고 휴양도시에서 하는 페스티발이다. 그래서 부산에서 하려고 한다. 시에서 같이 해줬으면 한다'고 말씀을 드렸죠. 이야기는 잘 됐어요. 이후 오 부시장께서 우리한테 만나자고 연락이 왔죠."

이즈음에서 문정수 전 부산시장이 등장한다.

"문 시장은 선거 때 부산서 국제영화제를 하겠다고 공약한 적이 있었어요. 사람들은 잘 몰랐지만 이를 계기로 국제영화제팀이 시에 꾸려졌고 문 시장 주재로 두어 번의 모임을 가졌는데 과연 이를 할 것인가 말 것인가를 두고 계속 판단을 미루고 있는 와중에 저희가 들어간 거죠.

그때 오 부시장이 '김 위원장은 인품이 출중하니 이쪽 분들하고 영화제를 하는 것이 어떨는지요'라고 건의를 했어요. 그래서 문 시장은 한 번 만나보자 해서 우리와 미팅이 이뤄졌죠.

그런데 문 시장은 정치인 출신인 탓에 자기가 모든 걸 쥐고 다 하려고 했어요. 그러나 김 위원장의 생각은 시는 지원만 하고 간섭은 안 했으면 좋겠다고 했는데 여기서 문제가 생겼죠. 시로서는 이전까지 돈 대주고 뒷전으로 밀려난 적이 없으니까 황당하게 생각한 거예요.

당시 부산시에서 실무를 직접 챙긴 분이 행정국장 오거돈 씨(현 해양대 총장)였어요. 시 살림살이를 맡고 있던 실세였는데 그분은 영화제가 어떤 행사인지도 모르는 상태에서 시는 돈만 대고 뒤로 빠지라 하니까 이상하게 생각한 거죠.

거기다 경상도 사투리가 센 오 국장은 영화제 추진세력을 부산사람이 아니라며 평가 절하하더군요. 하기사 김동호, 이용관, 박광수, 전양준 등 영화제 멤버들이 서울말을 쓰니까 죄다 서울놈들로 취급하며 대수롭지 않게 생각했던 것 같아요. 오 국장은 '도대체 뭐하겠다는 거냐'며 좀처럼 물러서지 않았고 '내가 너희들 잘 되는 것은 못 말리겠지만, 못 되게 하는 것은 할 수 있다'는 식으로 밀어붙였죠.

아무튼 영화제 주도권을 놓고 줄다리기가 굉장했어요. 나중에는 한판 붙기 일보직전까지 갔는데 이때 김 위원장도 무척 화가 났었죠.

결정적인 것은 영화제 사단법인 문제였어요. 시가 직접 핸드링할 것인가를 놓고 막판 중요 변수로 등장했는데 그 순간까지도 문 시장은 결정을 내리지 못했죠. 그래서 회의를 한 시간 연기했어요. 결국 중앙동 시청사에서 오 부시장이 결정적인 진언을 했지요. 이건 영화제 사람들 말을 듣는 것이 좋겠다며 오늘의 형태, 즉 조직위원장과 집행위원장을 분리하는 것으로 결론이 났죠. 다시 말해 형식적으로 부산시장이 조직위원장을 맡고, 조직위와 집행위는 분리해서 집행위가 모든 것을 맡고 조직위는 지원을 해주는 시스템이죠.

부산시와 접촉하는 과정에서 에피소드도 많았어요. 당시 제 나이가 삼십대 중반이었는데 다른 사람들은 업무차 시청에 들어가면 양복을 입고 가잖아요. 그런데 우린 청바지 차림으로 그냥 시장실로 직행을 하니까 공무원들 눈이 뒤집어지는 거죠. 비서실 직원들이 '제발 절차 좀 밟아 오라'며 은근히 면박도 놓고 말이에요.

특히 박광수 감독은 넥타이를 안 하는 마지막 자존심이 있어요. 이상한 똥고집이라고 할까. 본인은 대통령 만나러 청와대 가는 데도 넥타이를 매지 않는데 시장 만나는데 무슨 넥타이야? 뭐 이런 식이죠. 아무튼 시와 영화제 간에 의견이 거중 조정이 돼 1996년 2월 PIFF 창립총회가 열렸고 그날 제가 시나리오를 짜서 사회를 보게 됐죠."

궁금했던 그 시절 이야기가 이어진다.

"막상 영화제 집행위가 공식 출범했는데 당장 (시에서) 돈이 안 나오는 거예요. 파라다이스 호텔에선 5억 원을 내려다 카지노를 통해 5천만 원밖에 안 주고, 시에선 예산배정은 전년도에 모두 끝났다며 뒷짐만 지고 있으니 한숨만 나왔죠.

시는 돈을 주고 싶은데 당장은 없다 하고 추경은 5월이나 편성한다며 딴소리만 하지 난감하더라구요. 당장 영화제 준비하려면 해외에 나가야 하는데 그때 돈 있는 사람이 누가 있겠어요.

김 위원장께서 당신 돈을 얼마간 주셨고 지석이도 결혼자금 500만 원을 털었죠. 저도 카드를 5개 갖고 있었는데 카드깡해서 200~300만 원 정도 마련했죠. 이렇게 모은 돈이 5천만 원 정도였는데 비품 사고 애들 뽑고 하니까 금방 없어지더라구요. 완전히 코끼리 비스켓이었어요.

그래서 위원장과 제가 시를 찾아가 방법을 논의했죠. 그때 오세민 부시장이 부산은행에 전화해서 내가 보증을 서는 조건으로 신용대출로 5천만 원을 대출받았어요. 그 다음날 돈이 입금되자 이를 종잣돈으로 해 해외도 나가고 했죠.

그런데 사무국장을 맡은 제가 회계를 잘 모르니까 별일이 다 있었어요. 미리 쓴 것을 나중에 자금이 들어오면 정산해 주어야 하는데 나랏돈이라는 것이 어떤 것은 영수증으로 처리되는 것이 있고 어떤 것은 안 되어서 결국 지석이 결혼자금은 못 갚아 줬죠. 지석이는 지금도 이 얘기하면 영화제가 자기 결혼자금 떼먹었다고 불만이 한 보따리예요.

돈도 문제지만 할 일은 더 문제였어요. 호텔, 극장 등 섭외할 일이 많은데 시청 직원들은 뺑뺑이 돌리고, 그렇지 않으면 너희들이 알아서 하라는 식으로 모르는 척하고 말이에요. 결국 김 위원장께서 이래선 안 되겠다며 시장 독대를 요청했죠. 그런데 문 시장이 워낙 바빠 만날 수 없었어요. 그래서 우리가 새벽 6시 30분 시장 관사 앞에서 기다렸다가 만났죠. 그리곤 계장, 과장, 국장의 결재라인을 갖고는 늦어서 안 된다. 언제 이런 걸 다 결정하냐고 말씀드렸더니 문 시장께서 앞으로 직접 보고하라고 지시하더라구요. 그래서 막힌 것들이 술술 풀렸죠."

이 과정에서 그는 영화제 개최를 반대한 분이 있었던 사실을 털어 놓는다.

"바로 이용관 교수를 부산으로 이끈 경성대 주윤탁 교수인데 그분은 부일영화상 부활이 먼저라고 생각했고 그것이 더 의미 있는 일이라고 생각했죠. 주 교수의 절친한 친구가 부산시 고위공무원인 김부환 씨였어요. 교수님은 부일영화상이 대한민국 최초의 영화상인데 평론가의 이름으로 부활시키고 시 예산도 배정받으려고 했었던 것 같아요.

저희들이 찾아가 주 교수께 말씀드렸죠. 그런데 그분은 싫은 거였어요. 겉으로는 부일영화상을 넘어서는 국제영화제를 하자는 데 반대하기는 뭐했지만 속으로는 당신이 부일영화상을 부활시키려고 노력해왔는데 갑자기 난데없이 젊은 애들이 영화제를 하자니까 불편한 심정이었죠. 게다가 부산의 터줏대감은 본인인데 갑자기, 그것도 서울 애들이 내려와서 국제영화제를 하자니까 싫었던 거지요. 결국 나중에는 주 교수도 영화제 조직위원이 됐지만 설득하는 데 꽤 힘들었어요."

영화 심의도 문제 투성이었다는 대목도 들을 수 있었다.

"그땐 일본영화 수입금지 시대였잖아요. 또 에로영화에 대해 심의가 엄격했고 그래서 부산에 내려온 심의위원들을 호텔 방에 모셔 놓고 제가 딴죽을 걸었죠. 문제되는 부문, 그러니까 음모가 노출되는 순간이면 심의위원 곁에 붙어서 말을 건네면서 고비를 넘기고 이렇게 쇼를 해서 겨우 심의를 통과했죠.

우여곡절 끝에 영화제가 개막됐는데 입이 딱 벌어지더라구요. 첫날 예매부터 스코어가 터지는데 짜릿한 거예요. 사람들이 엄청 몰리면서 매진작이 연이어 나오고 정신 못 차릴 지경이었죠. 졸지에 영화제에 붙잡혔던 폴 리는 여러 영화제를 해봤는데 이런 일은 처음 본다며 칸에서도 이런 일은 없다고 엄청 놀랐죠. 외국 게스트들도 남포동 나가서 연신 놀라는 표정이었고요. 저도 생각했죠. 원래 부산이 이런 동네가 아닌데 하면서 말이에요.

1회 영화제가 끝나고 저는 '자랑스런 부산시민상' 을 받았어요. 시에선 영화제가 성공적으로 끝났다며 상을 주려 하는데 누가 대표로 나올 거냐고 하더라구요. 위원장님이 받기엔 좀 그렇고, 프로그래머들은 많고 이런저런 이유로 제가 대표로 받게 된 거죠. 상금으로 300만 원을 받았는데 그 돈으로 그날 저녁에 술을 엄청 먹었죠.

아무튼 영화제가 성공한 것은 그 시기를 기가 막히게 맞혔던 거예요.

박박거리며 영화제를 하자던 지석이도 용케 운 때를 맞춘 것이고 말이에요. 물론 영화제 첫 회의 폭발적인 관객의 힘이 시너지 효과를 극대화시켰고 타이밍도 절묘했고요. 내적으론 문정수 대 김동호의 관계가 대립적이었다가 조화를 이루면서 순항을 하게 된 것이고요. 사실 이런 땀과 눈물이 있었기에 오늘의 PIFF가 있게 된 거죠."

 폴 리

샌프란시스코 아시안 아메리카영화제 집행위원장이었던 재미교포 2세 폴 리는 박광수 감독과의 인연으로 '부산영화제 창립을 위한 세미나'에 참석했다가 발목을 잡혔다.

당시 미국의 나타(NAATA : 아시아계 미국인들의 방송 컨소시엄)에 소속돼 있으면서 한국계 미국인의 정체성을 찾자는 의도로 지난 1992년부터 샌프란시스코 아시안 아메리카영화제를 개최해 왔다. 버클리대학에서 수사학을 공부하고 컴퓨터잡지 편집장을 하다가 영화 쪽 일에 자연스레 손대기 시작했다.

"이왕 온 김에 좀 더 도와 달라"는 박 감독의 부탁을 뿌리치지 못했던 그는 결국 1회 부산영화제가 폐막한 다음에야 미국으로 돌아갈 수 있었다. 그는 영화제를 불과 4개월 남겨둔 시점에서 자막시스템은커녕 티켓판매망조차 준비가 안 된 부산영화제를 보곤 한심해했지만 결국 두 팔 걷어붙이고 궂은 일을 도맡아 했다.

오석근 감독은 몇 번이나 손을 떼려는 폴 리의 바짓가랑이를 붙잡던 일을 회고한다. "영화제 개막 직전에 폴 리가 '이렇게 무식한 사람들이 영화제를 하겠다니 기가 막힌다'면서 기어코 짐을 싸더군요. 무조건 싹

싹 빌었어요. 개막이 코앞인데 방법이 있습니까. 결국 그는 끝까지 남아 작품초청에서 팸플릿 인쇄까지 모든 업무를 일일이 코치하고 도와줬습니다."

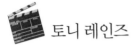 토니 레인즈

아시아 영화광인 토니 레인즈도 PIFF를 도운 해외인력 가운데 한 명이다. 그는 '메이저 경쟁 영화제 진출을 꿈꾸는 신인감독들이 건너가야 할 다리' 로 여겨지는 영향력 있는 영국 출신의 저명한 영화평론가다. 홍콩영화제 창설의 견  인차 역을 맡았던 그는 캠브리지대학에서 영문 학을 전공했고 대학시절 몇 편의 단편영화를 만들면서 영화계에 입문했다. 대만 거장 허우샤오시엔, 일본의 기타노 다케시 그리고 중국의 5세대 감독들을 서방에 처음 소개한 사람이기도 하다.

1988년 처음 한국에 온 토니는 당시 영화진흥공사 사장이었던 김동 호 위원장과 안면을 텄고 이후 막역한 사이가 됐다. 유럽 · 미주 쪽에 한 국영화를 알리는 데 매진했던 그는 1992년 페사로영화제에 한국영화 특별전을 성사시키기도 했다.

이후 토니는 한국 최초의 영화제 창설을 위해 뛰었다. 부산영화제팀 과 밤을 새우며 영화제의 골격을 짜고 부산시청을 드나들며 공무원들 을 설득하는 데도 함께 했다.

1회 영화제가 화려한 축제로 끝난 후 모두가 흥분해 있을 때 토니 레인즈는 "불꽃놀이나 감상하는 소모적인 축제가 돼서는 안 된다"면서 "형식보다 내실을 기할 것"을 경고하는 등 냉철한 충고를 아끼지 않았다.

필자는 2005년 10월 영화제 10돌을 앞두고 그와 인터뷰할 기회가 있었다.

지구 저편 영국이 고향인 토니 레인즈는 한국영화에 매우 우호적인 평론가다. 특히 그가 부산국제영화제에 보낸 지지는 '우호적'이란 단어 하나로 설명하기엔 무척 부족하다. 1996년 PIFF 탄생에 결정적 기여를 했기 때문이다. 뿐만 아니라 매년 영화제에 빠지지 않고 '10년 개근'을 한데다 지금까지도 PIFF 어드바이저로 활동하고 있다. 캐나다 밴쿠버영화제에 참석하고 있는 그는 PIFF의 어제와 오늘, 그리고 내일에 대해 속내를 털어놨다.

먼저 PIFF와의 인연이 궁금했다.

"PIFF는 사실 밴쿠버에서 탄생했다. 1990년대 초 밴쿠버영화제에 참석했는데 어느 날 극장 앞에 긴 줄이 서있는 것을 보고 김지석 교수가 나에게 '우리도 꼭 부산에서 이런 걸 해야겠다'고 말했다.

나는 그때 PIFF의 아이디어가 생겨났다고 믿는다. 그리고 처음부터 PIFF 설립계획에 참가했고 이는 10년이 지난 지금까지 내가 'PIFF 어드바이저'인 이유다."

PIFF의 현주소에 대한 진단을 부탁해 봤다.

"PIFF는 아시아에서 단연코 가장 중요하고 성공적인 축제가 됐다. 이는 한국영화와 영화 문화가 발맞추어 성장해 온 것이다. PIFF가 아시아 영화제의 선구자로 자리 잡으면서 이제 세계 곳곳에서 한국영화에 대한 흥미를 만들어 내고 있다."

줄곧 지켜봤기에 누구보다 PIFF의 단점을 잘 알고 있을 것 같아 물었 보았다.

"지난해 선댄스영화제 제프리 길모어 집행위원장이 PIFF를 처음 찾 았을 때 '4개 프로그램은 부족해 보인다' 라고 말했다. 바꿔 말하면 부 분적으로 프로그래밍이 국제적인 기준에 미치지 못한다는 뜻이다. 공 감하는 대목이다. 그러면서 그는 황철민 감독의 '프락치' 를 예로 들면 서 PIFF에서 새로운 영화 소개는 편애적이라고 말했다. 참고로 레인즈 는 저예산독립영화인 이 작품에 대해 '영화의 가난함에 대해서는 말하 지 말자. 단지 이 영화의 텍스트가 가진 풍요로움을 이야기하자' 며 지 지를 보냈고, 결국 '프락치' 는 지난해 로테르담영화제 경쟁부문에 진 출해 국제비평가상을 수상하는 쾌거를 일궈냈다.

다시 말해 그는 프로그래머가 좋아하지 않을 경우, 중요한 영화가 간 단히 배제당한다는 것이다. 그는 PIFF가 그런 어리석음에서 서둘러 벗 어날 필요가 있다고 조언을 아끼지 않았다."

그가 그리는 PIFF에 대한 청사진은 무엇일까.

"PIFF의 성장 동력은 한국영화와 시장에 대한 국제적인 관심에서 나 온다. 해외 영화제나 제작 관계자들은 한국영화에 호기심을 갖고, 외국 감독들은 그들의 영화를 한국에 팔기 위해 부산을 찾는다. 동시에 PIFF 의 꾸준한 성장은 한국 관객들에게 영화에 대한 애정을 엄청나게 증폭 시켰다. 이는 당분간 지속될 것이다."

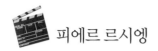

피에르 르시엥

　1회 영화제 뉴 커런츠 심사위원을 맡았던 피에르 르시엥은 프랑스 칸 영화제 질 자콥 위원장의 친구로 오랫동안 칸영화제 고문을 맡으며 한국과 한국영화에 관심을 두기 시작했다. 1970년대 후반 우리나라와 북한을 수시로 드나들며 신상옥 감독 등에게 관심을 보였던 그는 한국영화의 잠재력을 일찌감치 인정했다.

　1996년 5월 칸영화제에서 김동호 위원장이 부산영화제 홍보를 위해 오찬을 마련했을 때도 피에르 르시엥은 앞장서서 유럽 영화제 관계자들과 기자들을 불러 모아 주었고 부산영화제를 소개하는 데도 앞장섰다.

　한국영화를 말할 때면 어김없이 등장하는 이름이며 고향인 프랑스에서 '아시아 영화의 대부'로 통한다. 1970~80년대에 직접 두 편의 영화를 만든 감독이기도 하며, 영화 배급·기획·영화제 프로그래머·평론가 등 다양한 분야에서 왕성한 활동을 펼쳐 왔다. 미국 콜로라도에서 열리는 텔룰라이드 영화제 큐레이터이기도 한 그는 대표적인 프랑스 배급사인 '파테'에 적을 두고 있다. 칸영화제의 '보이지 않는 손'으로도 통하며 스스로를 '영화 운동가'라 부른다.

　초창기 부산국제영화제에 참석해 국내외 영화인 500여 명이 참가한 가운데 유네스코 '문화적 가치 다양성 보호와 증진을 위한 협약'을 지지하는 내용의 '부산국제영화제 영화인 선언'을 안성기, 대만 감독 차이밍량과 함께 낭독하기도 했다.

　임권택 감독의 '춘향전', '취화선'이 칸영화제 경쟁부분에 진출할 때나, 홍상수 감독의 '남자는 여자의 미래다', 박찬욱 감독의 '올드보이' 등이 칸에서 상영될 때 그는 항상 그곳에 있었다. 그만큼 한국영화를 끔찍히 사랑하는 프랑스 사람이다.

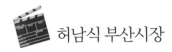

허남식 부산시장

▲ 영화제 개막을 선언하는 허남식 시장

부산국제영화제를 논할 때 부산시장 이야기를 빼놓을 수 없다. 당연직으로 영화제조직위원장을 맡고 있기 때문이다. 게다가 영화제 예산을 좌지우지하는 '금고주인'이기도 하다. 이런 연유로 김동호-이용관 '투톱시스템'의 집행위원회가 실무를 담당하는 '몸통'이라면 부산시장은 전반적으로 그라운드를 조율하는 '머리'에 해당되는 셈이다.

사실 앞서 언급했듯이 영화제의 초석은 민선 1기 문정수 시장(1995. 7. 01~1998. 6. 30)이 다져 놓았다. 그 바통을 이어받은 이가 타계한 안상영 시장(1998 7. 01~2004. 2. 04)이다. 민선 4기인 현 허남식 시장은 영화제 성장의 디딤돌을 단단히 구축했다는 평가를 받는다.

1949년 경남 의령 출생으로 고려대 심리학과와 서울대 행정대학원을 졸업한 허 시장은 행정고시 출신으로 30여 년간 부산에서만 공무원 생활을 했다. 교통기획과장, 인사과장, 상수도사업본부장, 기획관리실장, 정무부시장 등을 두루 거친 뒤 2004년 부산시장 보궐선거에 당선돼 시장으로 취임했는데 시정을 꿰뚫고 있다고 해서 '안방마님'이란 별명과 업무추진력이 화끈하다 해서 '불도저'라는 두 가지 별명을 얻기도 했다. 알고 보면 그도 영화가족이다. 아들인 허욱씨가 현재 영화배우로 활동 중이다. 허 시장을 만나봤다.

♣ 부산영화제와 언제 어떻게 인연을 맺었나요.

1995년 영화제가 준비될 무렵, 저는 부산시 국제경기대회 지원단장을 맡고 있었죠. 당시 우리 시는 2002년 아시안게임을 유치했지만 다른 도시에 비해 상대적으로 문화가 뒤 떨어져 있었어요. 그래서 아시안게임을 성공적으로 개최하기 위해 도시 이미지를 높이고 시민들에게 자긍심을 줄 수 있는 문화적 도시 마케팅이 필요했죠.

때마침 부산 영화인들이 국제영화제를 개최한다는 이야기가 논의되고 있음을 알고 당시 문 시장께 영화제 지원을 건의했어요. 사실 문 시장께선 돈을 주면서도 "이거 사기 당하는 거 아이가"라면서 웃기도 했는데 솔직히 영화제라는게 대종상 같은 행사로 알았고 당시 대종상을 후원하던 삼성이 안 좋은 소리를 듣고 있어 걱정을 많이 했죠.

영화제가 출범한 1996년엔 지역경제국장을 맡았어요. 영화제가 개막되고 남포동에 나가보니 젊은 관객들이 넘쳐나고 극장에선 상영이 끝난 뒤 '감독과 대화'에서 날카롭고 깊이 있는 다양한 질문에 깜짝 놀랐어요. 게다가 해외에서 온 감독과 언론들이 '세계에서 가장 열정적인 영화제 중에 하나' 라는 말을 하기에 은근히 뿌듯했죠.

♣ 영화제 때 보면 감독이나 배우들과 친숙해 보이는데 영화인들과 무슨 특별한 관계를 맺고 있는지요.

영화라는 장르는 참 매력적이라고 생각해요. 그리고 배우들은 시공을 넘나들며 어떤 캐릭터든 어떤 직업이든 다 누릴 수 있는 카멜레온과 같은 직업이 아닙니까. 그래서 저 개인적으로 배우를 했다면 잭 니콜슨 같은 배우가 되고 싶었어요. 선악과 코믹, 달콤한 사랑 등 다양한 캐릭터를 소화해내는 카멜레온 같은 배우 말이죠.

사실 저희도 영화가족이에요. 제 장남이 중학교 때 야구선수를 희망

하는 걸 말렸는데 대학에 들어
가더니 영화배우를 하겠다고
해 마지못해 승낙했죠. 운이
좋은 건지, 재능이 조금 있는
건지 '똥개' '태풍' 등에 단역
으로 출연하면서 부산출신 곽
경택 감독과 인연을 맺게 됐어

▲ 윤제균 감독의 영화 '해운대' 제작진을 격려하는
허남식 시장

요. 요즘도 가끔 곽 감독과 개인적인으로 만나 영화에 대한 얘기도 나누
곤 하는데 부산서 찍은 드라마 '친구', '우리들의 못 다한 이야기' 도
화제에 올리곤 하죠.

부산에서 촬영한 영화 시사회가 있으면 짬을 내 영화를 봅니다. 올해
'천만 관객' 을 돌파한 윤제균 감독의 '해운대' 팀과 촬영현장에서 함께
식사를 하며 한국영화나 부산영상산업 방향 등에 대한 고언을 듣기도
했어요. 물론 임권택 감독, 배우 안성기, 강수연 씨 등도 매년 회동하며
친분을 나누고 있어요.

가장 가까운 영화인이라면 역시 김동호 위원장이죠. 관료로서 선배
이시고 세계 영화계에서도 인품과 능력이 고매한 분으로 평가를 받고
있어 그 분의 성공적인 삶을 정말 존경해요.

♣ 영화제 성공요인을 보면 공적부문에서 적지 않은 역할을 한 것 같습니다.
'지원은 하되 간섭은 않는다.' 는 원칙은 변함이 없는지요. 그렇다면 조직
위원장으로서 중점적으로 강조하는 것은 무엇인지요.

예, 변함이 없습니다. 영화제의 가장 중요한 것은 국내외 우수한 작품
을 찾아내 관객에게 소개하는 프로그래밍이라고 생각합니다. 이러한
점에서 영화제 사람들의 전문성은 매우 뛰어나며 지금까지 그 역할을

아주 잘 해오고 있다고 봅니다. 한국을 비롯한 아시아 영화의 소개와 발굴, 지원과 육성을 통한 세계화라는 분명한 목표 아래 매회 수준 높은 프로그램을 기획하고 있습니다. 또한 해외 영화계에 한국의 영화를 인식시키기 위해 영화제 관계자들이 열심히 뛰고 있어요. 그래서 우리 부산광역시에서는 이러한 일들이 순조롭게 이루어 질 수 있도록 '조용한 지원'을 하고 있어요.

앞으로도 부산국제영화제가 세계영화계의 정상에 설 수 있도록 변함없이 지원할 겁니다. 매년 이곳을 찾는 관객은 물론 국내외 모든 게스트들이 기분 좋게 영화축제를 즐기고 돌아갈 수 있도록 아낌없이 지원을 계획입니다.

♣ 이야기를 들어보면 부산시의 역할이 적지 않은데도 불구하고 시장은 영화제 개막식에서 아주 짧은 개막선언을 하는 것이 고작입니다. 섭섭하지 않은가요.

매년 정성을 다하여 준비한 영화제의 시작을 알리는 시장의 멘트는 짧을수록 더 강렬하지 않을까요. 그 개막선언의 길고 짧음에 관계없이 힘닿는 데까지 지원하고 그 숨 가쁜 준비의 시간을 지나 국내외 많은 손님들을 모신 자리에서 개막을 알린다는 일, 그 보석 같은 현장에 함께한다는 것만으로도 가슴이 벅차올라요. 사실 시장의 개막사가 길어지면 영화제와 부산에 대한 자랑밖에 할 말이 없는데 그건 손님을 초청해 두고 큰 실례가 아닐까요? 짧은 개막선언이 오히려 큰 다행이라고 생각하죠.

♣ 영화제 사람들 이야기를 들어보면 돈 때문에 고생을 많이 했다고 합니다. 뭐 속 시원히 해결할 방법은 없는지요.

아시다시피 지난 2월 영화제 정기총회때 확정된 올 영화제 예산은 전년에 비해 줄었지요. 그래서 이래선 안 되겠다 싶어 7일 임시총회때 다시 증액을 했어요. 올 예산이 99억 5천만 원인데 사상 최대입니다. 이중 시비는 57%인 56억 4천만 원으로 지난해 지원액보다 되레 24억 원이 늘어났어요. 이것만 봐도 부산시의 의지가 어느 정도인지 가늠할 수 있을 겁니다.

우리 시에서는 부산국제영화제가 국가대표 문화아이콘으로서 브랜드 가치를 제대로 알리고 또 중앙 정부의 공감대를 유도해 지원을 이끌어 내려고 합니다. 다른 한편으론 다양한 상품을 개발해 자체수익을 만들고 온라인 배급 · 교육 · 방송 사업 등 산업화 방안을 통해 장기적인 수익구조를 개발해 안정적 개최 기반을 마련하고자 노력하고 있어요.

♣ 영상산업도시 부산의 미래를 어떻게 그리고 있는지요. 그리고 부산이 내건 '아시아의 할리우드' 라는 목표가 가능한 겁니까.

전 가능하다고 봅니다. 부산시는 그동안 축적해온 노하우가 꽤 됩니다. 우리나라에서 지자체에서는 처음으로 영화 촬영 지원을 위한 부산영상위원회를 최초로 설립했고 국내 최대 규모의 촬영스튜디오를 운영해 오면서 '영화 촬영하기 좋은 도시' 로서의 입지를 확고히 구축해 왔어요. 이런 건 이미 언론을 통해 충분히 알려졌다고 봅니다.

천만 관객을 동원한 영화 '해운대' 를 비롯해 한국영화의 40%가 부산에서 제작되고 있고, 올 2월 최첨단 영화후반작업 시설을 개관해 창립작품인 박찬욱 감독의 '박쥐' 가 칸영화제에서 심사위원상을 수상했잖아요. 이젠 그 기술력도 인정받고 있어요.

2011년 준공 예정인 영화제 전용관 두레라움과, 영화체험박물관, 할리우드 블록버스터 촬영이 가능한 촬영스튜디오 추가 건립 등 아시아 영화산업을 선도하는 첨단 인프라가 구축되고 있어요. 여기에 영화진흥위원회 등 영상관련 공공기관이 이전되면 부산은 영화축제의 도시에서 영상 중심도시로 크게 달라질 겁니다.

뿐만 아니라 방송콘텐츠, 광고, 가상현실, 게임 등 글로벌 영화영상 분야 비즈니스 마켓도 지속적으로 열고 있어 부산은 머지않아 '아시아의 할리우드'로서 정말 세계적인 영화도시로 탈바꿈 할 것으로 기대해도 좋습니다.

5. PIFF 패밀리

　국제영화제가 출범하기 전 부산은 영화의 불모지였다. 간혹 서울 사람들이 이 항구도시를 배경으로 영화나 드라마 혹은 광고를 촬영하기 위해 내려오곤 했을 뿐 이곳에는 제대로 된 영화단체나 기구는 사실상 전무했다. 그러나 1996년 PIFF가 성공적으로 출범하고 난 뒤 상황은 완전히 달라졌다. 이름을 들어도 잘 모를 영화 단체와 기구들, 즉 PIFF 패밀리가 우후죽순 탄생하기 시작했다. 당연히 영화제 성공이 빚어낸 결과였다.

　그만큼 PIFF는 부산을 영화도시로 변모시키는 데 적지 않은 역할을 했다. 여기에 정부의 공기업 지방이전 방침에 따라 영화진흥위원회와 서울종합촬영소, 한국영화아카데미 등의 부산이전이 확정됨에 따라 부산이 '아시아의 할리우드' 로 변모하고 있다.

　새로 탄생된 기구들은 PPP(부산프로모션플랜), 시네마테크 부산, 부산영상위원회(BFC), 두레라움 같이 무슨 일을 하고 어떤 성격의 기관인지 낯선 것들이 많다.

　또 PIFF가 아시아 영화의 집산지를 모토로 내건 탓에 AFA(아시아필름아카데미), AFM(아시아필름마켓), ACF(아시아영화펀드), AFAN(아시아연기자네트워크), AND(아시아다큐멘터리네트워크) 등 단체와 기구의 영문이름은 알파벳 'A' 자로 시작하는 것이 많은 것도 특징이다.

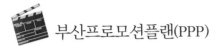 부산프로모션플랜(PPP)

부산프로모션플랜(Pusan Promotion Plan)을 뜻하는 PPP는 지난 1998년 제3회 영화제 때 출범했다. 이는 사전 제작 시장을 말한다. 쉽게 이야기하면 영화를 만들려는 감독과 제작자가 시나리오를 내놓으면 PPP에서 투자자와 연결시켜 주는 것이다. 이는 영화제 초대 부위원장이었던 박광수 감독이 네덜란드 로테르담영화제에서 시행 중인 '시네마트'에서 착안, 빛을 보게 됐다.

그러면 왜 PPP를 만들었을까. 이는 PIFF가 지니고 있는 문제점, 즉 아시아 영화와 비경쟁영화제의 태생적 한계를 뛰어넘기 위한 전략이었다.

박 감독은 이렇게 당시를 떠올린다.

"PIFF가 경쟁력을 갖기 위해선 월드 프리미어(세계 최초 개봉)가 많아야 하고 평론가들은 이를 먼저 보고 글을 써야 이름값이 올라가는 게 세계적 흐름이었죠. 국제영화제에서 프리미어를 띄우려면 한국 - 부산 갖고는 어렵다고 생각했어요. PPP에서 재정 후원하는데 단, 조건은 영화가 만들어지면 부산에서 먼저 틀어야 한다는 것을 내세웠죠. 물론 강제는 아니지만 분명 영화제와 보완관계를 갖고 있어 3회부터 PPP를 출범시킨 것입니다."

우수한 아시아의 프로젝트와 투자사, 배급사, 수입사를 연결하는 PPP

에 대한 준비 작업은 1997년부터 시작됐다. 문제는 로테르담영화제의 '시네마트'를 모델로 한 PPP를 아시아 영화계에 맞게 수정하는 일이 급선무였다.

이에 박 감독이 총책임을 맡은 PPP 준비팀은 1997년 제2회 영화제 당시 'PPP 97'이란 이름 아래 3일 동안 세미나를 열었다. '차이니즈 박스'를 이 해 영화제 개막작으로 선정한 것도 PPP와 무관하지 않았다. '시네마트'를 통해 프랑스, 일본, 영국, 미국, 홍콩 5개국의 자본이 만들어 낸 '차이니즈 박스'는 PPP의 모델로 적합했기 때문이다. 웨인 왕 감독과 다니엘 마르케(스튜디오 카날), 미치요 요시자키(NDF 인터내셔널)가 첫 번째 세미나의 발표자로 참석해 '차이니즈 박스'가 어떤 과정을 통해 만들어졌는지 상세한 설명을 들을 수 있었다.

해외 마켓에서의 아시아 영화, 기금 모금, 아시아 공동 투자 및 공동 제작에 관한 토론회로 구성되었고 각 세미나가 끝난 후엔 원탁 토론이 이어졌다. 한국영화 제작사들이 많이 참석하지 않아 아쉬운 자리였으나 전문가들이 펼쳤던 체계적인 논의는 이듬해 PPP 출범에 든든한 밑거름이 된 것은 물론이었다.

'그 섬에 가고 싶다'로 로테르담영화제 '시네마트'를 방문했던 박 감독은 아시아에도 마켓이 생겼으면 하는 소망을 품게 되었고 이는 결국 PPP란 이름으로 구체화된 것이다. PPP 준비팀은 'PPP 97' 워크숍을 개최한 자신감을 갖고 1998년 2월 로테르담영화제에서 PPP를 대대적으로 알리는 기자회견을 열기도 했다.

그리고 이 해 9월 25일부터 사흘간 투자 자본을 확보하기 어려운 아시아 감독과 세계의 제작자를 연결하는 아시아 최초의 프리마켓인 PPP가 출범했다. 63편의 신청작 가운데 선정된 16편의 아시아 영화 프로젝트들이 차례로 소개되었는데 티엔 주앙주앙, 장밍, 이시이 소고 등의 아시아 프로젝트가 11편, 김수용, 박기용, 홍기선 등 한국 감독들의 프로젝트는 총 5편이었다.

네덜란드의 포르티시모, 20세기 폭스 인터내셔널, 미라맥스, NHK 등 세계 각지의 투자·배급 관계자 290여 명이 행사장인 부산 코모도호텔을 가득 채웠다. 개인적인 상담만 180여 건이 이루어졌으며 이를 통해 아시아 영화에 대한 세계 영화계의 관심이 얼마나 높은지 알 수 있었다.

PPP 선정작의 감독과 프로듀서를 중심으로 프로젝트에 대한 공개 설명과 개별 면담이 진행되는 동안, 7개의 패널과 4개의 라운드테이블에선 아시아 영화시장의 현황과 제작, 투자 경험을 공유하는 릴레이 세미나가 열렸다.

특히 이 해 김대중 대통령이 일본 방문을 앞둔 시점이어서 한일 영화 교류와 공동제작에 관련된 논의가 가장 활발했다. '월요일'의 홍윤아 감독의 경우 상담을 요청한 판도라 필름이 이전 단편영화 3편을 사고 싶다는 의사를 밝히기도 했다. 중국 시장을 염두에 둔 해외 투자자들은 중국 테이블에 관심을 많이 보였다.

소통의 성과는 바로 나타났다. 박 감독의 차기작 '이재수의 난'은 프랑스 배급사와 제휴를 맺어 프랑스 배우 캐스팅과 후반작업에 대한 지원을 받기로 했다. 일본의 이와이 순지, 대만의 에드워드 양, 중국의 스탠리 콴이 함께 제작하는 세기말 영화에 대한 투자도 순조롭게 이뤄졌다.

PPP가 순항하는 데는 해외에서 많은 도움이 있었다. 로테르담영화제 '시네마트', 샌프란시스코의 '국제영화제작투자회의(IFFCON)'의 파트너십에 이어, 유럽 16개국을 대표하는 영화 프로모션 및 수출 기구인 유럽영화진흥기구(EFP)의 지원이 뒤따랐다. PPP 선정위원회는 1만 달러의 상금이 수여되는 로테르담영화제 후버트발스 상을 지아장커의

'플랫폼'에게, 일신창업투자가 1만 달러를 제공하는 PPP 일신상을 이 시이 소고의 '고조'에게 시상하며 첫걸음을 산뜻하게 내딛었다.

박 감독은 "문제는 영화제가 이를 이해하지 못하는 것이다. 사실 김동호 위원장도 뭐가 뭔지, 프로젝트 마켓 같은 개념도 몰랐다. 다시 말해 만들어진 영화는 아는데, 사전제작 시장은 너무 모른 것이다. 프랑스와 네덜란드 등에서 다양하게 영화제작을 지원하는데 PPP가 예산확보가 어려운 아트 영화들을 지원하는 방법이라는 것을 깨달은 것이다. 첫 회 PPP 끝난 뒤 김 위원장도 그제야 알겠다고 말한 것이 기억난다"고 털어놨다.

PPP 초대 운영위원장은 박 감독이 맡았지만 대부분의 업무는 정태성 수석운영위원이 추진했다. 미국에서 유학을 했고 일본인 부인을 둔 탓에 영어와 일어 등 5개국에 능통한 정 씨는 부산국제영화제 서울사무소와 영화사 백두대간이 한 사무실을 쓰던 인연으로 박 감독 손에 이끌려 PPP와 인연을 맺었다. 지난 2003년 6회 PPP를 끝내고 정 수석은 영화사 쇼박스 본부장으로 자리를 옮겼고 그 뒤를 전양준 프로그래머가 이어받았다.

다시 박 감독의 이야기를 들어보자.

"당시 갓 출범한 아시아의 작은 영화제에 무작정 완성된 영화를 사고 파는 마켓을 만들 수는 없는 일이었어요. 그래서 착안한 것이 로테르담 영화제의 '시네마트'를 모델로 한 프로젝트 마켓이었죠. 이른바 아시아에서 활동하는 영화감독들이 자신의 이름을 걸고 신작 프로젝트를 발표하여 제작비를 투자해 줄 수 있는 해외 파트너를 만나게 하는 것이었죠. 외우기 쉽도록 이름도 PPP(Pusan Promotion Plan)로 쉽게 작명했습니다. 하지만 초기만 하더라도 한국에서 PPP는 거의 교육과정의 워크숍이나 다름없었어요.

▼ 로테르담영화제 모습

　처음부터 적극적으로 참여했
던 중국 지하전영의 젊은 감독
들이나 국내의 금기에 맞서 영
화를 만들던 이란 감독들의 고
무된 표정들이 지금도 기억에
새롭죠. 그들은 대부분 몇 년 후
에 국제적 거물이 되어 다시 PIFF를 찾았고, 마치 부산을 영화 고향처럼
여기는 진정한 친구들이 되었으니까요. 이것은 PPP를 띄우면서 중요하
게 여긴 부대효과이기도 했고, 영화제를 안정적으로 가져가고 보완하
는 완충작용인 것이었죠."

　아무튼 PPP는 거장들의 최신작뿐 아니라 재능 있는 신인 감독들의 프
로젝트들을 소개하는 장이 돼 왔다. 지난 11년간 PPP를 통해 소개된 프
로젝트 중 2009년 1월까지 영화로 완성된 프로젝트는 총 107편이다. 완
성된 PPP 프로젝트들은 대부분 세계 유수 국제영화제 상영 및 수상으로
이어졌다.

　2001년 베를린영화제에서 은곰상을 수상한 왕 샤오슈아이의 '북경
자전거', 2002년 베니스영화제에서 감독상을 받은 이창동 감독의 '오
아시스', 그리고 허우샤오시엔 감독의 '쓰리 타임즈', 지아장커 감독의
'플랫폼', 아오야마 신지 감독의 '새드 베케이션', 봉준호 감독의 '괴
물' 등 국제적으로 높은 명성을 얻고 있는 감독들의 프로젝트들이 PPP
에서 좋은 투자 파트너들을 만났다. PIFF가 월드 프리미어가 많은 국제
영화제로 주목받는 것도 결국은 PPP라는 좋은 프로그램이 있었기 때문
에 가능했다는 지적이다.

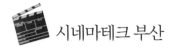

시네마테크 부산

PIFF, PPP 다음으로 선보인 것이 시네마테크 부산이다. 다양성 영화의 상영관이자 영화 자료실, 필름 보관소, 더 나아가 영화 인력의 육성을 목표로 한 '시네마테크 부산'이 1999년 8월 전국 처음으로 설립됐다. 부산 해운대구 우동, 그러니까 수영만 요트경기장 내에 공간이 마련됐다.

시네마테크 부산은 처음엔 PIFF 조직위원회, 즉 부산시가 맡아 운영하다가 2002년 이용관 위원장이 원장 자리에 오르면서 더욱 힘이 실리게 됐다.

이어 2005년엔 PIFF와의 원활한 협조 관계, 영상센터 입주에 대비한 역량 강화를 꾀하는 차원에서 PIFF 사무국 산하팀으로 편입됐다. 당시 개편으로 이용관 원장 체제에서 허문영 원장 체제로 바뀌어 허 씨가 운영과 상영기획을 함께 맡게 됐다.

시네마테크는 원래 필름 보관소를 의미한다. 세계에서 가장 유명한 필름 보관소인 시네마테크 프랑세즈에서 유래됐다. 시네마테크 프랑세즈는 1936년 프랑스 파리에서 영화 애호가였던 앙리 랑글르와와 조르주 프랑주가 공동으로 설립했다.

현재는 약 5만 편의 영화와 수백만 장의 스틸 사진, 1만여 권의 영화 서적, 2만 5천여 편의 다큐필름 등을 소장하고 있다. 60년대 영화의 신사조운동을 이끌어낸 누벨바그 운동이 이곳에서 잉태됐다. 영화의 새로운 양식과 스타일을 제시한 장 뤽 고다르의 '네 멋대로 해라'와 프랑스와 트리포의 '4백 번의 구타' 등이 모태가 된 곳도 시네마테크였다. 영화자료 보관에 대한 중요성을 널리 인식시키고 명화의 반복 상영으로 인한 영화애호가 확대 등에 지대한 공헌을 했다.

현재 시네마테크 부산은 다양한 기획 프로그램을 통해 거장 감독의 특집 및 장르 특별전을 개최하여 수준 높은 예술영화를 소개하고 있고, 동서고금의 위대한 명작들을 통해 영화에 대한 시민들의 다양한 욕구 충족 및 학술적인 교류를 지원하고 있다.

또 매주 개최되는 독립영화 정기상영회를 통해서 소외 받기 쉬운 독립영화 프로그램을 소개하고 있으며, 특히 부산지역 제작의 영화를 소개하여 상영 기회의 확대와 함께 일반 시민과의 소통의 장을 마련하고 있다.

이외에 영화에 대한 다양한 이론 및 실기 교육 프로그램을 개설하여 시민들이 영화에 좀 더 쉽게 접근할 수 있도록 하고 있으며 전문 인력 양성을 위한 전문교육 프로그램도 운영 중에 있다.

3천여 편의 국내외 각종 영화서적과 논문 자료, 정기 간행물은 물론 부산국제영화제 상영작 및 DVD 등을 비치하여 영화에 대한 자료를 체계적으로 관리하고 있으며 시민 누구나 도서 및 영상자료를 열람할 수 있도록 하여 영화 도서관으로서의 역할을 하고 있다. 그만큼 시네마테크 부산에 가면 한국 영상문화의 미래가 보이고 아울러 삶의 농담과 진실, 휴식, 사랑을 나누는 시민공간으로 자리 잡아 가고 있다.

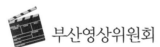 부산영상위원회

1999년의 해가 거의 질 무렵인 12월 20일, 부산영상위원회(BFC)라는 낯선 이름의 민·관 합동기구가 출범했다. 이름이 다소 거창해 보이기는 이 위원회는 영화·드라마 촬영을 지원하는 기구로 이 역시 전국에서 처음으로 부산에서 설립됐다. 초대 운영위원장에는 박광수 감독이 발탁됐다. 하지만 그는 재임 1년을 조금 넘긴 2001년 2월 영화 촬영을

위해 사임했고 뒤를 이어 영화배우이자 제작자인 명계남 씨가 2대 위원장에 선출됐다.

그러나 '노무현을 사랑하는 모임(노사모)'의 회장인 명씨는 단명에 그쳤다. 그는 2002년 5월 위원장직을 사퇴하고 본격 정치무대에 뛰어들었고 이후 박광수 감독이 다시 위원장으로 영입되는 곡절을 겪기도 했다.

한국영화의 르네상스와 때를 같이해 부산에서 영화지원기구인 BFC가 출범하자 다른 시도에서도 이를 따라하기 시작했다. 서울, 경기, 전주, 광주, 제주, 제천, 전남, 인천, 대전, 경북 등에서도 잇따라 영상위원회가 만들어진 것이다. 재미난 사실은 부산영상위 출범 초기 영문표기는 PFC(Pusan Film Commission)였는데 이것이 얼마 못 가 바뀌었다는 점이다. 2000년 정부의 로마자 표기법 변경으로 부산의 표기 방법이 'Pusan'에서 'Busan'으로 달라지면서 불과 1년 만에 BFC로 간판을 바꿔 달았다.

부산영상위원회의 출범 이후 지금까지 약 400여 편의 영화와 영상물을 유치해 부산에서 촬영하는 성과를 냈다. 또 한국의 11개 영상위원회와 일본 등 아시아 각지의 영상위원회 설립에 영향을 주기도 했다. 이와 함께 부산영화촬영스튜디오(2001년 11월), 부산영상벤처센터(2002년 7월)의 개관으로 제작팀의 로케이션뿐만 아니라 실내 촬영과 카메라 장비까지 사용이 가능하게 되었고 2009년 2월 24일 부산 센텀시티에 지하 1층, 지상 4층 규모의 부산영상 후반작업시설이 준공돼 영화제작의 전 과정이 가능한 원스톱시스템 인프라가 갖춰졌다. 이에 매년 400~500억 원의 경제적 파급효과가 발생되고 부산지역의 영화·영상업체 육성까지 돕는 등 부산이 영상산업도시로 우뚝 서는 데 적지 않은 역할을 맡고 있는 것이다.

현재 부산영상위원회는 다양한 지원 사업을 통해 부산 영상산업의 기틀을 다지고 한국영화산업을 지원하고 있다. 부산을 소재로 한 장편극영화 '시나리오 공모전'과 디지털 단편영화 제작을 지원하는 '부산HD 프로젝트' 그리고 '시나리오 창작 공간 지원 사업'은 부산 로케이션 유치뿐만 아니라 국내 영화산업의 제작 활성화를 돕고 있다.

또한 2000년부터 진행해온 '장편극영화 제작비 지원 사업'은 '검은 땅의 소녀(전수일 감독)'와 '내 마음에 불꽃이 있어'(정성욱 감독), '도다리'(박준범 감독) 등 50여 편의 부산영화를 탄생시켰고 지역의 재능있는 인력 육성에 힘쓰고 있다.

부산영상위원회는 아시아에서 영상위원회란 단어조차 낯설었던 2001년, BIFCOM(Busan International Film Commission and Industry Showcase)을 출범시켰다. 이는 아시아 최초의 로케이션 박람회로 매년 부산국제영화제 기간 중 개최돼 아시아 각 지역의 법률, 관습, 인력 등 촬영정보를 교류하는 장으로 거듭나고 있다. 또 아시아 지역의 영상위원회 설립을 가속화하며 AFCNet(아시아영상위원회네트워크)을 탄생시키는 초석이 됐다.

AFCNet은 2004년 10월, 제9회 부산국제영화제 기간 중 창립됐다. 아시아 영상위원회 및 지역 촬영지원 기구들 간의 정보 교류를 원활히 하고 아시아를 영화 영상물 촬영의 최적의 조건으로 개발하고자 하는 취지에서 태동된 것이다. 4개 국어(한국어, 영어, 일어, 중국어)로 된 AFCNet 공식 웹사이트(www.afcnet.org)와 'AFCNet Directory'는 아시아 촬영정보에 목말라 있던 전 세계 영화인들의 갈증을 해소시켜 줌과 동시에 상호 로케이션과 공동 제작, 합작 등을 이끄는 밑거름이 되고 있다. 현재 동남아시아 전역과 오세아니아로 확대시킨 AFCNet은 창립 5년 만에 11개국 36개 회원이 가입, 아시아 최대의 영화 영상 국제기구로 발돋움했다.

 아시아영화아카데미(AFA)

'아시아 영화의 미래, 우리가 담금질한다' 란 모토를 내걸고 2005년 출범한 것이 AFA(Asian Film Academy, 아시아영화아카데미)다. 아시아 지역 기성감독과 예비 영화인을 선발해 교육시키는 부산에서 창안해낸 프로젝트다. 영화제 10주년을 기념해 첫발을 내딛은 AFA의 초대 교장으로 대만의 거장 허우샤오시엔 감독을 선정했고, 태국 영화계를 이끄는 논지 니미부트르 감독, 지아장커 감독과 함께 작업을 해 온 중국의 유릭와이 촬영감독, 한국영화아카데미 박기용 원장 등을 강사진으로 구성했다.

첫해 아시아 전역에서 선발된 28명의 예비 영화인들은 서울종합촬영소에서 열린 1차 워크숍을 시작으로 앞서 선발된 강사진으로부터 교육을 받았고 실습기간에 제작한 작품은 그 해 영화제 때 특별 상영됐다.

임권택 감독이 교장을 맡은 2회 때는 6대 1의 높은 경쟁률을 뚫고 24명을 뽑았다. 이들은 부산 동서대학교에서 합숙을 하며 △단편영화 프로젝트 △워크숍 △지도교수 개별수업(멘토링) △특강 등의 프로그램에 참여했다. 또 영화제 폐막에 앞서 이들이 제작한 두 편의 단편영화가 특별 상영되기도 했다.

3회째인 AFA 2007 교장으로 이란의 거장 모흐센 마흐말바프 감독이 위촉됐고 지도교수로는 태국의 펜엑 라타나루앙 감독과 일본의 쿠리타

토요미치 감독이 선정됐다.

　동서대, 한국영화아카데미, 부산국제영화제가 공동 운영한 2008년 AFA는 교장으로 허우샤오시엔 감독을 2005년에 이어 두 번째로 선임했다. 또 AFA 산파 역할을 한 박기용 감독을 교감으로, 황악태(아서 웡) 촬영 감독과 필리핀의 브리얀테 멘도사 감독을 지도교수로 뽑았다.

　일반인과는 다소 동떨어진 가운데 진행되고 있는 이 프로젝트는 결국 PPP처럼 아시아 영화인을 한데 묶으려는 치밀한 기획에서 나온 작품이다.

 ## 아시안필름마켓(AFM)

　2006년 제11회 부산국제영화제가 야심차게 준비했던 프로젝트가 바로 AFM(아시안필름마켓)이다. 운영위원장은 이번에도 박광수 감독이 맡았다.

　AFM은 말 그대로 아시아 영화의 종주국이 된 부산에서 영화시장을 열겠다는 야무진 꿈을 실현시킨 작품이다. 이름이 같은 미국 AFM(아메리칸필름마켓)에서는 미국과 유럽 바이어들에게 주력하고, 아시아 지역 영화 판매는 아시안필름마켓에서 맡겠다는 전략인 것이다.

　물론 AFM은 2005년까지 PIFF 부속 행사로 진행됐던 부산프로모션플랜(PPP)과 부산국제필름커미션 · 영화산업박람회(BIFCOM)를 한꺼번에 아우르며 탄생했다. 1회 AFM은 투자금 유치에서부터 출연 배우 캐스팅, 완성작 해외 판매에 이르기까지 영화가 거래되는 시장으로 영화인들에게 각인시켰고 ID카드를 발급받은 게스트만 참여할 수 있는 깐깐한 행사로 치러졌다.

영화제 측은 AFM을 성공시키기 위한 차별화 전략으로 세계 최초의 연기자 마켓인 '스타 서밋 아시아'도 함께 선보였다. '스타 서밋 아시아'에서는 아시아 각국의 유명 배우들이 참석해 자기 PR에 나섰다. 캐스팅되기를 기다려야 하는 소극적 자세에서 벗어나 아시아 전역의 영화사에 자신의 연기력을 알리고 좋은 영화를 적극적으로 찾아나서는 것이다.

이 행사는 아시아의 톱스타들이 세계시장으로 진출할 수 있는 발판을 마련하는 '커튼 콜'과 신인배우 발굴을 위한 '캐스팅 보드', 미국에서 활약하는 아시아계 배우들이 참여하는 '아시안 페이스 인 할리우드'의 세 부분으로 나뉘어 진행됐다.

'커튼 콜'에서는 한국의 황정민, 장진영을 비롯해 '릴리 슈슈의 모든 것'으로 잘 알려진 일본의 아오이 유우, 중국의 구오샤오둥과 저우쉰, 베트남의 도티하이옌 등 유명배우들이 참가했다. '캐스팅 보드'에는 한국의 이소연, 최여진과 태국의 찰리 트라이랏 등이, '아시안 페이스 인 할리우드'에는 '게이샤의 추억'에 출연했던 칼 윤 등이 모습을 드러냈다.

아시아 영화에 많은 관심을 보여 왔던 유럽의 투자 · 배급사들도 몰려들어 AFM ID카드 발급자는 총 2천여 명에 달할 만큼 인기를 끌었다.

실질적인 영화 판매와 구매가 이뤄진 세일즈 부스는 모두 70개가 마련됐다. CJ엔터테인먼트와 쇼박스, 시네마서비스, 롯데엔터테인먼트 등 국내의 대형 투자 · 배급사를 비롯해 일본의 갸가 커뮤니케이션즈, 중국의 화이브라더스픽처스 등이 부스를 차렸고 유럽영화진흥기구와 영국영화진흥위원회 등 해외 정부기관들도 참가해 첫해 치고는 성공했다는 평이 주류를 이뤘다.

2007년 2회 AFM은 새로운 가능성을 보여주었다. 1천 6백 명이 참가해 전년보다 100여 명이 늘어났고 부산국제필름커미션 · 영화산업박람회(BIFCOM)를 포함한 총 참가업체 수는 50개국 460개에 달했다. 관심은 여전히 '스타 서밋 아시아'에 집중됐다. 유명 배우들이 참여한 커튼콜 부문보다 신인들이 나선 캐스팅보드 부문에서 많은 성과도 나왔다.

AFM의 핵심 부문인 부산프로모션플랜(PPP)은 10주년을 맞아 역대 최대 규모(35편)로 치러졌다. PPP 지원작들의 면면을 살펴볼 수 있는 10주년 특별 책자도 발간했고 그동안 발굴한 감독 및 주요 게스트들이 한자리에 모인 기념행사를 개최했다.

3회째를 맞은 '아시안필름마켓 2008(Asian Film Market 2008)'은 좀더 많은 변화를 시도했다. 무엇보다 행사장을 부산 씨클라우드와 파라다이스 호텔로 잡고 대부분의 행사를 영화제 기간 전반부에 배치했다. 영화제와 마켓 사이의 시너지를 극대화하기 위한 전략이었다.

그러나 아시아 각국의 유명 배우들이 참석하는 '스타 서밋 아시아'는 살짝 빠졌다. 영화제 측은 이 프로그램이 고정 편성됐다기보다 해마다 가변적으로 운영할 계획이라고 밝혔다. 속내를 들여다보면 그만큼 아시아의 배우 유망주 모시기가 힘들기 때문이라는 분석도 가능하다.

아시아 태평양 연기자 네트워크(APAN)

2007년도에는 아시아의 스타들이 뭉쳐 '아시아 태평양 연기자 네트워크(APAN)'를 출범시켰다. APAN 발기인인 영화배우 강수연과 박중훈을 비롯해 아시아 각국의 배우들과 할리우드에서 활동 중인 아시아 배우, 각국 캐스팅 디렉터 20여 명. 이들은 영화제 기간 중 해운대 파라다이스 호텔에 모여 APAN의 출범을 알리고 합작영화 캐스팅에 관한 컨퍼런스와 디너 파티, 스타로드 - 레드카펫 등의 행사를 가졌다.

이날 행사에서 배우 강수연은 "PIFF 때 아시아 각국의 배우들이 오는 것을 보면서 우리들도 네트워크를 만들어 아시아 영화를 위해 뭔가 할 수 있을까 고민했는데 이제야 시작하게 됐다"며 "아시아 영화 발전기금을 모아 작품 활동에 어려움을 겪는 감독들을 지원하는 등의 일을 해나갈 것"이라고 밝혔다.

2008년 두 돌을 맞은 APAN은 한층 더 풍성해졌다. 컨퍼런스에 이어 축하디너, 스타로드 - 레드카펫, APAN 파티 등 다양한 행사를 통해 각국 영화배우들 간의 친목을 도모했다. 또 부산국제영화제와 미국 내 대표적인 아시안영화제인 '아시안 엑셀런스 어워드' 간의 업무협약(MOU)이 체결됐고 아시아권 연예매니지먼트사 79개사 소속 배우에 대한 정보가 수록된 가이드북을 만들어 배포하기도 했다.

그러나 경제위기의 영향으로 2009년에는 APAN 행사를 볼 수 없을 전망이다. 전반적으로 긴축운영이 불가피해졌고 이에 따라 PIFF 예산이 사상 처음 삭감되면서 APAN 예산이 통째로 빠졌기 때문이다. 물론 이후에 굵직한 스폰서를 잡거나 추가로 예산을 확보할 경우 상황은 달라질 수 있다.

아시아영화펀드(ACF)

ACF(아시아영화펀드)는 그동안 아시아 감독들에게 지원하던 프로그램들을 합쳐 2007년 신설됐다. 이는 아시아 독립영화의 제작 활성화와 안정적인 제작환경을 조성하기 위해 만들어진 것이다. 다시 말해 기획, 개발 단계에서부터 후반작업, 다큐멘터리 등 다양한 영역의 지원을 통해 새로운 아시아 독립영화를 발굴하고, 또한 교류의 장으로 활용하여 범아시아 영화인들의 네트워크를 구축해 PIFF가 아시아 영화의 맹주역할을 하겠다는 뜻이 담겨져 있었다.

총 9억 원의 기금으로 조성된 아시아영화펀드는 장편 독립영화 인큐베이팅펀드, 장편 독립영화 후반작업펀드, 장편 독립영화 다큐멘터리 펀드 등 크게 3개의 펀드로 구성돼 있다. 2008년에 장편 독립영화 인큐베이팅 7편, 후반작업 6편, 다큐멘터리 14편 등 첫해는 27편의 작품을 지원했다. 특히 이 중 후반작업 지원을 받은 5편의 영화가 이 해 영화제에 초청작의 이름으로 돌아왔으며, '궤도'와 '원더풀 타운'은 경쟁 부문인 뉴 커런츠 상을 수상하기도 했다. 2009년에는 장편 독립영화 인큐베이팅 7편, 후반작업 5편, 다큐멘터리 13편에 대해 지원할 예정이다.

다큐멘터리제작지원 AND펀드는 부산지역 6개 대학과 기업의 후원으로 조성된 기금으로, 영화제 기간 중 열리는 마스터클래스와 클리닉 등 AND(Asian Network of Documentary) 행사와 함께 다큐멘터리 작업을 활성화시키고 보다 안정적인 아시아의 다큐멘터리 작업 기

반을 조성해 오고 있다.

　나아가 아시아영화펀드는 완성된 작품들이 다양한 지역에서 쇼케이스를 개최해 지원작들의 상영 기회를 넓히는 등 아시아 독립영화와 다큐멘터리 네트워크를 만들어 가고 있다. 아시아영화펀드는 아시아 영화인들의 영화적 비전을 실현하고, 이를 통해 아시아 영화가 성장하는 데 실질적이고 획기적인 도움을 주고자 하는 것이다.

 두레라움

　부산국제영화제와 부산시민의 숙원이 바로 부산영상센터 '두레라움' 이다. 말도 많고 탈도 많았던 영화제 전용관인 두레라움은 2008년 13회 부산국제영화제 개막 다음 달인 10월 2일 오전 11시 부산 해운대구 우동 센텀시티 내 영상센터 부지에서 건립 기공식을 가졌다.

　부산영상센터 '두레라움' 은 사업비 1천 624억 원을 투입해 영상센터 부지 32,140㎡, 연면적 54,335㎡에 지상 9층, 지하 1층 규모로 오는 2011년 완공될 예정이다. 1천 석 규모의 다목적 공연장과 200~400석 규모의 3개 상영관, 컨벤션홀, 업무 공간, 아시아 영상문화교육관, 야외 상영장, 기타 부대시설 등을 갖춘다.

　부산영상센터는 그동안 상영관 유치에 고심했던 PIFF의 전용관이자 부산의 부족한 공연장을 확충하는 대표적인 문화예술공간으로 쓰이게 된다. 또 다른 명칭 '두레라움' 은 '함께 즐기는 것' 이라는 뜻의 순 우리말이다.

　돌이켜 보면 영화제 전용관 문제는 필자가 가장 먼저 제기했다. 2001

년 6회 영화제 당시 'PIFF 클로즈업 - 개최 시기 들쭉날쭉, 장기적인 구상 필요'란 제목의 기사를 보면 다음과 같다.

베를린은 2월, 칸은 5월, 베니스는 9월…. '영화제 달력'을 보면 세계 주요 영화제의 개최시기가 뚜렷이 정해져 있다. 개최 날짜는 약간 바뀔 지언정 개최 달만큼은 확고부동하다. 아쉽게도 부산국제영화제(PIFF)는 매년 자리를 옮긴다. 1회, 3회땐 9월에, 2회, 4회, 5회 땐 10월에 열렸다. 올해는 11월 9일 막을 올린다. 가장 빨리 개최됐던 때(1회 9월 13일)와 비교하면 무려 두 달 가량 차이가 난다.

개최시기가 이처럼 들쭉날쭉한 데다 절기상 입동마저 넘긴 탓에 "고무줄 같다", "겨울 영화제로 둔갑했나"라는 일부의 비아냥거림이 예사롭지 않게 들린다. 이에 대해 PIFF 측은 상영관 때문에 빚어지는 불가피한 현상이라고 해명한다. 상영관 일체를 임대해야 하는 PIFF 측이 영화제 개최시기를 정할 때 가장 중요한 원칙으로 삼고 있는 것이 '추석 연휴 3주 후 개막'이다.

이쯤 되어야 극장들의 추석 대목이 끝나고 비수기에 접어들어 대관하는 데 큰 무리가 없다는 것이다. 결국 PIFF는 '음력 영화제'인 셈이다. 올 영화제가 11월 중순에 '늑장 개막'하는 것도 윤달이 들어 있어 예년에 비해 추석이 한 달가량 늦게 찾아왔기 때문이다.

이로 인해 PIFF가 아시아의 대표적 영화제로 성장했다는 평가에도 불구, 국내외 게스트들은 무척 혼란스러워 한다. 특히 올해의 경우 'PIFF 명물'인 야외 상영의 멋과 운치도 사라져 아쉬움이 어느 때보다 더하다.

PIFF의 위상을 감안할 때 전용상영관이나 대관 문제에 대해 보다 장기적인 구상과 심도 있는 논의가 필요하다는 지적이 제기되는 것도 바로 이 때문이다. (2001년 11월 9일)

이를 계기로 정부, 부산시, PIFF 등에서 전용관을 둘러싼 다양한 논의가 이뤄졌다. 이듬해인 2002년 부산시 주최의 수많은 국제행사들에 밀려 또다시 영화제 개막이 11월 중순에야 시작되고 추운 날씨 때문에 PIFF의 상징인 야외 상영을 못하게 됐다. 때마침 대통령 선거가 있자 대선 주자들이 PIFF 전용관 건립을 선거 공약으로 내걸면서 급물살을 타는 분위기로 변했다.

해가 바뀐 2003년에는 전용관을 어디에 지을까를 둘러싸고 무성한 논의들이 오갔다. 전용관 후보지로 수영만 요트경기장 부지, 칸영화제처럼 해변 전용관이 들어설 수 있는 해운대 극동호텔 부지, 해운대 센텀시티 내 문화테마파크, PIFF의 발원지 중구 한국은행 부지 등이 물망에 올랐다.

이에 부응해 부산시는 이 해 8월 부산국제영화제의 개최 시기 고정을 위해 PIFF 전용관이 포함된 '부산국제영상센터'를 건립한다고 발표했다. 부지 2천 평에 연건평 5천 500평 규모로 들어설 부산국제영상센터 건립에 국·시비를 포함해 모두 460억 원의 사업비를 투입키로 했다. 그러나 이 발표에는 어디에 지을까라는 장소문제가 빠져 있다.

결국 이 문제는 이듬해인 2004년 4월 13일 해법을 찾았다. 부산시가 1년여간의 입지 논란 끝에 부산 해운대구 센텀시티 내에 건립키로 한 것이다. 그러나 부산시의 이 같은 결정은 '최악의 선택'이었다. 당시 김동호 위원장은 전용관 건립 1안으로 해운대 극동호텔 부지, 2안으로 수영만 요트경기장을 생각하고 있었고 영화제 사람들도 비슷한 입장이었다. 하지만 부산시 공무원들은 지방 산업단지로 개발 중인 센텀시티 분양이 저조하자 영화제 전용관을 그곳에 밀어 넣은 것이다.

일은 여기부터 꼬이기 시작했다. 당시 문화부는 부산시의 이런 결정을 못마땅하게 여기고 재론을 요구하는 분위기였다. 영화감독 출신인

이창동 문화부 장관의 생각은 더욱 그러했다.

　당시 문화부를 출입하고 있던 필자는 그 해 6월 4일 문화부 이보경 문화산업국장을 만나 정부 입장을 들을 수 있었다.

♣ 부산영상센터 입지에 대해 어떻게 보고를 받았나.

　얘기를 들었다. 하지만 부산시로부터 아직 정식 통보를 받지 못했다. 문화부는 부산국제영화제를 세계 5위 영화제로 키우겠다는 생각을 갖고 있다. 하지만 부산시가 갖고 있는 안은 (영상센터 위치가) 너무 한구석으로 치우쳤다는 생각이다. 우리와 생각이 크게 다르다. 칸영화제처럼 해변에 붙여 건설되어야 한다.

♣ 부산시는 센텀시티 내로 입지를 잠정 결정했는데.

　센텀시티는 주변에 들어설 고층건물이 많고 해변과 떨어져 있다. 문화부는 센텀시티 내에 짓는 방안에 대해 문제가 있다고 생각한다.

♣ (이창동) 장관의 생각은 어떤가.

　장관은 부산영화제와 인연도 있고 많이 가봐서 부산을 잘 알고 있으며 많은 관심을 갖고 있다고 했다. 영상센터 부지로 수영만 요트경기장을 선호하고 있다. 해변에 가까이 있어야 한다고 했다.

♣ 센텀시티에 어떤 문제가 있다고 보는가.

　부산영화제가 아시아 최고가 되어야 하는데 영상센터가 그렇게 멀리 있어서 되겠는가. 어느 장소에 영화제 전용관이 건립되느냐는 부산국제영화제가 세계적인 영화제로 나아가느냐 아니면 변방의 조그만 영화제로 남느냐를 좌우할 정도로 중요한 문제다.

♣ 부산시와 예산 협의과정에서 문화부가 어떤 입장을 취할 것인가

영상센터 주인은 부산이다. 그러나 그 사업은 국고가 들어가는 사업이다.

♣ 그렇다면 부산시에 공문으로 재검토를 요청하면 되지 않는가.

현재 공식 통보를 받지 않았다. 내년도 예산 협의과정에서 구두로 전해 들은 것이다. 그래서 구두로 재고를 요청했다. 새 부산시장이 결정을 한 뒤 문화부에 공식 통보를 해오면 재고를 요청하겠다. (내년도) 예산을 안 주는 것도 고려할 수 있다. 부산시는 내년을 위해 일하는지 모르겠지만 문화부는 10년, 30년 후를 생각한다.

♣ 온천센터 부지 이외에 차선의 대안인 요트경기장도 입지 후보지인데 요트인들의 반발이 적지 않다.

그것도 문제다. 영상센터를 국제적 건물로 만들고 요트인들의 건물을 조금 이동해 새로 짓는다면 큰 문제가 없다. 서로 윈윈할 수 있지 않은가. 부산시가 왜 그렇게 좁은 시각으로 일하는지 모르겠다. 칸영화제를 가봤는데 인근의 니스, 모나코 등이 세계적 관광지가 됐고 전 세계 갑부들이 모여 살고 있게 된 것은 칸이 결정적 역할을 했기 때문이다. 크게 보고 (장소를) 결정해야 한다.

♣ 왜 그렇게 생각하는가.

다시 말하자면 최적의 후보지에 (영상센터를) 지어야 하기 때문이다. 국고를 안 주더라도 위치가 조정돼야 한다. 후반작업 기지 건설 등 부산은 영화와 관련된 일이 산적해 있다. 만약 부산시가 부담스러우면 신문이나 방송에서 이 문제를 토론에 붙여 결정했으면 한다. 부산시민의 생

각이 중요하다. 지금 생각은 공무원들의 좁은 생각에서 나온 것이다. 빨리 짓는 것이 중요한 게 아니라 어디에 어떻게 지어 부산국제영화제가 최고의 영화제로 거듭날 수 있는지를 고려해야 한다.

이어 나흘 뒤인 6월 8일엔 이창동 장관의 의견도 들을 수 있었다.

"부산국제영화제 입지에 대해선 여러 가지 의견이 있는 것으로 알고 있다. 현재 문화부, 부산시, 부산국제영화제의 의견이 있는데 일반론을 말하면 저는 부산영화제 전용관이 영화제 기간 10일 동안 이외에 나머지 기간도 장사를 해야 하고 끊임없이 관객이 찾아와야 하기에 전용관의 입지 여건은 매우 중요하다고 생각한다. 현재 논의되고 있는 센텀시티가 좋긴 하지만 보다 사람들이 접근하기에 좋고 대중적이며 친화력 있는 곳을 더 생각해봐야 한다고 본다. 수영만 요트경기장에는 서울종합촬영소보다 훨씬 나은 스튜디오가 만들어졌다. 결국 전용관은 이런 것과 시너지 효과를 낼 수 있는 집적된 장소를 고려해 봐야 한다."

이를 토대로 필자는 아래와 같은 기사를 작성했지만 끝내 빛을 보지 못했다.

문화관광부는 아시아 최고 영화제로 부상한 부산국제영화제(PIFF)의 세계적 상징물이 될 부산영상센터의 부지선정이 잘못됐다며 전면 재검토를 요구, 부산시가 센텀시티 내로 잠정 결정해 추진 중인 이 문제에 대한 수정이 불가피해졌다.

정부의 이 같은 방침은 세계 주요 영화제 본부 건물이나 전용관이 바다와 해변을 끼고 건설되는 추세임을 감안한 것으로 이를 강행 추진할 경우, 예산지원 중단 등도 강력히 시사하고 있어 향후 부산시의 대응에 귀추가 주목된다.

3일 문화부의 한 고위관계자는 "PIFF가 단기간에 성공한 이유는 수준 높은 영화 상영, 뜨거운 관객 열기와 함께 바다와 접한 지리적 이점 때문"이라며 "현재 지방산업단지로 개발 중인 센텀시티 내에 영상센터 건립 후보지를 잠정 결정한 것은 이런 장점을 살리지 못한 행정 편의주의적 발상"이라며 재검토 지시 배경을 설명했다.

그는 이어 "센텀시티는 지방산업단지로 개발 중이고 향후 백화점, 방송국 등 고층건물이 들어설 예정인데다 수영만의 생활 하수 등을 고려하면 영화의 도시에 새로 들어설 문화 공간 입지로 부적절하다"고 밝혀 그동안 입지 후보지로 거론됐던 해운대 온천센터나 수영만 요트경기장 등으로 이전건설을 권고하고 있다.

영화감독 출신인 이창동 장관도 관계자들을 통해 "적어도 30년 앞을 내다보고 영상센터가 지어져야 하며 가급적 바다와 해변에 접해 건설되도록 유도하라"고 지시를 내린 것으로 전해졌다.

그러나 부산시는 지난 4월 1년여간의 논란 끝에 지역경제 파급효과와 국고조달 가능성 등을 종합적으로 평가한 부산발전연구원의 용역결과를 토대로 센텀시티 내의 부지를 영상센터 건립 후보지로 잠정 확정했다. 총 사업비 460억 원이 소요될 영상센터 건립과 관련, 부산시는 내년도 사업비로 100억 원을 요청해 놓고 있다.

문화부는 최근 내년도 예산 협의과정에서 이 같은 영상센터 건립계획 재검토 요구와 함께 센텀시티 내를 고집할 경우, 예산지원 중단 방침도 거듭 밝혀 6.5 보선 이후 새로운 부산시장이 어떤 결정을 내릴지에 관심이 모아진다.

한편 최적의 후보지로 거론되고 있는 해운대 온천센터 부지는 당초 이를 매입했던 D사가 지난달 31일까지 잔금을 납부하지 않아 매매계약이 해지됨에 따라 부산시가 원 소유자인 국방부와의 협의 여부에 따라

두레라움 조감도

영상센터 건립 가능성을 높여주고 있다.

이와 관련, 해운대구청 측도 "온천센터와 영상센터가 병행 개발될 경우 센텀시티 입주보다 유발효과가 더 클 것"이라며 "특히 문화·위락시설은 해운대 관광특구의 권장시설"이라며 긍정적인 반응을 보였다.

PIFF 김동호 집행위원장은 "야외 상영장으로 각인된 부산영화제의 바다와 영화 이미지가 실종될 우려가 높다"며 이전 건립 입장을 지지하면서 "온천센터 이외의 대안인 수영만 요트경기장의 경우, 건물 명칭을 양보할 수 있다"고 밝혀 그동안 반발해온 요트인들과의 협상 가능성을 열어놓았다.

부산시는 전용관 부지로 센텀시티를 밀어붙였다. 한 번 결정한 것을 바꿀 수 없다는 입장이었다. 결국 중앙 정부에 미움을 산 부산시는 예산 문제에 봉착하게 된다. 지루한 논쟁과 긴 표류 끝에 4년여가 흐른 2008년 13회 영화제 기간 중 영화제 전용관인 두레라움 착공식을 거행했지만 예산문제는 여전히 풀릴 기미를 보이지 않고 있다.

여기서 부산시는 또 한 번 '사고'를 쳤다. 문화부를 거쳐 기획재정부에서 최종 확정된 두레라움 건축비는 691억 1천 500만 원이었다. 하지만 부산시는 이 정도 예산으로는 랜드마크 건설이 어렵다며 국제공모 당시의 소요 예산인 1천 624억 원으로 건축비를 발표하고 공사에 들어간 것이다.

정부의 예산으로는 구청 문화회관이나 체육관을 짓는 데 불과하다는
여론에 뭇매를 맞은 시 입장에선 "돈에만 맞춰서 건물을 짓다 보면 작
품성이나 역사성을 전혀 넣을 수 없다"면서 "재정적 부담이 되더라도
호주의 오페라하우스처럼 역사에 남을 랜드마크를 건립하겠다"고 과
감하게 방향을 튼 것으로 볼 수 있다.

　그러나 속내를 들여다보면 이는 믿는 구석이 있는 것 같다. 부산 출신
의원들이 국회 예산 편성과정에서 부족한 재원을 지원해 주겠다는 약
속이 그러한 것이다. 아무튼 첫 단추를 잘 못 끼운 탓에 장기간 표류하
고 있는 두레라움이 과연 예정대로 건설돼 PIFF의 랜드마크가 될 수 있
을지 두고 볼 일이다.

6. PIFF와 영화인

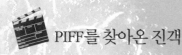 PIFF를 찾아온 진객

장위엔, 부산서 세계 최초 '퀴어영화' 선봬

1996년 1회 영화제를 찾았던 해외 게스트 중 유명인사는 그다지 많지 않았다. 유럽이나 미주에선 낯선 땅 한국, 그것도 서울이 아닌 부산에서 처음 열리는 국제영화제인 데다 예산도 넉넉하지 않아 게스트 초청이 어려웠기 때문이다.

이런 와중에 항도를 찾았던 해외 영화인 중에서 가장 인기를 모은 게스트는 중국 제5세대 감독을 대표하는 첸카이거 감독이었다. 그의 작품인 '풍월'이 상영된 부영극장의 관객들은 연신 환호성과 탄성을 질러댔다. 그는 아시아인으로서는 처음으로 칸영화제 대상을 수상한 '패왕별희'(1992년)를 만든 거장이다.

이를 고려한 듯 그는 분위기에 걸맞은 연설을 토해냈다.

"내가 부산국제영화제에 오게 된 것은 아시아에 이런 영화제가 더 많았으면 하는 바람 때문입니다. 그리고 더 많은 훌륭한 감독들이 아시아에서 나오길 바라는 마음입니다. PIFF가 첫해임을 감안해 홍콩영화제가 신인감독 발굴에 주목했던 점을 상기해 볼 필요가 있으며 분명한 성격을 가진 영화제가 되길 바랍니다.”

'동궁서궁'의 장위엔 감독도 눈길을 끌었다. 그가 들고 온 작품은 세계 최초로 PIFF를 통해 소개되는 '월드 프리미어' 작품이자 그때까지 낯선 개념이었던 '퀴어 영화'라는 점이 호기심을 더했다. 초청 과정에서 영화평론가이자 프로그램 어드바이저였던 토니 레인즈의 역할

장위엔 감독

이 컸다. 장위엔 감독은 동시에 '새로운 물결' 부문 심사위원으로 참여했는데 이후에도 여러 번 PIFF를 찾은 단골손님 중 한 명이 됐다.

일본의 오구리 고헤이 감독도 관객들의 호평을 받았다. 당시 일본영화의 국내 공식상영이란 일종의 프리미엄도 있었지만 그보다는 오구리 감독의 사색적인 영화 만들기가 관객들의 눈과 귀를 사로잡은 것이다. 특히 그가 들고 온 영화 '잠자는 남자'는 한국배우 안성기가 출연, 제작과정부터 화제를 뿌렸으며 몬트리올영화제에서 심사위원 특별상을 받아 그 작품성을 인정받기도 해 오구리 감독의 인기는 기대 이상이었다.

그는 "도시라든가 중심에서 떨어져서 무언가가 벌어진다는 사실에 주목해 서울이 아닌 부산에서 열리는 영화제에 더 좋은 느낌을 받았다"며 "영화가 미주 · 유럽을 통해 발달해왔지만 이것을 같은 아시아권으로 눈을 돌려 아시아의 발밑을 보는 방향으로 발전시켜 나가야 할 것"이라는 당부를 남겼다.

홍상수 감독, PIFF 등질 위기

'뉴 커런츠' 부문의 유일한 한국영화였던 '세 친구'의 임순례 감독은 PIFF의 발견이었다. '세 친구'는 그의 데뷔작이었는데 '아시아 영화진

흥을 위한 네트워크'가 수여하는 '넷팩상'을 수상했다. 임 감독은 발군의 실력을 발휘했고 2008년엔 '우리 생애 최고의 순간'(우생순)이라는 흥행작을 빚어내는 여성감독 특유의 저력을 과시하기도 했다.

데뷔작 '돼지가 우물에 빠진 날'을 만든 홍상수 감독은 당시 얼굴이나 이름이 낯선 신인이었다. 사실 홍 감독은 하마터면 부산에 오지 못할 뻔했다. PIFF 개막을 불과 한 달 앞두고 그는 일본 후쿠오카영화제 경쟁부문에 출품을 내심 꿈꾸고 있었는데 결국 PIFF 집행부가 설득에 나서 출품-번복을 거치면서 끝내 '돼지가 우물에 빠진 날'은 1회 영화제 때 상영되는 영광을 갖게 됐다.

PIFF 광장에 스타들 핸드프린팅 남겨

2회 영화제부터는 '부산'을 강조하는 이벤트가 고안되었다. 무엇보다 시민들의 긍정적인 호응을 얻어낼 수 있는 행사들이 필요한 것이었다. 그래서 남포동 'PIFF 광장'에 영화제를 찾은 유명 게스트들의 핸드프린팅을 남기는 이벤트가 마련되었다. 그러기 위해선 손바닥 자국을 남길 정도의 '이름 있는' 게스트들이 필요했다. 스타를 끌어오려는 프로그래머들의 물밑작업은 어느 정도 성공을 거뒀다.

이런 가운데 두 번째 영화제의 스타는 단연 제레미 아이언스였다. 2

▲ PIFF 광장의 제레미 아이언스

회 영화제 최대의 화제작 가운데 하나인 개막작 '차이니즈 박스'의 웨인 왕 감독과 부산을 찾은 제레미 아이언스는 "이 영화는 한 편의 연애편지 혹은 다큐멘터리 같기도 합니다. 다큐멘터리에 애정이 가미

▼ 웨인 왕 감독

된 영화일 수도 있구요. 이처럼 아름다운 해변
도시에서 열리는 국제영화제의 개막작으로 선
정돼 너무나 기쁩니다"라며 감탄사를 연발했다.
PIFF 미주 · 유럽 담당 전양준 프로그래머는 "제
레미 아이언스의 방한은 초창기 PIFF를 알리는
데 큰 역할을 했다"고 회고한다. 이 해에는 이란
감독 압바스 키아로스타미와 일본의 기타노 다케시도 부산 땅을 밟아
영화제의 열기가 한층 뜨겁게 달아올랐다.

무엇보다 1997년은 확실히 아시아 영화가 세계 영화계의 화두로 부
각된 해였는데, 키아로스타미의 '체리향기'(이란)와 이마무라 쇼헤이
의 '우나기'(일본)가 칸영화제 황금종려상을 공동수상했고, 기타노 다
케시는 '하나비'(일본)로 그 해 베니스영화제 황금사자상을 수상하였
다. 큰상을 받고 난 뒤 부산을 찾은 탓에 두 감독이 관객들로부터 열광
적인 환영을 받은 건 당연지사였다.

기행으로 웃음 선사한 기타노 다케시

그러나 두 사람은 모든 면에서 대조적이었는데, 키아로스타미는 철
학자와 같은 풍모로 관객의 존경심을 자아냈으며 관객과의 대화 시간
도 진지하기 이를 데 없었다. 반면 기타노 다케시는 관객을 즐겁게 해주
는 유쾌한 감독이었다. 배우이자 감독인 동시에 코미디언으로서 최고
의 인기를 구가하고 있는 그의 진면목을 유감없이 발휘한 것이었다. 그
는 특히 관객들이 자신의 작품을 잘 이해해 주고 있다는 사실에 무척 고
무되었다. 그리고 축구광답게 "한국축구가 딱 한번만 일본에 져 주면
안 되겠느냐"는 애교 섞인 부탁을 하는가 하면, 냉면집에서는 육수 맛
에 매료되어 "육수에 밥 말아 먹고 싶다"는 등 기행으로 주변 사람들을

즐겁게 해주었다.

홍콩 스타 양조위나 여명도 PIFF 광장에 모습을 드러냈다. 하지만 구름같이 몰려든 인파로 인해 사람들은 그들의 얼굴을 보는 것조차 힘들었다. 데뷔작 '메이드 인 홍콩'의 프루트 첸 감독과 '하류'의 차이밍량 감독은 이 해 처음 부산을 찾은 이후 PIFF의 대표적인 단골손님이 됐다. 프루트 첸 감독은 영화제 참가에 이어 '리틀 청'으로 PPP의 도움도 받았고, 결국은 '화장실 어디에요?' 촬영을 위해 부산에 머무르기도 했다.

차이밍량 감독의 영화에 주로 출연하는 배우 리캉셍은 "부산에 오면 유덕화가 된 것 같다"라는 재미난 소감을 남겼다. 한국의 감자탕을 맛보고 그 맛을 잊지 못하는 허우샤오시엔 감독은 김동호 위원장과 함께 타이거 클럽 멤버인 동시에 거의 매년 영화제 때 부산을 찾는 친한파 영화인이 됐다.

세계적 거장 대열에 오른 '충무로의 반항아' 김기덕 감독도 PIFF를 통해 해외에 이름을 알렸다. 그의 데뷔작인 '악어'는 2회 영화제 때 한국영화 파노라마 부문에 초청됐고 이후 충격적인 영상과 전례 없는 주제의식을 담아내며 비평적 주목을 받아온 그는 2004년 '사마리아'와 '빈 집'으로 베를린영화제와 베니스영화제에서 각각 감독상을 수상하였다. 그의 열네 번째 작품 '숨'은 2007 칸영화제 경쟁부문에 초청되는 등 해외에서 가장 유명한 한국감독 중 한 사람이 됐다.

화제를 몰고 다닌 이와이 순지

일본의 거장 이마무라 쇼헤이 감독은 이듬해인 1998년 3회 영화제 폐막작으로 선정된 '간장선생'을 갖고 부산을 찾았다. '나라야마의 춤'과 '우나기'로 두 차례나 칸영화제 황금종려상을 수상한 세계적인 감독으로 페르난도 솔라나스 감독과 함께 남포동 PIFF 광장에 핸드프린팅을

남겼다,

3회 때는 일본 대중문화 개방(1999년)을 앞두고 일본영화와 감독이 큰 화제를 모았는데 그 중에서도 이와이 순지 감독은 단연 최고 스타였다. 그의 전작인 '러브레터' 가 미개봉 상태에서 불법 비디오를 통해 국내에서 인기가 대단했는데 작품이 한 편도 개봉되지 않은 상황에서 팬클럽이 조직될 정도였다. '4월의 이야기' 는 일찌감치 전회 매진됐고 개막식에 참석했던 그는 여느 한국 배우들보다도 큰 박수를 받았다.

문화외교가 국가정책인 프랑스는 이 해 '프랑스 영화선' 을 별도로 마련해 7편을 선보였다. 프랑스를 대표하는 배우 이자벨 위페르와 '천사들이 꿈꾸는 세상' 으로 칸영화제 여우주연상을 수상한 나타샤 레니에가 직접 부산에 와 프랑스 영화들을 홍보했다. 이들과 함께 프랑스영화진흥기구인 '유니프랑스' 와 주한프랑스대사관은 '프랑스영화의 밤' 파티를 개최하는 등 PIFF의 '국제적인' 분위기를 만드는 데 일조했다.

신인 설경구, 부산서 최고 스타로 부상

부산국제영화제 20세기 마지막 행사였던 4회 영화제에서 화제를 몰고 다닌 것은 다름 아닌 한국영화였다. 한국영화로서는 처음 이창동 감독의 '박하사탕' 을 개막작으로 선정했고 당시 신인급 연기자였던 설경구, 문소리도 단숨에 주목 받는 연기자로 거듭났다. 특히 설경구는 '박하사탕' 외에도 '송어', '새는 폐곡선을 그린다', '유령' 등 출연작 4편이 이 해 PIFF에 초청되어 그야말로 영화제의 최고 스타로 부상했다.

'박하사탕' 보다 더 화제를 모은 것은 장선우 감독의 '거짓말' 이었다. 예매 시작 20분 만에 티켓이 매진됐는가 하면 10만 원짜리 암표까지 등장하는 인기를 누렸다. 당시 영상물등급위원회로부터 등급보류 판정을 받았던 '거짓말' 이 PIFF에서 무삭제판으로 상영된다는 소식에 관객들이 몰린 것이었다. 상영이 끝난 뒤 '관객과의 대화'에서도 진지하고 치열한 질문 공세가 이어졌다.

해외 게스트 중에는 폐막작 '책상 서랍 속의 동화'의 장이모우 감독이 돋보였다. 장 감독은 유현목 감독, 원로배우 황정순 여사와 함께 핸드프린팅을 남겼다. 이들 세 사람은 영화제 측의 안내로 함께 점심식사를 했는데 장 감독을 처음 본 황정순 여사는 "배우를 해도 될 얼굴이네"라고 했다. 사실, 장 감독은 이미 배우로도 활동을 했던 터라 "역시 배우를 보는 눈이 남다르시다"는 답을 건네 분위기는 이내 화기애애해졌다.

뉴 커런츠 부문 심사위원장을 맡았던 크리스틴 하킴도 화제를 몰고 다녔다. 인도네시아 국민배우로 일컬어지는 그녀는 세련된 매너로 주변 사람들의 호감을 샀고, 특히 기자회견장에서 당시 동티모르 사태에 관한 질문을 받고는 서방언론의 보도에 대해 불만을 터뜨리면서 눈물을 흘리기도 하였다. 하킴은 영화제 기간 내내 한국음식의 매력에 흠뻑 빠졌고 귀국길에는 돌솥을 두 개나 사 가기도 했다는 후문이다.

부산서 환대 받은 독일 신사 빔 벤더스

새 천년과 함께 온 제5회 부산국제영화제의 서막은 부다뎁 다스굽타 감독의 작품 '레슬러'로 열렸다. 영화제 측은 이 작품이 개막작으로 지루해 할 수도 있지만 인도 영화에도 과감하게 기회를 제공하자고 결론을 내 인도영화가 개막작의 행운을 잡을 수 있었다.

그러나 이 해 영화제의 최고 스타는 독일 신사 빔 벤더스 감독이었다. 벤더스 감독의 비서가 한국계 독일인이라는 사실을 안 전양준 프로그래머가 몇 번 퇴짜를 맞은 끝에 초청에 성공했다.

▲ 빔 벤더스 감독

부산에 발을 디딘 그는 부산 관객의 열정에 탄복하였고 '밀리언 달러 호텔'의 상영이 끝난 뒤 가진 관객과의 대화에서는 무려 1시간 30분에 걸친 진지한 대화를 나누었다. 관객과의 대화 도중 여기저기서 핸드폰 벨 소리가 나자 "이렇게 휴대폰을 사랑하는 나라는 처음 봤다"며 한국인의 넘치는 휴대폰 사랑(?)에 대해 재치 있게 불만을 털어놓기도 했다. 이후 벤더스 감독은 PIFF의 열렬한 지지자가 됐다.

5회 영화제의 또 다른 스타는 온 가족이 영화를 만드는 이란의 마흐말바프 가족이었다. 단순히 온 가족이 영화를 만든다는 것뿐 아니라 그들의 작품이 세계 유수의 영화제에서 각광받는 높은 수준이어서 더욱 돋보였다.

영화제측은 이들 가족들을 위해 한복을 기증했고, 이들이 한복을 곱게 차려입고 찍은 사진은 지금도 영화제에서 소중하게 보관하고 있다. 이들에게 제공된 한복은 부산의 유명한 한복디자이너가 만든 것인데 비싼 가격이 부담스러웠는지 마흐말바프 가족들은 처음에 이를 받지 않겠다고 했으나 "돈으로 계산하지 마라. 우리가 당신에게 주려고 하는 것은 한국의 문화다"라고 설득한 끝에 겨우 기증할 수 있었다는 후문이다. 마흐말바프의 아내인 마르지예 메쉬키니의 데뷔작 '내가 여자가 된 날'은 이 해 뉴 커런츠상을 수상하는 영예도 누렸다.

세찬 빗속에서 감동 연출한 관객들

그러나 5회 영화제의 최고 스타는 '관객'이었다. 10월 8일 수영만 요트경기장의 야외 상영장에서는 라스 폰 트리에 감독의 '어둠 속의 댄서'가 상영될 예정이었다. 하루 종일 내리던 비가 상영 시간이 가까워져도 멈추지 않았고, 영화제 측은 상영 취소를 고민했고 환불을 원하는 관객에게는 환불해 주기로 하고 상영을 강행하기로 결정했다. 너무나 세차게 내리는 비 때문에 객석이 텅 빌 것으로 생각했던 영화제 측의 예상은 빗나갔다. 무려 3천여 명의 관객들이 궂은 날씨에 개의치 않고 끝까지 자리를 지킨 것이다.

PIFF '감동의 순간'을 회고할 때마다 회자되는 빗속의 야외상영이 단연 첫 손가락으로 꼽히는 것은 바로 이 때문이다. PIFF의 힘은 관객의 열정에서 나온다는 사실을 확인한 순간이었다

부산땅 밟은 누벨바그 시대 이끈 잔 모로

김 위원장과 잔 모로

2001년 6회 게스트 중에 가장 화제를 몰고 다녔던 해외 스타는 누벨바그 시대의 대표적 여배우인 잔 모로였다. 대표작 '쥘과 짐' 등 그녀의 출연작이 회고전 형식으로 상영되었고 핸드프린팅 행사에도 참석했다. 그녀는 포근하고 상냥한 미소로 올드팬들에게 향수를 안겨주었다. 올드팬들의 향수를 자극한 것은 잔 모로뿐만이 아니었다. 한국영화 회고전의 주인공인 신상옥 감독이 부인인 최은희씨와 함께 부산을 찾았다. 그러나 신 감독이 북한에서 만들었던 '탈출기'는 당국의 제재로 제한 상영되어 옥에 티를 남겼다.

관객들에게 강렬한 인상을 남긴 것은 태국영화였다. 아시아 영화를 집중적으로 조명한다는 목표를 가진 PIFF가 막 떠오르기 시작한 태국영화의 특별전을 마련한 것이다. 영화제에 소개된 태국영화는 데뷔시

절부터 PIFF와 인연을 맺었던 논지 니미부트르와 펜엑 라타나루앙 등 젊은 감독들의 독립영화에서부터 폐막작인 대작 '수리요타이'에 이르기까지 총 11편이었다. 태국정부에서도 자국영화의 홍보를 위해 대대적인 파티를 열어 태국영화인들을 응원하였다. 특히 '수리요타이'의 감독 차트리찰렘 유콘은 태국 왕족의 일원이어서 영화제 기간 중 화제가 되기도 했다.

김기덕, 대중과 호흡하다

일곱 번째 PIFF의 큰 손님은 김기덕과 장동건이었다. 개막작으로 이미 세계적 거장 반열에 오른 김기덕 감독이 메가폰을 잡고 톱스타 장동건이 주연을 맡은 '해안선'을 고른 것이다. 일단 두 거물을 내세운 탓에 영화제는 초반 관심몰이에 성공했다. 기타노 다케시, 허우 샤오시엔, 차이밍량 등은 어느덧 PIFF에서 자주 볼 수 있는 단골손님이 됐다.

이 해에 부산을 찾은 중국 로우 예 감독은 6년 전 PPP 부산상으로 선정된 '여름궁전'을 칸영화제 경쟁부문에 올려 감동시켰다. 차이밍량 감독 역시 PPP 프로젝트명 '흑인권'의 제목을 '홀로 잠들고 싶지 않아'로 고쳐 출품했는데 이 작품 또한 베니스영화제 경쟁부문 진출작이었다.

영화 제작이 거의 이뤄지지 않는 타지크스탄의 잠쉐드 우스마노프 감독도 부산이 발굴한 인물이었다. 그는 저예산 독립영화 '천국에 가려면 죽어야 한다'를 완성해 특별한 관심과 애정에 보답했다. 가족의 소중함에 대해 말하는 '가시고기의 여름'의 일본 여성감독 나카무라 마유와 '사카이 가족의 행복'의 재일동포 감독 오미보 등 두 여성감독은 신작을 들고 부산을 찾았다.

일본 아줌팬 몰고 다닌 배용준

8회 영화제에 화제를 몰고 다닌 거물급 스타는 그다지 없었다. 오히려 칸영화제 티어리 프레모, 베를린 영화제 디터 코슬릭, 베니스영화제 모리츠 데 하델른 등 세계 3대 영화제 집행위원장이 동시 참가해 유난히 눈길을 끌었다.

이때는 한국영화의 인기가 범 아시아권으로 확장되고 있음을 확인시켜 주기도 했다. 국내 관객들의 폭발적인 반응은 물론이거니와 일본, 중국에서도 한국영화를 보려는 일반 관객이 몰려오기 시작한 것이다. 특히 '스캔들- 조선남녀상열지사'의 주연 배우 배용준을 보기 위해 상영관에는 일본 팬들이 몰려들어 인산인해를 이루었다. 배용준이 극장에 모습을 드러내자 일본 팬들은 일제히 비명과 함께 캠코더와 카메라 후레쉬를 연신 터뜨렸다. 한류 열풍이라 하지만 한국 인사말까지 열심히 연습한 그들의 열정이 너무도 진지했다. 한국영화와 드라마를 통해 한국은 이제 아시아인들과 나눌 이야깃거리가 하나 더 늘어난 셈이 됐다.

또한 새롭게 창설한 '올해의 아시아 영화인상'의 수상자로 이란의 모흐센 마흐말바프가 선정되었다. 선정 사유는 아프간 영화의 재건과 어린이 교육운동에 대한 그의 헌신 때문이었는데 시상식장에는 탈레반 정권의 몰락 이후 처음으로 만들어진 아프간 극영화 '오사마'의 감독 세디그 바르막과 주인공을 맡았던 어린 소녀 마리나 골바하리도 함께 참석해 눈길을 끌었다.

검은 선글라스의 홍콩 신사도 방한

검은 선글라스의 홍콩 신사 왕가위 감독은 9회 PIFF의 진객이었다. 그

▼ 왕가위 감독

의 작품 '2046' 이 개막작으로 선정된 것이었다. 티켓은 예매시작 4분 54초 만에 매진되는 기록을 세웠다. 1999년 장선우 감독의 '거짓말' 이후 처음으로 1만 원짜리 표가 30만 원 하는 암표까지 등장하기도 해 그의 인기를 새삼 실감케 했다.

이 해에는 거장 감독을 초청해 토론광장을 마련하는 '마스터클래스' 프로그램을 신설했는데 그 첫 주인공은 허우 샤오시엔과 테오 앙겔로풀로스였다. 세계적인 거장의 마스터클래스는 입장권이 조기 매진되는 등 관심을 불러 일으켰고, 진지한 분위기 속에서 행사가 진행되었다. 또 파라다이스 호텔에서는 '오픈토크' 도 열렸다. 영화배우 양조위와 이영애, 영화감독 허우 샤오시엔과 테오 앙겔로풀로스 등의 대담이 바로 그것이다. 중국권 언론매체들은 양조위와 이영애의 대담에 큰 관심을 보였다.

열 돌 잔치에 스타들 북적

열 돌을 맞은 2005년, 부산은 어느새 '아시아의 영상 허브' 이자 '한국 영화의 수도' 로 자리매김했다. 그래서일까? 역대 최대 규모로 치러진 PIFF 열 번째 잔치에는 국내외 감독과 배우에서 이제 막 이름을 올린 신인까지 숱한 영화인들이 부산을 찾아 자리를 빛냈다.

허우 샤오시엔

개막식 게스트로는 성룡, 비비안 수, 장첸, 오다기리 조 등의 배우와 크지쉬토프 자누쉬, 피터 그리너웨이, 허우 샤오시엔 등의 감독이 참석해 자리를 빛냈다. 이란의 거장 압바스 키아로스타미와 핀란드의 형제 감독 미카 카우리스마키, 싱가포르의 에릭 쿠 감독은 아시아 신인 작가들의 각축장인 뉴 커런츠 심사위원이란 중책을 맡았다. 전년에 특별전이 마련됐던 인도네시아 거장 가린 누그로호, '레슬러' 란 작품으로 5회 PIFF 개막작의 영예를 안았던 인도의 부다뎁 다스굽타, 이란 감독 모흐센 마흐말바프와의 재회도 이뤄졌다.

때가 때인 만큼 한국 감독들도 대거 부산행 비행기와 KTX에 몸을 실었다. '극장전' 의 홍상수, '그때 그 사람들' 의 임상수, '주먹이 운다' 의 류승완, '달콤한 인생' 의 김지운, '역도산' 의 송해성, '활' 의 김기덕, '친절한 금자씨' 의 박찬욱, '외출' 의 허진호, '형사' 의 이명세, '웰컴 투 동막골' 의 박광현 감독이 바로 그 주인공들이다.

PIFF 측은 개막식 관련 공식행사가 모두 끝난 6일 오후 11시경 해운대 앞바다에 '영화인의 배' 를 띄워 분위기를 고조시켰다. 크루즈선인 '티파니 21' 에는 강수연, 김민정, 홍상수, 김기덕 등 PIFF에 참석한 배우와 감독, 영화제작자 등 200여 명이 승선해 선상 파티를 즐기며 PIFF 열 돌을 축하했다. 이 행사는 '배우 맏형' 인 안성기 부집행위원장의 아이디어였다는 후문이다. 이와 함께 세계영화제의 양대 산맥인 베를린영화제의 디터 코슬릭 집행위원장과 칸영화제의 티어리 프레모 집행위원장이 한국영화를 세계에 알린 공로를 인정받아 개막식 다음날인 7일 한국산 부채로 만든 '한국영화 공로상' 을 받았다.

김동호 위원장 '명예감독' 되다

그러나 정작 10회 영화제 최대 화제인물은 영화제를 출범시켜 지금까지 끌고 오면서 PIFF를 아시아 정상으로 이끈 김동호 위원장이었다. 세계 양대 영화제 위원장에게 '한국영화 공로상' 시상식이 끝나자 국내 젊은 감독들의 모임인 디렉터스 컷에서 김동호 위원장에게 '감독의 의자' (디렉터스 체어)를 증정하며 그간의 노고에 감사를 표시했다.

당초 예정에 없던 빅 이벤트를 마련한 이현승, 김지운, 류승완 등 3명의 감독은 "김 위원장의 노고가 없었다면 한국영화가 이렇게 발전할 수 없었다"며 "모든 영화인의 마음을 담아 선물을 준비했다"고 뜨거운 성원을 보낸 뒤 김 위원장을 '명예감독' 으로 추대했다.

게스트들의 환호 속에 '감독의 의자' 에 앉은 김 위원장은 "지난 10년 동안 특별히 한 일도 없는데 젊은 감독들로부터 상을 받아 쑥스럽다"라고 겸손해 한 뒤 "정작 나의 꿈은 조감독인데 (명예)감독으로 만들어 버렸다"라며 익살스럽게 소감을 밝혀 참석자들의 아낌없는 박수를 받기도 했다.

한국어로 인사한 일본 톱스타 아오이 유우

새로운 10년을 위한 첫 출발이자 11살 PIFF는 한껏 무르익은 면모를 과시했다.

홍콩의 유명 배우이자 영화제작자인 유덕화가 PIFF가 뽑은 '올해의 아시아 영화인상' 수상자로 선정돼 개막식에 참석했다. 지난 20여 년간 홍콩의 톱스타 자리를 지켜온 그는 1997년 저예산 독립영화 '메이드 인 홍콩' 에 투자해 프루트 첸을 발굴했고 2005년부터는 '포커스 : 퍼스트 컷' (Focus : First Cuts) 시리즈를 통해 신인 감독 발굴에 나서고 있다.

재일교포 이상일 감독의 '훌라걸스' 의 주연 일본 인기여배우 아오이

유우는 2004년에 이어 두 번째 부산나들이로 관심을 집중시켰다. 수영만 야외 상영장을 찾아 한국어로 재치 있는 무대 인사를 해 관객들에게 뜨겁게 환호를 받았는데 마이크를 잡은 그녀는 '안녕하세요', '와주셔서 감사합니다' 라고 말한 뒤 외웠던 세 번째 문장을 잊은 듯 손바닥에 감췄던 메모지를 펼쳐보며 '영화 재밌게 봐주세요' 라고 애교를 부리기도 했다.

이 해 뉴 커런츠 심사위원장을 맡은 이는 헝가리 이스트반 사보 감독으로 핸드프린팅 행사에서 "영화감독이라 그간 배우들처럼 육체 노동할 기회가 없었는데 오늘 모처럼 육체노동을 하게 돼 넥타이를 호텔에 던져두고 왔다"며 재킷을 벗어던지는 등 거장다운 재치 있는 멘트로 분위기가 후끈 달아오르기도 했다.

영화음악 거장, 엔니오 모리코네 부산 찾다

뉴 이란시네마의 기수 다리우스 메흐르지 감독은 12회 영화제 뉴 커런츠 심사위원장이자 핸드프린팅의 주인공으로 부산을 찾았다. 그의 두 번째 연출작 '소' 는 당국의 검열로 상영이 금지됐는데 그는 비밀리에 작품을 출품해 1971년 베니스영화제 비평가상을 받았다. 또 칸 황금종려상 수상작 '4개월 3주… 그리고 2일' 의 크리스티안 문쥬(루마니아) 감독과 세르비아의 거장 고란 파스칼리에비치 감독, 칸 여우주연상에 빛나는 '밀양' 의 이창동 감독도 뉴 커런츠 심사위원을 맡아 이 해 부산을 찾았다.

모흐센 마흐말바프 감독은 아시아영화아카데미(AFA) 교장을 맡았고 마흐말바프의 막내딸 하나 마흐말바프는 첫 장편 극영화 '불상은 수치심 때문에 붕괴되었다' 를 들고 와 부녀 감독이 함께 영화제를 찾아 눈길을 끌었다.

개막작 '집결호'를 세계 최초로 공개하는 펑샤오강 감독, '세상의 중심에서 사랑을 외치다'로 유명한 유키사다 이사오 감독, 일본에서 기타노 다케시 뺨칠 만큼 유명한 코미디 배우이자 황당한 슈퍼 히어로 이야기 '대일본인'을 연출한 마쓰모토 히토시 감독도 부산을 찾아 분위기를 한껏 고조시켰다.

무엇보다 관심을 모았던 영화인은 세계적인 영화음악가 엔리오 모리코네의 PIFF 방문이었다. 그러나 개막식에 참석한 대선 후보와 춥고 비오는 날씨 때문에 모리코네의 의전상 다소 문제가 발생해 결국 언론에 뭇매를 맞은 김동호 위원장과 이용관 위원장이 유감을 표명해야 했다.

신선한 충격을 준 카자흐스탄 감독

13회 영화제 개막작으로 카자흐스탄 루스템 압드라쉐프 감독의 '스탈린의 선물'이 선정됐다. 카자흐스탄 영화가 개막작으로 상영되기는 처음이었다. PIFF의 지향점이 새로운 아시아 영화의 발굴과 발견인 만큼 40년대 말 구 소련에서 극동지역 주민들을 카자흐스탄과 우즈베키스탄으로 강제 이주시켰던 이야기를 배경으로 하고 있는 이 작품은 관객들에게 신선한 충격을 던져주었다.

루스템 압드라쉐프 감독은 개막작 기자회견을 통해 이렇게 말했다. "카자흐스탄은 독립한 지 이제 겨우 11년이 됐다. 포스트소비에트 시대에 그 시절을 회고하는 카자흐스탄 영화는 처음일 텐데, 젊은 사람들이 그 시절을 어떻게 바라보는지 이야기하고 싶어 이 영화를 찍었다. 이번 영화제를 통해 앞으로 더 많은 관객을 만나기 위한 첫발을 뗐다고 생각한다."

'화양연화', '2046' 등을 연출했던 중국의 왕가위 감독은 칸영화제에서 특별 상영된 '동사서독 리덕스'를, 칸영화제 주목할 만한 시선 부문에 출품됐던 '동궁서궁'의 장위엔 감독은 '다다의 춤'을 들고 부산을 찾았다.

일본의 인기 감독인 이누도 잇신은 '구구는 고양이다', 고레에다 히로카즈 감독도 '걸어도 걸어도'를 들고 대한해협을 건너왔다. 인도의 대표적 여자배우인 난디타 다스는 자신이 연출한 '살육의 시간'의 감독 자격으로, 트랜스젠더인 말레이시아의 야스민 야흐마드 감독은 '개종'을 선보였다.

12편이 상영된 한국영화 파노라마 부문에는 강우석, 이준익, 김지운, 임순례, 나홍진, 이경미, 김정권, 전수일, 정윤철, 김정중, 부지영 감독이 항도에서 영화팬들을 만났다.

'누벨바그의 여신' 프랑스 여배우 안나 카리나는 뉴 커런츠 심사위원장으로, 유신시대 도발적 외모라는 이유로 활동을 접었던 여배우 이화시도 이 해 부산에서 관객들 앞에 나섰다.

그동안 PIFF를 한 번도 찾지 못한 연기파 배우 김혜수와 폐막작으로 선정된 윤종찬 감독 영화 '나는 행복합니다'의 현빈, 이보영도 항도를 찾았다. 부산 출신 감독으로 영화 '해운대'를 촬영하고 있던 윤제균 감독은 영화제 기간 동안 잠시 메가폰을 놓고 주연배우 설경구, 하지원과 함께 행사에 동참했고 이 해 하반기 최대 흥행작인 '좋은 놈, 나쁜 놈, 이상한 놈'의 주인공 송강호,정우성, 이병헌 등 톱스타들도 총 출동해 PIFF의 위상을 한층 높여줬다.

영화제 폐막을 하루 앞둔 10월 9일에는 윤정희, 김희라 등 원로배우들이 김윤석, 수애 등 젊은 배우들과 함께 영화제 기간 중 부활된 제17회 부일영화상 시상식에 참석해 화제를 모았다.

이용관 위원장이 중국으로 직접 날아가 '삼고초려'하며 초청에 공을 들였던 서극 감독은 막판 부산행을 통보했고 마스트클래식에 참석해

1979년 '접변'을 통해 영화계에 입문해 숱한 작품을 제작하며 30년의 세월을 보낸 영화인생에 대한 솔직 담백한 명강의를 펼쳐 참석자들의 뜨거운 박수갈채를 받았다.

그는 부산에서 매우 인상 깊은 말을 남겼다. "아이들이 새로운 장난감을 가졌을 때의 흥분과 기쁨처럼 어린 시절 추억이 나의 영화세계를 열 수 있는 가장 근본적인 원인이었죠."

또한 이탈리아 영화의 르네상스를 주도했던 네오 리얼리즘의 '거장', 타비아니 형제 중 동생인 파올로 타비아니도 부산에서 마스터클래스에 참석해 화제를 모았다. 타비아니 감독은 "최근 몇 년간 세계 영화 가운데 가장 감명 깊게 본 것이 한국영화이기 때문에 이 자리가 영광스럽다. 감독이란 직업은 무척 힘들지만, 그 외에 다른 직업을 생각해 본 적이 없다. 여러분의 행운을 빈다"는 말로 마스터클래스에 참석한 영화학도들을 격려했다. 거장의 영화에 대한 사랑과 열정에 참석자들은 기립박수로 화답했다.

7. PIFF의 성공 요인

    부산국제영화제는 과연 성공했을까.

    이 물음에 대한 대답은 정부나 연구기관, 언론, 그리고 관객마다 다를 수 있다. 그러나 성공여부를 떠나 일천한 역사에도 불구하고 부산국제영화제는 괄목할 만한 성과를 일궈냈다는 점은 분명한 사실이다. 또한 PIFF가 '한국영화의 르네상스'를 선두에서 이끌었으며 항구와 신발산업뿐이었던 부산을 영화, 영상 나아가 문화도시로 바꾸는 데 일등공신이었다는 점 또한 빼놓을 수 없다.

    그래서일까. 지난 13년간 PIFF에 대한 언론과 연구기관의 평가는 후했고 넉넉했다. 국내외 많은 영화인과 기자, 관객들은 그들의 노력에 적어도 인색하지 않았다. 그러나 아직 갈 길은 멀다. PIFF가 '아시아의 칸'으로 부상했지만 칸, 베를린, 베니스 등 세계 3대 영화제와는 아직도 현격한 격차가 있다. 한 마디로 자만해선 안 된다는 뜻이다. 언론과 연구기관 등의 평가를 짚어본다.

 언론의 평가

조심스레 성공 점친 국내외 언론

부산은 한국영화가 태어난 고향도 아니고, 세계 상업영화시장을 장악하고 있는 할리우드도 아니다. 그럼에도 불구하고 한국의 제2의 도시에서 새로운 영화제의 출현과 그동안 일궈낸 괄목할 만한 성과는 무엇보다 국내외 언론의 호평에서 읽을 수 있다. 제1회 영화제는 출범에 무게 중심을 두었기에 이를 평가하기에 이른 면이 없지 않다. 그러나 이듬해 영화제가 끝나고 국내는 물론 해외 언론들도 조심스럽게 PIFF의 성공을 점치기 시작했다.

'영화의 고향' 프랑스의 르몽드지는 1997년 10월 22일자 기사에서 "장차 아시아 영화의 독자적 중심지가 되고자 하는 부산의 야망을 확인할 수 있었다"고 보도했다. 또 일본의 유력지 아사히 신문도 "지난해 (1996년) 가을에 갓 태어난 영화제이지만, 아시아 독립영화의 거점을 기치로 한 의욕적인 기획으로 외국 영화관계자들로부터 도쿄영화제를 능가하는 주목을 끌었다. 지난 10월 10일부터 9일 동안 모두 18만여 명의 관객을 동원한 제2회 부산국제영화제는 아시아 최고의 영화제가 되었다고 해도 손색이 없다"며 후한 점수를 주었다.

해가 바뀐 1998년, 한국은 혹독한 IMF 경제위기를 겪어야 했다. 부산국제영화제도 예외가 아닐 수 없었다. 그러나 부산은 멈추지 않았다. 오히려 부산프로모션플랜(PPP)를 출범시키는 등 더욱 힘찬 발길을 내딛었다.

당시 아시안 월스트리트저널 알리슨 다코다지 기자는 'The Cannes of Asis' (아시아의 칸)이란 과감한 제목을 뽑으며 이렇게 썼다.

"아마 그것은 수천 명의 사람들과 별빛이 가득한 해변이었거나 그들을 내려다보고 있는 6층 높이의 대형 야외 스크린이었을는지 모른다. 아니면 홍콩의 관금붕이나 중국의 티안 주앙주앙 그리고 인도의 수디르마슈리갈 같은 아시아 감독이 포함된 보기 힘든 관객들이 존재해서였는지도, 또 다르게는 접시에 가득 담긴 부드러운 회와 좋은 술이 끊임없이 제공되어 그랬는지도 모른다. 그 이유가 어쨌거나 지난주 부산국제영화제의 화려한 개막식은 이 8일간의 행사가 '아시아의 칸'으로 발돋움하려는 서막이었음을 여실히 드러내 주고 있었다."

그러면서 그는 덧붙였다. "유명 제작자, 감독, 영화평론가들이 아시아 영화산업의 현 상황과 아시아 지역의 영화 합작의 미래를 논하고자 아시아, 유럽, 미국 전역에서 몰려왔다. 이 신생 영화제에 대한 기대들 또한 드높기만 하다."

불과 3회 치른 영화제에 대한 평가치곤 후했다. 아마도 아시아에서 유래를 찾아 볼 수 없을 만큼 성황을 이룬 탓도 있겠지만 영화제 초반 김동호 위원장 등 스태프들이 육탄으로 나서 해외 언론에 대한 공격적인 홍보를 한 덕택이 아닐까 생각된다.

이 해 한국을 찾은 프랑스 리베라시옹의 스테판 리가르드 기자는 '영화가 경제위기를 넘어선 부산'이란 제목(1998년 10월 5일)으로 한국의 경제위기 속에서도 영화제가 어떻게 열렸는지를 취재해 다음과 같은 기사를 전송했다.

"98년 부산국제영화제는 아시아 지역의 나라들에게 경제위기가 일반화된 가운데 열렸다. 도처에서 경제 재건에 우선 순위가 두어졌고, 문화는 뒷전으로 미뤄졌다. 이것은 한국에서도 마찬가지였다. 한국에서는 삼성을 제외한 모든 대기업들이 이 분야에 대한 투자를 중단하였다. 중국 및 홍콩, 대만의 사정도 같았다. 이런 곳에서는 지역 영화에 대한 대중적 관심의 부재로 인해 외부의 협력 없이는 모든 영화제작이 불가능하게 되었다. 태국의 경우, 그 나라에서는 국립영화제작소가 폐쇄된 이후 1년 동안 10편 내지 12편의 영화밖에 제작되지 않았다. 그래서 아시아에서 영화의 공동제작과 판매시장에 대한 아이디어가 나왔다. 축제기간에 조직위 주최로 처음 열린 PPP가 그것이다. 일주일 동안 마련된 회의와 라운드 테이블을 통해 감독과 제작자들은 대부분 유럽의 투자자들을 만날 수 있었고, 공동프로젝트를 중심으로 아시아의 영화의식을 발전시켰다.”

아시아 최고로 손꼽다

　PIFF 측이 영화제 출범 때부터 초청하기 시작한 일본 언론은 부산영화제를 통한 한국의 대중문화 개방에 관심이 많았던 것 같다. 아사히 신문의 후츠까 준코 기자가 쓴 ‘개방을 앞둔 일본영화, 인기 치솟다’(1998년 10월 5일)란 기사가 좋은 본보기다. “상영장이 모여 있는 남포동 극장가, 관객이 거리를 메웠다. 부산에서 쯔카모토 신야 감독과 관객과의 대화. 경쟁하듯 손을 든다. 김대중 대통령의 방일을 기점으로 일본 대중문화가 개방되는 것은 아닌가. 그런 기대감이 높아지는 가운데 이제까지 금지된 일본영화를 이례적으로 상영하여 일본영화 인기의 밑받침이 되어온 부산국제영화제. 3회를 맞는 올해 일본에서 200명이 넘는 영화인이 참가하여 한국 관계자와 ‘개방 후’에 대해 이야기하기도 했다. 한 발 빠른 ‘개방 분위기’에 접한 부산의 모습이다.”

　1999년 4회 영화제를 전후해 언론들은 부산국제영화제를 아시아 최고로 손꼽기 시작했다.

　조선일보는 부산국제영화제 결산기사(1999년 10월 25일) ‘아시아 대표 영화제, 자리 굳혔다’를 통해 다음과 같이 기록하고 있다.

　“23일 폐막한 부산국제영화제는 관객과 부산시민, 국내외 영화인들이 한데 어울린 풍성한 영상축제였다. 부산영화제는 4회째 행사를 성공적으로 치러내면서 아시아를 대표하는 영화제로 확실히 자리를 굳혔다. 열흘 동안 관객은 18만 명, 작년보다 1만 명가량 줄었지만 상영관이 밀집한 남포동은 젊은 관객들로 연일 인산인해를 이뤘다. 각국 영화 관계자와 기자들을 포함한 해외 게스트 400여 명이 몰려들었다."

부산일보도 '아시아권의 대안, 확실한 자리매김'이란 기사에서 "부산국제영화제가 아시아권의 대안 영화제로 확실하게 자리매김하는 등 안정적 기반을 구축했다는 평가를 받고 있다"고 전했다.(1999년 10월 23일)

르몽드 지의 자크 만델봄 기자는 '할리우드에 대항하는 부산에서의 움직임'이란 제목과 '부산, 한국의 영화제는 18만 5천 명의 관객을 모으면서 그 중요성을 확인시켰다'란 부제의 글을 통해 이 해의 영화제를 유럽에 알렸다. "한국의 제2의 도시 부산에서 열린 부산국제영화제는 예술분야뿐만 아니라 경제적인 면에서 영화의 가장 큰 진열장으로 소임을 확인받는 자리였다. 한국정부의 재정적 지원을 받은 이후로 18만 5천 명의 관객을 동원하였고, 53개 국으로부터 온 208편의 영화들을 선보였다."

일본 영화평론가 오쿠보 켄이치 씨는 니카타 신문에 '부산국제영화제, 급격한 변모와 그 열기'란 기고문을 통해 부산국제영화제가 일본을 위협하는 존재라고 전했다. "아직 4년밖에 되지 않은 부산영화제, 그러나 그 열기는 대단한 것이었다. 부산영화제 상영작품은 유럽이나 북미 영화제에서 높은 평가를 받은 작품들이 많고 미국영화 이외에 영화를 보고 싶어하는 관객들에게는 귀중한 기회를 제공해 준다. 이를 통해 한국영화는 급격한 변모를 보여주었고, 일본영화의 강력한 라이벌로 부상하고 있다."

찬사와 함께 비판적 시각도

물론 이런 찬사만 이어지는 것은 아니다. 한국일보 이대현 기자는 '영화산책 - 누구를 위한 잔치인가'란 칼럼을 통해 다음과 같이 부산국제영화제를 비틀기도 했다.(1999년 10월 22일)

"국제영화제 수상작들의 퍼레이드, 단편과 다큐멘터리까지 감싸 안은 다양성, 겉보기에는 온갖 구색을 다 갖춘 화려한 영화잔치이다. 그러나 속내를 들여다보면 얼마나 한심하고, 거품이 가득하며, 색깔이 없고, 한국영화산업과 영화문화의 발전과는 거리가 먼지 알 수 있다.

PIFF의 특색이 뭐냐는 질문을 받으면 얼른 대답이 생각나지 않는다. 아시아 영화 교류의 장, 한국영화의 소개의 창, 세계 영화 경쟁의 장, 영화 마켓 그 어느 것도 확실하지 않다. 성격이 없으니까 양으로라도 대신할 수밖에. 그래서 그냥 거대한 영화 상영장이란 비판이 나온다. 그것도 일부 마니아를 위한 잔치이다.

극단적으로 이런 표현을 하는 사람들도 있다. PIFF에 몰리는 사람들은 영화 관계자와 극소수 열성 마니아, 그리고 영화수입업자와 홍보업자 몇 천 명에 10대 부산 청소년들 일부라고.(중략)

문제는 이런 잔치에 정부가 7억 원(부천영화제는 2억 원)의 거액을 지원하고 있다는 것이다. 무엇을, 누굴 위한 지원인가. 예술영화 상영의 토양을 마련하기 위해서라면 이런 일회성 잔치보다는 예술영화의 지속적인 상영을 위한 인프라 구축에 투자하는 것이 더 나을 것이다. 한 번 배불리 먹고 마는 잔치보다 평소 조금씩 영양을 섭취하는 것이 건강을 유지하는 비결이다. 실속 없는 잔치에 취하지 말자."

이때까지 운영 미숙이나 상영 사고 같은 부분적 문제점을 지적하는 언론은 있었지만 사실상 '영화제 문을 닫아라'며 막가파식 기사는 이

것이 처음이다. 영화인들 사이에서 '투덜이'라는 별명을 얻었던 이대현 기자의 글에 대해 나흘 뒤 김동호 위원장이 직접 펜을 들었다.

김 위원장은 같은 신문 10월 26일자 '한국시론'에 쓴 기고문을 통해 차분하고 논리 정연한 어조로 통박했다.

"국제영화제는 1차적으로 자국 영화산업의 진흥과 발전을 주목적으로 하고 있다. 4회를 마친 부산국제영화제가 한국영화의 세계화에 기여했음은 주지의 사실이다. 지난해 베를린영화제 사상 처음으로 13편의 한국영화가 소개됐고, 칸에서 4편의 한국영화가 사상 처음으로 초청받기도 했다. 이들 영화는 직간접으로 부산국제영화제의 성과에 힘입은 바 있다. 이번 영화제에서 선보인 '박하사탕'은 이미 10개가 넘는 영화제에서 초청의사를 밝히고 있고, '인정사정 볼 것 없다', '거짓말', '새는 폐곡선을 그린다', '숨결', '민들레' 등도 이미 주요 해외 영화제에서 초청을 받은 상태이다. 한 가지만 가지고도 일부에서 지적했듯이 부산국제영화제가 결코 한국영화산업이나 영화 문화와 거리가 먼 영화제라고 할 수 없을 것이다. 부산을 찾은 800여 명의 외국인사들 대부분이 세계 주요 영화제의 집행위원장, 영화선정위원들과 초청작품의 감독들이다. 또 80여 명의 외국 언론인들도 부산을 찾았다. 르몽드, 버라이어티, 무빙픽쳐스, 아사히, 뉴욕타임스 등의 주요 외신기자들은 부산에 상주하면서 부산국제영화제를 취재했고 매년 많은 지면을 할애해서 특집을 싣고 있다. 정부가 몇 십억 원의 해외 홍보예산을 쓴다 한들 이런 효과를 거둘 수 있을지는 의문이다."

언론들, 채찍보다 당근으로 격려하다

새로운 세기, 2000년 부산국제영화제는 어느덧 다섯 살이 됐다. 국내외 언론은 채찍보다 당근을 통해 더욱 격려하는 분위기였다. 특히 영화제 측이 출범 이후 꾸준히 해외 주요 언론을 집중적으로 초청한 것이 주효했다.

그 중에서도 프랑스 르몽드의 찬사는 부산영화제를 언급할 때마다 인용되는 주요한 기사가 됐다. 브리스 페드롤레티 기자가 쓴 '부산국제영화제, 아시아 영화의 활력을 자축하다' 란 기사는 다음과 같다.(2000년 10월 18일)

"한국영화의 역동성을 보여주는 창구인 부산국제영화제의 5번째 개최와 더불어 이 항구 도시는 중국과 일본의 거장감독들을 맞이했다. 화물, 그리고 신발공장의 도시인 부산이 세계영화계의 지도에 확실히 자리를 잡았다."

또 스크린 인터내셔널의 샌디 조지 기자는 '아시아 특급' 이란 장문의 기사를 통해 "부산국제영화제는 크게 성장하고 있는 한국 영화산업의 현재와 아시아 영화의 현재를 조망할 수 있게 해 준다"고 전했다.(11월 3일)

또 같은 잡지의 패트릭 프래터 기자는 '부산에서 보낸 유익한 한때' 라는 칼럼에서 "마음 좋은 부산시민들은 자신들의 도시에 대한 자부심이 대단하다. 아름답고 훌륭한 해변은 물론이고 세계 4위 규모를 자랑하는 부산항, 그리고 영화 제작을 위해 적극적인 지원을 아끼지 않는 정부 소방시설 관계자들까지. 하지만 한 가지 잊고 있는 것이 있다. 그것은 바로 부산국제영화제라는 훌륭한 행사를 개최하고 있다는 사실이다. 부산국제영화제와 올해로 3회째를 맞는 부산프로모션플랜(PPP)은 질적인 성장과 함께 아시아 지역의 새로운 흐름을 강조하는 것이다.

그렇다고 부산국제영화제가 A급 영화제의 반열에 오른 것도 아니다. 또 해외 배급자들이 앞다투어 찾는 이렇다 할 영화마켓도 가지고 있지 않다. 하지만 부산국제영화제는 동시대 아시아 영화의 흐름을 알 수 있는 폭넓은 작품선정과 지난 1년 동안 유럽 및 중동에서 발표된 우수작들이 종합적으로 선보인다는 점에서 돋보인다. 또 부산국제영화제의 관계자들 – 프로그래머로부터 젊은 자원봉사자까지 – 그들이 보여주는 감동적인 열정이야말로 함부로 무시할 수 없다. 갑작스레 불참 통지를 한 프랑스의 까다로운 감독 뤽 베송을 제외한다면, 과연 어느 누가 부산국제영화제를 무시할 수 있을까.(중략)

한국의 라이벌이었으나 지금은 그저 그런 수준으로 사그라지고 있는 일본의 영화계를 한국과 비교해 보는 것도 신선할 것이다. 부산국제영화제가 훌륭한 행사로서 자리매김하고 한국이 세계 영화제작의 최전선에 설 수 있었던 데에는 아시아 영화산업계의 협력이 있었기 때문이다. 그렇기에 부산을 향한 뜨거운 박수갈채는 아시아 영화 산업계와 공유해야 하는 찬사이기도 하다.”

이 해에는 인터내셔널해럴드트리뷴(IHT)의 돈 커크 기자도 부산을 찾았다. ‘영화 이미지로 가득한 한국의 항구도시, 부산’ 이란 제목의 글을 통해 다음과 같이 부산영화제에 대한 진한 인상을 남겼다.(10월 20일)

“거대한 기중기가 스산한 기운을 내뿜는 아시아의 분주한 한 항구. 적재된 컨테이너 화물 위로 영화의 손길이 수풀 우거진 산에 둘러싸인 도시로 더해진다. 인근 텍사스 타운에서는 러시아 접대부들이 행인을 유혹하고 커피숍과 레스토랑이 줄지어 선 멀지 않은 거리엔 학생과 직장인의 생기로 가득하다. 이러한 대조적인 분위기 속에 몇 년 전부터 영화인과 영화산업 종사자, 그리고 시 관계자들이 함께 모여 영화산업을 향한 가능성을 일궈가고 있다. 무역과 생산업이 산업의 전부인 것으로 알았던 이 도시에서 어쩌면 이것은 굉장히 낯선 상황일지도 모른다. 하지만 한국의 수도 서울에서 남쪽으로 420km나 떨어진 항구도시 부산은 이제 아시아 영화의 중심지로 새롭게 거듭나고 있다. 부산의 2.5배 크기와 1천만 인구를 자랑하는 한국의 정치ㆍ경제적 중심지 서울, 그 서울이 장악했던 문화의 주도권을 이제 부산에 넘겨줄 듯 보이지만 수세에 몰린 상황은 호전될 듯하지 않다.

부산영화제의 의미는 곧 아시아 감독과 제작자가 타 지역 영화의 강세 속에서도 자신의 작품을 선보일 수 있는 기회를 보장받게 된다는 것이다. 이미 '화양연화'로 칸과 토론토영화제를 방문했던 왕가위 감독은 부산국제영화제는 어느 모로 보나 홍콩영화제만큼 중요한 영화제가 됐다고 말했다. 부산을 향한 이러한 애정은 장소적 특성들로 인해 더욱 뜨거워진다. 비록 지독한 교통체증을 견뎌야 하지만 해변의 요트경기장에서 펼쳐지는 야외 상영과 상영관이 밀집된 PIFF 광장은 매혹적이다."

문화 삼류도시의 반항

2001년 제6회 영화제는 미국에서 발생한 '9.11테러' 사건 직후 개최됐다. 지구 저편에서 일어난 대형 테러 사건에도 불구, 이즈음부터 언론은 PIFF에 대해 보다 심층적이고 다각적인 기사를 싣기 시작했다. 예컨대 '부산국제영화제 안방극장서 즐기자'(국제신문 11월 5일), '부산 남포동 영화제 특수'(파이낸셜 뉴스 11월 6일), '생선회가 있는 시네마 천국'(조선일보 11월 7일), '곳곳에 사람냄새 가득, 아무거나 고르세요'(부산일보 11월 8일) 등이 좋은 본보기다.

그러나 이 해 가수이자 방송인인 조영남 씨의 글은 엄청난 반향을 불러 일으켰다. 한때 물의를 일으켜 요즘은 조금 위축됐지만 당시 조영남 씨의 인기는 하늘을 찌를 듯 대단했다. 석 달 일정이 꽉 차 있다는 그를 부산에 모셔 온다는 것은 불가능 그 자체였다.

조영남 씨와 생면부지인 필자가 섭외에 나섰다. 매번 그 밥에 그 나물 같은 기사보다는 그의 말과 글이 더 먹힐 것으로 판단했기 때문이다. 수차례 접촉해 어렵게 '형님', '아우'로 말을 튼 후 영화제 중반에 부산에 내려가겠다는 확답을 받아 냈다.

그리고 약 반나절의 체험 등을 통해 그날 새벽 원고지에 직접 쓴 글을 팩스로 보내왔다.(그는 당시 컴퓨터를 쓸 줄 모른다고 했다)

그런데 그 글을 받아 본 순간, '바로 이거다'라며 통렬함이 느껴졌다. 그리고 그의 글은 다음날 '조영남 PIFF 1일 체험'이란 제목을 달고 컬러 사진과 함께 부산일보 지면을 장식했다.(2001년 11월 14일) 경쟁지 기자도 멋진 글이라며 어깨를 툭 쳤을 정도로 반향이 좋았다.

"단도직입적으로 말하겠다. 그동안 부산은 늘 '삼류' 도시였다. 나한테는 늘 그랬다. 문화적으로 볼 때 그랬다. 물론 서울이 단연 일류도시였고 그 다음이 의외로 대구 혹은 광주였고 부산은 '삼류' 도시를 못 벗어났다.

이건 건성으로 해보는 소리가 아니다. 적어도 내가 관여하고 있는 음악과 미술 분야에서는 특히 그랬다. 그래서 부산하면 으레 '항구를 낀 소비도시'나 '먹고 마시는 향락도시' 정도로 인식됐다.

바로 어제 새벽, 누가 믿겠는가? 세계 일류도시 미국의 뉴욕 한복판에 또 여객기 한 대가 떨어졌다. 불과 몇 시간 후 이른 아침, 나는 부산으로 가는 여객기에 몸을 실었다.

사실 나는 다만 얼마간이라도 여객기 공포증에 시달렸어야 했다. 그러나 내 기분은 꽤 상쾌했다. 왜냐하면 나는 지금 뉴욕을 향해 가는 것도 아니고 그동안 삼류도시에서 국제영화제를 통해 '문화 일류도시'로 부상한 '우리의 부산'으로 날아가기 때문이다.

이건 '뻥'이 아니다. 내가 아는 한 대한민국에는 '세계적'이라는 토를 단 행사들이 제법 여럿 있다. 무슨 박람회, 무슨 미술비엔날레, 무슨 무슨 축제라는 거창한 명칭이 딸린 이벤트들 말이다. 그런데 매번 큰 맘 먹고 행사장엘 가 보면 대개의 경우 '꽝'이었다. 무슨 뜻이냐 하면 내 눈엔 결코 세계적인 행사로 보이질 않았다는 얘기다.

즉, 세계 축제에 걸맞은 외국인 구경꾼은 거의 눈에 띄질 않았고 온통 초·중·고생들의 견학장소나 가족놀이 마당쯤으로 보였다는 거다.

그러나 부산은 달랐다. 13일 오후 나는 중구 남포동의 번화한 극장가와 두 군데 호텔을 돌아보았다. 벌건 대낮인데도 남포동 한복판 간이 세트 위에선 영화제의 이모저모를 알리는 TV 생방송이 진행 중이었고 극장 매표소 앞에는 무슨 표를 구입할까 머리를 쓰는 젊은이들이 너무도 신선해 보였다.

호텔 로비에는 각국의 유명 영화제에서 파견 나온 외국인 직원들이 삼삼오오 한국 측 영화제 직원들과 머리를 맞대고 앉아 있었다.

행사가 실제로 '세계적이냐, 아니냐'는 세계 각국에서 각종 영화가 출품되었느냐, 각국의 영화전문가들이 영화제의 현장에 직접 찾아왔느냐 하는 문제가 관건이다. 나는 몇몇 신문기사와 안내책자를 훑어보면서 충분히 부산국제영화제가 국제적으로 발돋움하고 있다는 증거를 포착할 수 있었다.

물론 이 시대의 영화산업을 좌지우지하는 할리우드의 정통영화나 영국, 프랑스, 독일, 이탈리아 혹은 아랍 쪽의 대표적인 올해 작품이 몽땅 출품된 것은 아니다.

칸이나 베를린영화제 등에서 보여지는 화려한 스타들이 온갖 맵시를 부려가면서 환호를 받으며 개막식장으로 입장하는 그런 꿈 같은 장면을 상상하면서 온 것은 아니었다.

그러나 부산에서, 한꺼번에 칸영화제 심사위원 대상을 받은 '피아니스트' 라는 작품이나 베를린영화제에서 은곰상을 획득한 '인티머시' 같은 명작을 볼 수 있는 것만으로도 부산영화제는 할 일을 다 했다고 느껴졌다.

체류시간이 한정돼 있었기 때문에 내가 노렸던 '흑수선' 이나 '수리요타이' 같은 영화나 김기덕, 송일곤 감독의 새 작품들을 아쉽게도 놓칠 수밖에 없었다.

하지만 나는 '다큐멘터리 한대수' 를 훔쳐볼 수 있는 행운을 가질 수가 있었다. 하마터면 나는 '…한대수' 를 영영 놓쳤을는지도 모른다.

생각해보라. 날고 긴다는 작가주의적 작품들이 피를 튀기는 극도의 상업주의 영화한테 밀려 '꽝꽝 깨지는' 판에 서울의 어느 극장에서 과연 '…한대수' 같은 영화를 순순히 틀어주겠는가 말이다.

더구나 영화가 끝나자 불이 켜지고 이어서 벌어지는 영화를 만든 사람과 영화를 본 사람이 얼굴을 맞대고 벌이는 흥미진진한 '토크쇼' 를 이런 기회가 아니면 어디서 볼 수 있겠는가.

꼭 그런 건 아니었지만 하여간 내가 부산영화제를 쭉 둘러보게 된 것은 결국 내가 최근에 우연히 보고 반한 영화 '고양이를 부탁해' 때문이었다. 그 영화가 관객들로부터 따돌림 받았다는 사실을 알고 즉시 몇몇 신문사에 항의를 해서 그 항의가 신문에 실리는 바람에 '영화를 아끼는 가수' , '영화를 사랑하는 연예인' 이란 평을 듣고 있다.

그런데 참 이상한 일이다. 나는 다른 곳도 아닌 부산 한복판에서 내가 그동안 은근히 만나고 싶어 했던 마치, '고양이' 를 나한테 부탁한(?) 장본인처럼 역할 분담이 된 정재은 감독을 직접 만났다.

우연이었을지도 모른다. '고양이…' 를 보고나서 약 3주가 지나서야 내가 그토록 편파적으로 좋다고 우겨대는 영화의 감독을 만나게 된 것이다. 짧은 만남이었지만 정 감독이 탁월했다는 내 생각이 정확했다.

그리고 우리의 만남을 옆에서 시종 넉넉한 표정으로 지켜봐 주신 분은 다름 아닌 부산국제영화제를 6년째 이끌고 있는 김동호 집행위원장이었다.

그분은 나에게 '개막작 표가 단 3분 만에 매진됐고 베니스영화제엔 관객이 그저 4만 명 정도 입장하지만 우리 영화제는 20만 명에 육박하고 있다'고 전해줬다. 이런 보통 얘기를 들으며 나는 혼자서 '와! 우리는 좋은 지도자만 만나면 무슨 일이건 다 해낼 수가 있구나' 하는 뿌듯한 생각을 해봤다.

'올림픽' 하면 우리는 쿠베르탱 남작을 떠올린다. 그렇다면 '부산국제영화제' 하면 누구의 이름이 나와야 하는가. 당연히 김동호다. 문화가 뭔가, 영화가 뭔가, 마음과 마음의 소통이다. 우리의 삶을 윤택하게 하자는 거다. 그렇지 않은가."

다음날 동아일보는 좋은영화사 김미희 대표의 칼럼('뜨거운 가슴, 김동호 위원장')을 실으며 PIFF 분위기를 전했다.(2001년 11월 15일)

"김동호 부산국제영화제 집행위원장을 처음 만난 건 3년 전 어느 술자리에서다. 쭈뼛거리던 나를 강우석 감독이 '주유소 습격사건'을 만든 제작자라고 소개하자 김동호 위원장은 따뜻하게 미소를 보여줬던 것으로 기억된다. 김 위원장은 예순을 훌쩍 넘긴 나이에도 머리와 가슴과 몸으로 뛰어다닐 만큼 열정이 넘친다.

영화인에 대한 애정도 영화 못지않으시다. 그는 영화인들의 전문 주례다. 다들 결혼 날짜만 잡으면 그에게 달려간다. 주례를 선 횟수만 해도 1,000여 번은 족히 된다.(김 위원장이 단골 주례라면, 배우 이성재 씨는 영화인 결혼식의 단골 사회자다. 그래서 두 사람은 만날 때마다 '웨딩 전문 파트너'라며 기뻐한다.)

김 위원장은 또 부산 해운대의 포장마차를 부산국제영화제의 트레이드마크처럼 만들었다. 하루 일정이 끝나면 영화인들은 약속이나 한 듯 해운대의 호텔 뒤편의 바닷가 포장마차로 몰려든다. 김 위원장은 부산영화제 기간 중 일정이 끝나면 늘 이 포장마차를 찾기 때문에 그와 영화인들은 자연스레 이곳에서 어울리게 된다.

밤 10시에서 새벽 5시까지 하나 둘씩 모여든 영화인들은 새벽 동이 틀 때까지 소주잔을 기울인다. 김 위원장은 그리고 오전 7시부터 다시 바쁜 영화제 일과를 시작한다. 웬만한 청년 못지않은 체력이다. 이런 관례 덕분에 해운대 포장마차는 배우, 감독, 제작자가 일 년에 한 번씩 일구는 낭만의 공동체가 된다.

퀵 서비스에 대한 일화도 유명하다. 3년 전 점잖은 초로의 신사가 오토바이 뒤에 매달려 부산 대로를 달렸다. 차가 너무 밀리고 참석해야 할 행사는 많다 보니 김 위원장이 생각해 낸 아이디어였던 것이다. 영화제 집행위원장이 양복 차림에 헬멧을 쓰고 오토바이로 부산 대로를 달리다니…. 젊은 패기로도 어려운 치기다. 합리적 사고를 하는, 진심으로 일을 사랑하는 김 위원장만이 할 수 있는 일일 것 같다.

올해 부산영화제의 심야 포장마차에서 또 그를 만났다. 여전히 따뜻한 웃음에, 소주 향을 바다 소리와 인정으로 어우러지게 만든다. 열혈 청년 김 위원장이 있기에 올 부산영화제도 성공적으로 끝나리라."

아시아에서 가장 역동적 영화제

보수적이고 그래서 깐깐한 영국의 BBC도 통신원을 통해 PIFF를 다뤘다.(2001년 11월 10일)

"아시아에서 가장 역동적인 영화제가 한국에서 개막되었다. 이 영화제에서는 61개 국에서 출품된 200여 편의 작품이 선보인다. 올해로 6회째를 맞는 부산국제영화제는 9일 일정으로 열린다. 한국과 아시아의 신작뿐만 아니라 태국영화 특별전을 포함해 애니메이션, 다큐멘터리 영화도 소개된다. 한국의 젊은이들은 영화에 매우 열광한다. 개막작으로 선택된 한국 배창호 감독의 '흑수선'은 인터넷을 통해 3분 만에 매진을 기록하였다. 도시 전체가 흥분과 축제분위기에 휩싸여 있다."

미국의 영화잡지 할리우드 리포터는 '부산프로모션플랜 참가자 폭등'이란 제목의 기사에서 다음과 같이 전했다. (2001년 11월 13일)

"다른 국제영화산업 관련 행사의 최근 경향과는 차별화된 아시아 영화 프로젝트의 투자 및 패키지 포럼인 부산국제영화제 산하의 부산프로모션플랜이 지난해 대비 30% 증가한 규모의 참가자와 초청된 주요 바이어가 대부분 참가한 가운데 월요일 성대히 개막됐다. 이는 PPP와 PIFF가 이제 명실 공히 아시아 영화산업의 주요 연중 행사로서 그 입지를 확고히 했음을 말해준다."

또 프랑스 위마니떼의 미셸 기유 기자는 '한국의 전시장, 아시아로 향한 창'이란 제목의 기사에서 "여섯 해 만에 부산국제영화제는 아시아 영화의 세계적인 만남의 장소로 떠올랐다"고 감탄했다. 그의 기사를 좀 더 살펴보면 다음과 같다.

"전 한국영화진흥공사 사장이었던 김동호 위원장이 이끄는 부산국제영화제는 세계 영화제의 선두열로 올라섰다. 한국 제2의 도시인 이 항구는 이란에서 일본, 인도에서 태국, 중국에서 우즈베키스탄에 이르기까지 아시아 영화의 흐름을 읽고 싶어 하는 이들에게는 놓쳐서는 안 되는 방문 장소가 되었다. 이를 증명하듯 칸, 베를린, 도쿄, 카를로비 바리 영화제의 집행위원장들이나 프로그래머들이 자신들의 다음 영화제를 위한 선정을 위해 부산을 방문했다."

이 해 부산을 찾은 르몽드 브리스 페드롤레티 기자도 부산에서 무척 놀랐던 모양이다. 그는 '한국의 기적이 부산영화제를 빛내다' 란 기사에서 이 같은 속내를 숨김없이 털어놓고 있었다.(2001년 11월 20일)

"활발한 자국의 영화산업보다 영화제에 더 좋은 것이 있을까. 한국영화의 국내 시장 점유율이 2001년 말까지 상징적인 경계인 50%를 넘어설 전망이다. 1990년대의 20%에 불과하던 수치에 비하면 대단한 것이다. 보호주의에 가내수공업처럼 소규모이던 산업이 10년도 안 되는 기간에 다양하고 기술적으로도 나무랄 데 없는 영화들을 만들어내는 효율적인 시스템으로 변신한 것이다. 한국 영화산업의 기적은 11월 9일부터 17일까지 열린 제6회 부산국제영화제에 영향을 끼칠 수밖에 없었다. 영화들의 평단이 점점 좋아짐에 따라서 프로듀서들은 아시아 영화 프로젝트 주위로 모여들게 되었다.

부산은 세계 영화계에서보다 더 저명한 아시아 지역 집산지가 되었는데 이는 부산이 이미 한 유파를 형성했기 때문이다. 영화산업이 쇠퇴하고 있는 타이페이, 도쿄, 홍콩 그리고 다른 아시아 지역에서도 부산의 성공 모델 도입이 가능한지 여부를 타진 중이다."

세계 영화 권력자들 한자리에

한일 월드컵이 열렸던 2002년 제7회 영화제, 언론은 이제 영화제 '단골손님', '단골 관객' 을 골라내는 등 어느덧 성숙해진 PIFF를 조망하고 있었다.

한겨레신문 이상수 기자는 부산에 온 세계 3대 영화제 집행위원장을 모두 인터뷰한 뒤 지면에 실었다. 세계 영화계의 권력자들이 매년 부산에 오는 것을 보면 이제 PIFF가 아시아 정상의 영화제라는 것은 분명해 보였다. 그 인터뷰를 들여다 보았다.

일곱 돌을 맞은 부산국제영화제엔 티에리 프레모 칸국제영화제 집행위원장, 디이터 코슬릭 베를린국제영화제 집행위원장, 모리츠 데 하델른 베니스국제영화제 집행위원장 등 이른바 '3대 영화제'의 수뇌들이 모두 찾아와 부산이 명실 공히 '아시아 영화의 창'으로 자리 잡았음을 입증했다.

세 위원장은 아시아 영화를 사냥하러 부산에 왔다고 밝히며, 한국영화가 세계영화를 대표하는 새로운 흐름으로 떠오르고 있다는 호평까지 내놓았다. 이들은 또 젊은 감독들의 프로젝트를 제작자와 연결 짓는 창구인 부산 프로모션 플랜(PPP)이 훌륭한 제도라고 입을 모았다. 세계 영화계 최고의 권력자들이라 해도 지나치지 않을 이 세 위원장들에게 한국과 아시아 영화, 최근 세계 영화계의 흐름 등에 관해 들어보았다.

 티에리 프레모 (칸국제영화제 집행위원장)

2001년에 이어 올해 두 번째 부산을 찾은 티에리 프레모 칸국제영화제 집행위원장을 18일 부산 해운대 파라다이스 호텔에서 만났다. 그는 "지난해엔 김동호 위원장의 초청에 응답하는 차원이었지만 올해는 기대를 갖고 즐거운 마음과 뭔가 배우겠다는 생각으로 왔다"고 말했다.

♣ 부산 이외에 비유럽 지역에서 열리는 다른 영화제에도 가보았는가?

베를린, 베니스 이외에는 미국 콜로라도영화제 한 곳만 다녀왔다. 영화제 대신 많은 여행을 통해 영화인들과 인간관계를 맺고 어떤 영화들이 만들어지고 있는지를 이해한다. 부산의 경우 부산 프로모션 플랜(PPP)은 앞으로 2~3년 안에 만들어질 아시아 영화의 미래를 내다볼 수 있는 중요한 창구다.

♣ 올해 칸에서는 공식 상영작 55편을 고르기 위해 모두 2,281편의 영화를 검토했다고 발표했다. 그 많은 영화들을 어떻게 거르는가?

각 지역 통신원들이 먼저 필터링을 한다. 새해 1월부터 4월까지는 업무량이 폭주한다. 선정위원회의 규모와 운영 방식은 굉장한 일급비밀이다.(웃음) 외국 영화위원회와 프랑스 영화위원회 두 가지가 있다는 것만 얘기해주겠다. 나도 이 직을 맡기 전엔 도대체 어떻게 선정하는 건지 매우 궁금했다. 그러나 안에 들어와 보니 비밀로 하는 이유가 있음을 깨달았다. 영화제의 무슨 위원회가 앞으로 나서는 게 아니라, 작품들로 영화제가 보여지기 위해서 막후의 과정은 비밀로 남겨두는 것이다.

♣ 유럽 영화와 아시아 영화의 차이가 있다면?

영화는 발명 초기부터 세계적인 것이었다. 초기 영화인들은 베트남, 멕시코, 미국 등 세계의 이미지를 영상에 담았다. 한때 할리우드가 영화의 모델을 제공했지만, 이젠 한 가지 규범에 매이지 않고 시선이 확장됐다. 가령 임권택 감독의 '취화선' 도 프랑스 개봉을 기다리고 있는데, 프랑스에서는 이제 아시아 영화를 뭔가 어렵고 낯선 걸로 여기지 않는다.

♣ 한국 영화산업에 대해 어떻게 생각하나?

영화산업엔 일종의 사이클이 있다. 한국영화는 지금 매우 풍부하고 좋은 사이클에 올라 있다. 어떤 영화를 선택하고 다른 걸 버려선 안 된다. 가령 작가영화를 선택하고 상업영화를 배격한다는 방식은 옳지 않다. 프랑스에선 60년대 말 상업영화들이 크게 성공했다. 이런 상업영화의 인기가 오히려 누벨 바그를 보호했다.

♣ 정치적으로 예민한 사안을 다룬 영화의 경우 의견이 충돌할 수 있다. 그런 문제에 대해선 어떻게 처리하는가?

올해 칸은 상당히 정치적인 이슈가 많았다. 마이클 무어의 다큐멘터리도 그랬고. 그것은 올해의 세계가 굉장히 정치적이었고, 영화가 그걸 반영했으며, 칸 또한 그것을 반영했을 뿐이다.

 디이터 코슬릭 (베를린국제영화제 집행위원장)

디이터 코슬릭 베를린국제영화제 집행위원장은 취임하자마자 지난해에 이어 올해도 4명의 관계자들과 함께 찾아왔다. 24년 동안 베를린영화제를 맡아온 모리츠 데 하델른에 이어 베를린영화제를 진두지휘한 그는 취임 초기부터 '혁신'을 내걸고 영화제에 젊은 숨결을 불어넣었던 인물이다. 15일 해운대 파라다이스 호텔에서 만났다.

♣ 부산영화제를 두 번째 찾은 소감은?

부산은 한국영화, 아시아 영화를 볼 수 있는 가장 훌륭한 장소다. 개인적으론 지난해 처음 만났고 이내 '친구'가 된 김동호 위원장 때문이기도 하다. 그는 프랑스 사람보다 매력적인 사람이다.(웃음)

♣ 부산영화제의 특징이나 장점은?

영화제는 패션쇼와 같은 것이다. 많은 사람들이 모여 2~3년 뒤 미래의 트렌드를 보여주기 때문이다. 부산 프로모션플랜(PPP)처럼 아시아의 주요 프로젝트들이 모여드는 부산이 바로 그런 모습이다.

♣ 취임하면서 '혁신'을 내걸었는데, 올 초 처음 치른 영화제를 자평해 달라.

경쟁부문에 신인감독의 데뷔작을 2편 초청했다. 추운 날씨에도 베를린에는 길거리에서 맥주를 마시고 밤늦게까지 왁자지껄한 모습이었다. 부산의 남포동처럼 말이다. 이런 개방적 모습이 우리의 성과다. 특히 내년 2월엔 영화제 기간에 맞춰 '베를리날레 탤런트 캠퍼스'가 열린다. 전 세계에서 500명 이상의 신인과 영화학과 학생 등 초심자들이 선배 영화인들과 만나 영화계 최신 동향을 접하도록 하기 위한 행사다. 500명의 1분짜리 작품을 모두 상영할 이 자리는 '혁신된 베를린'의 모습이다.

♣ 올해 초 '다양성을 인정하라'는 슬로건과 함께 정치영화들을 대거 초청했는데?

나는 1968년 이후 좌파 세대다. 언젠가 히틀러의 옛 사무실이 내 사무실에서 8백 m 거리란 사실을 알고 소름이 돋았다. 독일의 아픈 과거를 들추는 건 괴롭지만, 과거를 직시해야 발전할 수 있다.

♣ 앞으로도 이런 추세를 유지할 것인가?

그렇다. 내년의 주제는 '톨레랑스를 향하여'다. 영화가 정치 사회적 맥락을 반영하지 않는다면 무슨 의미가 있는가. 물론 정치적 이슈라는 게 내 세대처럼 좌냐 우냐의 문제는 아니다. 세계화 시대에는 다양한 정치적 이슈가 등장했다. 가령 복제문제 따위도 그런 예라 할 수 있다.

♣ 당신의 취임 전까지 베를린영화제는 몇 년 동안 할리우드를 편애했다는 비판을 들었다.

거꾸로 내가 할리우드를 배제하는 건 아니다. 영화제엔 스타가 필요하다. 반면 자국의 최고 영화를 보여주는 것도 필요하다. 난 몹시 진지한 사람이지만 하루에 50%는 웃으며 살고 싶다. 정치적 이슈를 택한다고 오락 영화를 배제하는 건 아니다. 물론 쓰레기 같은 영화는 논외다. 이 둘은 모순적인 게 아니라 엔터테인먼트의 양 날개가 돼야 한다.

 모리츠 데 하델른(베니스국제영화제 집행위원장)

베를린국제영화제를 24년 동안 이끌다 올해부터 베니스국제영화제를 이끌고 있는 모리츠 데 하델른 집행위원장은 올해 처음 부산국제영화제를 찾았다. 골초로 소문난 그는 줄담배를 펴가며 "한국영화를 고르기 위해 부산에 왔다"고 공언했다.

♣ 한국엔 처음인가?

부산국제영화제가 만들어지기 전인 90년대 초 서울에 몇 번 왔다. 그때 누군가 내게 부산영화제를 만들려고 한다며 의견을 물었다. 난 "좋은 생각이 아니다. 홍콩, 도쿄, 대만, 상하이영화제가 있는데 되겠는가"라고 했다. 그분이 내 말을 듣지 않고 영화제를 만들어서 정말 다행이다. 부산은 이제 한국의 영화제일뿐 아니라 모든 아시아 영화인들의 축제다. 올해는 한국영화만 집중적으로 볼 계획이다. 부산에 이어 상하이와 홍콩을 따로 방문할 계획이기 때문이다. '오아시스'가 성공한 것 때문에 부담스럽다. 그보다 더 좋은 한국영화를 찾아가야 하기 때문이다.

♣ 부산영화제에서 특히 사줄 만한 부분은?

부산 프로모션플랜(PPP)은 매우 좋은 제도다. 난 여기랑 상관없지만 PPP에 온 감독들이 다 돈을 많이 받아갔으면 좋겠다. 이런 창구가 없으면 젊은 감독들은 돈줄 잡기가 힘들다.

♣ 그동안 아시아영화를 어떤 시각에서 골라 왔나?

발견은 가장 아름다운 일이다. 유럽인들이 자기 시각에서 아시아 영화가 이래야 한다, 저래야 한다고 말하는 건 매우 위험하고 좋지 않다. 다른 문화를 이해하려는 마음이 필요하다.

♣ 아시아 영화에 대한 유럽의 반응은 어떤가?

영화제의 수상이나 비평가들의 찬사가 흥행성적으로 연결되지 않는다. '와호장룡'이 이탈리아에서 80만 명의 관객을 모았는데, 다른 영화들은 보통 2~3만을 넘기지 못했다. 이런 사정은 독일이나 프랑스도 마찬가지다. 그래서 영화제의 임무가 중요한 것 아니겠는가.

♣ 현재 세계 영화의 최전선엔 어떤 영화들이 있다고 생각하나?

영화계의 최전선엔 미국의 침략이 있다.(웃음) 영화사를 보면 다양한 경향의 영화들이 부침했다. 가령 프랑스의 누벨 바그에 이어 독일의 뉴 저먼 시네마가 등장했다가 홍콩과 중국의 영화들이 그 뒤를 이었고 오늘날은 그것이 한국영화라고 생각한다. 얼마나 갈지는 모르지만….

♣ 올해 베니스에서 '막달레나 시스터즈'가 바티칸의 항의를 받았다. 그에 대
해 어떻게 생각하나?

바티칸은 바티칸의 의견이 있고 나는 내 의견이 있을 뿐이다. 내가 신
부가 아니지 않은가.

♣ 정치적 혹은 종교적으로 예민한 사안이 담긴 영화를 초청할 때 어떤 원칙
이나 고려사항이 있는가?

전혀 없다. 어떤 금기도 믿지 않으며 어떤 형태의 검열도 반대한다.
영화만 좋으면 무조건 튼다.

PIFF의 든든한 지킴이

세계 3대 영화제 위원장의 부산 나들이가 이젠 정착 단계라면 분명 다
른 이들도 자주 왔을 법하다. 하지만 초청 게스트들은 솔직히 '반짝 스
타'가 대부분이었다. 그러나 한결같이 부산에 대한 뜨거운 애정을 보여
주고 있는 두 게스트인 홍콩의 프루트 첸과 가수 노영심은 PIFF를 지켜
온 든든한 지킴이라고 손정인 기자는 기록으로 남겼다.(국제신문 2002
년 11월 22일)

"PIFF 마니아라니요, 에이 어림도 없어요. 진짜 고수들이 들으면 비웃
어요." 겸양은 노영심의 또 다른 미덕이다. 한 해도 빠짐없이 부산국제
영화제를 찾는 문화 · 예술계 인사 가운데 노영심은 슬그머니 나타나
곧장 '영화의 바다'로 다이빙하는 조용한 게스트다.

공식 석상에 얼굴 드러내기를 꺼릴 뿐 아니라 그 시간에 그녀는 상영
관에 틀어 박혀 있다. 올해는 폐막식 게스트 명단에 올라 있지만 그녀는
이문세, 박정자 씨 등 지인들과 어울려 개막 첫날부터 남포동을 서성거

리고 있었다.

"철저하게 관객의 입장에서 부산영화제를 즐깁니다. 그래서 올해는 게스트 아이디도 받지 않았어요."

노영심은 상영관 매표창구에서 직접 표를 사서 영화를 봤다고 했다. PIFF 예산도 빠듯한데 ID패스 발급 건수를 하나라도 줄여주면 도움이 되지 않을까 싶어서요 라고 말하는 그녀의 따스한 표정에 왈칵 감동까지 밀려온다.

노영심의 PIFF 사랑은 이달 초 서울 연세대 100주년 기념관에서 마련 됐던 'PIFF 후원 콘서트'에서 확인됐다. 노영심은 '영화음악은 우리가 쏜다'라는 타이틀로 장장 3시간 동안 이어진 이날 콘서트의 진행을 맡 았었다.

"7만 원이나 하는 티켓이 완전 매진될 정도로 호응을 얻었습니다. 이 문세, 윤종신 씨와 함께 영화음악, 그리고 영화가 될 수 있는 음악으로 레퍼토리를 짰는데 분위기가 너무 좋았어요."

노영심은 매년 PIFF 기간 동안 두 번씩 부산에 내려오곤 했다. 개막할 때 3박 4일, 다시 폐막 때 1박 2일 이런 식이다. 한 해에 8편 정도, 올 PIFF까지 부산서 본 영화 수만도 50여 편에 달한다.

"가을 바다와 영화를 보러 부산에 오는 일은 1년 스케줄 중 가장 중요 하고 즐거운 일입니다."

노영심은 다큐멘터리나 단편 아니면 동구권 쪽의 낯선 영화들을 즐긴 다. 정치·사회적으로 이슈가 되는 문제들을 간과하지 않는 이란영화 와 여성영화도 좋아한다. 스웨덴 같은 변방의 영화에서는 또 다른 어법 을 배웠다.

"유럽의 영화들은 연극과 영화의 중간쯤 되는 흥미로운 정서를 읽을 수 있었어요. PIFF에서 본 가장 기억에 남는 영화는 이란 감독 압바스 키아로스타미의 '숙제' 였는데, 이란영화를 이제는 개봉관에서도 흔히 볼 수 있게 된 것은 순전히 PIFF의 공헌이죠."

노영심은 테오 앙겔스폴로스의 '영원과 하루' 가 주는 이국적 감동, 다큐멘터리 '먼지, 사북을 묻다' 에서 느꼈던 아픔 등 극과 극을 달리는 영화들을 한 장소에서 즐길 수 있는 것은 부산국제영화제만의 매력이라고 말했다.

97년 '메이드 인 홍콩' 이 뉴 커런츠 부문에 초청받은 것을 시작으로 한 번도 거르지 않고 PIFF를 찾았던 프루트 첸 감독이 올해도 어김없이 '화장실 어디에요?' 란 작품을 들고 부산에 왔다. 프루트 첸은 '홍콩의 힘' 으로 추앙받는 홍콩 영화의 얼굴이다. '메이드 인 홍콩' 을 만들던 97년만 해도 그는 자투리 필름 조각을 모아다가 어렵게 영화를 찍던 독립영화 감독이었다. 헝그리 정신의 미학으로 종종 거론되던 그가 주류 영화계로 편입돼 '아시아의 중요한 감독' 이 된 것은 PIFF와 인연을 맺은 이후다.

한국의 디지털 네가와 KTB엔터테인먼트가 투자한 '화장실…' 은 부산영상위원회의 로케이션 지원 1호 작품이어서 이번 부산 방문은 더 큰 의미가 있다. 한국과 홍콩의 스태프와 장혁, 조인성 등 한국 배우, 이찬삼 같은 홍콩 배우가 함께 등장한다.

프루트 첸은 초경량 디지털 카메라로 세계 여섯 도시의 다양한 모습을 역동적으로 담아냈다. 부산영화제 '아시아 영화의 창' 초청작이며 이미 베니스영화제 경쟁부문(특별 언급상 수상)과 밴쿠버영화제 경쟁부문 등 각종 영화제에서 러브콜을 받은 작품이다.

"부산은 '빅(Big) 홍콩' 입니다." BIFCOM이 열리고 있는 메리어트 호텔에서 만난 그는 '부산이 제2의 고향' 이라고 말했다.

"산 위까지 빼곡히 들어서 있는 집들, 좁은 골목길, 바다 등 부산의 모습은 홍콩과 똑같아요"라면서 "특히 부산영상위의 전폭적인 지원은 참으로 감동적이었습니다"라고 말했다.

그는 홍콩에서의 영화 작업은 아직도 힘든 일이라고 털어놓았다.

"촬영장엔 여전히 경찰이 출동해 간섭하고, 촬영지원을 요청하면 번번이 거절당합니다. 홍콩은 또 거리가 좁고 복잡해 로케이션 여건도 썩 좋지 않아요. 거기에 비하면 부산은 영화 촬영의 천국입니다."

프루트 첸은 부산국제영화제가 '기회'를 준 은인이나 다름없다고 말했다. "제 영화는 솔직히 돈 안 되는 작품들입니다. PPP는 투자자를 만날 수 있게 도와주고 협상 테이블을 마련해 줬으며 실제로 제작까지 지원해 줬어요."

'리틀 청'과 '두리안 두리안' 등 최근까지 만든 작품들은 모두 PPP를 통해 투자자를 만났고 무사히 완성됐다. '화장실 어디에요'는 부산영상위의 지원까지 받았으니 프루트 첸의 부산 사랑은 어쩌면 당연하게 여겨진다. 은밀하면서도 누구나 사용하는 '공중화장실'을 주요 무대로, 무언가를 찾아 떠나는 젊은이들의 여정, 그들의 희망과 좌절을 리얼리즘과 판타지로 담아내고 있다.

극장 순례를 담은 곱디고운 글

연극배우 박정자 씨의 PIFF 체험기 '인파를 헤치며 극장 순례하는 이 기쁨'(부산일보 2001년 11월 21일) 같은 곱디고운 글이 또 어디 있을까. 전년에 조영남 씨에 이어 이번엔 박정자 씨에게 어렵게 글을 부탁해서 가까스로 받았는데 연극배우라기보다 웬만한 여류 소설가를 능가하는 멋진 글이었다.

"가을이 오면 부산국제영화제가 기다려진다. 부산영화제는 내 마음

속에서 울려오는 나만의 축제이기 때문이다. '부산에 간다'는 짧은 문장만으로도 내 가슴속엔 작은 축포가 터지는데, 그때 나에게 부산에 가는 일은 의무가 아닌 즐거운 강제성을 띠게 되는 것이다. 물론 부산이라는 도시가 주는 독특한 매력도 결코 만만한 게 아니다.

부산에 가면 늘 가슴으로부터 마중 나와 있는 화가 친구를 만나는 기쁨, 호텔 방에 들어섰을 때 원도 한도 없이 펼쳐 보이는 바다, 뭔가 막힌 것이 뚫려도 폭발하지 않도록 도와주는 내 마음의 풍경…. (내가 그동안 부산영화제에 참가한 것만 5번이나 된다. 그 정도면 나 스스로 칭찬받을 만하다고 생각해도 좋지 않은가?)

작년에 나는 매표 현장에서 직접 표를 사느라 꽤나 분주했었다. 물론 줄을 서서 기다리는 것조차 축제의 일부였다. 표가 바로 내 앞에서 매진되는 것을 보는 안타까움도 사실 축제를 마음껏 즐기는 사람의 시선으로 보면 분명 즐거운 박탈감이었다.

그래서 올해는 표를 미리 예매했다. 영화제가 개막된다는 기별이 들리자 그때부터 나는 느긋하게 시간의 터를 잡고 넉넉하게 표를 샀다. 그건, 자신을 위해 스스로 축제를 준비하는 사람만이 가질 수 있는 기쁨이었다.

남포동의 인파를 뚫고 이 극장에서 저 극장으로 영화를 순례할 때, 제대로 식사를 챙겨 먹어본 적은 없다. 그러나 황당스레 할매국수집에서 국수를 먹고, 경태 커피집(사실은 포장마차지만)에서 커피를 마시고, 충무김밥집, 고려당에 잇따라 들를 때의 열에 들뜬 듯한 초조, 그 와중에도 나를 알아보는 기민한 사람들의 사인 요구, '추우시죠?' 하며 자판기 커피를 뽑아주는 다감하고도 대담한 부산 아가씨, 환불 창구 자원봉사자들의 햇님 같은 활기, 이 모든 것이 나에겐 뺏길 수 없는 기쁨이다.

올해 개막식은 시민회관에서 있었다. 나에겐 워낙 수영만에서 가지던 개막식의 이미지가 짙게 남아 있었다. 왜냐하면 트인 공간, 차가운 대기, 일몰이 시작될 때의 서정성 위에 시작되는 영화제는 내가 축제의 한가운데 있다는 독특한 소속감을 안겨주었기 때문이다. 물론, 아시안 게임이 열렸던 터라 날짜가 미루어져, 너무 추운 계절을 고려한 실내에 서의 개막식이었겠지만.

이번 개막식 때는 참가하는 인사들에게 '드레스 코드'를 요구했다. 난, 그건 당연하다고 생각한다. 왜냐하면 영화를 보는 건 하나의 의식이 기 때문이다. 개막식 때 내가 그토록 좋아하는 김동호 위원장도 턱시도 를 입었다. 나는 그가 턱시도를 입은 모습을 처음 보았다. 동양인에게 턱시도 차림은 자칫 어색하게 느껴질 위험이 있지만, 턱시도 차림인 채 손님을 맞는 그의 모습은 단지 멋있다, 그렇지 않다는 단순한 미적 감별 의 순간을 떠나 몹시 따뜻하고 친근하게 느껴졌다.

이번 개막식을 위해 나는 한복을 준비했다. 짙은 쑥색 모본단 치마와 자주색 당의를 맞추어 입었다. 그러고 보면 매년 나는 부산영화제를 위 해 옷을 따로 장만해 입었었다. 그건 부산영화제를 위한 나만의 예의와 성의라고 생각했으니까.

부산영화제에선 특히 평소 보고 싶었던 친구들과 동료들을 만나는 기 쁨 또한 잊을 수 없다. 올해는 정일성, 임권택, 안성기, 강수연 같은 친구 들뿐만 아니라 특별히 김수용 감독의 회고전이 있어 그를 만나는 뜻밖 의 기쁨도 컸다.

나는 극영화보다도 다큐멘터리를 더 좋아하는 편이다. 건조한 성품 이라서가 아니라 다큐의 직접적인 접근이 늘 내 나이의 정당성과 부합 된다고 믿기 때문이다. 이번 영화제에서 사람들은 다큐 필름을 상영하 는 극장 앞에 긴 행렬을 이루었다. 이미 외국에서 검증받은 극영화들에 사람이 몰리는 거야 자연스럽다지만, 사람들이 다큐에도 주의를 기울이는 것은, 내 기준으론 영화에 대한 감식력이 높아진 증거인 것이다.

이번에 본 다큐 필름 가운데서는 11개국 감독들이 뉴욕 9.11 테러에 관해 꼭 11분 9초 동안 만든 필름이 독보적이었다. 소재엔 제한이 없으되 9.11이라는 주제에 집중된 영화들은 세계가 편협함에 매몰되지 않고 서로 교통하고 있음을, 그러면서도 자국만의 관점과 강렬한 메시지로 무장되어 있음을 증언하고 있었다.

'도박, 신, 그리고 LSD'라는 다큐와 앤디 워홀에 대한 다큐, 자유화 이후의 슬로바키아를 다룬 작품도 내 마음을 꼭 붙들었다. 특히 '우리는 슬로바키아 사람들'에 나오는, 번듯하게 모자까지 쓴 중년남자의 대사는 독특한 상념으로 불 밝혀져 있었다.

'지금 내가 입고 있는 모든 것 가운데 내 것은 하나도 없다.' 수고한 만큼의 대가도 없이 일용할 것들과 교육도 문화도 예술이 없는 삶에 절망하는 그의 독백은 내 가슴에 천천히 길을 내고 있었다.

무엇보다 이번 행사의 또 다른 압권은 광안리 앞의 광안대로 위에서의 드라이브였다. 예전, 광안리 앞에서의 다리 공사를 보며 난 풍경이 가려질 것을 걱정했지만, 준공 단계에서 본 다리는 너무 아름다웠다. 한 친구가 "왜 이름을 광안대교라고 지었을까? 해운교라고 짓지. 바다에 구름처럼 떠 있는 다리, 하면 얼마나 예쁘겠어?" 하고 불평하거나 말거나.

부산을 떠나기 전, 부산영화제를 후원하는 모임이 있다는 소리를 들었다. 지금 회원은 100명쯤이지만, 내년엔 200명을 목표로 한다고. 그때 내 마음속에서 열쇠가 자물쇠에 짤깍 하고 맞는 듯한 소리가 났다. 얼마 전 서울 연세대 대강당에서 부산영화제를 후원하는 콘서트 '영화음악은 우리가 쏜다'에 윤석화, 노영심과 함께 참여했기 때문이다. 그때 수익금은 그다지 많지 않았지만, 영화인들이 아닌 우리가 그런 콘서트를 만들었는데, 부산에서라면 당연하지, 그렇고 말고 하는 풍성한 마음속의 대사가 마구 밀려오고 있었다.

　부산영화제는 축제라는 명분 이전에 사람들의 마음과 마음이 먼저 교통하는 자리이다. 그건 한 번만이라도 영화가 상영하는 거리에 나서서 한편의 영화를 보기만 해도 저절로 알 수 있는 것이다."

PIFF 모델 홍콩, 부산에 졌다

　이 해 부산을 찾았던 홍콩의 유력지 명보는 홍콩이 아시아 최고 영화제 자리를 부산에 내줬음을 인정하는 기사를 작성해 눈길을 끌었다. '영화세력 한국에 모이다' 란 제목의 부산발 기사는 이렇게 기록하고 있다. (2002년 11월 30일)

　"11월 하순, 한국 동남쪽의 연해 도시인 부산이 평일의 항구가 아닌 아시아 최고의 주목을 받는 영화제로 초점이 맞춰졌다. 한국영화계의 주요 인물, 감독, 배우, 영화배급사, 영화진흥위원회, 제1회 때 400명 정도에서 3천 명까지 증가한 해외 언론 매체 관계자들이 한곳에 모였다. 이미 부산국제영화제는 7회에 이르러 많은 사람들에게 아사아 내에서 가장 중요한 영화제로 인식되어 수준이 낮은 상하이와 태국 등은 물론 도쿄, 홍콩의 수준도 앞질렀다.

　7년 전 부산국제영화제는 아시아 영화에 초점을 둔 홍콩국제영화제를 모델로 했었다. 그러나 7년 후인 지금, 부산은 아시아 영화의 대표시장이자 기초가 되었다. 한국영화의 풍성한 발전적 상황은 홍콩국제영화제의 탄생이 당시 홍콩영화의 새로운 물결과 혁명의 바람을 일으킨 것과 같다."

타임, PIFF 아시아 최고의 영화축제

　아무래도 언론의 평가는 2005년 제10회 영화제 개막에 맞춰 절정을 이룬다. 출발이 산뜻했다. 미국 시사주간지 타임의 아시아판은(2004년 11월 22일) 'PIFF, 아시아 최고 영화제'로 제목을 뽑아 10회 영화제를 준비하는 이들에게 발걸음을 한결 가볍게 해주었다.

타임지의 'Best of ASIA'는 '정신', '몸', '영혼' 등 총 3가지 부문으로 나누어 각 부문별 장소와 이벤트 등을 선정했는데 PIFF는 이 중 '정신(Best For Your Mind)' 부문에서 '베스트 필름 페스티벌'로 뽑힌 것이다. 당시 타임지는 "컨테이너 항구로 잘 알려져 있는 부산에서는 매년 10월 1주일 동안 아시아에서 가장 중요한 필름 페스티벌인 부산국제영화제가 개최된다"고 소개하며 "지난 9회 행사에는 262개의 작품들을 보기 위해 16만 6천 명의 관객이 부산을 찾았다"고 설명을 달았다.

이어 김동호 집행위원장의 말을 빌려 "서울이 매력을 잃고 있다면, 부산은 아직 낭만적인 항구도시"라고 언급하며 "부산국제영화제는 아시아 영화의 메카"라고 의미를 부여했다.

그러나 10회를 맞자 언론은 '변화', '재도약', '미래' 등의 단어를 사용하며 PIFF의 내일을 걱정하기 시작했다. 또는 지난 10년을 돌아보며 회고하는 모습도 보였다.

2005년에 접어들자 이런 분위기는 일찌감치 감지됐다. 무엇보다 부산의 언론이 먼저 움직였다. 필자가 몸담고 있는 부산일보는 'PIFF 10살, 재도약 어떻게'라는 고민 속에 칸, 베를린, 베니스, 로테르담, 토론토 등 세계 5대 영화제를 현지 취재해 이를 12회 시리즈로 다뤘다.

아시아 정상의 영화제에 대한 조언 취지에서 해외 취재가 마련됐지만 지방 언론사로는 실로 대단한 기획이었다. 김호일, 배동진, 임긱실 기자가 현지로 특파됐다.

PIFF, 미래를 찾아라.

'PIFF 미래를 찾아서 - 세계 영화제서 배운다' 라는 제목으로 기사를 작성했다. 시리즈의 순서는 다음과 같다.

'영화제 성공비결 – 작품선정이 반이다 – 관객, 축제를 움직인다 – 필름마켓은 필수 영양소 – 전용관은 성장 버팀목 – 스폰서를 찾아라 – 지역을 살찌운다 – 경쟁이냐 비경쟁이냐 – 영화제의 사령탑 – 연중 타오르는 영화 불꽃 – PIFF, 새도약을 향해'

이 시리즈는 3월 4일 시작돼 5월까지 약 석 달간 계속됐다.

부산일보의 치밀한 기획에 경쟁지인 국제신문은 약 한 달 뒤 영화제를 회고하는 'PIFF 10년 속으로' 라는 기획 시리즈를 내놓았다. 이 시리즈는 영화제 태동에서 오늘에 있기까지 비화와 에피소드를 중심으로 19회를 이어 나가며 이야기를 풀어나갔다.

영화제 개막을 즈음해선 중앙지들도 많은 지면을 할애하며 부산영화제의 10돌을 축하하는 분위기였다. '아시아 최대 무비축제' (서울신문 9월 23일), '대견한 10돌, 대단한 10회' (경향신문 9월 23일), '시네마 천국 10년, 부산이 빛난다' (조선일보 9월 29일), '가자 영화의 바다, 부산으로' (중앙일보 10월 4일), '오이소 보이소 스타 총출동' (일간스포츠 10월 5일).

당시 부산국제영화제를 아시아 정상으로 이끈 김동호 위원장은 언론으로 인터뷰 요청에 꽤나 시달려야 했다. '한국영화 국제 위상 높인 타이거' (동아일보 10월 5일), '열정, 친분 밑천 10년간 발품' (국민일보 10월 1일), '관으로부터의 독립이 영화제 성공의 비결이죠' (매일경제 9월 27일), '이젠 해외 영화인들 오지 말라고 해도 온다' (스포츠 서울 9월 30일), '외국서 참가요청 몰려 위상 실감' (한국일보 9월 8일).

외신도 이런 분위기에 자연스레 동참했다. 세계 3대 통신사 중 하나인 AFP는 '아시아 최고의 영화제가 화려한 개막을 하다', '아시아 신흥 영화강국들이 떠오르고 있다', '한국영화가 전성기를 맞이하고 있다', '부산이 아시아 영화 중심지를 선언하다' 등의 특집기사와 스트레이트 기사를 쏟아내 PIFF의 달라진 위상을 실감케 했다.

불룸버그통신, 애플데일리, 동방조보, 아시안무비위크, 중국전영보, 베이징라디오 등 미국, 일본, 홍콩, 중국, 인도, 태국 언론도 많은 취재 인력을 부산에 보냈다.

아사히 신문은 '거리는 한류 할리우드, 국제영화제 개최하는 부산' 등의 기사를 전송했는데 특히 이 신문(10월 24일)은 '아시아를 대표하는 규모에 10번째를 맞이한 부산국제영화제'란 제목으로 쿠마모토 신이치 논설위원이 직접 부산에서 김동호 위원장을 만나 쓴 글은 내내 화제가 됐다.

10번째를 맞이한 한국의 부산국제영화제는 아시아를 대표하는 국제 영화제로 자란 것을 실감케 했다. 이 영화제에서 인상 깊은 것은 민과 관의 제휴다. 공항에서는 영어나 일본어, 중국어를 하는 자원봉사자들이 기다리고 있다.

그 중의 한 명인 김서민 씨(75)는 "정년 후에도 옛날에 배운 일본어로 도움이 될 수 있다는 것이 기쁘다. 경쟁률이 10:1에 가까울 때도 있고, 나도 작년에는 떨어졌었다"고 말했다. 금년의 자원봉사는 500명이 넘었다고 했다.

제1회부터 영화제의 얼굴이 되어 온 김동호 위원장은 원래 문화부 차관 출신. 영화인들이 국제영화제의 준비를 진행시키고 있었던 것에 공감하여 자금 모금이나 해외와의 인맥 만들기를 담당해 왔다.

"1회 영화제로 끝날 것이라고 생각한 사람도 많았는데 10년, 아시아를 대표하는 존재가 되어 보람을 느낀다. 여기까지 성장할 수 있었던 데는 두 개의 선택이 컸다"라고 김 위원장은 말한다. 우선 경쟁영화제를 버리고 경쟁부문을 마련하지 않았던 것. 그리고 아시아 영화를 기르는 것에 힘을 집중한 것이다. 아시아 안에서 신작의 기획을 모집하고 영화제에 오는 투자자나 제작자의 만남을 주선하는 장소는 제3회부터 마련했다. 금년은 9월에 영화를 배우는 28명을 아시아 각지로부터 불러 대만의 허우샤오시엔 감독 등이 강의를 맡아 실제로 단편영화를 만들어 영화제 기간 중 일반에 공개했다. 그 중에 4명은 장학금을 받아 한국의 대학 등에서 공부를 계속한다.

계속 일본과의 관계를 의식하고 있는 것도 이 영화제의 특징이다. 영화제가 시작될 당시 한국은 일본영화의 상영을 금지하고 있었다. 그래서 매년 많은 일본영화를 소개해 일본영화 개방에 초석을 다졌다.

이번에 일본에서보다 먼저 '봄의 눈'을 공개 상영한 유키사다 이사오 감독은 5년 전 여기서 국제비평가연맹상을 받아 국제무대에 데뷔했다.

"한국영화의 결속에 놀랐다. 그 이후 올 때마다 자극을 받아 돌아간다. 명실 공히 아시아 최고의 영화제가 되었다. 더욱 더 번성하는 부산국제영화제의 자극을 어떻게 살릴까. 그 생각의 끝에 일본영화의 활로가 있을 듯하다."

몇 차례 부산을 찾았던 르몽드 브리스 페드롤레티 기자도 이때 부산에 있었다. 그는 '종횡무진하는 한국영화'란 제목의 기사(2005년 10월 19일)에서 이렇게 전했다. "이렇게 짧은 기간 내에 많은 것을 이룬 영화제도 없을 것이며, 이토록 급속한 성장을 이룬 영화계도 없을 것이다. 2005년 10월 6일부터 14일까지 그 열 번째 막을 올리는 부산국제영화제가 아시아 영화의 만남의 장으로 확고히 자리를 잡았다는 것은 그 상영작의 숫자뿐 아니라 이곳에 영화나 프로젝트를 찾으러 모여든 영화관계자들의 영향력을 보더라도 확실히 알 수 있는 사실이다. 범 아시아 지역의 공동제작이 붐을 이루고 있는 가운데 아시아 지역에서 가장 인기있는 배우 군단을 보유하고 있는 한국영화계는 암스테르담에서 촬영될 홍콩 감독 앤드류 라우의 '무간도' 신작의 제작에도 참여하게 되었다."

PIFF, 이젠 폐지하라?

이즈음 필자는 심술을 부렸다. 부산국제영화제를 폐지(?)하자고 과감하게 글을 썼다. 당시 필자의 고정칼럼인 '김호일 기자의 영화 好好好'에서 제기했는데 그 제목은 '나는 PIFF 폐지론자?' (2005년 9월 29일)였다. 내용을 살펴보면 다음과 같다.

"부산국제영화제(PIFF) 개막이 꼭 일주일 앞으로 다가왔다. 매년 풍성한 수확의 계절에 열리는 열흘 남짓의 이 영화잔치는 이제 겨우 걸음마를 뗀 열 살에 불과하지만 '큰형' 격인 세계 유수의 영화제와 비교해도 손색이 없을 만큼 급성장했다.

관객과 영화인 모두 PIFF에 대해 열광하는 이유는 무엇일까. 필자는 무엇보다 관객들의 '영화사랑'을 꼽고 싶다. 사실 썰렁한 관중석을 놓고 경기를 펼치는 스포츠가 재미 없듯이 관객 없는 영화제는 소위 '앙꼬 없는 진빵'이다. 세계 3대 영화제 중 하나인 이탈리아 베니스영화제의 위상이 추락한 것도 매년 3~4만 명에 불과한 관객에게도 원인이 있다. 그만큼 관객은 영화제의 동력 중 으뜸이다.

또 다른 이유로 부산이라는 지역적 특성이 돋보인다. 도시생활에 지친 타지의 많은 이들에게 하얀 포말과 함께 파도가 찰랑거리는 부산은 늘 가고 싶은 동경의 대상. 여기에 영화까지 덧칠되면서 PIFF가 열리는 시기, 그들은 자연스레 외친다. "가자, 부산으로~."

영화인들에겐 비즈니스 장소로 안성맞춤이다. 특히 국내의 다른 영화제와 달리 해외 거물급 영화인이 PIFF를 찾는 탓에 국내 영화인들은 만사를 제쳐놓고 이즈음 부산행 급행열차에 몸을 싣는다. 잘만하면 수출 길을 확보할 수 있기 때문이다.

물론 PIFF 사람들이 국내외에서 막 건져 올린 싱싱한 영화나 갈수록 안정적인 영화제 운영 등도 빼놓을 수 없는 성장 동력이다. 지난 99년 한국영화 부흥을 알린 '쉬리' 개봉을 즈음해 영화취재를 담당하게 된 필자는 PIFF가 열릴 때마다 행복한 고민에 빠진다. 무엇보다 PIFF의 영화가 늘어나고 찾는 이들이 많아지기에 업무량이 폭증하기 때문이다.

어느 영화제나 그렇듯이 PIFF 역시 행사와 파티는 아침부터 새벽까지 이어지고 이를 취재해야 하는 기자들은 '즐거운 비명'부터 앞선다. 올해 역대 최고 수준인 초청작과 국내외 손님 숫자가 벌써부터 예사롭지 않다. 그런 탓에 동료 기자들이 "올 PIFF도 기대된다"고 덕담을 건네면 필자는 농담 삼아 이렇게 말한다. "난 PIFF 폐지론자야. 왜냐고? 남들은 다 축제를 즐기는데 기자들만 너무 혹사당하잖아?"

미담기사로 포장된 사망 사건

4회 영화제 때부터 취재에 참여한 필자는 영화제만 다가오면 불면증에 걸리곤 한다. 과연 이번에도 제대로 치를 수 있을까 라는 걱정 때문이다. 대개 서울에서 영화를 담당하다가 영화제 개막 사나흘 전 부산으로 내려간다. 그리곤 후배 서너 명과 함께 PIFF팀을 꾸린다. 그리곤 중앙지와 달리 영화제 개막 이틀 전부터 '전투'가 시작된다.

무엇보다 힘든 것은 영화제의 특성상 휴식과 수면이 절대부족하다는 것이다. 아침 일찍부터 시작된 일정이 새벽 3~4시까지 이어진다. 코피도 수없이 흘렀다. 부일영화상이 부활된 2008년 13회 영화제 땐 끝내 쓰러졌다. 평생 병원을 제 발로 찾아가 링거를 놔 달라고 한 적이 없는 '강철 체력'을 자부했지만 격무에 두 손 두 발을 다 든 것이다.

또한 필자는 오토바이를 타고 늘 영화제 취재에 나선다. 워낙 많은 곳에서 동시다발적인 행사가 열리다 보니 택시나 버스로는 도무지 감당하기 힘들다. 물론 영화제가 끝나면 오토바이를 타고 동해안 7번 국도를 타고 1박 2일로 상경한다.

오토바이 취재 중 영화제 기간에 발생한 '사망사고'도 단독 취재할 수 있었다. 영화제가 13회째를 이어오던 중 유일한 사망사고는 10회 때 발생했다. 현장사진까지 찍었던 이 특종기사는 그러나 축제 분위기를 망치지 않기 위해 '위기 상황서도 빛난 자원봉사'란 제목의 '미담 기사' (부산일보 2005년 10월 10일)로 포장돼 독자들에게 전해졌다.

"부산국제영화제 자원봉사자(자봉)들이 몸을 아끼지 않은 구조 활동을 펴 눈길을 끌었다.

9일 수영만 야외 상영장. 이날 영화는 스쿨라 구나르손 감독의 '베오울프와 구렌델'이고 이에 앞서 일본 자자밴드의 공연이 예정돼 있었다. 전날에 비해 바람이 강하게 불고 기온도 떨어져 관객들 사이에는 여기저기 '모포부대'가 눈에 많이 띄었다.

오후 7시께 객석 중앙 앞에서 10번째 좌석에 앉아 있던 이배동(48) 씨가 갑자기 정신을 잃고 바닥으로 쓰러졌다. 주변 관객들이 당황하는 가운데 야외 상영장 자원봉사자인 지현수(25, 대구 계명대 4년) 씨와 임부경(23, 전 방송작가) 씨가 급하게 달려왔다.

때마침 이번 학기에 심폐소생술을 배웠던 지 씨는 이 씨의 호흡이 없고 맥박이 뛰지 않는 것을 알아차리고 바닥에 쓰러진 이 씨의 목을 수건으로 괸 뒤 인공호흡을 시작했다. 옆에 있던 임 씨는 두 손을 모아 이 씨의 명치를 힘껏 누르며 지 씨를 도왔다. 두 사람이 구조 활동을 펼치는 동안 주변에 있던 스태프와 자봉들은 119 구조대에 연락을 취했다.

순식간에 장내는 어수선해졌다. "자자밴드 공연을 늦춰야 하는 것 아닌가요?" 자칫 이날 공연과 영화상영이 지연되거나 취소될 수 있는 상황이었기에 스태프와 자봉들의 움직임은 무척 긴박했다. 얼마나 지났을까. 사이렌 소리와 함께 구급요원들이 도착해 이 씨를 병원으로 후송했다. 그러나 현장에서의 응급조치에도 불구, 병원으로 후송된 이 씨는 끝내 소생하지 못했다. 10회를 맞는 부산국제영화제 사상 처음 관객이 사망하는 순간이었다.

이날 상영이 모두 끝난 뒤 지 씨는 기자와의 전화통화에서 "관객이 쓰러진 것을 목격한 순간, 조금 당황했다"며 "다행히 이번 학기에 심폐소생술 강의를 듣고 실습한 대로 했는데 이씨가 숨져 안타깝다"고 말했다. 그러나 자원봉사임에도 불구, 자신의 자리에서 최선을 다한 두 젊음이의 모습은 아름답게 비춰졌다.

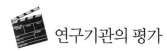

연구기관의 평가

PIFF, 최고 공인받다

부산국제영화제에 대한 정부차원의 평가는 2005년 처음 이뤄졌다. 1996년 부산국제영화제가 출범한 이후 10년 만이다. 문화관광부가 산하 한국문화관광정책연구원에 의뢰해 작성된 '국제영화제 평가 및 향후 발전 방안'이 바로 그것이다. 그동안 국내외 언론의 평가는 많았지만 정부기관에서 부산국제영화제가 국내 '최고'임을 공인한 것은 이 연구보고서가 처음이다. 문화체육관광부는 이후 매년 같은 연구용역을 의뢰하고 있는데 이 결과를 토대로 국내 영화제에 대한 국고지원을 차등 지원하고 있다. 그 내용을 살펴보면 다음과 같다.

부산국제영화제가 정부의 국고지원을 받는 국내 6대 영화제 가운데 가장 우수한 것으로 조사됐다. 특히 PIFF는 11개 평가항목 중 '주제의 독창성과 성격'(3.76점)을 제외한 10개 항목에서 '4.0'(5점 만점) 이상을 받아 최우수 영화제임을 입증했다.

이 같은 결과는 30일 문화관광부가 산하 한국문화관광정책연구원에 의뢰해 작성된 '국제영화제 평가 및 향후 발전 방안'을 통해 밝혀졌다.

이번 조사는 난립하고 있는 영화제에 대한 평가와 차등 지원을 목적으로 문화부의 예산을 지원받는 PIFF를 비롯한 부천국제판타스틱영화제, 전주국제영화제, 광주국제영화제, 서울여성영화제, 서울넷&필름페스티벌 등 국내 6개 영화제를 대상으로 했으며 정부기관의 공식조사로는 지난 1996년 PIFF 출범 이후 처음이라는 의미를 갖는다.

조사 결과 영화제를 평가하는 핵심 기준인 '발전 가능성', '한국영화 발전에 기여', '지역 문화 발전과 문화 다양성 기여', '영화제 필요성', '행사 내용과 일정의 사전 홍보' 등 5개 항목에서 PIFF는 최우수 등급인 '4.50' 이상을 획득했다. 연구원 측은 "이를 학점 식으로 환산할 경우 'A+'에 해당된다"고 밝혔다.

또 '프로그램 다양성과 질', '새 작품과 신인감독 발굴 및 지원', '홈페이지 구축', '영화인과 관객 간 만남의 기회 제공', '전반적인 운영' 등 5개 항목에선 'A' 등급(4.0 이상)을 받았다.

PIFF 이듬해에 출범한 부천영화제의 경우 'A' 등급 이상이 3개에 불과했고, 전주·광주영화제의 경우 'A' 등급을 하나도 받지 못하는 등 부산과 이들 영화제와의 격차가 큰 것으로 드러났다.

연구를 맡았던 박조원 박사는 보고서를 통해 "PIFF는 우리나라 최초로 세계적 수준의 국제영화제로서 위상을 굳히고 있다"고 밝혔다.

한편 문화부의 한 관계자는 "이 같은 연구를 매년 실시할 계획"이라며 "3회 조사가 완료되는 오는 2006년 이후 예산을 차등 지원해 우수한 국제영화제를 중점 육성, 세계 유수의 국제영화제로 발돋움할 수 있는 기회를 제공할 예정"이라고 덧붙였다.(부산일보 2005년 5월 30일)

이 연구는 매년 진행됐다. 2009년에는 이전보다 2개 영화제가 추가됐다.

2009년 3월 문화부는 PIFF가 국내에서 개최되고 있는 8개 국제영화제 가운데 4년 연속 최고 영화제로 평가됐다고 발표했다. 국고 지원을 받는 국내 8개 영화제를 대상으로 한 '2008년 국제영화제 평가'(한국문화관광연구원 조사) 보고서에서 PIFF는 국제영화제 위상 평가의 주요 항목인 △참가국 △초청작 △프리미어 수 △관객 수 △언론 보도량 등의 부문에서 타 영화제를 월등히 앞선 것으로 나타났다. 조사 대상은 PIFF를 비롯, 전주국제, 부천국제판타스틱, 제천국제음악, 서울여성, 서울국제, 서울국제청소년 등 7개 영화제에서 서울충무로국제영화제가 새로 추가됐으며 2005년 이후 이번이 네 번째 조사였다.

지난해 60개국 315편을 상영한 PIFF는 월드, 인터내셔널, 아시아 프리미어 등 모두 166편의 신작을 초청해 이를 점수로 환산한 초청작 점수가 무려 471점에 달했다. 또 관객은 19만 8천 818명, 언론 보도량은 4천 591건으로 단연 앞선 것으로 나타났다.

2008년 전국 8개 국제영화제 주요 부문 평가

참가국(국)	초청작(편)	프리미어 수(편)	초청작 점수(점)	관객수(명)	언론보도(건)
부산(60)	315	166	471.00	198,818	4,591(2,454)
전주(40)	195	24	112.25	70,100	3,145(1,407)
부천국제(39)	202	55	182.50	44,409	1,909(1012)
제천국제(30)	82	12	45.75	32,154	1,932(1,533)
서울여성(30)	140	13	52.75	50,500	1,590(1,341)
서울국제(35)	147	10	46.50	4,462	75(36)
청소년(34)	117	11	49.75	15,445	638(426)
충무로(40)	173	22	91.75	62,596	3,312(2,895)

※ 프리미어 수는 최초 공개된 장편영화의 월드 및 인터내셔널, 아시아 프리미어 기준
※ 초청작 점수는 국내외 신작 초청에 가중치를 부여해 산출. 점수가 높을수록 프로그래밍이 좋다는 것을 의미함
※ 언론 보도량은 신문, 방송, 잡지, 인터넷 기사의 총수이며 괄호 안은 인터넷 기사 수치임(자료 : 문화체육관광부)

보고서는 "PIFF가 아시아 영화의 허브로서 안정되고 완숙한 영화제로 자리 잡고 이제는 아시아를 넘어 세계적 수준의 국제영화제로 발돋움했다"고 평가했다.(부산일보 2009년 3월 5일)

경제적 효과도 엄청나

부산국제영화제의 경제적 효과는 어느 정도일까. 2004년 영화제 때 '5만여 인파, 100억 쓰고 간다'는 조사결과가 있었다.

추계예술대학교 문화예술대학원이 분석 모형틀을 활용해 부산국제영화제의 경제적 효과를 분석한 평가가 좋은 예다. 2004년 열린 9회 부산국제영화제를 찾은 일반인 관람객(중복관람 4.14편 기준 4만 1,000여 명)이 숙박비와 쇼핑비, 식사비 등으로 모두 32억 1,200여만 원을 쓴 것

으로 추정된다고 밝혔다.

여기다가 개·폐막식 게스트들과 심사위원 등을 포함한 공식 내국인 참가자(5,060명)들이 54억 9,500여만 원을, 외국 게스트(578명)가 9억 2,900여만 원을 쓴 것으로 계산된다. 부산국제영화제를 찾은 국내외 게스트들과 관객들이 영화제 기간 중에 96억 2,700여만 원을 직접 지출한 셈이다

또 300여 명의 해외취재진의 지출액을 더하면 영화제 관련 직접지출액이 100억 원을 훨씬 넘어선 것으로 추산된다. 특히 2005년의 경우 10회째를 맞아 국내외 공식참가 인원이 크게 늘어났고 일반관객도 5만 명에 육박하는 등 성황을 이뤄 직접 지출금액이 크게 늘어날 것으로 예상된다.

영화제 개최로 인한 경제적 간접효과는 더욱 두드러진다. 추계예술대 문화예술대학원은 지난 7회를 기준으로 부산국제영화제로 인한 생산 유발 효과가 225억 2,000만 원에 달했고, 1,687명의 고용 유발 효과를 보였으며, 부가가치 유발 효과도 121억 4,000만 원에 달한다고 계산했다. 영화제가 매년 괄목할 만한 성장세를 보여 온 점을 감안하면 이같은 간접효과는 가파른 상승곡선을 그릴 것으로 보인다.(문화일보 2005년 10월 12일)

10회 부산국제영화제 때는 600억 원을 상회하는 경제적 효과를 낳은 것으로 추산되는 보고도 있었다. 한국은행 부산본부는 2004년 제9회 부산국제영화제가 생산 유발 효과 380억 원과 140억 원의 부가가치 유발 효과를 더해 총 520억 원의 경제적 효과를 지닌 것으로 평가했고, 이어 2005년 변화된 수치를 적용한 결과 각 부문에서 16~20%의 상승효과가 있어 총 600억 원 이상의 파급효과를 낸 것으로 나타났다는 결과를

내놓았다.

가장 두드러진 것은 관객 수의 증가였는데 2004년 16만 6,164명에서 2005년에는 19만 2,970명으로 늘어 16.1%가 증가했으며 국내외 게스트 도 5,638명에서 6,088명으로 늘었다. 국내외 취재진 규모도 900여 명에 서 1,500여 명으로 대폭 늘어나 관객, 게스트를 포함해 이들이 부산에서 숙박비와 식비, 쇼핑비 등 직접 지출액만도 지난해 100억 원 수준에서 20% 이상 늘어난 것으로 분석된다.

영화제를 통한 한국영화 수출액도 증가한 것으로 조사됐다. 부산국 제영화제의 영화 및 프로젝트 마켓인 부산프로모션플랜(PPP)를 통해 새드무비 '내 머릿속의 지우개'가 한국 멜로영화 사상 일본 최고 수출 가인 32억 원을 갱신했고, 폐막작 '나의 결혼 원정기'와 '가발' 등도 일 본에 판매가 성사됐으며 '외출'과 '첼로' 등도 북미, 영국 등지에 팔렸 다.(헤럴드 경제 2005년 10월 17일)

이러한 부산국제영화제에 대한 호의적이고 긍정적인 평가가 나오자 부산시는 이참에 부산을 영상도시로 특화시키려는 계획에 착수한다. 한국의 대표적 민간 싱크탱크인 삼성경제연구소에 연구용역을 발주한 것이다. 그래서 작성된 것이 2005년 3월 발표된 '부산영상도시 육성을 위한 종합계획'. 이 보고서는 부산이 영상도시로 발돋움하려는 존재의 이유를 더욱 명확하게 하고 있다.

이에 따르면 2004년 부산의 영상산업 시장규모는 6,000억 원(소비자 의 소비지출 기준). 삼성경제연구소는 앞으로 부산시가 추진하는 갖가 지 사업을 통해 '영상 클러스터'가 구축될 경우, 2008년에는 1조 3,000 억 원, 2014년에는 2조 4,000억 원으로 성장할 것으로 추정했다. 2008년 까지는 매년 15%씩, 2014년부터는 매년 10%씩 높은 성장을 할 것으로 예측하고 있는 것이다. 부산국제영화제 성공에 힘입어 부산시민들의 영화에 대한 관심이 높아지고 있는 것도 영상산업 발전의 청신호라는 것이다.

이에 앞서 삼성경제연구소는 영상도시를 꿈꾸는 부산에 대해 러브콜을 보냈다. 삼성경제연구소 고정민 소프트산업팀장은 2004년 12월 13일 부산 그랜드 호텔에서 열린 '부산 영화 · 영상산업 활성화를 위한 세미나'에서 '영상센터 및 후반작업기지의 경제적 효과 분석'이라는 자료를 공개했다.

고 팀장은 영화제 전용관과 영상문화관, 전시장 등을 갖춘 부산영상센터는 8천 평 규모로 지을 경우 470억 원의 투자비가 필요하며 그 경제적 효과는 부산 경제에만 431억 3천만 원이, 전국 경제에는 679억 4천만 원의 생산 유발 효과가 기대된다고 밝혔다. 또 전국적으로 580억 8천만 원의 부가가치 유발이 예상되며 고용 유발 효과도 7천 345명에 달하는 것으로 조사됐다.

고 팀장은 정책적으로도 영상센터가 부산영화제의 핵심 인프라로서 영화제의 안정적 개최에 기여하게 돼 영화제의 위상을 높일 수 있으며 지역 문화시설의 확충에 따른 도시 이미지 개선과 관련 산업의 발전도 함께 기대된다고 덧붙였다.

또 필름현상소와 편집실, 컴퓨터 그래픽실, 사운드실 등을 갖춘 후반작업기지에는 모두 432억 9천만 원의 투자비가 소요될 것으로 예상하면서 이에 따른 경제적 생산 유발 효과를 251억 2천만 원으로 기대했다.

후반작업기지 건설에 따른 부가가치 유발액은 237억 7천만 원으로, 고용 유발 효과는 1천 173명으로 각각 분석됐다.

고 팀장은 부산이 아시아 영상산업의 중심지로 도약하기 위해서는 지자체와 관련기업, 대학 및 연구소가 클러스터를 형성해 기반시설을 설치하고 인력 양성과 국제화에 적극 나서야 한다고 지적했다.

이 같은 클러스터를 성공시키기 위해서는 문화산업과 관광을 연결하고 영화뿐만 아니라 게임과 애니메이션, 방송 산업을 동시에 육성, 세계 시장을 겨냥해야 한다고 주장했다.

참고로 2009년 현재 부산영상센터(두레라움)는 사정이 좀 달라졌다. 일단 2008년 제13회 영화제 개막에 앞서 착공식을 열었다. 문제는 예산이다. 당초 예산은 460억 원이다. 그런데 부산시가 영상센터 건립을 위한 국제공모를 통해 선정한 뒤 예산이 1,600억 원 규모로 늘어나자 중앙정부에 예산증액을 요청했다. 그러나 곧바로 퇴짜를 맞았다. 정부의 긴축예산 방침과 경제 위기 등을 고려해 기본보다 230억 원 가량 증액된 691억 원으로 지으라는 '최후통첩'을 받았다. 하지만 부산시는 반발했다. 허남식 시장이 부산 출신 의원들과 긴밀한 협의 끝에 제대로 된 영상센터를 짓자며 1,600억 원짜리로 짓겠다고 공언한 것이다.

8. 내일로 뛰는 PIFF

 PIFF의 내일, 그리고 청사진

미래지향적 변신 강요받는 PIFF

　세계 메이저 영화제들이 개혁의 소용돌이 속에서 요동치고 있는 가운데 출범 14년째를 맞는 부산국제영화제도 미래지향적 변신을 요구받고 있다. 다른 한편으로는 과연 PIFF가 굴곡 없이 꾸준하게 성장할 것인가라는 궁금증도 제기된다.

　물론 PIFF가 일천한 역사에도 불구, '아시아 최고의 영화제'로 급성장했다는 데 이견이 없다.

　영화팬들은 아시아 영화들을 보기 위해 매년 부산을 찾고, 유망 감독들은 PIFF를 통해 세계무대로 나아간다. 이 놀라운 성장은 후발주자로서 선발주자들의 장단점을 파악해 지름길을 선택한 결과이기도 하다.

　또한 PIFF의 성과는 분명 적지 않다. 영화제 출범 이전 칸영화제에 진출한 한국영화는 1984년 이두용 감독의 '물레야 물레야'를 포함, 3편에 불과했다. 그러나 98년부터 매년 평균 4~5편씩 칸에 진출해 PIFF가 한국영화 수출 전진기지 역할을 톡톡히 수행하고 있음은 좋은 본보기다.

　김기덕, 홍상수, 박찬욱, 이창동 등 숱한 한국 영화인들은 PIFF를 거쳐 세계로 진출했다. 2009년 흥행돌풍을 일으키고 있고 그에 앞서 해외 영화제를 순례하며 잇따라 수상소식을 전해왔던 독립영화 '워낭소리', '똥파리' 등 역시 PIFF가 발굴해낸 수작들이다. 이젠 이런 작품을 헤아리기가 쉽지 않을 정도로 넘쳐난다.

14년째 PIFF호 선장을 맡고 있는 김동호 위원장은 향후 PIFF를 전망하면서 다음과 같이 말했다.

"프랑스 칸영화제 티어리 프레모 집행위원장은 PIFF가 세계 영화제 중 5번째 손가락 안에 든다는 이야기를 한 적이 있어요. 칸, 베를린, 베니스 등 세계 3대 영화제 다음으로 PIFF가 로테르담, 토론토 등과 어깨를 나란히 하는 영화제로 자리 잡았다는 것이죠. 이는 무엇보다 영화제 출범 당시 아시아 영화의 집산지를 표방하며 뚜렷한 성과를 이끌어냈고 이제는 아시아 영화 산업를 뒷받침하는 중심축으로 성장했기 때문이에요. 제가 물러나더라도 PIFF가 안정적 토대를 마련했기 때문에 아시아 정상의 영화제로 더욱 성장할 것으로 믿어 의심치 않습니다."

샴페인 터뜨리기엔 아직 이르다

그러나 샴페인을 터뜨리기에는 아직 이르다. '아시아 최고'에 안주하거나 자만할 경우, 홍콩과 도쿄영화제가 그랬던 것처럼 언제 위상이 추락할지 모르기 때문이다. PIFF가 적어도 한 세대의 기준인 30년 앞을 바라볼 때 갈 길은 멀고 할 일은 많다는 게 영화인들의 솔직한 진단이다.

PIFF의 가장 큰 문제는 안정적 재정 확보와 시스템 체계화다. 현재 PIFF에 대한 지원은 일개 문화행사의 범주에서 벗어나지 못한다. 부산시가 끊임없는 지원으로 애정을 표시하고 있지만 정작 문화체육관광부는 18억 원의 예산지원에 그친다. 이는 부천, 전주 등 국내 타 영화제 지원금과 비교할 때 차별성이 거의 없는 '나눠주기' 식 예산배분이다. 결국 안정적 예산 확보를 위해선 중앙정부의 인식전환과 함께 광주비엔날레 기금 같은 'PIFF 기금' 신설이 절실하다는 지적이 많다.

PIFF의 예산도 경제위기로 인해 사상 처음으로 축소됐다. 2009년 2월 PIFF 정기총회에서 예산이 전년보다 3억 3천만 원(3.6%) 줄어든 86억 5천만 원으로 확정됐다. 극심한 경제난으로 기업 협찬이 급감한 데 따른 여파이지만 PIFF 운영의 최대 난제였던 예산 확보 어려움을 여실히 드러낸 것이다.

그러나 부산시는 이해 7월 추경을 통해 14회 영화제 예산을 99억 5천만 원으로 증액했다. 사상최대다.

PIFF가 세계적인 영화제로 우뚝 선 만큼 안정적인 예산 확보 없이 비약적인 도약을 기대하기는 어렵다. 지나치게 스폰서에 의존하기도 힘들다. 12회 때 삼성그룹의 제일모직이 10억 원을 쾌척하며 PIFF를 후원했지만 과도한 홍보로 눈살을 찌푸리게 했고 결국 '빈폴영화제'란 오명을 뒤집어쓰고 1년 만에 철수했던 경험이 이를 단적으로 증명해준다.

따라서 재정이 안정적으로 유지되기 위해선 매년 정부와 부산시가 적립금을 출연하는 PIFF의 재단법인화가 절실히 필요하다. 허남식 부산시장도 정부 지원을 포함해 모두 1천 500억 원 정도의 기금을 확보하는 방향으로 재단법인화를 추진하겠다고 밝힌 적이 있지만 실천방안은 아직도 요원한 실정이다.

안정적인 시스템 구축도 시급하다. 물론 초창기 주먹구구식으로 운영하던 때와는 판이하게 달라졌지만 매년 영화제를 치르고 나면 티켓, 상영, 초청 등에서 문제가 적지 않게 도출되고 있는 게 현실이다.

이와 관련해 김지석 수석프로그래머는 이렇게 말했다.

"솔직히 이야기하면 5회 이전의 운영시스템은 주먹구구식이었다. 그래서 5회를 넘기면서 시스템을 본격적으로 갖춰나갔다. 우리가 자부하는 건 영화제 운영표준시스템을 만들고 있다는 것이다. 티켓 시스템만 하더라도 안 좋은 추억들이 많다. 초창기 부산은행이 해주었는데 그 서버로는 도무지 감당을 못해 다운됐다. 그런데도 부산은행과의 관계 때문에 계속 갈 수밖에 없었다. 시스템을 고쳐가며 진화해 나갔는데, 예컨대 초청시스템은 이전엔 엑셀이 고작이었다. 결국 체코에서 초청 프로그램 관리 소프트웨어를 구입해 이를 우리에게 맞게 고쳐 쓰면서 체계화되기 시작했다.

이것도 한참 지나니까 한계를 드러내 지금은 더 획기적 시스템을 CJ 시스템즈와 개발 중이다. 이게 완성되면 또 영화제의 표준이 될 것이다. 우리가 성공하면 전주 등 다른 영화제에서 다 갖다 쓰고 있다. 이런 표준화된 시스템이 개발되면 장기적으로 해외에 팔 생각도 갖고 있다."

PPP 영향력 제고 시급

프로그래밍 역시 변화를 고민해야 할 대목이다. 보다 다양한, 보다 수준 있는 영화를 가져올 수 있는 합리적인 시스템이 요구되기 때문이다. 현재 PIFF는 4인 프로그래머 체제로 굳어진 상태지만 프로그래머 개인 취향 혹은 영화 외적인 요소에 대한 견제 및 여과장치가 없는 실정이다. 편중되지 않고, 다양한 취향의 영화를 초청하는 칸과 베를린의 영화선정위원회 같은 장치 도입도 고려할 만하다.

PIFF의 장점이자 특징인 PPP의 영향력 제고방안도 점검해야 한다. 현재 PPP는 우수 프로젝트로 선보여도 1~2년 내 완성되는 영화가 적은 상태이다. 심지어 유명 감독이 차기작이라고 프로젝트를 내놓고도 막상 다른 작품의 제작에 들어가는 경우가 허다하다. 따라서 '30% 이상 자금 확보' 된 영화만 사전제작 시장에 출품돼 제작 완료 비율이 높은 베를린의 사례를 참고할 만하다.

또한 최근 10년간 한국영화를 포함, 아시아 영화가 해외 영화제에서 각광받고 있지만 과거 화려했던 홍콩영화가 쇠락을 연거푸 경험한 사례를 잊어선 안 된다. 그래서 PIFF가 아시아 영화에 더욱 힘을 실어주고, 아시아 영화시장 확대에 주도적 역할을 해야 한다는 지적을 곱씹어 봐야 한다. 장기적으로 '아시아 영화 경쟁부문' 신설 등 영화제의 특화 필요성도 제기된다. PPP의 영향력 증대를 위해 현재 PIFF가 영화에 직접 투자하는 방안은 장기적으로 좋은 대안이 될 듯하다.

전문 인력 당근책 부재

몇 년 전 부천과 광주영화제가 분란에 휩싸이며 영화제의 자율성 문제가 여론의 도마 위에 오른 적이 있다. 이는 PIFF도 예외가 될 수 없다. 영화제 사람들과 공무원 간 갈등은 공든탑을 한순간에 무너뜨릴 가능성이 높기 때문이다. 따라서 '지원은 하되, 간섭은 않는다'는 제도적 장치 마련이 시급한 실정이다.

그동안 묵묵히 PIFF를 키워온 영화제 사람들에 대한 복지문제 역시 고민해야 할 대목이다. 현재 PIFF의 핵심인력인 프로그래머의 연봉은 갓 출범한 서울충무로국제영화제 일반직원보다 낮고 사무국 스태프들의 신분은 '1년 계약직'으로 굳어져 불만요인이 증폭되고 있다.

이들이 자칫 대학이나 영화제작사 등의 영입 유혹에 넘어갈 경우, 애써 키운 인력의 유출 가능성을 배제하기 어렵다. 성과급제 도입이나 정규직 혹은 다년계약 등을 통한 사기진작책이 아쉽다.

향후 청사진에 대해 이용관 위원장은 이렇게 말했다.

"우리가 지향하는 것은 토론토나 로테르담영화제다. 세계 3대 경쟁영화제 중 베니스는 퇴색했고 아마도 칸, 베를린 정도 남을 것 같다. 그렇다면 토론토 - 로테르담 - 부산이 3대 비경쟁영화제가 되는 것이다.

PIFF가 아시아의 관문이자 맹주가 되는데 앞으로 부족한 점을 어떻게 보완하느냐가 관건이다.

토론토영화제는 '북미의 관문'이라는 이점이 있는 반면, 우리는 아시아 언어라는 문제가 있어 아직도 영화적으론 개발도상 단계다. PIFF가 선진화로 가려면 한국영화가 산업적, 문화적으로 붐이 계속되어야 하고 그렇다면 우리에게 기회는 얼마든지 있을 것이다. 적어도 앞으로 10년 정도는 안정적일 것이고 PIFF 1세대가 그만두면 그 다음 세대가 이어갈 것이다. 경쟁영화제로의 전환 이야기도 나오는데 지금은 어렵고 다음 세대가 죽이 되든 밥이 되든 알아서 할 일이라고 생각한다."

전양준 부위원장도 향후 PIFF의 그림을 어떻게 그리고 있는지를 들려주었다.

"시간이 흐를수록 영화제는 분명 지금보다 더 짜여진 모습을 갖출 것이다. 영화제의 큰 프레임은 그대로이겠지만 디테일에서 더 정교하고 안정될 것이다. 또 비경쟁영화제 중에서는 최고가 될 것이다. 영화제의 외연도 넓혀야 한다. 게스트들은 초대를 더하면서 격도 높여야 하지 않겠는가. 그러나 아직 엉성한 것도 많다. 영화제를 통제하지 못하는 모습에서 벗어나야 한다. 영화제 개막식에서 최고 스타인 장동건이 입장한 이후 22분 동안 잘 모르는 배우가 등장하는 모습은 적어도 지양해야 하지 않는가."

흔들리는 사령탑과 보수 · 진보의 갈등

그러나 정작 PIFF가 안고 있는 가장 큰 고민은 이런 청사진이나 재정난, 운영시스템이 아닌 사령탑 김동호 위원장의 거취 문제다. '남포동 로비스트', '타이커 클럽 회장', '영화 대통령'이란 다양한 별칭이 암시하듯 김 위원장은 프로그래밍에서 예산 및 스폰서 확보, 게스트 초청에 이르기까지 PIFF 전반을 조율해 온 사령탑이며 지휘자다.

과거 우회적으로 사의를 표시한 적은 있지만 김 위원장은 2009년 들어 이를 직접 실행에 옮기려 했다. 이해 2월 정기 총회를 앞두고 PIFF 조직위원회와 직원에게 '이젠 떠나야 할 때가 됐다' 며 물러날 뜻을 강하게 표출한 것이다. 물론 부산시장이 극구 만류하는 바람에 다시 없던 일이 됐지만 김 위원장이 머지않아 PIFF를 떠날 것이란 소식은 전보다 강하게 들리고 있다.

사령탑의 불안정은 곧 영화제의 위기와 직결된다. 베를린의 경우 경쟁부문 책임자 모리츠 데 하델른과 인터내셔널 포럼의 울리히 그레고르가 '견원지간' 처럼 극도의 경쟁을 벌인 게 영화제의 분열을 불러왔다. '타락천사', '중경삼림' 의 왕가위 감독 초청을 놓고 이들이 신경전을 펼친 것이 대표적인 예다.

'머리 둘 달린 괴물' 에 비유된 베를린영화제에 대한 비판은 1980~90년대 계속 이어졌다. 톱스타 기용작의 경쟁부문 초청과 예산 낭비설, 제작사와의 뒷거래설 등이 불거졌고 급기야 섹션별 포스터도 제각각 디자인될 정도였다. 참다못한 연방 베를린문화 축제주식회사는 2001년 두 위원장을 전격 교체하고 디이터 코슬릭을 새로 영입해 가까스로 문제를 봉합했다.

로테르담영화제가 오늘날 영향력 있는 영화제로 발돋움하는 데는 후버 발스라는 뛰어난 인물이 있었기에 가능했다. 그러나 17년간 '장기집권' 하던 발스가 1988년 갑자기 사망하면서 영화제는 예기치 않은 상황을 맞게 됐다. 앤 해드, 마르코 뮬러, 에밀 팔랄스, 사이먼 필드, 그리고 산드라 덴 하머 등이 집행위원장을 번갈아 맡는 등 발스 사후 17년간 사령탑이 무려 5번이나 바뀐 것이다. 평균 재임기간은 3.4년에 불과했다. 잦은 사령탑의 변동은 영화제의 난항으로 이어지면서 예산, 프로그래밍, 게스트 초청 등에서 숱하게 위기를 겪어야 했다.

반면 프랑스 칸영화제의 질 자콥의 사례는 우리가 충분히 참고할 만한 좋은 사례이다. 지난 1978년 집행위원장에 오른 그는 2000년 회장에 오르는 등 31년간 수뇌부를 장악하고 있다. 그래서 그를 '칸의 독재자'라 부른다.

질 자콥은 2000년 후계자를 고른 뒤 프로그래밍 총책을 쥔 집행위원장 대신 영화제의 대표인 회장으로 자리를 옮겼다. 그러나 그냥 물러난 것은 아니다. 프로그래머 출신 티에리 프레모를 후임 집행위원장으로 임명하고 4년간 '후계수업'을 시키며 전환기의 시행착오를 최소화하며 영화제의 권위를 지켜낸 것이다.

이 같은 혼란을 최소화하기 위해 PIFF도 현재 김동호 - 이용관 공동 집행위원장 체제로 운영되고 있다. 그러나 후계자 수업을 받고 있는 이용관 위원장이 다소 약체라는 데 문제가 있다. 영어가 부족하고 대학교수라는 신분을 유지하는 탓에 영화제에 전력투구하기도 힘들다. 본인 스스로도 인정하는 대목이다.

이에 대해 김지석 수석프로그래머는 이렇게 말했다.

"올해 사퇴 파동을 겪으면서 김 위원장이 머지않아 떠날 것 같아 큰 고민이다. 이용관 위원장이나 전양준 부위원장 모두 고민하는 대목이다. 제 생각은 공동위원장 체제로 가는 것이 맞다고 본다. 사실 지금도 영화제 전반은 이 위원장이 챙기고 있고 김 위원장은 중요한 건만 보고받는다. 그러면서 해외를 계속 다니신다.

그러나 김 위원장이 그만두면 아무래도 해외 쪽 네트워크에 문제가 생길 것이다. 국내는 이 위원장이 그동안 많은 네트워크를 다져왔다. 해외에서 김 위원장은 PIFF의 얼굴이다. 늘 초청 1순위이고 한국영화 초청로비도 해왔다. 하지만 김 위원장 이후에 누가 그 역할을 할까를 생각하면 답이 안 나온다. 솔직히 몇 년째 하는 고민이다.

후임 사령탑으로 전직 문화부 차관 O씨, 영화배우 A, K씨 등이 거론되지만 약점들이 있다. 특히 배우들의 경우, PIFF 위원장을 맡는 순간 배우의 이미지는 반감되기에 더욱 조심스럽다.

김 위원장이 그동안 해왔던 역할을 전양준 부위원장이 해야 하는데 솔직히 그 일을 잘 안한다. 예를 들면 해외에서 세미나 요청이 오면 절대 안 간다. 그러니 네트워크가 막히고 끈이 떨어지는 것이다. 그래서 문제다."

물론 영화제 사람들이 이렇게 걱정하고 있지만 다행스러운 면이 없는 것은 아니다. 1회 때부터 지금까지 매년 약 20만 명의 관객들이 영화제를 아껴주고 특히 '문화 불모지'라는 천형을 짊어졌던 부산시민들이 PIFF만큼은 반드시 지켜내자며 남다른 애정을 보이는 대목이 그렇다. 또 충무로 영화인들 역시 매년 넉넉한 사랑을 보내는 것도 빼놓을 수 없다. 저술 말미에 만난 한 독립영화인은 "어휴, 부산국제영화제가 없었다면 오늘 한국영화가 이렇게 세계 속에서 우뚝 설 수 있었을까요?"라고 말하는 것을 보면 당분간 어려움은 없지 않겠냐는 생각도 해본다.

그러나 문화행사인 영화제의 위기는 한순간에 닥칠 수 있다. 영화제가 먼저 시작된 서구의 몇몇 사례는 이를 단적으로 보여주고 있다. 특히 보수와 진보로 나뉘어 갈등을 양산하고 있는 최근의 한국 영화계 현실을 감안한다면 PIFF도 결코 무풍지대일 수는 없다.

10년 이상 PIFF를 지켜본 필자 역시 김동호 위원장의 공백 시 '부산영화제가 난관에 봉착하지 않을까'라는 생각을 떨칠 수 없다. 그만큼 PIFF의 추락을 바라는 영화인도 알게 모르게 적지 않음을 인식해야 한다. 심지어 어렵게 확보한 '아시아 영화의 맹주' 자리와 함께 세계 5대 영화제의 위상 역시 뿌리째 흔들리면서 한순간 1등 자리를 내줄 가능성도 배제할 수 없다. PIFF는 외형상 평온한 모습을 보이고 있지만 일부 영화계 인사들의 집중 표적이 돼 출범 이후 최대 위기에 직면해 있다. 과연 이 위기 국면을 잘 헤쳐나갈 수 있을까?

김동호 위원장과 스태프들의 슬기로운 해법을 기대해 본다.